一口气读完中国战史 ③

苍狼逐鹿

——蒙宋百年战争史（1179—1279）

赵 恺 郭 强 ▏著

团结出版社
UNITY PRESS

图书在版编目（ＣＩＰ）数据

苍狼逐鹿：蒙宋百年战争史：1179-1279 / 赵恺，
郭强著 . -- 北京：团结出版社，2016.9（2023.11 重印）
ISBN 978-7-5126-4422-9

Ⅰ . ①苍… Ⅱ . ①赵… ②郭… Ⅲ . ①战争史 – 中国
– 1179-1279 Ⅳ . ① E294.4

中国版本图书馆 CIP 数据核字 (2016) 第 204248 号

出　　版：团结出版社
　　　　　（北京市东城区东皇城根南街 84 号　邮编：100006）
电　　话：（010）65228880 65244790（出版社）
　　　　　（010）65238766 85113874 65133603（发行部）
　　　　　（010）65133603（邮购）
网　　址：http://www.tjpress.com
E-mail：zb65244790@vip.163.com
　　　　　tjcbsfxb@163.com（发行部邮购）
经　　销：全国新华书店
印　　装：三河腾飞印务有限公司

开　　本：170mm×240mm　　16 开
印　　张：21.75
字　　数：338 千字
版　　次：2016 年 10 月　第 1 版
印　　次：2023 年 11 月　第 6 次印刷

书　　号：978-7-5126-4422-9
定　　价：40.00 元

前　言

　　蒙元灭亡南宋的历史，其实很多国人都早已耳熟能详。但无论是"大战乾元"的感叹，还是"崖山之后无中国"的悲悯，感性的认知并不能真正诠释那段风起云涌的"大时代"。本书将首次运用西方"年鉴学派"的理论，以空前的"长广角"的视野为读者还原那段百年历史。系统的展示当时东亚大陆各政权的政治、经济、军事乃至社会生态，以及其兴亡背后的真正推手。

　　公元1179年，蒙古乞颜部少年铁木真与弘吉剌部女孩孛儿帖正式成婚。这场看似"郎才女貌"的婚姻却似乎注定多灾多难。9年前铁木真的父亲也速该在提亲的归途，被毒死在世仇塔塔尔的宴会之上，而就在铁木真婚后不久，篾儿乞部又大举杀到，抢走了他的新婚妻子。这一系列看似巧合、孤立的事件背后是否有着深层次的原因？雄踞草原的"五大兀鲁思"之间又有着怎样的恩怨情仇和利益纠葛？而在当时更没有人能够料想得到这样一起司空见惯的抢亲和仇杀，在浩瀚如海的蒙古草原上投下的小小涟漪，最终将引发一场席卷整个欧亚大陆的风暴。

　　与此同时，在阴山以南的金中都燕京，金世宗完颜雍正竭力整顿自己堂兄留下的"烂摊子"。对于蒙古高原上的游牧民族，这位自诩要尊行"尧舜之道"的君皇又将采取怎样的政治、经济和军事革新？而这些政策又将对未来的蒙、金力量对比产生哪些深远的影响？而在和风细雨的临安城内，52岁的宋孝宗赵昚也正在稳步的推进着他的"乾淳之治"，而在这个南宋最为富足的时代，又有哪些创新性制度正默默地为经济腾飞"保驾护航"？

公元1189年，南北相持的金、宋两大帝国同时迎来了皇位的传承。而在雄伟的肯特山南麓，已近而立之年的铁木真终于夺回了自己父亲失落的汗位。而等待着三位新科领导人的又是一场场伴随着血雨腥风的生死考验。年轻的金章宗完颜璟采用怎样的外交和军事手段彻底灭亡了威胁金帝国北境的塔塔尔部？宋光宗赵惇是否真的如表面上看来的那般畏妻和不孝？而铁木真与自己三结安达的札木合之间又因何反目成仇？改变蒙古草原力量对比的"十三翼之战"又隐藏着哪些内幕？

公元1199年，铁木真与克烈部首领王罕挥军西进，征讨乃蛮部。这是两大草原强震继与金帝国夹击塔塔尔部之后，再度联袂出击。但为何决裂的种子却在此时开始生根发芽？而就在这个世纪之交，南宋政府的战争机器也在悄然发动，一场声势浩大的"开禧北伐"如何在金帝国的严密监控之下部署完成？又是什么原因让其最终功亏一篑？

公元1209年，统一草原的铁木真开始频繁的向西夏用兵，并在这一年逼迫西夏国主襄宗李安全献女求和。而沦为蒙古附庸之后，国势日渐衰弱的西夏为什么频繁向金帝国用兵？从自己侄子手中接掌皇位的金卫绍王完颜永济又为何昏招迭出，以致强盛一时的金帝国在短时间之内便呈现土崩瓦解的态势，不得不迁都河南？又是否有着自己的全盘考量？

公元1219年。铁木真统率15万精兵正式踏上了"第一次蒙古西征"的漫漫长路。而在中原战场之上，木华黎统率的蒙古军团却没有停止攻城略地的脚步，正是在这一时期各类汉族武装开始以独立政治势力的面貌走上了历史舞台，这些"草头王"缘何成为主导中原战事走向的决定性力量？而出任淮东制置使的南宋名臣贾涉其招揽中原义军的工作又究竟功过几何？

公元1229年。蒙古帝国亲贵云集草原，召开关于汗位传承的"库里勒台大会"。身为储君的窝阔台如何从自封"监国"的幼弟拖雷手中夺取军政大权成为了首要的议题。这场看似平顺的继位大典背后掩盖着怎样的明争暗斗？已经风雨飘摇的金帝国又是否能把握这次绝地反击的机会？南宋政府内部关于"联金抗蒙"和"联蒙灭金"的争论又折射出怎样的党派之争？

公元1239年。云集了诸多新生代政治势力代表的"第二次蒙古西征"正如火如荼地展开着，拔都、贵由、蒙哥这三位"黄金家族"未来的掌舵者，其品性、思想乃至战术风格又将给这个幅员辽阔的草原帝国带来怎样的变革？而在东亚大陆之上，由于"端平入洛"所引发的蒙宋战争也逐渐进入了首轮的白热化阶段。一个空前的战略大迂回计划悄然浮出了水面。

公元1249年。被史书描述成"潜在昏君"的贵由莫名其妙地死于西行的途中。而围绕着再度空悬的汗位，蒙古帝国各派势力再度展开了疯狂的争夺。最终成功登顶的蒙哥身后倒下了多少竞争者？这场血腥大清洗的幕后又是否有其弟忽必烈的助力？而刘秉忠等汉族精英陆续加入忽必烈的"金莲川幕府"又将给未来的蒙宋战争产生哪些深远的影响？

公元1259年。钓鱼城下蒙古军帐之中，大汗蒙哥带着遗憾永远闭上了双眼。这场旷日持久的攻防战背后，蒙宋两国的强兵悍将究竟展开了如何惨烈的搏杀？忽必烈和贾似道的"鄂州之盟"是否确有其事？身负千古骂名的贾似道究竟是治国良才还是纨绔子弟？堪称南宋版"休克疗法"的"公田法"又是在怎样的考量之下正式出台的。

公元1269年。守备襄阳的南宋主将吕文德因病去世。而蒙、宋两国围绕襄阳、樊城两座要塞的争夺也由此全面展开。忽必烈究竟为何放弃蒙古帝国执行了数十年的战略大迂回政策，而选择了强行攻坚？南宋政府为了坚守前线的两座要塞又付出了怎样的努力？被无限神话的"回回炮"其真正面目又是什么？南宋政府长江一线的迅速崩溃背后是否有着高层内讧的因素？

公元1279年。崖山之战前夕南宋流亡政府经历了怎样的颠沛流离？并称为"宋末三杰"的文天祥、陆秀夫和张世杰又是否有着各自性格上的短板？长期成为千夫所指的张弘范、留梦炎、叶李等人又有着怎样的心路历程？蒙元帝国带给中华民族的究竟是劫难还是财富？本书为您从头梳理。

目 录

序章　海陵野望

完颜崛起

战争迷雾

五强并立

完颜崛起
——女真帝国的建立及对东亚政局带来的冲击

　　公元 1161 年，对于经历了漫长金宋拉锯的中原大地而言还算是一个风调雨顺的好年头。来之不易的和平虽然短暂，却已令饱受战乱之苦的苍生黎民沉浸期间。即便是十余年前女真骑兵蜂拥南征的景象，此时已宛如隔世。但苟且偷安的人们并不知道，他们所拥有的一切，很快便将伴随着时任金帝国君主完颜亮驱策的百万大军所碾碎。

　　如平静的湖泊般散布于白山黑水之间的女真诸部，为何能在 11 世纪初迅速崛起为一股空前强大的力量，至今史学家们似乎仍未能有一个统一答案。但这股力量在释放之际所造成的破坏，却是有目共睹的。公元 1114 年，完颜部酋长阿骨打以女真诸部盟主——"都勃极烈"之名，于松花江支流拉林河起兵反辽。此后仅用了不到八年的时间，号称"满万不可敌"的女真铁骑便吞噬了幅员广袤的辽帝国，令昔日宗主——契丹人屈膝成为了自己的奴仆。

　　金帝国的横空出世，从今天的角度来看绝对是足以令整个世界都为之震惊的"大事件"。但完颜阿骨打的族人们却根本不给瞠目结舌的世人以喘息之机。于公元 1125 年挥师南下，在短短两个寒暑之间，便将经济、文化独步亚洲的赵宋皇朝驱逐到淮河、秦岭以南。这段历史为后世汉族史学家们称为"靖康之耻"。

　　面对"人如龙，马如虎，上山如猿，下水如獭"的女真精兵，长期养尊处优的中原士大夫阶层被吓破胆。如张邦昌、刘豫等甘当金帝国的政治傀儡者有之，如黄潜善、汪伯彦等仓皇南逃者有之。即便是力主抗金的吕颐浩、张浚等人，也往往由于短于军略而屡遭败绩。但就在各条战线节节败退的情况之下，王彦、韩世忠、岳飞、吴玠、吴璘等一大批年轻的职业军官却逐渐成长为了宋金战场上的中流砥柱。

拥有近百万军队的辽、宋两国，之所以在相对落后的女真诸部联盟面前表现得不堪一击。除了深层次的政治原因外，军事制度上的差异也是引发一系列"化学反应"的诱因之一。首先在动员体制上。女真联盟虽然最初采取的仍是"壮者皆兵……凡步骑之仗粮皆（自）取备焉"的部落形式。但随着完颜阿骨打起兵攻辽，女真军队随即形成了名为"猛安、谋克"的组织体系。虽然从部属的数量来看，"猛安"相当于千夫长，"谋克"相当于百夫长。但随着在反辽战场上不断的攻城掠地，女真诸部联盟迅速将这一单纯的军事编制，转化为军政合一的地方管理制度。

按照《金史·兵志》中的说法，完颜阿骨打以公元1114年首次确立"三百户为谋克，十谋克为猛安"。后世对这一改革给出的最精准的评价，莫如民国戴锡章先生所谓的"一如郡县置吏之法"。通过将昔日部落时代的"猛安、谋克"制度引入占领区，女真联盟形成一套行之有效的高速动员系统。在"内收辽、汉之降卒，外籍部族之健士"的情况下，金帝国的战争机器以几何倍增的速度迅速膨胀。

特别是在占据富庶的辽西及河北、山西之后，金帝国更以几近竭泽而渔的形式签发当地汉族壮丁从军。对于敌方"驱两河人民，列之行阵"的强行动员模式，赵宋王朝毫无办法，只能指望这种"使远近骚动，民家丁男，或尽取无遗"的制度能激发当地汉族百姓群起抗暴。但女真大军推进的过程中展开了疯狂的劫掠："虏骑所至，惟务杀戮生灵，劫掠财物，驱掳妇人，焚毁屋舍产业"。河北、山西等地的汉族百姓自发的抵抗在血腥的镇压下被一一扑灭，面对生存的压力，无数汉族壮丁只能选择为虎作伥，成为"冲冒矢石，枉遭杀戮"的"剃头签军"。

当然，对于金帝国的统治者而言，大量被裹挟的契丹、汉族壮丁只能是扩大战果的有益补充和血腥拉锯的消耗品。在与辽、宋交战的过程中，女真诸部联盟始终维持着一支颇为精锐的重装骑兵作为撕裂对手防线的矛尖。公元1140年的顺昌前线，一个名为杨汝翼的南宋随军文人曾如此记述他所目睹的女真重装骑兵："甲兵铁骑，阵列行布，屹若山壁"，而其中最为精锐的莫过于被南宋军民称为"四太子"的完颜宗弼的近卫牙军。这支由三千名"皆重铠全装"的骑兵所组成的部队，据说在金帝国内部被称为"铁浮图"和"拐叉千户"。

南宋画家笔下的女真重甲骑兵:《铁浮图》

借助传统评书《说岳全传》的口口相传,至清康熙、乾隆年间,"铁浮图"和金帝国部署在战场两翼的"拐子马"已经成为女真铁骑家喻户晓的代名词。不过由于其艺术形象与现实差异太大,甚至连乾隆皇帝都要出面"辟谣"。但世人或许无法想象,日后在战场上能够轻易投入数千重甲骑兵的女真人,早年曾为了获得一套铠甲而要付出不菲的代价。根据《金史》的记载,由于冶炼技术方面的匮乏,被归入"生女真"的完颜部曾长期为缺铁所困扰。直到完颜阿骨打的爷爷乌古乃出任部落酋长,才将收购铠甲、兵器作为一项关系国计民生的重点项目来抓:"邻国有以甲胄来鬻者,倾赀厚贾以与贸易,亦令昆弟族人皆售之。"或许正因为有过这样一段辛酸的过往,金帝国对铠甲数量和质量上的追求呈现几近病态的程度。在攻城战中甚至出现了"被两重铁兜牟,周匝皆缀长檐,其下乃有毡枕"的超级重甲步兵,堪称"人肉铁塔"。

以披坚执锐的精甲铁骑为突击力量,续而投入"汉

苍狼逐鹿

儿签军"等廉价炮灰来扩大战果或相持拉锯。女真族的战术一度令辽、宋两国军队很不适应，投身于西夏战争的宋军名将吴璘便曾感叹说："璘从先兄有事西夏，每战，不过一进却之顷，胜负辄分。至金人，则更进迭退，忍耐坚久，令酷而下必死，每战非累日不决，胜不遽追，败不至乱。盖自昔用兵所未尝见。"

面对"中国士卒，不及金人之坚耐"的无奈现实，吴璘等宋军将帅所给出的解决之道，是利用"金人弓矢，不若中国之劲利"的优势，通过配备大量远程投射兵器防御阻击对手，随后再"出锐卒更迭挠之"，达到"以沮其坚忍之势"迫使对手主动撤退的目的。应该说在吴玠、吴璘两兄弟所活跃的川陕战线之上，这一方法还是屡试不爽的。虽然一味地被动防御，显然是无法收复中原失地的，但较之与女真军队展开野战的风险，吴璘的这种相对稳妥战略还是为宋军上下所效仿。毕竟并非每一支宋军都有岳飞所部那般高昂的士气和严明的纪律。而即便是岳飞为后世所推崇的郾城、颍昌两役，宋军也胜的极其凶险。

在大半国土均为战火所侵蚀的情况下，事实上宋、金双方均无力维持对攻的战争态势。因此从公元1135年开始，两国高层试探性展开外交接触，史称"绍兴和议"。

出土的金代甲片实物

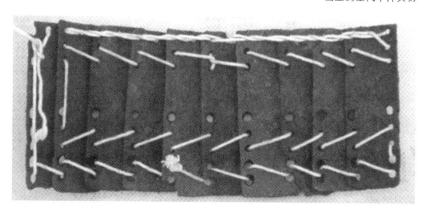

序章　海陵野望

客观地说和谈的橄榄枝虽然最初由南宋政府投递而出，但金帝国方面以完颜宗磐、完颜昌、完颜宗隽为首的"主和派"给出的回应也相当的积极。只经过不到一年的磋商，金帝国便单方面决定废黜其作为中原代理人的伪齐皇帝刘豫，将黄河以南的所有占领区移交给南宋政府。而南宋政府所要付出的不过是"许每岁银、绢五十万"的经济补偿和同意成为金帝国"臣属"的政治姿态而已。仅从双方得失来看，南宋政府无疑是这一阶段和谈的受益方。

金帝国"主和派"之所以如此急于结束与南宋的战争状态，除了需要暂缓攻伐、集中力量巩固占领区的考量之外，还有更为深层次的政治原因。以部落联盟进化而来的金帝国，在建立之初还保持着原始部落议会的组织形式——"勃极烈"制度，完颜阿骨打在世之时虽然通过一系列政治改革，将这一制度由相对较庞大的议事会，改组为皇帝主政和少数国相级别的高级核心官员共议国事的内阁制度，但由于"勃极烈"内阁成员多为地位尊崇的完颜宗室成员，不仅位高权重，更往往能以血亲关系干涉国政，甚至左右帝位的传承，成为了女真帝国中央集权进程的一大羁绊。而自完颜阿骨打祖父乌古乃以来，传承制度上的随意和无序更加速了"勃极烈"内阁的混乱和对立。

乌古乃因个人喜好而重用次子劾里钵，但又没有明确的废长立贤，而是让长子劾者与其同邸办公。因此其劾者一脉长期在完颜部中占据相当的"股份"，其子撒改在完颜阿骨打的"勃极烈"内阁担任相当于首相的"国论勃极烈"之职。阿骨打如此倚重撒改这位堂兄倒不是缘于对劾者当年无缘继承酋长之位的亏欠。而是因为劾者一脉拥有着完颜部近半数领地的控制权，且撒改本人在女真部落联盟中颇有人望。《金史》记载他"敦厚多智，长于用人"。因此"自始为国相，能驯服诸部，讼狱得其情"。正是由于撒改本人在女真诸部中的人脉，其子完颜宗翰在灭辽攻宋的战争中迅速崛起，在其父死后也跻身"勃极烈"内阁。

劾者一脉在"勃极烈"内阁中的表现只是完颜宗室广泛参政的一个缩影。而在强大宗室力量的面前，即便是阿骨打这样的政治强人也不得不遵循女真传统兄终弟及的惯例，在自己有十五个儿子且多成年的情况下，将帝位传给了弟弟吴乞买。而作为金帝国从部落政治向中原皇朝转型期的掌舵者，金太宗完颜吴乞买在文治武功方面均颇有建树，但在帝

6

位传承的问题上却同样处处受制。

公元1130年，金帝国"皇太弟"完颜斜也病逝。作为劾里钵一脉中年龄最小的嫡子，斜也的死无疑提前宣告了金帝国兄终弟及制度的结束。站在一个父亲的角度，吴乞买第一时间想到的自然是扶植自己的子嗣。但正所谓"理想很丰满，现实很骨感"，此时金帝国的军政大权分别掌握在统军于外的完颜宗翰和阿骨打的庶长子完颜宗干手中，吴乞买想要传位自己子孙的想法尚在萌芽阶段便遭到了宗室中劾者系和阿骨打系人马的联手打压。

面对空前的阻力，即便是身为九五至尊的吴乞买也只能选择另辟蹊径，迂回前进。在相当于储君之位的"谙班勃极烈"空置两年之后，吴乞买宣布自己百年之后将传位于阿骨打的嫡长孙——完颜亶，而作为交换条件，吴乞买的长子完颜宗磐被提升为"勃极烈"内阁首相，至此劾者一脉的所谓"国相系"，阿骨打一脉的"太祖系"、吴乞买一脉的"太宗系"在"勃极烈"内阁中形成了分庭抗礼的局面。

在吴乞买看来自己侄孙完颜亶不过是一个十几岁的孩子，自己安置在朝野中的完颜宗磐等"太宗系"人马，退可把持国政，进可取而代之，似乎安枕无忧。但事实证明吴乞买恰恰是在这个少年身上打错了算盘。完颜亶虽然年幼，但很早便拜汉族大儒韩昉为师，即位之前更勤于各类汉文典籍的学习。公元1135年，吴乞买病逝之后，完颜亶随即开始了自己大刀阔斧的汉化改革，首先便废除了"勃极烈"内阁制度，代之以"三师（太师、太傅、太保）、三公（太尉、司徒、司空）、三省（尚书、中书、门下）"制，虽然"太宗系""太祖系"和"国相系"的领军人物宗磐、宗干和宗翰分列三师，依旧位高权重，但在汉化政府系统之中严格的君臣之分与昔日"勃极烈"内阁却判若云泥。同时"三师"也不再肩负对外的军事职能，长期以都元帅之名开府于河北的完颜宗翰首先遭到冲击，在被调入中枢之后，其安置于前线的心腹将领被迅速替换，至此历经太祖、太宗两朝的"国相系"势力趋于瓦解。

完颜宗磐推动"金宋和议"的时间基本与完颜亶的"天眷新制"改革重合。显然这位据说个性"豪猾难驭"的先帝之子不愿坐以待毙，他随即以自己的方式展开了反击。站在完颜宗磐的角度来看，"金宋和议"如果能够顺利实现，不仅可以在朝堂之上打击主战的"太祖系"领军人物完颜宗干，更可以仿照对付完颜宗翰的先例，将"太祖系"在外领军的阿骨打第四子完颜宗弼召回中枢解除兵权。

可惜的是完颜宗磐虽然在朝堂廷议中驳倒了完颜宗干，但却抵挡不住完颜宗弼从前线带回的快刀。公元1139年，完颜宗弼发动武装政变，将完颜宗磐等"太宗系"骨干系数诛杀。这一场血腥的政治清洗，不仅极大地推迟了金、宋两国已经开启的和平谈判，更撕裂了自乌古乃执政以来完颜宗室内部暧昧温情的面纱，据说在诛杀长期与之并肩作战的叔叔完颜挞懒之时，挞懒曾对完颜宗弼说："我之死，祸必及汝"。这句诅咒虽然没有在完颜宗弼的身上应验，但却最终几乎吞噬了整个金帝国"太祖系"人马。

公元1148年，独掌军政大权长达9年的完颜宗弼因病去世。他的死随即打响了金帝国新一轮高层权力斗争的发令枪。仅仅一年之后，完颜宗干之子完颜亮便刺杀完颜亶，自立为帝，史称"皇统政变"。如果单单从《金史》的相关记载来看，完颜亶和完颜亮这对堂兄弟可谓是"两个昏君、一双神经病"，但抛开那些宫闱八卦来看，事实上完颜亶和完颜亮只是在面对同样的政治难题时，给出了不同的错误答案而已。

自公元1141年最终与南宋政府达成"和议"以来，金帝国的版图逐渐趋于固化。但庞大的完颜宗室却没有停止生育。在越来越多勋贵帝胄挤入朝堂的情况下，如何进一步加强中央集权，便成为身为皇帝的完颜亶和完颜亮无法绕过的问题。性格相对儒雅的完颜亶采取的方法是"敬礼宗室"，即便在诛杀完颜宗磐等人之后，仍厚待残余的太宗诸子，试图重建"太祖系"与"太宗系"的政治平衡。但在大宝之位的诱惑下，区区小恩小惠无法获得真正的效忠。在自己宠爱的长子济安死后，性情大变的完颜亶开始屠戮宗室，但他的做法往往是趁醉杀人，远非完颜亮执政期间那般系统的政治清洗。

靠武装政变起家的完颜亮，自知得位不正。因此比完颜亶更为忌惮宗室的力量。客观地说，完颜亮的文韬武略在金帝国历代统治者中即便谈不上出类拔萃，但也当在中上之列。他身后的骂名主要来自于三个方面：屠戮宗室重臣，大举扩充后宫以及强行推动征宋。而从完颜亮发动政治清洗的历次顺序来看，其主要针对的还是朝中势力颇为强大的太宗诸子、"国相系"完颜宗翰子孙及曾有机会问鼎的完颜斜也子孙，而完颜阿骨打的子孙之中除了英武难制的完颜亨之外，受株连者并不多。阿骨打三子完颜宗辅曾长期活跃于宋金战场之上，军中威望不弱于完颜宗弼，在其英年早逝之后，完颜亶和完颜亮对其子完颜雍都颇为依仗，委于重任。从某种意义上来说，未来完颜雍能够取完颜亮而代之，并坐稳帝位。很大程度上要感谢他的两位堂兄弟替他翦除了诸多潜在竞争对手。

完颜亮在民间"好色"的形象源于明代冯梦龙脍炙人口的小说《醒世恒言》中"金海陵纵欲亡身"一节。由于开头部分借用了《金史·后妃传》中"海陵（完颜亮）为人善饰诈，初为宰相，姬媵不过三数人。及践大位，逞欲无厌，后宫诸妃十二位，又有昭仪至充媛九位，婕妤美人才人三位，殿直最下，其他不可举数。"因此很多不读史者便直接将这篇"政治八卦"当作正史来读了。但事实上从中国历代帝王的后宫规模来看，完颜亮并不算登峰造极，其唯一出格的地方是将一些被诛宗室、忠臣的妻妾、女眷纳为妃嫔。这一点在女真婚俗文化中并非太出格的事，但在汉族眼中却是有违人伦，完颜亮自然便被钉在了历史的耻辱柱上。

完颜亮决心南下征宋的时间最迟不晚于公元1159年，因为在这一年的农历正月，金帝国宣布单方面关闭宋金两国的口岸特区——"榷场"，随后封锁边境地区，大举备战。而在历代笔记之中，完颜亮这个"战争狂"对灭宋的处心积虑则要进一步前推到其登基之初的公元1150年。而主要的证据是完颜亮在金宋外交中曾主动赠送给宋高宗赵构一条其父宋徽宗赵佶所佩戴的玉带，以及一个据说完颜亮严令"毋泄于外"的"代天征宋"之梦。

那么为什么在近十年的时间之中，完颜亮迟迟没有发动南下攻宋的军事行动，实现自己"提兵百万西湖上，立马吴山第一峰"的理念呢？除了翦除宗室、朝野异己，推进汉化改革之外，一个曾长期被史学界忽视的外在因素，近年来逐渐浮出了水面。在通过"绍兴和议"与南宋政府结束战争状态的同时，另一场战争却正在金帝国的北部边境上如火如荼地展开。而在这条战线上金帝国所要面对的是一个不同以往的对手和前所未有的困局。

战争迷雾
——南宋官方年报中的金蒙早期军事冲突

公元1161年，在历经两年的全力备战之后，金宋两国的主力部队已经于淮河两岸全线展开。在战争一触即发的情况下，南宋方面派了徐仿、张抡两名官员作为"起居称贺使"前往金帝国，寻求和平的最后一线希望。金帝国方面当然不会给予对方使团窥探前线的机会，在完颜亮的首肯之下，翰林侍讲学士韩汝嘉抵达两国交接的泗州宣读了一份颇有玄机的口谕："自来北边有蒙古达勒达等，从东昏时数犯边境，自朕即位，已久宁息。近准边将屡申，此辈又复作过，比前生聚尤甚，众至数十万，或说仍与夏通好。若不即行诛戮，恐致滋蔓。重念祖宗山陵尽在中都，密迩彼界，是以朕心不安。以承平日久，全无得力宿将可委专征，须朕亲往以平寇乱，故虽宫室始建，方此巡幸，而势不可留。已拟定十一月间亲临北边，用行讨伐，然一二年却当还此。"

韩汝嘉所说的大体意思无非是由于完颜亮要御驾亲征骚扰北方边境的蒙古、塔塔尔诸部，所以不方便接待南宋使节。对于金帝国方面的回应，正使徐仿不敢表达异议。倒是武官出身的副使张抡问了一句："蒙古小邦，何烦皇帝亲行？"韩汝嘉一时竟也无言以对。

完颜亮借韩汝嘉之口所说的"亲征蒙古"果然是基于战略欺骗所释放的烟雾。因为仅仅在不到两个月之后，金帝国庞大的战争机器便咆哮着扑向长江流域。但空穴来风、未必无因，身为一国之君的完颜亮口中所说的那来自蒙古草原的威胁，的确曾长期困扰着金帝国。而有趣的是系统保存着金帝国与蒙古草原诸部早期军事冲突的，恰恰是取材于南宋政府半官方年报的《建炎以来系年要录》。

按照南宋政府的说法，蒙金交兵始于公元1135年。"是冬，金主以蒙古叛，遣领三省事宋国王（完颜）宗磐提兵破之。蒙古在女真之东北，其人劲捍善战，以鲛鱼皮为甲，可捍流矢。"南宋方面的这则记录，遭到了后世诸多史学家的质疑，其疑点主要集中在"蒙古在女真之东北"和"以鲛鱼皮为甲"两点之上。认为文中所说的蒙古其实是今天生活于黑龙江、松花江和乌苏里江三江流域，以大马哈鱼皮为衣的赫哲族。但值得注意的是赫哲族虽然在明代被归入东海女真的范畴，但却被满族主流称为"鱼皮鞑子"。显然这个清代初年才逐渐形成较稳定族体的民族，本身就有着来自蒙古的基因。而广义的蒙古也并非单指策马牧羊、逐水草而居的"草原百姓"，还包括了广泛分布于西伯利亚及中国东北森林地带、以渔猎为生的"林中百姓"，而这些"林中百姓"的生产、生活模式大体与近代的赫哲族相近。

身着鱼皮衣物的赫哲族

至于民国史学家王国维以《金史》没有相关记录，而认定南宋方面有关蒙金战争的记载均为道听途说，实无其事的说法。也随着近年以来金代史料的不断发掘被证明过于主观。通过现存于吉林省博物馆中《金源郡王完颜希尹神道碑》中"萌古斯扰边，王偕太师宗磐奉诏往征之"的记载，不仅可以确认公元1135年蒙金交兵的确存在，更证明领军参战的除了太师完颜宗磐之外，还有尚书左丞相兼侍中的完颜希尹。那么为什么从唐末纷乱一直到辽宋对峙期间都仿佛人畜无害的蒙古部族，会在金帝国崛起的同时成为来自北方的威胁？而这系列的战争记录又缘何会在元帝国官方修撰的《金史》中彻底消失？这一切的答案或许要从草原政治生态系统的演化说起。

自唐帝国贞观年间连续灭亡东、西突厥以来，

民国国学大师、历史学家王国维先生

蒙古草原之上原有的庞大中央集权便归于覆灭。不仅突厥集团的主体部落被迫或内附，或西迁，即便是原本臣服于突厥的铁勒、回鹘诸部也在争夺其政治遗产的过程中逐渐归于消亡。从公元745年最后一任突厥可汗阿史那鹘陇匐为回鹘所杀，献首长安。至公元10世纪，契丹族确立其在漠北的统治地位。近三个世纪的时间，对于地球的历史或许只是短暂的一刹那，但对于一个民族而言，却足以令其在恐龙般横行的突厥、回鹘等庞然大物灭绝后，逐渐进化成新的主宰。起源于科尔沁草原、半农半牧的契丹人固然是抓住这一历史机遇的成功者，那么未来横行欧亚大陆的蒙古诸部又何尝不是呢？

根据王国维先生的《鞑靼考》和《蒙古考》等专著，我们不难看到自唐代中叶以来，塔塔尔部和蒙古诸部便出现于中原史料之中。前者被音译为鞑靼，后者则易写为室韦。在中原帝国眼中这两个部落虽然同为北狄范畴，但源流却并不一致。欧阳修的《新五代史》认为："鞑靼，靺鞨之遗种"。而蒙古则被归入"契丹之别类也"的范畴。而其活动区域也泾渭分明，蒙古诸部广泛分布于"东至黑水（黑龙江），西至突厥，南接契丹，北至于海（贝加尔湖）"的蒙古高原之上，而鞑靼则"本在奚、契丹之东北，后为契丹所攻，而部族分散，或属契丹，或属渤海，别部散居阴山者……后从克用入关破黄巢，由是居云、代之间"。大体上分布于呼伦贝尔草原至阴山山脉一线。从这个角度来看，在宋代之前中原对蒙古草原上生活的游牧民族还是有相对清晰的概念的。而之所以出现后世蒙鞑不分的现象，主要还是缘于契丹崛起之后，中原与蒙古草原的联系被切断所导致的。

契丹人称鞑靼为阻卜，而对蒙古诸部则称谓颇多。如谟葛失、毛割石、袜劫子等不一而足。后世所常用的蒙古之名也主要脱胎于契丹人口中所称的萌古子、萌分子、盲古子、蒙国斯之名。有趣的是辽帝国很早便将鞑靼纳入其统治范围，而对蒙古诸部则敬而远之。按照曾长期滞留契丹国内的汉族士大夫胡峤的说法，是因为蒙古诸部"其人髡首，披布为衣，不鞍而骑，大弓长箭，尤善射，遇人辄杀而生食其肉"，因此"契丹诸国皆畏之"。甚至出现"契丹五骑遇一袜劫子，则皆散走"的情况。

胡峤于公元947年跟随契丹贵族萧翰北上，在辽上京（内蒙古自治区巴林左旗）附近生活了七年之久。他对蒙古诸部生活习性的描述显然要比《建炎以来系年要录》的作者——南宋人李心传要深入和贴切得多。不过根据王国维先生的考证，袜劫子并非蒙古诸部的统称，而是特指活动于鄂尔浑河和色楞格河流域的蔑儿乞惕部，而未来与其爆发多次抢亲大战的铁木真家族所在的乞颜部此时仍是浩瀚草原中的一朵不起眼的小浪花。

根据铁木真家族的祖谱——《蒙古秘史》的记载，乞颜部发轫于公元8世纪中叶的一次西迁："奉天命而生的孛儿帖·赤那，和他的妻子豁埃·马阑勒，渡过大湖而来，来到斡难河源头的不儿罕·合勒敦山扎营住下。"这里的大湖指的是位于呼伦贝尔草原的呼伦湖。不儿罕·合勒敦山则对应今蒙古国的肯特山。孛儿帖·赤那为何要进行这样的一次西迁？《蒙古秘史》虽然没有给出答案。但后世学者则大体倾向于是受到了来自外部的武力威胁。

在柯劭忞所编著的《新元史》中是这样描述这次西迁的："其（乞颜部）先世与他族相攻，部族尽为所杀。惟余男女二人，遁入一山，径路险山戏仅通出入，遂居之。"这段描述虽然不无道理，但显然过于夸张。事实上孛儿帖·赤那在蒙古语意为"苍狼"，豁埃·马阑勒意为"白鹿"。这两个富有象征意义的人名，显然代表着乞颜部最初的图腾信仰，未必是真的只剩下一对男女。

从家族谱系来分析，孛儿帖·赤那是铁木真的二十二世先祖。而最终得到蒙元帝国官方追认始祖的则是他的第十二代子孙——孛端察儿。从孛儿帖·赤那到孛端察儿中间的家族传承，《蒙古秘史》记载的颇为简略。但从其记录的几处细节仍不难管窥出乞颜部早期的生活方式。如孛端察儿的伯父都蛙·锁豁儿据说是一个额头长了第三只眼睛的"二郎神"。而他的第三只眼睛不仅能看到三天路程之外的地方，甚至站在肯特山上还能看到顺着鄂嫩河上游支流迁徙来的一群人中有一位还没嫁人的美女。最终将通过由孛端察儿的父亲朵奔·蔑而干聘娶那位名叫阿阑·豁阿的女孩，实现了蒙古部与突厥分支豁里·秃马惕部的政治联姻。

草原部族离散无常，生聚的同时往往也埋下了离散的种子。都蛙·锁豁儿死后其四个儿子选择了与叔叔分家，迁徙到呼伦湖的姐妹湖贝尔湖居住。形成了意为"四子部落"的朵儿边部。而朵奔·蔑而干死后，他同父异母的五个儿子也分了家产，而其中唯独少了最年幼的孛端察儿那份儿。深感世态炎凉的孛端察儿只能骑上一匹患了脊疮的短尾青白马离家出走，他临走说的那句"死就死吧，活就活吧！"的气话，后来被《元史》改为："贫贱富贵，命也，赀财何足道"。顿时显得霸气侧漏。

孛端察儿沿着斡难河流浪了一年多的时间，靠着附近兀良哈部牧民的接济才侥幸没饿死。但当他的哥哥们良心发现前来接他回家之时，他却第一时间提出那群接济自己的牧民"无所属附，若临之以兵，可服也"。他的几个哥哥顿时对这位小弟刮目相看，各自出动家中的壮丁，一举将那些牧民掳为奴隶。

孛端察儿这种恩将仇报的行径虽然不怎么厚道，但却折射出蒙古部由原始部落走向奴隶制的社会发展趋势。虽然早在其父朵奔·蔑而干时代，蒙古部便已经出现了豢养奴隶的现象。但朵奔·蔑而干的做法不过是用自家多余的鹿肉换取穷苦牧民的子女留在家中奴役。这种明火执仗掳人为奴的做法，则由孛端察儿首开先河，也难怪他的后世子孙忽必烈对他颇为欣赏，钦点其为"毅玄皇帝"，上庙号为"元熙祖"。而孛端察儿所开创的蒙古部分支也被称为孛儿只斤氏。

孛端察儿的第一个妻子便是他掳来的那些兀良合惕部牧民中的一个女子。不过这个女子被掳之时已身怀六甲，孛端察儿倒也没有嫌弃，为其取名札只剌歹，意为"外姓之子"。札只剌歹成年之后自立门户，其家族经过四代营聚，最终诞生了一位险些统一蒙古草原的豪杰，他就是与铁木真三结安答的札木合。

如果说孛端察儿时代蒙古部的扩张和劫掠还只是针对"无所属附"的小股牧民的话。那么在其曾孙海都一辈，蒙古草原的纷争逐渐上升到了整个部落生死存亡的层面。据说海都的幼儿时期，他的祖母莫挐伦（蒙古语中的意思是"给力"）因为牧草而与邻近的札剌亦部发生战争。札剌亦部曾是当时蒙古草原上较为强盛的部族之一。但是因为拒绝成为辽帝国的从属，而被契丹军队驱逐赶到了莫挐伦的牧地，流亡的札剌亦部无所依赖，小孩只能掘草根来果腹。而恰逢"给力"的莫挐伦乘着自己的大车路过。对于札剌亦部的遭遇，莫挐伦不仅毫无同情心，反而大加呵斥。随后驱策自己的牛车前去冲撞，随即造成了死伤。

札剌亦部以抢走了莫挐伦的马群作为报复。莫挐伦是一个颇能生育的光荣妈妈，她的儿子们听说了自己的马群被抢，第一时间蜂拥而出，

苍狼逐鹿

甚至连战甲都没来得及穿。此时挑起争端的莫挐伦才感到事态的严重性："吾儿无甲，何以御敌？"马上让自己的儿媳妇们"载甲从之"。但是为时已晚，等这些女人们赶到战场，家族的男丁们已经悉数战死。札剌亦部又乘胜杀死了"给力"的莫挐伦和她的儿媳妇。整个家族只有被自己的奶妈藏起来的小孙子海都和他此前便早已入赘巴尔虎部的小儿子纳臣幸免于难。

遭遇如此惨重的打击，孛儿只斤氏本该一蹶不振。但在纳臣的帮助之下，海都却很快完成了部族的复兴，并轻松完成了对札剌亦部的逆袭，将其征服为自己的附庸。这一戏剧性的转变并非是海都天生英武不凡。而是在不断的冲突和联姻中，一种全新的游戏规则正在蒙古草原之上逐渐成形。随着奴隶制的日渐成形，蒙古草原各部族的生产力均有极大的提升，此时衡量一个部族实力的指标便不再是男丁的多寡，而是马群、奴隶乃至盟友部落的数量。

正因为如此，史料中没有记载海都击败札剌亦部的过程，而是不惜笔墨的描写了纳臣伪装成路人杀死札剌亦部看守马群的孩子，夺回家族马群的经过。有了这些失而复得的马群，孛儿只斤氏在经济上便对只能用草根充饥的札剌亦部形成了绝对优势。随后再通过联合巴尔虎部等其他盟友，合力绞杀札剌亦部这样的外来户就并非难事了。不过对于和自己有着血海深仇的札剌亦部，海都并未赶尽杀绝，而是与其建立起"世为主奴"的附庸关系。当然札剌亦部并非唯一依附海都的部落。根据《元史》的记载，随着孛儿只斤氏的日益强大"四傍部族归之者渐众"。

海都及其子孙盘踞斡难河流域之时，正是辽帝国统治的巅峰时期。公元1004年，辽帝国于今蒙古国首都乌兰巴托西南建立镇州、防州、维州三边防要塞。正式确立了其对蒙古草原东部的统治地位。以镇州为治所的辽帝国西北路招讨司除负责驻军镇戍、开辟屯田之外，还负责管理鞑靼及蒙古诸部。起初辽帝国采取直接派员充任蒙古诸部节度使以加强统治，但面对辽帝国马、驼、貂鼠皮、青鼠皮的岁贡，且需应征出兵的劳役，草原诸部多不堪其扰。辽朝任命的节度使只要不善抚绥，便往往会引起群起反抗。

无奈之下，辽帝国不得不改变对蒙古草原的统治策略，改为由诸部首领管理部内事务。海都次子察剌孩便受封为"令忽"（为汉语中"令公"的音转），察剌孩之子必勒格则更进一步升级为"详稳"（汉语中"相公"的音转）。由此可见，海都的子孙不仅被辽帝国册封为地方官吏，更开始逐渐接受辽帝国输入的"二手"汉文化。

公元1125年，强盛一时的辽帝国在女真入侵和内部宗室叛乱的双重打击下最终归于崩溃。与辽帝国治下诸多汉族官吏、难民向南涌入宋朝领土形成鲜明对比的是，诸多契丹贵族选择了向北，退入蒙古草原。其中便包括了辽帝国的末代皇帝耶律延禧及未来在中亚建立西辽王朝的耶律大石。客观地说，大多数逃亡蒙古的契丹贵族或多或少都动过借用蒙古诸部力量复国的念头，耶律延禧以夹山（今内蒙古自治区大青山）为最后的容身之所，耶律大石取道蒙古汪古部的地盘西进都是这一思路的具体体现。

蒙古诸部对于契丹流亡贵族大体上还是支持的。耶律延禧带着不足三十骑避难"入夹山四部族帐"。为了配合辽帝国流亡政府反击云中的战略，蒙古诸部更出动三万之众："天祚（耶律延禧）驱鞑靼众三万余骑，乘粘罕（完颜宗翰）归国，山后虚空，直抵云中府袭击。兀室（完颜希尹）率蔚、应、奉圣州、云中府汉儿乡兵为前驱，以女真军马千余骑伏于山谷间，出鞑靼军之后，鞑靼溃乱，大败。"或许正是因为这次重创，在耶律延禧兵败被俘之后，耶律大石北逃汪古部后，蒙古诸部对其的支持更多的是物资上的——"进献马匹四百只、驼二十只、羊若干。"

离开汪古部之后，耶律大石抵达辽北庭都护府所在地——可敦城（即镇州）。在那里他召集鞑靼、蒙古诸部的首脑，颁布了他"借力诸蕃，翦我仇敌，复我疆宇"的战略规划。但耶律大石虽然整军精甲，但他军旗所指的方向却不是辽帝国的故土，而是遥远的西域。耶律大石之所以做出这样的选择，除了如《辽史》所说，是因为盘踞高昌的西州回鹘曾与辽帝国订立过攻守同盟。更是基于蒙古草原的种种无奈之举。辽阔的大漠草原固然孕育了无穷无尽的良马和骑兵，但内无强兵之铁，外无富国之资。要获取武装部队的铁矿资源和赖以支持与中原长期战争的经济基础，向西是唯一可行的选择。正因为如此，昔日的匈奴、突厥都将控制西域作为自身发展的首要任务，日后成吉思汗及其继任者们，在与金帝国多次交兵都占据上风的情况下，仍执意发动两次西征。

耶律大石率领驻守漠北的最后一支契丹族军团踏上了漫漫的西行之

苍狼逐鹿

路。留卜群龙无首的蒙古诸部，独立面对如日中天的女真铁骑。应该说灭辽后不久便卷入与宋室漫长战争的金帝国，对经略蒙古草原始终处于一种有心无力的状态。《新元史》等诸多史料，都记载了金帝国试图招揽铁木真曾祖父合不勒的故事，但这点小恩小惠显然无法抵消金帝国所出台一系列政策对蒙古诸部日常生产、生活的巨大影响。

作为来自白山黑水之间的渔猎部族，人口基数的不足可谓是长期限制女真族发展的"阿喀琉斯之踵"。面对治下数倍于己的契丹人，出于长治久安的考虑，金帝国在其建立之初，便有计划地对契丹族人进行强制迁徙。除了长白山脉以东之外，蒙古草原也是金帝国安置契丹人的主要方向。而出于便于监管和前线军事需要的双重考虑，金帝国在蒙古草原之上恢复并加强了辽帝国时代便已成型的国营牧场——群牧所。

"滋蕃群牧，务在戢兵"的群牧制度可以说是辽帝国的立国之基，但到其统治末期已经衰弱不堪。金帝国违背客观经济规律，一口气强行上马多达22个群牧所的举动，非但得不到已转向农耕经济的契丹人支持，更因为要抢占"无蚊蚋、美水草"的优劣牧场而与蒙古诸部产生摩擦。而女真贵族对契丹群牧所的管理更可谓"简单粗暴"。不仅所牧牲畜长到三岁即转交公，遇有战事，则征括殆尽。更要受到地方官吏每借向金廷进马驼鹰鹘等之机，"辄率敛部内"的勒索。

群牧所内契丹人的遭遇，或许也同样降临在邻近的蒙古诸部头上。而遍布火山军（今山西河曲县）、武州（今河北宣化）、云内（今内蒙古固阳）等地的民间走私贸易，更给了蒙古诸部敢怒也敢言的底气。在对蒙古部落控制力相对较强的辽帝国时期，曾屡次下诏"禁鬻生铁于蒙古等界"。而辽金交接之际，则官员唯利是图，铁禁遂弛，因而大量铁钱源源不断地流入蒙古草原。"北方得之，多作军器，甚而有以坚甲利兵与之回易者。爪牙既成，始不易制矣"。终于在公元1135年左右，合不勒杀死了前来召他入朝的金帝国使者，正式举起了对抗女真暴政的义旗。

合不勒发动反金起义之际，正值宋金战争的高峰期。公元1134年农历四月，南宋将领吴玠、吴璘于西线的仙人关一线大破完颜宗弼的金帝国野战军主力。五月，岳飞自鄂州渡江北伐，经过两个月的奋战后收复襄阳六郡。十月初一，宋高宗赵构宣布亲征，率六军前往长江，俨然摆出一副总决战的态势。其后局势虽然有所缓和，但金帝国的主力部队仍不得不长期驻守于陕西、河南、山东、安徽一线。公元1135年2月，金太宗完颜吴乞买又恰巧去世，朝野人心惶惶。合不勒在此时插上的"背后一刀"，对正值内忧外患之际的金帝国而言可以说是致命的。或许正因为前线的强兵悍将无法抽调，且远水难解近渴。秉持朝政的完颜宗磐才不得不亲自领军出征。而或许正是鉴于完颜希尹曾有过在云中大破鞑靼、蒙古联军的记录。刚刚即位的金熙宗完颜亶才特地委派其为完颜宗磐的副手。

依旧停留在部落联盟阶段的蒙古诸部联军显然不是完颜宗磐麾下金帝国近卫军的对手。史料中虽然没有提及此战双方战场上的损失，但从"宗磐悉以所获□赏军士"以及事后其与完颜希尹还因为战利品分配的问题发生争持来看。此战应该所获颇丰。有趣的是在"来路不明"的金帝国民间编年史《大金国志校证》中，记录此战的过程中特意提到"宗磐乘其不意而攻之，由是失盲骨子之附，而诸部族离心矣"。似乎完颜宗磐是先发制人，而且在交战的过程中有殃及其他部落的现象。而在遭遇重创的蒙古乞颜部中，退回草原的合不勒不久便因病去世了。虽然其有七个儿子，但按照兄终弟及的传统，汗位最终由其弟俺巴孩继承。

五强并立
——俺巴孩之死和蒙古草原的新格局

　　谈及金帝国初期对蒙古的军事政策，最常见的就是宋末诗人、画家郑思肖的笔记《心史》中的说法："昔金人盛时，鞑（蒙古）虽小夷，粘罕（完颜宗翰）兀术（完颜宗弼）辈尝虑其有难制之状，三年一征，五年一徙，用蒿指之法厄其生聚。蒿者，言若删蒿也。去其拇指，则壮丁无用。"也就是说在金帝国元勋宿将的要求之下，女真军队除了定期的屠杀和劫掠之外，还会采取"蒿指之法"来遏制蒙古各部的生产能力，所谓"蒿指"就是像割野草一样将蒙古族壮丁的大拇指剁去。而除了血腥的屠杀之外，金帝国还从蒙古草原大量掠夺人口充作奴隶。直到金帝国灭亡之时，中原的汉族百姓依旧对当年的情景记忆犹新。"二十年前，山东、河北，谁家不买鞑人为小奴婢。皆诸军掠来者。"

　　虽然在金帝国的官方文献中至今仍未发现所谓"三年减丁"政策的相关依据。但从《建炎以来系年要录》所记载的蒙金交战记录来看，却大体符合"三年一征，五年一徙"的时间特征。在完颜宗磐征讨蒙古"入朝奏捷"的三年之后，公元1138年"女真万户呼沙呼北攻蒙古，粮尽而还，蒙古追袭之，至上京之西北，大败其众于海岭"。

　　金帝国的"上京"在今天哈尔滨阿城区的白城镇。"海岭"则是金代大兴安岭的统称。依照这则记录所提到的几个地名，大体可以判断此次军事行动由金帝国远征军翻越大兴安岭深入呼伦贝尔草原开始，由其后勤不继，撤退过程中遭遇对手的追击而大败告终。对于这一条记录，王国维同样以《金史》无载予以否定。但考虑到呼伦贝尔草原当时是被称为"鞑靼"的塔塔尔部的牧场，宋朝政府又向来蒙鞑不分，因此讳言鞑靼的元朝修史者将其隐匿也在情理之中。

塔塔尔部虽然在当时被称为海岭的大兴安岭重创了金帝国军队，却并没有进一步围攻"上京"。除了实力不济之外，另一个重要的原因或许是因为此时其正由于一场"医疗事故"而与蒙古诸部恶斗连场。根据《新元史》的相关记述，事情经过大体是由于合不勒的小舅子——弘吉剌部贵族赛因特斤患病，于是请来了塔塔尔部的巫医，谁知道竟"不效而卒"。患者家属一怒之下"执巫者杀之"。从医患关系的角度来看，弘吉剌部多少有些理亏。而且在当时蒙古草原的社会阶层之中巫医在部落中地位往往仅次于酋长，塔塔尔部的愤怒自然可想而知。随即出兵攻打弘吉剌部。

弘吉剌在突厥语中意为"褐色骏马"，在蒙古语中被引申为"有姿色的人们"，据说以盛产美女而著称。弘吉拉的牧场位于克鲁伦河下游至呼伦湖一带，恰处丁蒙古乞颜部与塔塔尔部势力的交界地带。因此简单的医患矛盾的背后，交战双方似乎都有着更深层次的政治、经济考量。

乞颜部作为弘吉剌部的姻亲出兵相拳。但大举参战的同时，乞颜部内部却有着不同的意见，合不勒诸子要替自己的娘家出头，自然个个奋勇。但身为酋长的俺巴孩却认为这样的敌对情绪没必要长久的延续下去。不知道通过什么渠道，他向塔塔尔部提出和亲的提议：通过塔塔尔部的某位贵族迎娶自己的女友来结束这场战争。而为了表达诚意，俺巴孩亲自前往送亲，结果却被塔塔尔部擒获，转手送给了金帝国。

塔塔尔部在同意和亲之后还诱捕乞颜部的酋长，多少有违草原民族一诺千金的性格。而王国维则认为逮捕俺巴孩的并非塔塔尔人，而是效忠于金帝国的游牧雇佣兵集团——糺军所为。糺军历史悠久，自辽代便已有之，主要由边境地带忠于辽、金帝国的游牧民组成，因此成分相对复杂。但无论是将俺巴孩押往金帝国上京的糺军如何组成，乞颜部酋长在塔塔尔部的地盘上出事，后者都难辞其咎。从这个角度出发，糺军的这次突袭不仅堪称"斩首行动"，更能挑动两大敌对游牧部落的相互争斗，可谓一石二鸟。

或许正是不愿意自己的死为敌人所利用，被押解到上京被处于木驴之刑时俺巴孩让自己的随从回乞颜部转达自己的死因和向金帝国复仇的决心。而为了避免这个重要的口信无法传达，俺巴该用激将法对金熙宗完颜亶说："汝假他人之手以获我，又置我于非刑。我死，则我之伯叔兄弟，必能复仇。"年轻气盛的完颜亶果然中计，大手一挥放了俺巴孩的随从，并表示："此言可告汝部众，朕不畏也。"而根据《新元史》所给出的时间点，此事发生在公元1143年。

完颜亶之所以不畏惧蒙古乞颜部的复仇，或许是因为其早已做好了一举荡平对手的军事准备。根据南宋方面得到的情报："是月（农历四月），蒙古复叛，金主命将讨之。"而除了试图抓住乞颜部酋长新亡、群龙无首这一战略机遇期之外，此时金帝国在辽阔的蒙古高原之上已经建立起被称为"团寨"的小型据点网络，其最远的触角已经延伸到了克鲁伦河以西，在辽帝国的龙兴之地——临潢府形成了一个割裂塔塔尔和蒙古诸部的战略突出部。完颜亶似乎有计划先剿灭相对弱小的蒙古乞颜部，再回头收拾塔塔尔人。

可惜的是随着俺巴孩的死讯传到乞颜部，不仅举族上下同仇敌忾，更迅速形成了合不勒汗的第五子忽图剌为首的新一代领导核心。而金帝国远征军内部却发生了异动。《建炎以来系年要录》记载："鲁国王（完颜挞懒）既诛，其子胜花都郎君者，率其父故部曲以叛，与蒙古通。"不过《金史》并没有记录完颜挞懒有一个叫胜花都的儿子，因此这条记录也曾被王国维视为伪作。但纵观世界历史，诈称先君重臣之子发动叛乱的案例不计数。完颜挞懒曾位居金帝国左副元帅，麾下门生故吏当不在少数。这些人自完颜挞懒死后便一再受到打压和排挤，此次征讨蒙古更可能处于负弩前驱的先锋位置。拥立一个自称挞懒之子的胜花都发生叛乱也并非不可能。南宋方面认为是这次叛逃直接影响了蒙金双方的力量对比——"蒙古由是强，取二十余团寨，金人不能制"。

当然除了胜花都的阵前倒戈之外，金帝国内部军事体系的演变也是导致此次远征蒙古失利的重要原因。自完颜亶即位以来，其在全国范围内所实行官制改革，其本质是变女真族奴隶制统治为以多民族的封建皇权制，而为了适应这种变化，原本分布于女真、契丹聚居区的猛安谋克体系便需要逐步南迁。应该说这一带有军事移民性质的迁徙，对巩固金帝国整体统治秩序非常有利，一方面猛安谋克组织被迁入中原以后，能有效地控制敌视女真的汉族百姓，另一方面内迁的猛安谋克也受中原封建制的包围和影响，逐渐失去了原有的内部独立性，不再成为中央无法影响的独立王国。

但这种内迁对于蒙金边境地区的力量对比却是灾难性的。大批猛安谋克组织南下所留下的边防缺口交给了所谓的"镇防军"来填充。"镇防军"名头倒是响亮，但其主力却是由"国初所免辽人之奴婢"组成的驱军，金帝国虽然也会从各野战军中挑选精锐加入"镇防军"，但这些精锐部队以一定的周期轮番更替，战斗热情自然可想而知。而金帝国与南宋虽然在公元1142年签署了和约，但两国漫长的边境线上金帝国仍需部署大量的野战部队才能保障安全。此消彼长之下，公元1143年金帝国远征军兵败大漠也就在情理之中了。

金帝国军队虽然撤回了国境，但蒙古诸部的反击却不会就此中止。《新元史》记载："（忽图剌）败金人于境上，大掠而去。"被彻底激怒的完颜亶"以所教神臂弓弩手八万人讨蒙古"，对蒙古诸部发动了空前规模的进攻。"神臂弓"是北宋年间通用于辽、宋、西夏等诸国的步兵武器，根据当时的笔记所载可能有巨型床弩和单兵使用多种型号。金帝国虽然也大量装备这种武器，但却有着严格的弩手删选考试："凡选弩手之制，先以营造尺度杖，其长六尺，立之谓之等杖。取身与杖等，能踏弩至三石，铺弦解索登踏闲习，射六箭皆上垛，内二箭中贴者。"在承安年间（1196—1200）整个金帝国也不过增签弩手千人。完颜亶要一口气动员八万弩兵参战显然有些夸张。因此也有学者认为宋人口中这些"神臂弓弩手"其实是"射粮军"的误传。

所谓"射粮军"是金帝国通过"五年一籍，三十以下、十七以上强壮者，皆刺其面"的方式强行招募的杂役部队的统称。如果金帝国在蒙金

宋代神臂弓想象图

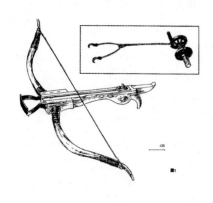

战场上所投入的主力的确是"射粮军"的话，那么"连年不能克"的结果也就不足为奇了。无奈之下，身为金帝国前线总指挥的完颜宗弼只能委派自己的亲信萧保寿奴与蒙古方面展开和平谈判。对于金帝国割让西平河（克鲁伦河）以北二十七团寨、每年给予牛、羊、米、豆、绵、绢等物资的条件，忽图剌似乎并没有什么异议，只是对于金帝国册封其为蒙古国王的条件却表示无法接受。

当公元1147年和谈终于有了结果之时，金帝国意外地发现忽图剌之所以坚持不肯接受自己的册封，并非是因为谦虚和低调。而是嫌弃"蒙古国王"这个称号太过"小气"。在金帝国认识到"用兵连年，卒不能讨"，最终选择"遣精兵分据要害而还"的情况下，忽图剌自封皇帝，建元天兴。至此蒙古诸部似乎已经建立起了与金帝国分庭抗礼的草原帝国了。

虽然在西方人所撰写的蒙古史料之中，忽图剌被吹嘘为蒙古人的赫拉克勒斯，但在当时的草原之上，自封皇帝的忽图剌既没有自己部落内的绝对权威，也得不到其他部族的认可。在一次独自出猎的过程中，他甚至遭到同为乞颜部分支的朵儿边部（都蛙·锁豁儿四个儿子的后裔，意为"四子部落"）的袭击。忽图剌虽然侥幸脱险，但在他返回部落之时却发现乞颜部的贵族不是急着去寻找他，而是已经排着队拿着祭礼往吊他的家属了。或许正是一幕细想之下不由得后脊发冷的场面吓到了忽图剌，在此后的十年多时间里，他马不停蹄地四处征战，仅与塔塔尔人的战争便有十三次之多。因为只有这种无岁不争的局面，才能保障一个酋长始终在部落勇士的簇拥之下。

对于忽图剌的频繁征讨，乞颜部中与之分道扬镳者有之，冷眼旁观者有之。但也不乏有识之士透过那一次次征战的血雾，看到蒙古诸部光明的未来，他就是铁木真的生父也速该。也速该在《蒙古秘史》中的登场，多少有些不光彩。一次在斡难河畔放鹰捕猎的过程中，也速该偶然遇到了蔑儿乞惕部的少年也客·赤列都正领着自己新婚的妻子诃额仑经过。也速该随即叫来了自己的两个兄弟赶走了新郎，将新娘诃额仑抢回了自己的帐房。

如果放在今天言情小说家的笔下，自然要粉饰一番诃额仑如何被逼嫁给了自己所不爱的赤列都，遇到也速该后如何为对方的雄风和温情所倾倒，最终委身于之。不过《蒙古秘史》却不惜笔墨地描写了诃额仑掩护自己的爱人赤列都逃走时的难舍，以及被掳之后的伤心，至今读来仍令人动容。那么也速该此举是否缘于一时的见色起意呢？答案似乎并非那么简单。因为根据后续事态的发展，我们知道也客·赤列都并非普通的牧民，而是蔑儿乞惕部首领脱黑脱阿的弟弟。而诃额仑的身份虽然没有定论，但出身于弘吉剌部的分支—斡勒忽讷兀惕氏部却是可以肯定的。如果说克鲁伦河下游的弘吉剌部是乞颜部与塔塔尔部之间重要的缓冲带的话，那么活跃于额尔古纳河流域的斡勒忽讷兀惕氏部则是连接蔑儿乞惕部与塔塔尔部的重要桥梁。因此也速该的这处"抢亲"无论是有意还是无意都破坏了蔑儿乞惕部与斡勒忽讷兀惕氏部之间的联姻。而从此后的历次草原争斗中斡勒忽讷兀惕氏部都站在铁木真母子的身后来看，诃额仑在其部族中身份恐怕不低。

对于也速该这种"半路截和"的行径，蔑儿乞惕部首领脱黑脱阿当然很生气。但此时的蔑儿乞惕部正与盘踞于土拉河、鄂尔浑河上游一带

今天内蒙古自治区内的诃额仑雕塑

苍狼逐鹿

的克烈部交兵，一时分身乏术。而秉承着"敌人的敌人就是朋友"的宗旨，也速该也密切留意着蔑儿乞惕与克烈两部的战事。

仅从部族规模和开化程度而言，克烈部自然远胜蔑儿乞惕。但公元1100年左右，由于该部酋长磨古斯错误的判断形势，草率的发动反辽起义而导致整个部族遭遇重创。磨古斯之子忽儿扎胡斯好不容易利用辽亡金兴的机会重整部落，但一时之间仍元气未复。在与蔑儿乞惕部的战争中，忽儿扎胡斯不仅一败涂地，甚至连儿子脱斡邻勒也被对方掠为奴隶。忽儿扎胡斯好不容易从蔑儿乞惕部救回了自己的儿子，塔塔尔部又大举杀到，脱斡邻勒连同自己的母亲一带再度落入敌手。这一次忽儿扎胡斯彻底绝望了，他向西翻越阿尔泰山，寻求乃蛮部的支持。

关于克烈部的起源，史学家向来有突厥后裔和蒙古分支两种说法。而乃蛮部的血统则相对纯正，一般都认为其是突厥西迁时留在阿尔泰山地区的"钉子户"。而从忽儿扎胡斯第一时间选择向乃蛮求援来说，克烈与乃蛮在血缘和文化上应该都有着相对较高的彼此认同感。在乃蛮部的支援之下，忽儿扎胡斯再次击败了塔塔尔部，救回了自己的妻子和两度沦入敌手的儿子——脱斡邻勒。在克烈—乃蛮联军驱逐塔塔尔部的同时，也速该和乞颜部也投入了战斗。这场战争究竟是不是忽图刺所领导的十三次对塔塔尔部的战争之一，史料中没有给出明确的答案。但在公元1162年的那场战争中，也速该似乎收获颇丰。得胜回部的他，得知诃额仑在5月3日刚刚为他生下了一个大胖小子，顿时喜形于色的用自己阵斩的塔塔尔部勇士之名将自己的长子命名为：孛儿只斤·铁木真。而此时在遥远的中原大地之上，号称百万的金帝国南征大军正在辽阔的宋金边境上全线撤退，虽然战事仍在继续着，但完颜亮"混一天下"的梦想已经和他的生命一起终结在长江之中那座被称为"瓜洲"的滩涂之上了。

完颜亮的败亡其实并非如很多人所想象的那样是因为伐宋受挫。事实上在公元1161年10月28日完颜雍由金东京（今辽阳）起兵，攻占中都燕京之前。完颜亮的南征在各条战线上进展都颇为顺利。此后南宋海军虽然在山东唐岛海域全歼金帝国舰队。但金帝国陆军仍直趋长江。如果不是宋高宗赵构的亲信虞允文及时收容南宋各部败兵在采石（今安徽马鞍山）重创对手先锋部队的话，局面很可能重现当年完颜宗弼南下时"江之南虽有兵，望见金军即奔走，船既着岸，已无一人一骑"的场面。而即便是初次渡江作战失败，完颜亮仍可以利用己方兵力上的优势，扩展战线寻找宋军千里江防的薄弱点发动偷袭。但此时的他已经被来自后方的政变夺走了所有的时间和耐性。在严令诸军发动自杀式袭击的背后，何尝不是完颜亮本人的绝望。

公元1161年12月15日深夜，在契丹贵族耶律元宜的指挥下，金帝国的南征大军将矛头对准了自己的君主。面对纷乱射入御营的箭雨，内侍们焦急的请求完颜亮暂避。但完颜亮却无奈地回答："走将安往。"最终中箭着刀之后被部下缢杀。或许在平定江南之后，这位好大喜功的帝王还有很多的计划，亲征蒙古、吞并西夏乃至将朝鲜半岛纳入版图，有太多太多的事情，完颜亮已经没有时间去完成。但那些追逐、征服的梦想，却伴随着长江边那被部下点燃的尸骸随风飘荡，最终降落在蒙古草原那个呱呱坠地的孩童手中。

在自己堂兄所营建的宏伟宫殿之中，登基为帝的完颜雍无暇为完颜亮的死而庆幸或者悲伤。除了要协助南征大军顺利撤退并阻击南宋政府在各条战线所展开的反攻之外，他还要为重新架构宋金之间的和平而努力奔走。而在北方由契丹牧民撒八所领导的起义也正在如火如荼地发展着。日夜期盼着耶律元宜等南征将帅能将金帝国主力带回中都的他，此刻根本没有想过更为遥远的蒙古草原之上以乞颜部为代表的蒙古诸部、塔塔尔人、蔑儿乞惕部、克烈及乃蛮正各自积蓄着力量，号称"五大兀鲁斯"（蒙语中意为国家和民族）的他们将在未来的角逐中孕育出整个欧亚大陆的梦魇。

第一章　金莲川上

隆兴北伐
——完颜亮死后的宋、金战局

公元1179年，农历四月。对于属暖温带季风气候河北平原而言。正是草长莺飞、春意盎然的时节。在昔日海陵王完颜亮役使民夫八十万，兵士四十万，所营建的金中都燕京的宫闱之中。作为完颜亮政治遗产的直接继承人，被后世称为金世宗的完颜雍心中是否对那位堂兄抱有一丝亏欠，世人或许永远没有准确的答案。但回首完颜雍执政以来的岁月，不得不说他从完颜亮手中所接收的并非只有财富。

完颜亮所发动的南征虽然最终以一场身败名裂的军中哗变而收场。但战争的机器一旦发动，从不可能因为一两个人生命的终结便戛然而止。在金帝国远征军偃旗而退的背后，是士气高昂的南宋政府军。而山东、陕西、河南等地的汉族健儿也纷纷奋袂而起，加上西北路愈演愈烈的契丹族大起义。金帝国的统治一度出现摇摇欲坠的迹象。

面对空前的危局，完颜雍一方面安抚率军回师的耶律元宜等人，不仅赦免其兵变弑君之罪。更加封其为平章政事、冀国公，赐姓完颜。当然这些恩赏并非是没有代价的。改名为完颜元宜必须马不停蹄地奔向前线，将自己的刀刃对准昔日同胞——契丹族起义军。而此时契丹族起义军已经由于内部的分歧由西北路（今内蒙古正蓝旗）转战至辽东。最早领导契丹族义军的是曾在金西北路招讨司担任译史的契丹官吏撒八。而促使广大契丹族群牧民众起抗暴的，除了完颜亮为了南征所进行的横征暴敛之外，另一个主要因素便是迫于蒙古诸部的威胁。早在完颜亮筹备南征之初，契丹牧民便派人请愿："西北路接近邻国，世世征伐，相为仇怨。若男丁尽从军，彼以兵来，则老弱必尽系累矣。"但在完颜亮的高压政策下，金西北路的地方官员"畏罪不敢言"，最终导致契丹民众由恐惧所点燃的星星之火，形成了燎原之势。撒八及其追随者刺杀了金西北路招讨使完颜沃侧，随后"山后四群牧、山前诸群牧皆应之"。

应该说对起义军未来的发展，撒八本人有着相对清晰的认识。在他看来单纯依靠契丹牧民的力量无法与金帝国长期抗衡。怀着"大军必相继而至，势不可支"的忧虑，撒八决定带领契丹牧民远走西域，投奔已经建立西辽帝国的耶律大石。可惜的是撒八正确的战略选择并不能得到起义军中大多数人的认同。在故土难离的情绪冲击下，契丹起义军中自封"六院节度使"的移剌窝斡清洗了撒八等早期领导人，随后选择了与西迁背道而驰的东进。移剌窝斡的初衷是希望能在契丹的龙兴之地复兴故国辉煌，但无奈时移世易。在移剌窝斡的带领之下，契丹起义军先是顿兵临潢府，随后攻泰州不克。而面对

率领契丹族西迁的耶律大石

金帝国优势兵力的围剿，移剌窝斡又不敢坚持初衷，再度选择西迁。最终在地处今内蒙古喀喇沁旗境内的袅岭西陷泉为金帝国野战军主力所击败。此后移剌窝斡虽然带领残部继续于燕山一线游击，但终究大势已去。公元1162年农历九月七日，移剌窝斡及其家眷被起义军内部的叛徒所擒，十日之后问斩于金帝国中都。

完颜雍之所以能够迅速扑灭撒八、移剌窝斡所领导的契丹牧民起义，除了对手内部不和、举棋不定之外，还得益于完颜亮为了南征所调集和储备的强大物质基础。正是有了雄厚的物资为后盾，一方面完颜雍可以不断以罢免关税、田赋，赈济灾民来收买人心，另一方面仍能不断向各条战线源源不断的输送兵员和武器。在南线与宋军的战场上，只是因为"夏久雨，胶解，弓不可用"，完颜雍就一口气调拨了汴库所贮的上万张劲弓支援前线。而对于尚书省要求征发奴隶从征的建议，完颜雍以"四方甫定，民意稍苏，而复签军，非长策"而予以驳回，可见即便是两线作战，金帝国的兵员仍是相当的富裕。

应该说在南宋政府所发动的历次对金战争之中，于公元1163年发动的"隆兴北伐"可以说是开局最好的一次。完颜亮的南征失败不仅极大地鼓舞了南宋军民的复兴热情。更在宋金边境上留下了三个重要的战略突出部：东线，南宋军队紧随完颜亮所部金军撤退的脚步，攻占了淮北重镇——泗州，向东与此前突袭拿下的海州（今江苏连云港市）连成一片，向西则收复寿、亳州。而在战线的中部，金帝国军队在贪污无度的汉将刘萼的指挥下本就进展不大。完颜亮死后更是一溃千里。南宋军队轻松地收复中原重镇——蔡、唐、邓、陈、汝、许六州，将战线向北推进了上百公里。在以川陕为核心的西线战场上，宋军宿将吴璘不仅一度收复了扼关中通往中原要道的商、虢、陕、巩四州，更将战线延伸至甘肃南部，夺取秦州（今甘肃天水）和河州（今甘肃临夏）等地。

南宋方面之所以能够在完颜亮大军压境的情况下取得如此辉煌的战果，除了金帝国在南征部署中存在着强干弱枝，兵力过于集中于完颜亮亲自负责的两淮一线之外，还得益于岳飞、韩世忠等一代"中兴名将"的军队建设。如带领300名志愿者收复海州的"忠义军"将领魏胜便曾是韩世忠麾下的一名"弓手"。而于唐家岛重创金帝国舰队的南宋海军指挥官李宝则是岳飞的昔日部署。但与中下层军官的战斗热情形成鲜明

对比的，却是南宋统治者的悲观预期。在完颜亮
麾下大军北归的同时，宋高宗赵构便再度准备派
遣洪迈、张抡以接伴使的名义北上与金帝国新任
掌门人完颜雍接触，甚至还颇为自得的对臣僚们
表示："朕料此事终归于和。"当然他后面所说的
"以小事大，朕所不耻"经常为世人所曲解，其
实赵构的原意是说和谈工作"当以土地、人民为
上，若名分则非所先也"。

正是赵构一心只想着以"和谈"保持偏安的
指导宗旨。使得南宋政府在形势大好的局面之下，
错失了最为关键的战略机遇期。随着完颜雍逐步
巩固自身政权和北方契丹牧民起义转入低潮，金
帝国大批精兵良将迅速南调，南宋方面战略反击
阶段所积累的优势，随着时间的推移而逐渐丧失。
而与完颜雍大手大脚的挥霍相比，南宋政府在军
费开支方面显得格外吝啬。在清代学者毕沅所著
的《续资治通鉴》中便记录川陕军区和后方主管
财政的户部侍郎王之望之间的一场口水战。

晚年的宋高宗赵构

针对前线"诸军斗志不锐，战心不壮"的情
况，川陕军区希望"多与准备赏给钱物近一两
百万，自总所移文诸帅，多出晓示，号令诸军，
各使立功以就见赏"。但是这一看似合理的要求，
却被王之望以一句"国家息兵二十年，将士不战，
竭西川之资以奉之。一旦临敌，更须堆垛银绢而
后可用，则军政可知矣"给顶了回去。

王之望可以说是有宋一代职业官僚的代表，
他不仅"博学无所不通，谈论英发，听者忘倦"，
写文章更是"下笔立成，豪赡宏博，切于事理"。
但却偏偏分不清理想和现实的距离。自宋室南迁
以来，原有禁军、厢军、乡兵三级动员制度便归
于破产。宋高宗赵构一方面需要一支强大的武装

力量，对抗"亡我之心不死"的金帝国，一方面却又时刻担心会出现尾大不掉、太阿倒持的局面。因此军队几经整编，最终形成了殿前司、侍卫马军司和步军司所谓的"三衙"诸军拱卫中枢，屯驻军戍守前线的格局。"三衙"诸军长期驻守后方，待遇自然优厚。而屯驻军则需分兵戍守辖区州县，每年春夏秋冬还要带着家眷换防，对于采取招募制而加入军队的职业士兵而言，经济压力可想而知。"进而胜捷，能破关险，则有重赏"便成为其奋勇作战的原始动力。

可惜的是主持南宋政府的大多是王之望这样的官僚，在他们死死捂着"钱袋子"不肯拨款的情况下，一线士兵的战斗热情自然直线下降。例如，南宋政府军收复河州之时，士兵们纷纷要求犒赏，最终却只得到了十几文钱。而战区物价飞涨，这点钱只够买个烧饼。于是将士们纷纷把钱丢在地上，吐槽道："我等捐躯下河州，今性命之贱，乃不值一炊饼也。"正是在这种不满情绪的弥漫下，到公元1162年农历三月，南宋在东线和中线所控制的海、泗、唐、邓、陈、蔡、许、汝、亳、寿十州，已经在金帝国的攻势下仅存海、泗、唐、邓四州而已。而在西线好不容易收复的河州也被金军所破，城中数万百姓被屠戮。经济损失远非王之望所节约的那一两百万钱物所能比拟的。

事情发展到这一步，如果南宋政府能够理性的权衡利弊，集中力量巩固已收复的领土的话，仍有可能争取一个有利的和谈局面。但偏偏此时南宋政府高层却又盲目乐观起来。在长江防线阻击完颜亮得手的虞允文奉旨宣谕川陕，抵达前线之后随即与吴璘拟定了一个颇为宏大的"夏季攻势"——"令董庠守淮东，郭振守淮西，赵撙次信阳，李道进新野，吴拱与王彦合军于商州，吴璘、姚仲以大军出关辅"。而比起纸面上所动用的庞大兵力之外，这次寄希望于一举收复中原的军事行动竟毫无后勤支持，一切都寄希望于"因粮于敌"——"因长安之粮以取河南，因河南之粮而会诸军以取汴"。而之前一直拒绝拨款的王之望更是打着"军兴费广"，要求百姓"踊跃捐款"以支援前线。

就在前线宋军谋划启动全线攻势的同时，在远离战场的临安，宋高宗赵构却正自编自导着一场禅让大典。赵构早年育有一子，但不幸早夭。迫于宗室的力量，赵构收养了与自己毫无血缘关系的宋太祖赵匡胤八世孙赵昚为养子。但公元1162年7月24日，年仅55岁的赵构却突然宣布

　　　　　　　　　　　　　　　　　　　　　　　苍狼逐鹿

"倦政"，传位于太子，多少还是出乎了很多人的意料之外。虽然后世从健康、伦理等多方面分析赵构退位的原因，但却往往忽视了其背后复杂的政治谋划。

长期以来史学家都认为赵构在其执政后期，面对朝野之上秦桧及其党羽的大权独揽始终处于尴尬的地位。元人所著《宋史》更宣称秦桧"劫制君父、包藏祸心"，其淫威甚至到了"桧死，帝方与人言之"的地步。但这一说法显然与秦桧死后，赵构对其的一系列评价相冲突。如果说公元1155年11月19日，秦桧死后次日赵构对其"力赞和议，天下安宁。自中兴以来，百度废而复备，皆其辅相之力，诚有功于国"的评价还可能是违心之言的话，那么一年之后赵构还公开对臣僚们表示："两国和议，秦桧中间主之甚坚，卿等皆预有力"，就显然是盖棺定论了。

事实上赵构和秦桧固然存在着君权和相权之争，但两人的施政理念却是相近的。这一点清康熙帝玄烨可谓洞若观火，他在《宋高宗父母之仇终身不雪论》中说："偏安社稷，犹存一线之脉络，若为雪耻复仇，同死于国难者，尤不知于明末同乎？异乎？"因此为了压制朝野的主战派，赵构需要秦桧这样的政治打手和代理人，而秦桧同样需要赵构的支持和认可。但无论是赵构和秦桧都很清楚，南宋朝野的"复兴"热情并不是靠强力打压便能瓦解的。而其最终的反弹也必将吞噬这对君臣，正因为如此，秦桧在其临终前上《遗表》中还希望赵构能"谨国是之摇动，杜邪党之窥觎"。所谓"邪党"自然指的就是秦桧长期打压的"主战派"。

秦桧死后相当长的一段时间里，赵构都试图延续其政策。而所谓"秦党"也继续在朝堂之上发挥着作用。但是完颜亮的南征彻底改变了南宋政府内的力量对比，为了充实抗金力量，赵构被迫启用和平反大批曾遭受秦桧迫害的"主战派"人士。以赵构的政治眼光自然不会不清楚随即而来将是一场对"主和派"的反攻倒算。"自打耳光"这种事情历代为最高统治者所忌讳，正因为如此，赵构才选择了在即便是今天仍不到男性法定退休年龄的时候"退居二线"。当然身为太上皇的他依旧有遥控政局的能力，但无论未来宋金战争如何走向，隐匿于幕后的赵构都要从容得多。

南宋两代领导人的政权交接虽然平稳，但极大地影响了前线宋军的进攻部署。被后世称为宋孝宗的赵昚，虽然表面上替岳飞、韩世忠等中

今天吴玠、吴璘兄弟的塑像

兴名将平冤昭雪，但却第一时间要求正在川陕一线筹备收复中原的吴璘班师，对此吴璘的部下很不理解，纷纷高呼要"将在军，君命有所不受"。对此吴璘本人倒是很平静，他说："主上初政，璘握重兵在远，有诏，璘何敢违。"而仅仅是为了证明自己的忠诚，吴璘付出的代价不仅是丢失了此前收复的三路十三州，更在金军的追击中损失了数万人马。

吴璘兵团突然撤出川陕战区的举动，令金帝国方面重新掌握了战场的主动权。集结于中原地区的金重兵集团开始重新向两淮地区进击。而南宋朝堂上此时却还在为应该先发制人还是被动防御而争执不休，之所以出现这两种截然相反的意见不仅是传统"主战派"和"主和派"的分歧，更是新旧势力的政治碾轧。代表"主战派"是曾长期受到秦桧压制的三朝老臣张浚，而这一次站在他对立面的是深受宋高宗、宋孝宗父子器重的参知政事史浩。而两人的针锋相对，从一次朝堂争论便可管窥一二。张浚说："中原久陷，今不取，豪杰必起而收之。"史浩则反驳说："中原必无豪杰，若有之，何不起而亡金？"面对这种诡辩，张浚只能解释道："彼民间无寸铁，不能自起，待我兵至为内应。"谁知道史浩继续无耻地回击说："（陈）胜、（吴）广以锄耰棘矜亡秦；必待我兵，非豪杰矣。"

正是在南宋政府内新晋"主和派"的掣肘之下，张浚于虹县、灵壁一线发动的小规模反击很快便因后援不续而败北。后撤的宋军在符离一线遭遇重创，除了兵员损失之外，更丢弃了大量装备和辎重，史称"符离之溃"。面对前线的败局，赵昚仍假惺惺的不许张浚辞职，摆出下诏亲征的姿态。无奈之下张浚只能改变立场，力主对金和议。经过近一年的外交磋商，宋金两国最终于1164年农历十二月正式签署和平协议，史称"隆兴和议"。由于协议正式生效时，南宋政府已经改元乾道，因此又被称为"乾道之盟"。

较之宋高宗赵构执政时代所签署的"绍兴和议"，南宋政府在"隆兴和议"唯一取得的实质性收益是将每年缴纳给金帝国的岁贡由银绢各二十五万两匹改为了各二十万两匹。但付出的代价却是全线放弃此前收复的海、泗、唐、邓、商、秦六州。其余诸如南宋对金不再称臣，改称叔、侄关系以及"岁贡"改称"岁币"则不过是口头便宜。而就在中原的苍生仰望着和平再度降临的同时，在遥远的北方，蒙古草原之上正悄然孕育着新的战争阴云。

尧舜之治
——完颜雍和赵眘治下的盛世和阴影

对于完颜雍和赵眘先后接掌金、宋两大帝国的君主，后世对其的整体评价都不算太低。史学家甚至将他们在位的28年以其年号和庙号分别称为"大定之治"和"孝宗中兴"。而横向比较两人的施政手段，更不难发现许多相似之处。如"勤政"：完颜雍"孳孳为治，夜以继日"、赵眘则"躬揽权纲，不以责任臣下"。如"治吏"：完颜雍"慎守令之选，严廉察之责"、赵眘则"严赃吏禁"。如"理民"：完颜雍"躬节俭，崇孝悌，信赏罚，重农桑"、赵眘则"均役法，严限田，抑游手，务农桑"。在两人的治理下，金、宋两国的社会治安也呈现了急剧改善的现象，在"家给人足，仓廪有余"的情况下，金帝国"刑部岁断死罪，或十七人，或二十人"，而南宋政府甚至多次出现"大理寺狱空"的现象。

按照封建时代对明君的要求，完颜雍和赵眘可谓都远超及格线。因此编撰《金史》《宋史》的元相脱脱曾盖棺定论的评价说："（完颜雍）号称"小尧舜"，此其效验也"、"宋之庙号，若仁宗之为'仁'，孝宗之为'孝'，其无愧焉！"但在给予高度评价的同时，脱脱也指出这两位统治者所取得的政绩主要还是缘于"南北讲好，与民休息"。而之所以出现这样的局面，除了"天厌南北之兵，欲休民生"之外，还得益于金、宋两国之间的战略平衡。"隆兴北伐"的失败，固然让赵眘认识到了"金国奔驰，无衅可乘，然易表称书，改臣称侄，减去岁币，以定邻好"。但完颜雍同样清楚地看到"宋人之和，终不可恃"，因此"每戒群臣积钱谷，谨边备"。正是金、宋之间这种微妙的力量均衡，使得两国边境地区维持了相当长的一段和平时光。

而外部环境的相对缓和也给了宋、金两国统治者梳理政权内部矛盾的时间窗口。自"靖康之难"以来，赵宋皇室赖以巩固政权的文、武两大支柱——士大夫政治和禁军系统均在南迁的过程中归于瓦解。宋高宗赵构执政时期虽然通过重用秦桧及其党羽压制了岳飞、韩世忠等"中兴名将"，收回了对军队的控制权。但权臣集团却尾大不掉，相权对君权的冲击日益显著。为了缓解这一局面，赵昚一方面频繁更换内阁班子，其在位28年，先后出任宰相的有17人，参知政事更达34人之多。而这还没有计算这些宰相、参知政事们被免职、外放又最终被召回中枢的反复。即便是战功卓著的虞允文、深受宠幸的史浩也都不免几起几落。

宋孝宗赵昚

而除了频繁更相之外，赵昚还有意恢复了宋代立国以来"异论相搅"的祖宗家法，提倡宰臣之间存在不同的政见，以此来让他们互相牵制。而除了在内阁中刻意制造对立之外，赵昚还大量启用自己的"潜邸旧人"参与军机大政。而对于这股被士大夫指斥为"近习"集团的政治势力，赵昚在利用其完成其制衡相权的目的后，竟也已被赵昚以结党营私之名赶出中枢。可谓翻手为云、覆手为雨。

在反复敲打士大夫集团的同时，赵昚也着手整肃军中宿将。长期把持川陕军政大权的吴玠、吴璘家族，最为"中兴名将"中硕果仅存的一支。吴氏一族统率蜀兵已达二十多年之久，而在抵御完颜亮南侵的过程中，吴玠之子吴拱还统兵出峡、东戍襄阳，一度升任鄂州驻扎御前诸军都统制、兼任湖北、京西制置使，其军中的地位不弱于"绍兴和议"前的岳飞。面对吴氏一族纵连蜀、荆，尾大不掉的态势，赵昚自然不免有芒刺在背之感。因此在其上台伊始，首先便下诏要求正在北伐途中的吴璘班师。此后又发动臣僚制造舆论，弹劾吴璘。无法自辩的吴璘只能在1165年自请入朝，面对赵眘、赵构两代国君假惺惺的安抚，吴璘用手中的兵权换取了"新安郡王"的封号和兴元一府的职权。与此同时，其侄吴拱也被召入中枢，授予了安远军承宣使、主管侍卫步军司公事的职务。

两年之后吴璘病逝，吴拱离开中枢，接管家族在兴元府的政治地盘。吴氏一族在军中虽然依旧有一定的势力，吴璘之子吴挺为赵眘所重用，在中枢和蜀、荆军区都担任过要职，但其影响力大不如前。而在全力打压吴氏一族的同时，赵眘也主动拉拢南宋军中的其他派系。在太上皇赵构的做媒之下，赵眘聘娶庆远军节度使李道之女李凤娘为自己三子恭王赵惇之妃。算是在军中打入了一个自己的楔子。李道虽然战功寥寥，但资格颇老。早年便跟随宗泽抗金，随后隶属岳飞麾下，担任选锋军统制，参与了岳飞的历次北伐作战。可惜的是李道的这个女儿李凤娘个性强悍，日后在宋室的后宫之中兴风作浪。令太上皇赵构和宋孝宗赵眘都颇为头痛。

除了为自己找了一个难以驾驭的儿媳，为自己将来的退休生活埋下祸根之外。赵眘对待宗室和权臣之后的态度更可谓遗祸无穷。在宋人周密的笔记《齐东野语》中所曾记载了赵眘对自己兄长赵伯圭的纵容。在明明知道自己的这个哥哥"不甚教子"、"若皆作郡，则近地州郡皆自家占了"的情况下，仍对其家族委以重任。而对此的解释，用赵眘的话说："何以用人？莫若以高爵厚禄，使之就闲可也。"正在秉承着这种"以高爵厚禄之惠，购上下勋贵之忠"的指导思想。南宋宗室、士大夫、军中宿将暮气日重，又陶醉在了"中外无事"、偏安一隅的升平景象之中。

如果赵眘的施政是有意压制南宋政府内锐意进取精神的话，那么完颜雍则始终在努力革除金帝国内部的女真贵族及汉族精英阶层的保守思潮。作为一个多民族国家，庞大的契丹和汉人族群无疑是金帝国内部最大的不安定因素。为解决这一问题，金帝国历代统治者曾做出过许多努力，但效果似乎并不显著。完颜亮大举南征之际，契丹牧民纷纷举义、中原地区的汉族精英投衅而起便是这一矛盾长期积累之下的总爆发。完颜雍虽然成功地凭借武装镇压度过了危机，但仍不得不在国家政策领域做出全面的调整。

在完颜亮统治时期，吸收渤海、契丹和汉族精英为官，打破女真族宗室贵族对政府职权垄断的改革便已经悄然启动。但由于完颜亮个人性格的缺陷，这项改革操之过急，各方利益集团相互碾轧，最终导致连场血腥的政治清洗。完颜雍虽然继承了这一政策，但在政府内阁改组却遵循了循序渐进的原则，为兼顾各政治集团的利益。其在位期间，历仕宰执官中宗室完颜贵族7人，非宗室女真15人，汉族14人，契丹、渤海2人。基本形成了女真、汉族精英共治，渤海、契丹参政议政的局面。

而针对完颜亮激进的全盘汉化举措，完颜雍虽然也倾心于汉文化，但深知女真文化和猛安谋克制度才是完颜政权的立国之本。因此在其任内大力倡导女真文字。令女真人毋得译为汉姓，改汉姓或穿汉服。而在大力弘扬女真文化，勿忘旧俗的同时，完颜雍真正期望的还是恢复和强化猛安谋克的"战斗堡垒"作用。

事实上随着女真族封建化的日益发展，猛安谋克组织已经极为混乱。完颜亮罢免女真族世袭万户，废除上京路下的女真万户路，改置节度使的举措更进一步弱化了其作用。因此完颜雍执政伊始便重新推行猛安谋克的世袭制度，此后多次新授猛安谋克，并一再拘括汉人田地，分配给女真猛安谋克所属民户耕种或租佃，在确保女真族人经济地位的同时，还要求各猛安谋克官于农闲时督部人习武备、练骑射。

完颜雍之所以如此急于恢复猛安谋克系统的战斗力，除了出于应对与南宋对峙和冷战的需要之外，很大程度上还缘于北方蒙古诸部的军事压力。根据郑所南所著的《心史》中"金酋雍（完颜雍）立，仁慈，恕鞑旧罪，免征徙蒿指之法。时思乃祖旧恨，但望北射三箭泄余愤。如是十九年，鞑人孳育丁壮甚盛"的记载，完颜雍执政时期，金帝国似乎基本停止了对蒙古诸部的军事征讨。但之所以出现这样的情况并非是因为完颜雍的所谓"仁慈"，而是在金帝国武装力量的全面衰败之下的无奈之举。在镇压撒八、移剌窝斡所领导的契丹牧民起义之中，金帝国的骑兵部队已经无力与对手长期周旋，出现了"贼中马肥健，官军马疲弱，此去贼八十里，比遇贼马已惫"的现象。在这样的情况下，显然不能再指望金帝国远征军可以深入大漠草原对蒙古诸部实行"减丁"政策。

作为一个务实的帝国元首，完颜雍当然知道那所谓的"泄愤之箭"不可能阻挡蒙古诸部的滋扰。在竭力恢复女真族人战斗力的同时，一项声势浩大的国防工程在金帝国的北方全线开工。1165年农历正月，完颜雍下诏在泰州、临潢等边境地区修筑边堡60座，增派边防部队13000人。此后又多次下令增筑边堡、配置守备部队。关于这道防线，史学家有人称之为金长城，但更多的时候，相关的研究者们还是习惯称其为"金界壕"。由于大多兴筑于较为平缓的草原地带，因此金帝国的边防系统，无法像传统的长城那般依山而建，只能掘地为壕。而宽达30—60米的界壕之后再修筑5—6米的边墙，而在界壕和边界的基础之上，再隔5—10千米筑一边堡，用于驻兵屯粮。

对于金界壕的修筑，长期以来史学界的非议都大于肯定，甚至在完颜雍在位期间，丞相李石和纥石烈良弼便联名反对。认为"北俗无定居，出没不常，惟当以德柔之。若徒深堑，必当置戍，而塞北多风沙，曾未期年，堑已平矣。不可疲中国有用之力，为此无益"。迫于官僚系统的压力，完颜雍亲自主导的金界壕工程最终草草下马。直到1197年，在金帝国西北路招讨使独吉思忠的主持之下，才将这项"中间堡障，工役促迫，虽有墙隍，无女墙副堤"的半吊子工程进一步修缮完成。

必须指出的是，"金界壕"的修筑并非始于完颜雍，而在其身后金帝国统治者也不得不在争议声中重新上马该项工程。而"金界壕"所起到的作用，更不能单纯的从军事角度予以考量。长期以来，中原政权抵御游牧民族入侵，最佳的防线莫过于燕山——阴山山脉，历代长城也大多依托于此。但金帝国所面临的国家安全形势，却迫使其必须控制蒙古草原，以保障己方战马供应。因此不得不以界壕保护其牧群和草场。而金界壕的建立，除了可以有效地抵御蒙古诸部的袭扰之外，更成为了金帝国招揽草原民族内附的最佳国力展示。

在完颜雍执政时期，1175年隶属于乃蛮系统的"粘拔恩"部3万余户的内附，何尝不是艳羡于金界壕之内的安定。而蒙古诸部的领袖如克烈部部长脱斡邻勒、汪古部白厮波及未来的成吉思汗铁木真，之所以都曾一度接受过金帝国的册封，循例缴纳岁贡，又何尝不是缘于无力攻破界壕，只能以朝贡贸易获得所需物资的理性选择。当然另一方面金界壕的建立在堵塞蒙古诸部原本南下劫掠的同时，也加速了其内部的矛盾。蒙古草原之上原本群雄并立的局面，正是在金界壕建立之后逐渐演化为了诸部争雄，最终孕育出了强大到足以摧毁金帝国边防系统的蒙古帝国。

1179年农历四月，对于坐落于华北平原之上的金帝国首都燕京而言，已是柳丝芳菲，桃飘李飞的暮春时节。56岁的完颜雍按照惯例，向各政府机关下达了准备北巡的诏令。"春水秋山、夏冬捺钵"本是契丹、女真这样的游牧、渔猎部落的本色。何况要去的地方也并不算太远，一想到位于西京路桓州（今河北省沽源县）的金莲川此时水草丰美的景象。虽然已经不再年轻，但完颜雍的心中依旧难以遏制那策马奔腾的冲动。

完颜雍第一次前往金莲川是在11年前的1168年。面对着这片昔日契丹达官贵族的游猎避暑之地，完颜雍兴致颇高的亲自将其原名"曷里浒东川"改为"金莲川"。完颜雍此举固然是因为当地遍布着一种花大色黄的金莲野花。更是取"莲者连也，金枝玉叶相连之义"。将这片草场作为沟通金帝国燕山南北的纽带。此后完颜雍每隔数年必将巡幸当地，史料中虽然没有详细记载其在巡幸过程中的政治活动，但依照封建帝王的行为惯例，少不得要召见一些当地文武官员、内附的游牧部族首脑。但是这一次完颜雍的诏令刚刚下达，便收到了一封劝谏表疏。

写这张谏表的人名叫梁襄，来自山西绛州（山西省新绛县）。大定三年进士出身，此时担任完颜雍第七子薛王完颜允济的王府秘书（掾吏）。从梁襄的从政经历和此时所担任的职务来看，金帝国对其还是颇为信任和重用的。他如果能够安心本分的工作，日后完颜永济登基为帝之时，梁襄未必不能捞个六部主事甚至左丞右相的高位。但此时的他不知道是耐不住寂寞还是的确不吐不快。洋洋洒洒的写了一篇《谏北幸》递了上去。

从《谏北幸》开篇部分所谓"金莲川在重山之北，地积阴冷"的表述来看，梁襄应该没有去过那里。但这并不影响其大发宏论。认为完颜雍的北幸之举不仅皇帝自己"离弃宫阙，远事巡征，其祸遂速"，而即便皇帝没有危险，随行的百官禁军"饥不得食，寒不得衣，一夫致疾，染及众人，夭伤无辜，何异刃杀"。即便随行人员没有危险，"辎重浩穰，随驾生聚，殆逾于百万"的巨大财政开支也实属没有必要。最后还高屋建瓴的将完颜雍的北巡比作隋炀帝下扬州和完颜亮南征。将自己说成是阻止唐太宗行关南、汉文帝驰霸陵的魏征和袁盎。面对这样一篇雄文，完颜雍也只能叫停了北巡的工程，同时不得不以敢于直谏的名义，升任梁襄为礼部主事。不过完颜雍还是委婉地提出了自己对巡幸的看法："治乱无常，顾所行何如耳。岂必深处九重便谓无虞，巡游以时即兆祸乱者哉！"

　　类似梁襄这样的举动，其实在汉族士大夫的历史中并不罕见。在无法以政绩求表现的时候，以直谏搏闻达可谓是最常用的求官手段。事实证明梁襄的政治才干实在一般，其后其在监察御史、地方刺史、节度使的岗位表现都不过平平。但他的名字和《谏北幸》的文章却最终为《金史》所载，甚至被认为是"大定间人才辈出，文义蔚然"的论据。但恰恰就是在这种所谓的"君明臣直，不以言为忌"的政治氛围之中，金帝国统治者的手脚被逐渐束缚。梁襄《谏北幸》之后的十年里，完颜雍虽然依旧多次出巡。但随着1187年完颜雍出巡金莲川时，首都燕京发生地震之后。金莲川这个地名彻底消失在金帝国统治者出巡的名单之中了。

　　数十年之后，南下的蒙古大军以金莲川凉陉驻扎，修整军队之时或许

今天依旧"遍地金莲"的坝上草原

并不知道他们脚下曾是金帝国君主避暑之所。而 1251 年受命总领漠南军国庶事的铁木真之孙忽必烈开创金莲川幕府并最终将当地确立为未来蒙元帝国的上都时，恐怕更不知道曾有一个名为梁襄的腐儒，认定这里是"五谷不殖，郡县难建，盖自古极边荒弃之壤"。

草原危途
——乞颜部内讧和铁木真童年时代的磨难

在完颜雍被迫取消北幸金莲川的同时，一个蒙古乞颜部的贵族少年正在为营救自己的新婚妻子而焦急奔走着。他就是也速该的长子——孛儿只斤·铁木真。对于此时年仅18岁的铁木真而言，他的命运可谓多舛。孤独、流浪、贫苦、被掳，诸多困难的经历从9年前他的父亲也速该离奇死亡后，便如影随形地纠缠着他。铁木真原以为一切的痛苦，随着自己迎娶弘吉剌部的女孩孛儿帖将宣告终结。却不曾想等来的却是更为可怕的屈辱。世人无法知晓此时心急如焚的铁木真是否对他早逝的父亲有过怨恨。毕竟在他看来如果也速该当年没有饮下那杯塔塔尔人的毒酒，那么他的人生将会截然不同。但遵循唯物史观的原则，我们却不得不认为也速该的死和铁木真早年所经历的磨难均是一种必然。

虽然按照南宋史料的说法，忽图剌屡挫金帝国远征军的兵锋，自封祖元皇帝，建元天兴。但对于仍处于部落经济时代的蒙古部而言，忽图剌依旧只是一个草莽英雄。他的权威既得不到其他草原民族的尊重，更无法通过血统得以传承。早在其继承俺巴孩的酋长之位时，蒙古乞颜部内便有人宣称："汝等公议立罕，则事可定。否则必有内乱。"而在忽图剌死后，蒙古乞颜部内部长期没有确立领导核心。出现"诸部各立部长，不相统属"的局面。

曾常年跟随忽图剌南征北战的也速该，或许一定程度上继承了忽图剌在乞颜部中的军事领导地位，更可能拥有着同时代蒙古诸部贵族中少有的战略眼光。在忽图剌死后不久，他便中止了与塔塔尔部的长期战争，转而投身于克烈部的内战之中。在连续为蔑儿乞部和塔塔尔部所重创之

当地蒙古历史油画长卷之《也速该之死》

后，克烈部酋长忽儿扎胡斯被迫长期依附于乃蛮部。忽儿扎胡斯死后，其两度为敌国掳走的长子脱斡邻勒始终摆脱乃蛮部的控制，但却为自己的叔叔古尔所驱逐。对于脱斡邻勒而言，此时蒙古草原"五大兀鲁斯"中，乃蛮—克烈联军是敌人，而蔑儿乞和塔塔尔同样是仇寇。唯一可能向其伸出援手的唯有乞颜部。因为也速该出兵支持其夺回本属于自己的汗位，对于脱斡邻勒而言无疑是再造之恩。

成功帮助脱斡邻勒归国复位之后，克烈部随即成为乞颜部西线最为得力的盟友和屏障。为了实现自己心目中的大战略，也速该开始在自己的部族东部活动。而其首先想到的自然是长期与乞颜部有着姻亲关系的弘吉剌部。依照《蒙古秘史》的记载，也速该向弘吉剌部的求婚之旅，完全是铁木真"未来岳父"特薛禅主动"倒贴"。也速该和特薛禅在路上偶遇之后，特薛禅一见铁木真就异常中意，各种面相、吉梦的大吹一气，非要说铁木真是自己家族的贵人。但综合事态后续的发展，却不得不说也速该此行与其说是求亲，不如说是送质。年仅9岁的铁木真远未到婚配的年龄，却要以"倒插门"的形式寄居于特薛禅的家中。而也速该对此举也颇为不舍，甚至临走前还特意关照和叮嘱说："我儿子怕狗，休叫狗惊着。"不过谁也想不到这个9岁还怕狗的小男孩在时势的运转之后，最终对着自己的部下们说出了："男子最大之乐事，在于压服乱众，战胜敌人，夺取其所有的一切，骑其骏马，纳其美貌之妻妾。"

也速该在离开弘吉剌部之后，又参加了一场塔塔尔人的宴会。对于此事大多数记述都依照《蒙古秘史》的说法，认为是一场偶遇。但以乞颜部与塔塔尔部常年交恶的情况来看，也速该不可能在毫无准备的情况下，因为"口渴"就参与对方的宴会。或许求亲于弘吉剌、会宴与塔塔尔本就在也速该的日程表中。而以草原部族交锋的游戏规则来看，塔塔尔人如果要谋害也速该似乎也没有下毒的必要。毕竟他们曾明火执仗的绑架过乞颜部的首领俺巴孩，直接在宴会下杀了也速该也并非难事。何必采用一种三天之后才能置人于死地的慢性毒药？

无论如何，也速该最终死在离开塔塔尔部领地回家的路上。而临死之前，他没有将自己的家人和财产交给自己的亲属打理，而是嘱托了一个名叫"蒙力克"仆从尽快从特薛禅家中接回铁木真，并照顾自己留下的孤儿寡母。也速该的遗嘱虽然简单，但至少透露出两方面的问题。一是他对乞颜部内的亲属并不信任，二是此时他在自己的部族内部已经形成了相对稳定的管理体系。而这两点无疑都在将来乞颜部的分裂中起到了作用。

也速该死后，蒙力克虽然悉心的"照顾"其家族，甚至一度迎娶了也速该的遗孀诃额伦。铁木真因此曾长期尊称其为"额赤格"（养父）。但在乞颜部内，诃额伦始终是也速该势力的代言人。而其与其他贵族之间的冲突，最终导致了其家族为部族所抛弃和孤立。整个事件源于一次祭祀活动，在一年春天祭祖的大典，诃额伦由于迟到而没有分到胙肉、供酒。

自也速该去世之后的长期积怨最终令她将矛头指向了主持家族内部事务的俺巴孩两位遗孀，诃额伦有足够的理由愤怒，她说："也速该虽然

苍狼逐鹿

当地蒙古历史油画长卷之《乞颜诸部离散》

死了，但他的儿子们终将长大成人，今天不分给我们肉干，明天是不是就要抛弃我们？"这一事件令原本没有貌合神离的俺巴孩派系与也速该部族的彻底决裂，俺巴孩的两位遗孀第二天就移营而去，也速该的部族很多也跟随着她们一起移动，诃额伦不得不高举着自己亡夫的军旗前去追赶。

也速该生前对自己亲属的不信任，令其部族在瞬间分崩离析，连铁木真的叔叔脱朵延也最终决定率众离去。铁木真的后爸蒙力克和他的继爷爷——察刺合竭力挽留却只换来了脱朵延一句："深池已涸，坚石已裂，留复何为"的回答。或许是恨蒙力克霸占了自己的嫂子，脱朵延随后还捅了察刺合一枪。这位可怜的老头不久便因伤去世了。而此时尚未成年的铁木真除了大哭一场别无他法，毕竟在无情的草原之上，依附强者自古以来便是唯一的生存法则。

必须指出的是乞颜部的分裂，固然带走了也速该昔

被掳走后身戴木枷的幼年铁木真

日强盛的部族内的大半领民。但铁木真及其几个兄弟姐妹继承了其父乞颜部贵族的身份及其势力范围，其童年生活虽然清苦，但渔猎牧马本是当时蒙古族少年的本分。即便也速该在世，其物质生活也未必会丰富多少。而正是因为忌惮也速该生前在蒙古诸部中的影响力，俺巴孩派系所形成的泰赤兀氏酋长塔儿忽台才兴师动众的出兵将铁木真掳走。从泰赤兀氏和铁木真家族交手的过程中来看，他们未必是想剿灭这支同宗，更多的是想将铁木真扣为人质。塔儿忽台虽然在草原之上人送外号"乞邻勒秃黑"，是个喜欢玩木枷的"好汉"。但他抓到铁木真之后，也只是让其轮宿于各家之中，并未加害于他。而在泰赤兀氏亲贵锁儿罕·失剌及其子赤老温、其女合答安的帮助之下，铁木真最终顺利逃脱。

为了躲避同宗的泰赤兀氏追杀，铁木真将自己的牧场迁徙到蒙古高原腹地的肯特山脉脚下。在此后的一段时间里，铁木真母子逐渐重振了也速该的部族。与同被乞颜部边缘化的札达兰部结为攻守同盟。正是有了雄厚的政治资本，铁木真才再次向弘吉剌部求婚。迎娶和自己早有婚约的特薛禅之女孛儿帖。而面对妻子陪嫁的黑貂裘，铁木真却选择了将它作为投资送给了邻近的克烈部酋长脱斡邻勒，脱斡邻勒随即收铁木真为义子。脱斡邻勒倒未必是稀罕一件黑貂裘，而是看重身为弘吉剌部之婿、乞颜部新贵的铁木真身后所代表的政治力量。可惜的是克烈、乞颜部的世仇——蔑儿乞部对这一切同样洞若观火。

1178年，铁木真新婚后不久，蔑儿乞部的首领脱黑脱阿率三百骑兵来袭。猝不及防的铁木真家族四散奔逃，混乱之中孛儿帖被蔑儿乞人掳走。从事态后续的发展来看，依旧处于一盘散沙状态的蔑儿乞部将此事简单的理解为"当年也速该抢了我的弟妹，今天我抢他的儿媳，也算是报了仇了。"虽然是"强盗逻辑"，但脱黑脱阿自认师出有名，因此事后并没有做好应对苦主反击的装备。而反观铁木真，在孛儿帖被掳之后，他并未第一时间动员家族成员投入追击。而是积极的奔走于克烈部、札达兰部之间。最终纠集了一支数万兵力的联军，将草原上约定俗成的"抢亲纠纷"升级为了一场部族决战。

公元1179年夏，乞颜—克烈—札达兰三部联军强渡勤勒豁河，突袭不兀剌草原之上的蔑儿乞部营地。脱黑脱阿虽带着少数精锐突围，但蔑儿乞部经此一役之后元气大伤。昔日参与过突袭铁木真营地三百壮丁被悉数屠戮，而其余的妇孺儿童则被收为奴隶。而在乱军之中，铁木真也找到了自己被掳的妻子。被蔑儿乞惕部俘获的孛儿帖被许配给了脱黑脱阿的弟弟赤勒格儿，根据《蒙古秘史》的说法，赤勒格儿不仅对孛儿台颇为尊重，甚至在铁木真率领自己和扎木合的联军杀入蔑儿乞惕部之时后悔的表示："我不过是一只只配吃残皮剩肉的乌鸦，如今却妄想吃大雁和仙鹤。正因为我这个面目丑陋的赤勒格儿，触犯了尊贵的后妃，才招致了全蔑儿乞的灭顶之灾。"不过这样的迟到的忏悔并不能改变孛儿帖在被俘期间和赤勒格儿的夫妻之实。而被铁木真大军"迎回"的孛儿帖已经身怀六甲更是一件令铁木真无比苦恼的事情。

在没有亲子鉴定的情况下，铁木真只能向和孛儿帖一起被掠走的女仆豁阿黑臣询问。虽然身份卑微，但是站在女性的角度上豁阿黑臣还是慷慨直言地回答道："糊涂的男人，连自己都不知道，我怎么会知道。"这句话与其说是在为孛儿帖开脱，不如说是在向铁木真控诉，既然你无力保护自己的妻子，那又有什么资格去质疑对方的不贞呢？而事实上另一位在蔑儿乞惕部的入侵中被掠走的铁木真家族的女性也用自己的行为向世人表达了一个女人委身于敌的内心煎熬，她就是也速该的别妻、铁木真同父异母的弟弟别里古台的母亲，因为没有脸面再见自己的儿子，她选择了遁入森林之中，或许也真因为有了这样的前车之鉴，铁木真选择了善待自己的妻子以及那个血统存疑的长子。

关于铁木真长子的血统，史学界争论不一。其中有个有趣的现象，蒙古及西方的史料之中似乎都比较偏向于他是铁木真的妻子孛儿帖被掳和赤勒格儿所孕育的"爱情结晶"。而由于特殊的文化背景，中国的史料之中则喜欢渲染孛儿帖在被劫持之前便已经身怀有孕，甚至不惜将赤勒格儿美化成蒙古"柳下惠"。不过这个问题既然铁木真本人也搞不清楚，大家似乎也不必太过于深究。铁木真在迎回自己的妻子孛儿帖的回师途中，这个孩子突然降临。由于军中没有初生婴儿用的襁褓，孛儿帖只能用搏面的器皿装着自己的骨肉将他带在马上。初为人父的铁木真显然觉得这小子挺麻烦的，于是抱怨说："此不速之客也。"随即为这个"来路不明"的男孩起名为蒙古语中意为"客人"的"术赤"。

铁木真虽然最终包容了术赤，但对于和自己自幼一起长大的"安答"札木合的关系却日益复杂。在击败蔑

招降纳叛、充实实力的铁木真

苍狼逐鹿

儿乞部之后的相当长的一段时间里，铁木真和札木合部合营放牧。有一次兄弟两人同游忽勒答合儿崖。札木合随口说了一句："我们依山居住，牧马的人可得帐房住；靠水居住，放羊的人可得饮食。"这句话看似平平无奇。但是铁木真的妻子孛儿帖却提醒自己的丈夫："扎木合是一个喜新厌旧的人，这是在讨厌我们了。"在这股枕头风的吹拂之下，铁木真连夜率领部众离开了札木合的牧场。向西返回了自己昔日的牧场。这对异姓兄弟的决裂由此开始。

对于札木合这段话所代表的含义，后世的历史学家给出了多种解释。其中最为离谱的或许是苏联历史学者符拉基米尔佐夫。他说这段话代表了札木合同情普通牧民，而代表蒙古贵族势力的铁木真及其妻子对这种思潮很反感，因此下定了和民主倾向的札木合闹分裂的决心。而比较主流的观点还是认为札木合是在向铁木真表达：咱俩各有各自的情况，应该分开来各奔前程。但在笔者看来札木合这段话之所以引起铁木真和孛儿帖的警觉，主要还在于札木合说这番话时，已经俨然将自己凌驾于铁木真之上。继续合营放牧，铁木真及其部族将失去其独立性。

铁木真离开札木合的营地之后，首先扑向了同宗的泰赤兀氏。有了蔑儿乞人的前车之鉴，塔川忽台只能移营躲避铁木真。而大批乞颜部的贵族及附庸随即重回铁木真的麾下，甚至札木合的同胞兄弟豁儿赤也跟着铁木真跑了。按照豁儿赤本人的说法，他和扎木合是"同母而异族"，之所以出现这样的情况是因为札木合的母亲也是札答阑部的首领从其他部落抢来的女人。正是由于这一点豁儿赤得以在投靠铁木真时吹嘘自己其实是铁木真的远亲，因为毕竟札木合的母亲之前跟过谁，没有人有确切的记录。

之所以投靠铁木真，豁儿赤的理由是"神人托梦"，豁儿赤的这个梦说起来不仅荒诞而且无聊，主要是关于一头草黄色的母牛撞了札木合的房车，随后又拉着车子跟铁木真跑了。不过豁儿赤却说这是"天地相商，神牛载国"。比起中原文化什么神龙、旭日之类的祥瑞来，豁儿赤的"造梦"能力实在不怎么样。这种虚无缥缈的说法本来也经不起推敲。不过铁木真当时羽翼未丰，的确需要豁儿赤这样的人来向草原展示自己的慷慨，于是不仅接纳了他，还许诺将来自己成为了大汗，将册封豁儿赤为万户那颜。不过豁儿赤还不满足，要求铁木真允许他娶多位蒙古美女，使他成为拥有三十个妻子的人。正是这种广纳贤才、善结盟友的政治手腕，最终令铁木真在草原上赢得了"以己衣衣人，以己马乘人"的威名。将昔日的草原霸主—扎木合、塔而忽台、脱斡邻勒等人一一埋葬。

第二章　肯达山南

继承者们

——金章宗完颜璟和宋光宗赵惇的继位之路

公元1189年1月20日，67岁的金帝国统治者完颜雍病逝于首都燕京的福安殿中。作为一个政治上颇有建树的君皇，完颜雍很早便对自己的继承者展开了挑选和培养。完颜雍育有九子，其中最为受宠的是嫡长子完颜允恭。1162年，完颜雍刚刚登上帝位便立其为太子，期望之高可谓溢于言表。但从金帝国当时的政治环境来看，醉心于儒家文化的完颜允恭并非是继承帝位的合适人选。在身为太子的23年时间里，完颜允恭花了大量的时间用于研究汉字典籍，甚至"燕闲观书，乙夜忘倦，翼日辄以疑字付儒臣校证"。而对于自己的儿子的汉化趋势，完颜雍不仅没有及时纠正，相反还挑选优秀的儒生为其侍读。对此身为太子太保的宗室重臣完颜爽颇为不爽的表示："殿下颇未熟本朝语，何不屏去左右汉官，皆用女真人。"完颜允恭表面上只说自己做不了主，私底下却揶揄完颜爽没有学问。

由于传世的文章不多，完颜允恭文采究竟如何并无定论。但其擅长丹青，尤工画人、马及墨竹，却是世人所公认的。身为储君有点文艺气息本不是什么坏事，但如完颜允恭般太过痴迷诗画不免会耽误政事。元人王逢曾作诗讽刺说："金家武元靖燕徼，尝诮徽宗癖花鸟。允恭不作大训方，画马却慕江都王。"除了专情于自己的业余爱好外，完颜允恭还表现出一个储君所不应有的迂腐，他曾向一位前往山东的政府特派员询问民间疾苦，对方回答："钱难最苦。官库钱满有露积者，而民间无钱，以此苦之。"完颜允恭随即提出："钱在府库，何异铜矿在野。乞流转，使公私俱利。"完颜雍虽然表示赞赏，但让有关部门拿出相应办法后，此事就没有下文了。

1184年，完颜雍鉴于完颜允恭已经38岁了，有意离开首都燕京前往上京居住。让太子以"守国"之名代行首脑职权。完颜雍此举显然是让自己的宝贝儿子能通过这样的一段"实习"，尽快上手政府工作。但空前的精神压力却令完颜允恭很不适应。在一段"移晷忘倦"的高强度工作之后，完颜允恭的健康状况每况愈下，只能将自己的儿子完颜璟派去上京请爷爷回来主持工作。而完颜雍尚未抵达燕京，完颜允恭便一命呜呼。晚年丧子的巨大悲痛令完颜雍一路放声痛哭之余也不得不重新考虑自己的继承人问题，客观地说此时完颜雍仍在世的6个儿子之中富有政治才干的并不在少数。而其中因其生母不同，又以张元妃所生的"大阿哥"允中、"五阿哥"允功为一系、以李元妃所生的"六阿哥"允蹈、"七阿哥"允济、"八阿哥"永德为一系。因此唯一在诸兄弟之中没有党羽的"九阿哥"允成反倒成了继承皇位的热门人选。完颜允恭死后，完颜雍一度任命"九阿哥"完颜允成为中都留守，处理治丧事务。但最终完颜雍还是选择隔代传位，立完颜允恭之子完颜璟为皇太孙。

对于完颜璟从政道路的安排，完颜雍多少吸取了其对完颜允恭错误培养的教训。在正式确立其皇太孙身份之前，完颜雍首先安排自己这个17岁的孙子担任地方官员"判大兴府事"。随后又引入中枢担任尚书右丞相之职。而经历这些岗位的长期历练，完颜璟的政治手腕相较其迂腐的父亲要高得多。完颜雍过世后，完颜璟迅速打压叔辈诸王的政治野心，以谋反之名先后勒令已改为"永"字辈的大伯完颜永中、六叔完颜永蹈自尽。外放了颇有政治才干的五叔完颜永功、九叔完颜

完颜允恭所画的《玉花骢图》

永成。对无德无才、柔弱无能的七叔完颜永济、八叔完颜永德倒是颇为器重，以彰显自己厚待宗室。

在灵活处理了宗室矛盾之外，完颜璟也基本延续了祖父完颜雍"与民休养、重视桑农"的施政纲领。在其执政的第一周期——明昌年间，金帝国的人口超过5600万，财政大量盈余。府库充实，天下富庶，史家评为"宇内小康"。但作为一个帝国统治者而言，完颜璟毕竟太过年轻，其父完颜允恭对汉文化的痴迷随着时间的推移日益在其思想中发酵。其即位之后，除了进一步敬礼孔子、大兴科举、健全礼法之外，完颜璟还大举削弱女真猛安谋克系统的特权，明昌年间，猛安谋克不复世袭和武功的特权，而是要与汉族士大夫一样通过科举考试。此举固然促进女真贵族与汉族士大夫的日趋同一。但完颜雍曾苦心维护的女真族最后的战斗堡垒也归于崩塌。如果金帝国依旧处于太平无事的快车道上，完颜璟的这些汉化改革或许无伤大雅，但偏偏他即将面对却是无比复杂的多线战争。

首先登场与完颜璟对垒的是南宋权相韩侂胄，作为北宋名将、所谓"军中有一韩，西贼闻之心骨寒"韩琦的曾孙。韩侂胄的一生可谓"兴于后宫也亡于后宫"。韩侂胄的母亲是宋高宗赵构的患难妻子吴芍芬的妹妹。相传吴芍芬的父亲吴近在女儿降生之前，曾梦到一亭，亭子两旁遍种芍药，万绿丛中一朵红花，亭子的匾额上有"侍康"二字。吴近从梦中醒来，不明是何预兆。后来，十四岁的吴氏被选入宫，侍奉宋高宗赵构时，方才明白"侍康"的梦兆指得竟然是自己的女儿要去侍奉康王。

长大成人之后的吴芍芬不仅长得颇为标致，还胆色过人，时常扮演着保护和宽慰自己丈夫的角色，"常以戎服侍左右"。而在金帝国南下，赵构仓皇南逃的过程中，吴芍芬先是在四明以智慧和胆略哄骗了到处"问帝所在"的叛军。随后在宋高宗赵构乘船入海从定海（今浙江省镇海区）转赴昌国（今浙江省普陀区）途中，亲自用弓箭射倒了一名金帝国的游骑。更将有鱼跃入船舱的自然现象，引申为"此周人白鱼之祥也"。来宽解自己几乎走投无路的老公，随即被封为和义郡夫人。回到越州之后又进封才人。最终成为掌管后宫的皇后。

吴芍芬除了是个好妻子之外，还是一个不错的儿媳妇。赵构的生母韦太后由金帝国被释放南归之后，吴芍芬就负责侍奉太后起居，最终在朝臣请"累表请立中宫"之时，韦太后"亦为言"，力挺吴芍芬。1143年，吴芍芬正式由贵妃晋升为皇后。同时"追王三代，亲属由后官者三十五人"。可以说是得到了空前的殊荣。在这样的情况下，她的妹妹嫁入北宋政治豪门——相州韩氏也在情理之中。不过在韩侂胄失势之后，南宋政坛一度盛传其并非韩氏子弟，而是来路不明的野种。撇去这种有意抹黑政治对手的坊间流言不论。韩侂胄成年之后靠着家门荫蔽走上仕途，又迎娶了吴芍芬的侄女。在这段亲上加亲的婚姻之上，韩侂胄也算跻身皇室贵胄的行列，从此自然官运亨通。在宋孝宗赵昚执政末期，已经官至相当于中央办公厅副主任的"知阁门事"，而真正令其飞黄腾达的还是参与和主导了逼迫宋光宗赵惇退位的宫廷政变。

南宋首位真正意义上的皇后—吴芍芬

宋孝宗育有四子，和完颜雍一样，赵昚曾将未来继承大宝的希望寄托于自己的嫡长子赵愭的身上。可惜的是1167年，赵愭因庸医误诊，病逝于临安。赵昚在悲痛之余，不得不在自己的次子赵恺、三子赵惇之间重新物色太子人选。按照中国传统文化"有嫡立嫡、无嫡立长"的传位顺序，赵昚本应拥立年长的庆王赵恺，但经过一段时间的观察，赵昚认为庆王赵恺秉性过于宽厚仁慈，不如恭王赵惇"英武类己"，最终决定舍长立幼。此举在赵昚看来无可厚非，却不想在恭王赵惇心中留下了一个难以化解的心结。毕竟赵惇虽然身为太子，但朝堂之上还有一个正值壮年的老爹，临安之外还有一个颇得人望的哥哥，心中的忐忑可想而知。

入主东宫之后，赵惇竭力伪装自己。他勤奋好学，一举一动严守礼法，对父亲赵昚更是克尽孝道。老爸情绪好时，赵惇也"喜动于色"，赵眘情绪低落，赵惇也"愀然忧见于色"。父子还经常以诗会友，一个提醒自己的儿子要继承恢复故国的宏图壮志，另一个也竭尽所能地称颂父皇的功绩，努力表现自己的中兴大志。

恭王赵惇小心翼翼地做了十几年孝子，逐渐也年过不惑，却仍不见老爸有将皇位传给自己的意向，终于有些耐不住了。赵惇随即向宋孝宗赵眘试探性地说道："我的胡须都已经开始白了，有人送来染胡须的药，我却没敢用。"赵眘自然听出了儿子的弦外之音，但是却故意装作不懂地回答说："有白胡须好，正好向天下显示你的老成，要染须药有什么用！"赵惇在自己爸爸这边碰了钉子，只能转而求助于自己的奶奶——吴芍芬了。身为赵眘的养母，此时的吴芍芬虽然已经跟随老公赵构退居二线了，但对朝政仍有相当的影响力。更长期扮演着赵构、赵眘这对父子之间的传声筒和桥梁。

身为太上皇的赵构虽然已经是退休之身，但却依旧有大手大脚的习惯，有一次手头比较紧便借着喝酒问自己的养子要钱，赵眘当时喝多了便随口答应改天送钱二十万缗。但是过几天便就忘记了，太上皇赵构算算日子又不能再开口去要，只能向自己的老婆——吴芍芬打听。吴芍芬替养子开脱说："在此久矣，偶醉时奏，不知是银是钱，未敢遽进。"太上皇赵构倒也老实随即说："要钱用耳。"吴芍芬便拿出二十万私房钱先给丈夫花，赵眘知道后立即送了四十万缗给吴芍芬以感谢她"调娱父子之欢"。

面对这位精明过人的老太太，恭王赵惇很多话不用明数，他只是宴请吴芍芬吃了几餐时鲜美味，这位太皇太后便心知肚明，开始向赵眘暗示应该早点传位给太子，但得到的回答却是太子还需"历练历练"。1187年农历十月，做了25年太上皇的赵构因病去世。赵眘在悲痛之余也开始考虑到自己年事已高，对恢复中原也深感力不从心，因此他一改以往为先帝报丧以日代月的惯例，坚持守三年之丧，既表明他对赵构的孝心，也借机摆脱烦琐的政务。而在守丧之期接近结束之时。赵眘又召集宰执大臣，表示自己准备禅位给自己的儿子—恭王赵惇，大臣们都交口赞同，唯独知枢密院事黄洽不发一语，赵眘于是问他："卿意如何？"黄洽回答道："太子可负大任，但李氏不足以母仪天下，望陛下三思。"

黄洽是赵昚的心腹，曾被宋孝宗赵昚比喻为："卿如良金美玉，浑厚无瑕，天其以卿为联弼耶？"他口中所说的李氏指的是赵惇的太子妃——李凤娘。出身将门的李凤娘天性泼辣，虽然身处大内，却依旧难掩她那不安分的一面。经常因为争风吃醋而跑到自己的公公和公爷面前去投诉自己的丈夫和左右侍臣。对此已经退休的宋高宗赵构不厌其烦，只能对自己的老妻——吴芍芬抱怨受了道士皇甫坦的蒙骗而撮合了这门亲事："是妇将种，吾为皇甫坦所误。"而不忍自己宝贝儿子受气的赵昚则直接对李凤娘说："宜以皇太后为法，不然，行当废汝。"不过李凤娘似乎丝毫也感受不到压力，反而在恭王赵惇即位之后变本加厉。

按照常理来说黄洽这样的朝臣不应非议后宫之事。但想来是李凤娘的所作所为实在出格。他才不得不发出善意的提醒。在赵昚固执己见的情况下，黄洽只能表示："陛下问臣，臣不敢不言。他日陛下想起臣的这番话，再想见臣恐怕是难有机会了。"不过此刻赵昚还天真认为李凤娘虽然刁蛮骄横，但还不至于祸乱朝政，凌驾于皇帝之上，但事实却不幸被黄洽言中。

恭王赵惇即位之后，替他生下独子赵扩的李凤娘也自然顺理成章的成为了皇后。执掌后宫的李凤娘随即表现出空前疯狂的妒忌心。有一次，赵惇见他端水的宫女的手生得嫩白，随口说了一声："好！"第二天李凤娘就给赵惇送来了一盒"点心"，里面装的就是那位宫女的两只手，吓得赵惇当场心脏病发。对于小小的宫女尚且如此，其他和李凤娘雨露均沾的妃嫔自然也难逃她的打击。

在后宫之中地位仅次于李凤娘的是赵昚早年赐给自己儿子的宫女——黄氏，赵惇对黄氏宠爱有加，即位后便立为贵妃。但是在嫉妒成性的李凤娘眼中自己的丈夫越是宠爱的女人便越想除之而后快。于是她利用赵惇离宫祭祀之时，派人谋杀了黄贵妃，还谎称其是暴病而亡。黄贵妃被害的当天据说风雨大作，正在举行祭奠的太庙也"黄坛烛尽灭，不能成礼"。赵惇得到这一消息当即气得卧病在床。李凤娘又趁势将丈夫的另两个妃子——张贵妃和符婕妤赶出宫去，改嫁给平民。皇帝在和平时代被迫离婚恐怕也算是历史上绝无仅有的了。

气倒了自己的老公之后，李凤娘随即开始执掌朝政。不过李凤娘除了大肆追封自己的上三代为王，把自己家庙的卫戍部队数量增加到太庙之上。将自己的亲属、部下甚至是李氏门客都提升为官员之外。倒也没有什么更大的恶行。因此身为太上皇赵昚也只是出面劝说李凤娘对自己的老公好一点。当然口气颇为严厉："你不好好照顾皇帝，以致他病成这样。万一皇帝有何不测，我就灭了你李家！"但却不想引来了李凤娘一句："我与皇上是结发夫妻，名正言顺，又有何不可"的反击。

李凤娘虽然对赵昚曾经试图废黜自己的威胁怀恨在心，但是她再怎么蛮横也不能直接对自己的公公下手。不过李凤娘还是通过离间宋光宗赵惇来展开反击。应该说即位之初，赵惇对自己的父亲还是颇为孝顺的。他仿效孝宗侍奉高宗的先例，每月四次朝见重华宫，偶尔也会陪父亲宴饮、游赏。但是没过多长时间，赵惇便开始找借口回避这种例行公事，父子间的隔阂逐渐显现出来。对此南宋政府朝野上下倒是颇为八卦的干涉其皇室的私生活来。有一次赵惇独自率宫中嫔妃游览聚景园。大臣们对此议论纷纷，认为宋高宗赵构在世时，赵昚凡出游，必恭请自己的养父同行，而现在赵惇却连自己的亲爹都不要了独自出去游玩。

和讲究礼仪、看重孝道的大臣相比，后宫的太监却在李凤娘的授意下热衷于挑拨离间。有一次赵昚遣宦官赐玉杯给儿子赵惇，赵惇手握不稳，不小心打碎了玉杯。宦官回到重华宫，将事情的经过掐头去尾，只禀报说："皇上一见太上皇赏赐，非常气愤，连玉杯都摔碎了。"赵昚心中自然不快。此后赵昚出游东园，按例赵惇应前往侍奉，可到了家宴之时，却仍不见他的踪影。一向搬弄是非的重华宫宦官故意在园中放出一群鸡，

家庭地位低下的宋光宗赵惇

命人捉又捉不着，便相与大呼："今天捉鸡不着！"当时临安人称乞酒食于人为"捉鸡"，宦官们显然语带讥讽，暗指赵昚寄人篱下的处境。赵昚虽佯装不闻，但内心的愤怒与痛苦可想而知。

赵昚对自己儿子的诸多不孝虽然气愤，但是却依旧关心着赵惇的身体。某次赵昚求得一剂良药，准备在儿子前来朝见的时候给他，但是却被太监们曲解为："太上合药一大丸，俟宫车过即投药。万一有不虞，其奈宗社何？"李凤娘得知之后随即更加阻止自己的老公去朝见自己的父亲了。赵昚、赵惇父子失和，最终在1193年农历九月的重明节引发了朝臣们的大规模抗议。宰执、侍从，台谏三大系统连名请求赵惇去朝见自己的父亲。自称是东晋名臣谢安后裔的给事中谢深甫说得最为透彻，他说："父子至亲，天理昭然。太上之爱陛下，亦犹陛下之爱嘉王。太上春秋高，千秋万岁后，陛下何以见天下？"所谓的"嘉王"指的是赵惇的独子赵扩。以己度人的赵惇终于被感动了，准备带着百官去朝见自己的父亲。就在百官班列等待赵惇"驾朝"重华宫的时候，李凤娘突然挽留住了自己的老公，以"天寒，官家且饮酒"的名义将自己的丈夫留在了自己的宫中，对于这一情况百官和侍卫都"相顾莫敢言"。只有中书舍人陈傅良冲进去准备劝谏，结果被李凤娘一句："这是什么地方，你这个秀才不要脑袋？"赶了出来。陈傅良随即就跪在宫门外大哭，李凤娘随即派人去询问原因。陈傅良回答说："子谏父不听，则号泣而随之。"

事实上，宋光宗赵惇和自己父亲关系恶化的最重要的原因还在于帝位继承人的问题。面对赵惇的种种不孝，赵昚有意让赵惇将帝位传给自己的侄子——赵恺之子嘉国公赵抦。对于这一点宋光宗赵惇夫妻当然无法接受，而李凤娘更执意当面要求宋孝宗赵昚立自己的儿子赵扩为太子，理由还是"妾六礼所聘，嘉王，妾亲生也，何为不可？"

公元1193年，长期心情抑郁的赵昚终于病倒了，但身为皇帝赵惇仍一次也没有过宫探视。亲生儿子冷落自己到这种地步，宋孝宗赵昚心中充满了失望、忧郁与悲伤，病情急转直下。而太学生们听说赵惇竟然在父亲病危的情况下还在后宫玩乐，并不过宫省亲问疾，便写了一篇《拟行乐表》"周公欺我，愿焚《酒诰》于康衢；孔子空言，请束《孝经》于高阁"大肆讽刺赵惇的不孝无德。而群臣更是纷纷上疏自求罢黜，居家待罪"举朝求去，如出一口"，但赵惇依旧在下诏不准之余，漠视自己父亲的病情。

公元1193年农历六月，宋孝宗赵昚驾崩，赵惇仍然不顾百官奏请，连丧事也不肯主持，只得由太皇太后吴芍芬代其主丧。实际上，赵惇内心深处仍然畏惧着自己的父亲，他不相信宋孝宗赵昚已死，以为这是一个篡夺自己皇位的圈套。因此他不仅安居深宫，宴饮如故，而且担心遭人暗算，时刻佩剑带弓以自卫。对于这种反常的举动，世人都认为他是"疯了"。而就是在赵惇不敢参加的葬礼之上。朝野的不满最终在太皇太后吴芍芬的主持下，最终掀起了一场真正的宫廷政变。赶来参加自己祖父葬礼的嘉王赵扩被拥戴为帝。史称"绍熙内禅"。

赵扩继位颇具戏剧性。当太皇太后吴芍芬宣布让他即位时，他还没有心理准备，连说："做不得，做不得。"吴芍芬随即急了，命令左右说："拿皇袍来，由我亲自替他穿上。"赵扩又急忙拉住韩侂胄的手臂求助，还绕着殿柱躲避。吴芍芬最终不得不以太皇太后身份喝令赵扩站住，流着泪对他说："大宋王朝延续到今天不容易，难道你忍心让它完结吗？"韩侂胄也在一旁百般劝说。见到自己曾祖母的决定已经不可改变，赵扩才穿上皇袍，叩谢了太皇太后吴芍芬之余，嘴里还喃喃自语："使不得，使不得。"

宋宁宗赵扩即位之后，宋光宗赵惇与李凤娘随即升级为太上皇和太上皇后。这一结果虽然不是这对夫妻想要的，但也并非不能接受。不过宋光宗赵惇退休之后精神状况便始终不太好。经常回忆起过去的种种，因此时而瞋骂，时而痛哭。李凤娘这个时候倒是显得温柔体贴。不过经常隐瞒外面的消息，不想让自己的老公再受刺激。但是当宋宁宗赵扩登基大典的鼓乐传来，宋光宗赵惇还是忍不住问外面发生了什么事。李凤娘只好骗他说"市井为乐耳"。宋光宗赵惇这个时候长期的压制终于爆发了，愤怒地吼道："你竟然在这个时候还骗我？"1200年，李凤娘和赵惇先后在孤寂和恐惧中死去。而继承皇位的赵扩日子也并不好过，曾长期受到赵昚打压的士大夫和宿将集团此刻正与宗室力量展开一场全面的撕咬。但比起蒙古草原之上天翻地覆的变化，南宋朝堂之上的党争只能算是死水微澜。

成败两难
——"十三翼之战"中札木合和铁木真的政治博弈

  离开札木合的营地，驱逐了泰赤兀氏之后，铁木真基本已经控制了乞颜部的核心牧区。在部下"自发拥戴"之下，1189年铁木真自称蒙古乞颜部大汗。而为了维系与克烈部、札答阑部的关系，铁木真第一时间向脱斡邻勒和札木合通报了自己称汗的消息。脱斡邻勒没说什么，札木合却愤愤不平地表示："当年铁木真与我住在一起没分离时，你们为什么不立其为汗？如今你们立他为汗，又在动什么念头呢？"随后假借告诫信使的口吻，警告铁木真说："今汝等立吾安答为汗，其忠于所事，勿使疑汝等反复也。"至此铁木真与札木合的私人友谊算是走到了尽头。但对于铁木真而言，仍希望能竭力避免与札答阑的正面冲突，毕竟此时的他羽翼未丰，仍需要时间来休养生息。

  要为战争寻找借口，从来都不是难事。1191年，札木合以自己的部下给察儿为铁木真的部下所杀为由，纠集了十三部族联军向铁木真兴师问罪。应该说札木合的理由颇为牵强，给察儿之死完全是其越境盗马所致，纯属咎由自取。但这并不影响与铁木真家族有衅的乞颜部泰赤兀氏等部族踊跃加入札木合的联军。札木合虽然名义上得到了塔塔尔部的支持，但此次战役主要参战的各方仍以乞颜部氏族为主，因此可以视为乞颜部的内战。由于彼此之间沾亲带故，因此札木合的联军不乏铁木真的同情者，如亦乞列思部贵族孛秃因此前迎娶了铁木真的妹妹帖木伦而暗中派人向铁木真通报了札木合军中的情况。而更多的乞颜部氏族，则选择了两头下注。如朵尔边部便分裂成两股，同时加入交战双方。而有趣的是铁木真的养父蒙力克此时选择了投靠札木合，与铁木真父子为敌。

  札木合动员三万多骑兵，本意自然是效仿当年克烈—乞颜—札答阑三部联军一举重创蔑儿乞部的故事，毕其功于一役，一举消灭铁木真。但铁木真由于事先从自己的妹夫手中获得了第一手的情报，因此一方面可以从容动员自己手中的全部战力，另一方面也可以从容的选择战场。经过周密的考虑之后，铁木真选择主动迎击对手，将战场拟定在克鲁伦河上游的答阑·巴勒主惕地区。蒙古语中的"答阑"意为"七十"，"巴勒主惕"意为"沼泽地带"。从这一地名不难想见，该地区沼泽遍布，易守难攻。之所以挑选这样的战场，铁木真主要是考虑自己在悉数动员的情况下，也仅能出动13000骑的兵力，未及札木合联军的半数。因此在战略上采取主动的情况下，战术上则摆出被动防御的姿态。

虽然兵力上处于绝对劣势，但秉承着"输人不输阵"的心理，铁木真将自己的部队也编组为13阵。因此"答阑·巴勒主惕之役"又被称为"十三翼之战"。但编制上的对等并不能改变兵力的不均。双方正式交兵之后，铁木真很快便意识到了强弱不敌的事实，被迫主动撤出战场，退守斡难河源头的哲列捏峡谷。而此举显然并非是慌不择路，而是铁木真早有计划地候着。依靠着答阑·巴勒主惕地区沼泽对蒙古骑兵部队的迟滞作用，铁木真所部从容地脱离战场，随后在哲列捏峡谷的入口据险而守。当然这次战略转移也并非全无损失，但远不到伤筋动骨的程度。而留给札木合的却是一个尴尬的两难选择。一方面蒙古骑兵利于野战却短于攻坚，何况其麾下的十三部联军各有统属，谁也不愿意牺牲自己去替别人冲开哲列捏峡的谷口。另一方面当时蒙古草原的经济形态也无法支持数万大军的长期集结和对峙。因此札木合最终只能无奈地选择放弃对铁木真的围攻。

客观地说，札木合纠集十三部联军围攻铁木真的举措虽然最终没有功德圆满。但也多少确立了其乞颜部霸主的地位。札木合如果能够理性的处理自己同盟内部的分歧，耐心地利用铁木真一时雌服的机会，壮大自身的力量，在未来他与铁木真的角逐之中仍有很大机会。但其在回师途中劫掠乞颜部赤那思氏的领地，却最终将札木合推向了乞颜部公敌的深渊。

作为蒙古乞颜部的一支，赤那思氏在"十三翼之战"中投效于铁木真的帐下，在会战中自族长察合安·兀阿以下被俘者甚多。对于这些俘虏的处置，本是札木合收买人心的大好时机。但未能歼灭铁木真的失望，

令札木合选择支起七十口大锅，将赤那思氏的俘虏全部用煮杀的酷刑处死，将其族长察合安·兀阿的首领拖在自己的马后视众。作为一代霸主，札木合选择杀人立威本无可厚非。劫掠失败者的领地也是蒙古诸部"以杀戮为耕作"的风俗。但札木合选错了时机，更选错了方式。十三部联军此时本就对札木合的指挥有所指责，处决俘虏和赤那思氏那些微薄的战利品并不足以消弭同盟中的不满，反而加剧了诸部首领对札木合的不信任和恐惧。"十三翼之战"后，与赤那思氏沾亲带故的部族纷纷选择投靠铁木真。而一些原本依附札木合的铁木真亲属如蒙力克等更害怕打击报复，重新回到了铁木真的帐下。

后世对"十三翼之战"的评价，大多以铁木真虽败未败、札木合似胜非胜为结论。但事实上铁木真虽然战后招降纳叛，力量有所增长。但相较札木合的势力而言，仍力有不逮。毕竟札答阑部经历多年的营聚依旧是草原之上颇为强盛的势力，否则日后反铁木真联盟也不会再度推举札木合为"古儿汗"，在其指挥之下，再度与铁木真激战连场。真正令铁木真逐渐扭转力量对比的并非是少数乞颜部族背弃札木合的投效，而是一场与克烈部、金帝国联手剿灭塔塔尔部的战争。

《蒙古秘史》对这场战争的记述相对简单，只是说铁木真得知"汉地的金朝皇帝因为塔塔儿人蔑古真·薛兀勒图不顺服，命令军队前去征讨"。随后铁木真便派人联络克烈部酋长脱斡邻勒："我们要去夹攻那杀害我们的父祖的塔塔儿人！请汗父快来吧！"似乎这场战争是铁木真所主导。而战争的进程也异常的顺利，乞颜—克烈部联军很快便攻破了塔塔尔的营地，将其酋长蔑古真·薛兀勒图斩首。乞颜、克烈两部瓜分了其部众，可谓皆大欢喜。但综合金帝国方面的史料来看，这场战争却远非那么简单。

蒙古诸部对金帝国北方边境的威胁在完颜雍执政的晚期便已日益凸显。但在金帝国史料中主要提及的并非被称为阻卜的塔塔尔部，而是乞颜部的分支——合答斤氏、撒勒只兀惕氏。之所以出现蒙古诸部纷纷南下的态势，一方面固然是因为完颜雍执政时期，金帝国减少了对蒙古诸部武力征讨，导致其人口爆炸性增长，迫切需要更多的物资和生存空间。另一方面金帝国的北方防线——界壕系统，在完颜雍执政时期本就未建设完成，而随着时间的推移，更出现了界壕"为沙雪埋塞，不足为御"，边防部队因为"土瘠樵绝，于戍兵不便"而逐渐撤离的局面。面对名存实亡的金界壕防线，不仅北方的蒙古诸部可以轻易南下，原本内附的游牧部族也纷纷放弃了替金帝国戍边的职责，或率众北归、重回草原，或会合南下的蒙古诸部，当起了"带路党"。用金帝国官员董师中的话说："南北两属部数十年捍边者，今为必里哥孛瓦（乞颜部合答斤氏酋长）诱胁，倾族随去，边境荡摇如此可虞。"

北部边境地区的动荡自然引起了金帝国中枢的重视，但是从1189年到1194年之间，黄河连续三次决口所造成的水患，严重地牵制了金帝国有限的国力。因此面对军方"北边屡有警，请出兵击之"的倡议，完颜璟只能无奈地回答："今方南议塞河，而复用兵于北，可乎？"这一局面直到1193年，金帝国宗室完颜守贞出任相当于副总理的平章政事才得以改观。完颜守贞是昔日多次击败蒙古诸部的女真名将完颜希尹的孙子，其对北方游牧民族的作战习惯有着深刻的认识。他向完颜璟进言："彼屡突轶吾围，今一惩之，后当不复来。"并且提出"惟有皇统以前故事，舍此无法耳"。也就是建议像完颜亮执政前那样对蒙古诸部采取越境打击的模式，才能维持金帝国北部边境的长治久安。

完颜守贞的意见得到了金帝国军中女真将帅的鼎力支持，毕竟和平是军人的坟墓，在完颜璟的汉化改革之中，诸多昔日以弓马立命的猛安谋克被迫读起了自己所不擅长的四书五经。曾出任过国防部部长的太尉徒单克宁便曾警告完颜璟说："承平日久，今之猛安谋克其材武已不及前辈，万一有警，使谁御之？习辞艺，忘武备，于国弗便。"而从辈分上来说徒单克宁是完颜希尹的外甥，完颜守贞要喊他一声"表叔"。但金帝国军方主战派的意见很快便被汉族士大夫反对声浪所淹没。而其中最为起劲的是御史中丞张万公。张万公身为言官，提反对意见虽是本分，但此公颇得完颜璟的信赖，因此他的一句"劳民非便"，很快便成为了百官的大合唱。不少非宗

完颜璟的瘦金体书法

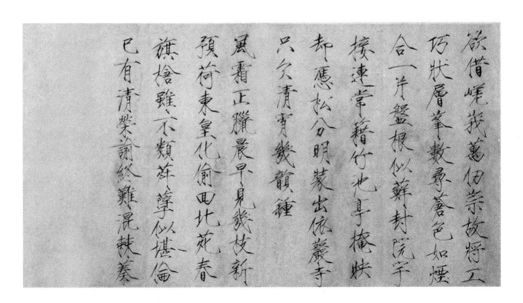

室的女真官员也随声附和。如翰林修撰移剌益，便以上书"反对用兵"为投名状，得到了兼任监察御史的差事。

金帝国中枢内的汉族官员之所以敢于如此胆壮心齐的和军方唱反调，除了吃准完颜璟痴迷儒家文化，不敢对其因言治罪之外。背后还有佞臣胥持国的授意和指挥。胥持国出身不高，在金帝国科举考试的系统中仅仅获得了相当于秀才的经童学籍。但他早年入宫侍奉完颜璟之父完颜允恭的饮食和太子仓库，因此算是完颜璟的潜邸之臣。完颜璟登基为帝后，他也自然平步青云。很快便从宫籍副监升任工部尚书，随即又成为了相当于副总理的参知政事。胥持国之所以如此受到完颜璟的青睐，除了久居太子宫中之外，很大程度上还是因为其大走"夫人路线"，与完颜璟所宠爱的妃子李师儿结成政治同盟。

李师儿出身同样微贱，由于家人犯罪才被没入宫籍。但李师儿相貌端庄，又兼天性聪慧。很快便在诸多宫女之中脱颖而出，登上了龙床。完颜璟的正室钦怀皇后去世后，李师儿虽因为出身汉族，无缘封后，但俨然已是后宫之主。虽然已是一人之下，万人之上。但要谋求将来母仪天下的政治地位，李师儿还是需要在朝堂之上有一个强而有力的外援。在相同的出身和政治诉求的牵引之下，胥持国和李师儿开始互为表里，笔擅朝政。时人讥讽其为"经童为相，监婢作妃"。

当然胥持国并非全无政治才干，也不是看不到蒙古诸部连年寇边的危害。但在其身边早已云集了一批趋炎附势、争名逐利之徒，其骨干被称为"胥门十哲"。与之相对应的，世人将云集于完颜守贞身边的政治团体，封为"冷岩十俊"。因此他频繁操纵朝议，驳斥完颜守贞的建议，明为政见不合，实为朋党之争。最终在胥持国长期对其所谓"交结近侍、密问皇上王妃起居，窥测上心、预图一逞"的诽谤声中，完颜守贞被外放出京。而恰恰在此时金帝国对蒙古诸部征讨的军事准备才悄然发动。

1194年农历二月，有宰臣请求撤退北边的屯驻军马，完颜璟不仅未予同意，还命令宣徽使移剌敏、户部主事赤盏实理哥等视察北疆屯驻军马，筹划防御措施。九月，又命令上京等九路以及诸群牧、纠军选择三万精锐，准备来春调发，并命诸路及顺从的草原游牧民族第二年夏会师于临潢。由此可见完颜璟和胥持国之所以长期与完颜守贞等宗室宿将唱反调，无非是不希望对方专美于前而已。

驱狼饲虎
——金帝国对蒙古诸部的征讨及对铁木真的助力

　　金帝国对蒙古诸部的大规模攻势原定于1195年的夏季正式启动。但当年的农历正月，蒙古诸部联军已经率先发动进攻，围攻金帝国边陲重镇庆州（内蒙古自治区巴林左旗）。身为金帝国东北路招讨副使的瑶里孛迭急忙率军驰援。但蒙古骑兵来去如风，瑶里孛迭的部队还未赶到，蒙古诸部联军便已经退回草原了。这次小规模的边境冲突，显然更加坚定了完颜璟越境打击对手的决心。农历五月，完颜璟正式任命老将夹谷清臣以左丞相、枢密使的身份"行尚书省事于临潢府"，正式建立起前进指挥系统。

　　夹谷清臣经历了完颜亮、完颜雍、完颜璟三任统治者，参与过完颜雍的军事政变，平定过契丹牧民的起义，抵挡过南宋政府的"隆兴北伐"，可谓老于军旅。因此其在抵达前线之后，并没有急于进军。而是不断派出斥候，侦查蒙古诸部的虚实。在确认了敌方的游牧区域之后，夹谷清臣挑选了8000骑兵，令宣徽使移剌敏为都统，左卫将军完颜充和西北路招讨使完颜安国为左右翼轻装扑向对手，夹谷清臣自己统帅1万精兵跟随接应。夹谷清臣谋定后动，自然无往不利。当夹谷清臣所部主力抵达至哈拉哈河时，先锋移剌敏已经在栲栳泺一带连续攻破蒙古诸部14座营垒。

　　但是正面战场高歌猛进的同时，金帝国远征军却后院起火。导致这一意外发生的主要原因是金帝国先锋移剌敏在回师途中，被协同作战的塔塔尔部抢走了所获的"羊马资物"等战利品。对于塔塔尔部而言，这种瓜分战利品的行径本是草原部族之间的战争常态。但身为主帅的夹谷清臣却认为这种"无组织、无纪律"的行径，有损金帝国的威名，随即派遣使者前往塔塔尔部交涉，在严厉谴责之余更要求对方吐出"违法所得"。夹谷清臣显然高估了自己和金帝国在对方心目中的威望，塔塔尔部不仅拒绝道歉，更鼓噪而起，一时之间临潢、泰州等地内附的游牧民族皆参与了叛乱，甚至对金帝国的后方基地——临潢府城展开了围攻。

由于主力已经悉数外出，留守后方的奚族将领伯德梅和尚只能带着少数卫士拼死逆袭。面对敌严阵以待的情况，梅和尚直捣其阵，杀伤甚众。但敌知孤军无继，聚兵围之。梅和尚度不能免，乃下马相背射，复杀百余人，矢尽犹以弓提击，最终为流矢所中，战死沙场。好在担任前锋右翼的完颜安国及时回援，才避免了临潢府城的失守。

综合夹谷清臣此战的情况来看，老将基本贯彻了自己"临敌制变，以正为奇，以奇为正，故无往不克"的战术理解。但对于蒙古诸部的政治生态，夹谷清臣仍缺乏了解。以至于一场本可以轻松化解的"战利品风波"酿成了无可挽回的巨大损失。完颜璟以"虽屡获捷，而贪小利，遂致北边不宁者数岁"为由将其罢免，似乎也在情理之中。

作为金帝国少数硕果仅存的宿将之一，夹谷清臣尚且老猫烧须，不免会令朝中诸将对远征蒙古产生忧虑和恐惧。正是担心这样的情绪会继续蔓延下去，完颜璟被迫派出位高权重的宗室贵胄完颜襄替代夹谷清臣坐镇临潢，继续主持对蒙古诸部的讨伐。而此时金帝国北境边防已经呈现进一步恶化的态势，除了原本驻守于金帝国北京大定府（内蒙古自治区宁城县）和临潢的糺军胡里部也加入了叛军的行列之外，金帝国西北路地区的游牧部落也开始蠢蠢欲动。因此完颜璟对完颜襄寄予厚望，除了给其"佩金牌，便宜从事"的特权之外，还特意"临宴慰遣，赐以貂裘、鞍山、细铠及战马"。

完颜襄的从军经历与夹谷清臣相仿，23岁便在镇压契丹牧民起义中身先士卒，"论功为第一"。随后在与南宋交锋之中，又被主帅盛赞为："克敌于不可胜之地，真天下英杰也。"因此在完颜雍执政时期，已经进拜为平章政事。完颜璟即位之时，更与太尉徒单克宁、平章政事张汝霖同为顾命大臣。虽然一度位极人臣，但完颜襄对自己的政治前途却有着清醒的认识，他深知新君即位必将改组内阁，自己身为宗室成员更无异于身处风口浪尖。于是早早地找了个借口就把自己外放了。完颜襄这种淡然的态度，果然消弭了完颜璟的不安。怀着"板荡思忠臣"的心理，再度

苍狼逐鹿

完颜襄的北伐可谓金帝国在北部边境最后的辉煌

请其出山。

完颜襄对金帝国北境的边防态势有着自己独特的见解，在他看来虽然"猛安谋克"的制度日益瓦解，金帝国只能采取招揽游牧民族内附的形式来对抗蒙古诸部的侵扰。完颜雍执政时期，金帝国政府内曾有人提出北方边防诸部族的节度使及其僚属多为乣军，时常私纵不法之徒，应该将乣军的指挥权移交女真族人，或者设立监军制度。对此完颜襄驳斥说："北边虽无事，恒须经略之，若杜此门，其后有劳绩，何以处之？汉、唐初无监军，将得专任，故战必胜，攻必克。及叔世始以内臣监其军，动为所制，故多败而少功。若将得其人，监军诚不必置。"正是秉承着这种用人不疑的态度，完颜襄很快便招降了啸聚北京、临潢之间的乣军胡里部，不仅打通了后方与前线的道路，更进一步加强了临潢突出部的兵力。

在保障了临潢这一前线枢纽万无一失之后，完颜襄首先选择了派兵攻占地处蒙古草原腹地的额吉淖尔湖。额吉淖尔湖不仅周边水草丰美，更是蒙古草原东部最大的天然盐池，所出产的"大青盐"不仅是上好的调味品，而且具有极高的药用价值。完颜襄此举不仅有效的割裂了塔塔尔部与其他蒙古诸部的联系，更在经济上对草原牧民进行了堪称釜底抽薪的打击。但如此关键的战略节点，蒙古诸部不可能不出兵争夺。因此围绕着被称为"大盐泺"的额吉淖尔湖，金帝国远征军与蒙古诸部反复拉锯数月之久。而其中与金军缠斗最久的是与铁木真有着姻亲关系的弘吉刺部。

地处乞颜与塔塔尔势力范围之间的弘吉刺部，之所以长期成为诸部求婚的香饽饽，很大程度上便是因为控制着额吉淖尔湖的食盐生产。此时被断了财路，自然怀着如父母被杀般的刻骨仇恨，全力与金帝国远征军厮杀，甚至击杀了金帝国群牧使移刺睹等人，一度占据了战场

今天依旧是内蒙古重要食盐产地的额吉淖尔湖

主动权。直到完颜安国指挥的金帝国野战军主力赶到，才最终被迫撤走。而完颜襄的战略计划虽然代价不菲，甚至一度受到了朝野的质疑，但效果却显而易见。一方面1196年农历正月，金帝国军队完成对额吉淖尔湖的控制后，形成了对塔塔尔部东、西夹击的局面，另一方面出于经济上和政治上的考虑，很多原先与金帝国关系不睦的草原部落纷纷选择了投效帐前。铁木真所领导的乞颜部和脱斡邻勒所领导的克烈部，加入金帝国对塔塔尔部的战争，大体便在额吉淖尔湖易手之后。

从《金史》的相关记载来看，对塔塔尔部主力的决战，基本由金帝国野战军独立完成。1196年夏，完颜襄首先命完颜安国据守多泉子，扩张额吉淖尔湖地区前线基地的纵深。随后密令瑶里孛迭组成东路军由临潢一线出击，完颜襄自己则统率西路军从额吉淖尔湖地区展开夹击。完颜襄的原定计划，应该是通过瑶里孛迭的东路军逼迫塔塔尔部向西迁徙，然后再由自己的主力完成邀击和歼灭。但出乎意料的是塔塔尔部并没有西迁，而是集中部族在龙驹河（今克鲁伦河）一线围攻瑶里孛迭所部。在对手的优势兵力的合围之下，瑶里孛迭左冲右突，激战三天仍无法突围，被迫向完颜襄求援。面对瞬息万变的战局，完颜襄只能放弃"俟诸军集乃发"的原定战略，带领轻装部队"鸣鼓夜发"，终于在第二天黎明时分赶到战场。完颜襄虽然用兵神速，在"向晨压敌，突击之，围中将士亦鼓噪出"的情况下，打了塔塔尔部一个措手不及。但此战终究没有一举歼灭对手主力，仅仅是"获舆帐牛羊"而已。因此战后完颜襄仍不得不派出完颜安国等人继续追击塔塔尔部进入斡里札河（今蒙古国乌勒吉河）流域。而铁木真所倡导的乞颜—克烈部联军正是在此时加入了战团。

刚刚遭遇重创的塔塔尔部，此刻面对前有阻截、后有追兵的危局自然无力抵抗。因此乞颜—克烈部联军才轻松的攻破其营地，瓜分了其部众及牛羊马匹。塔塔尔部长期活跃于金蒙边境地区，雄厚的财力远非仍处于游牧经济的其他蒙古诸部所能比拟的。《蒙古秘史》中特意提到了此战之中铁木真所缴获的银摇车、东珠饰衾等珍宝。

对于诸多塔塔尔部俘虏，铁木真也并未赶尽杀绝，而是将其作为奴隶分给了自己的部众。其中铁木真的母亲分到了一个名为失吉忽秃忽的小男孩。而这并非是诃额仑首个来自敌对部落的奴隶。攻破篾儿乞部营地后铁木真送给母亲一个名叫古出的男孩，逼走泰赤兀氏后又送了一个名叫阔阔出的男孩。对于这些孩子，诃额仑并没有太多的门户之见，而是将其收为养子，希望他们长大成人之后，可以给铁木真"充当白天看望的眼睛，夜里听闻的耳朵"。

铁木真的举动从今天的道德标准来看，堪称"抢男霸女"的恶霸行径。但在当时的草原生态之下，却是迅速融合各部族的最优选择。而由于有夹谷清臣此前逼反塔塔尔部的前车之鉴，完颜襄并没有向乞颜、克烈两部追讨本属于自己的战利品。只是含糊的用"（塔塔尔部）众散走，会大雨，冻死者十八九"来搪塞自己所获颇少的现实，同时将铁木真和脱斡邻勒率部助战的功劳上奏中枢。完颜襄一举荡平塔塔尔部的辉煌胜利，加上西北路几乎同时传来的捷报，令完颜璟龙心大悦。他加封铁木真为乣军招讨，而对脱斡邻勒则封以王号。从此之后脱斡邻勒便以王汗自居。

虽然在金帝国的册封中，铁木真较脱斡邻勒低了好几个档次。但这并不影响其心情。毕竟此次配合完颜襄讨伐塔塔尔部不仅颇多实惠。更捞取了一定的政治资本。刚刚从斡里札河流域的战场回师，铁木真便以没有出兵助战和战时劫掠自己的营地为由，出兵攻打同为乞颜部的主儿乞氏。主儿乞氏是合不勒汗长子斡勤·巴儿合黑所创立，一度在乞颜部内也是兵强马壮、不可一世，在出兵夹击塔塔尔部之前，铁木真对其一度颇为恭顺。但此时却能轻易将其消灭。如此之大的转变，除了铁木真所部是得胜之师，士气正旺外，可能还有着来自于金帝国的外部助力。毕竟内附的草原部族常常勾结金帝国边防军的统帅攻打自己的同胞。早在塔塔尔部灭亡之前，金帝国边防军将领完颜安国便曾遭遇过"欲立功以夸雄上国"的所谓塔塔尔邻部的邀请。而此后完颜安国在面对"诸部入贡"时，竟然能"一一呼其祖先弟侄名字以戒谕之"，可见金帝国边防军在纳入乣军系统的蒙古诸部的关系。

就在铁木真打着金帝国旗号，借助其粮草、兵器供给以吞并邻部之时，身为金帝国统治者的完颜璟却是昏招迭出。1197年农历九月，完颜璟急不可耐的从前线召回了功高震主的完颜襄，而就在他忙着以"亲举酒饮，解所服玉具佩刀以赐"来彰显君臣和谐之际，北方又传来"群牧契丹德寿、陀锁等据信州叛，伪建元曰身圣，众号数十万，远近震骇"

的消息。无奈之下完颜璟只能再次请完颜襄出马平叛，不过这一次颇不放心的他还派出了自己的亲信汉臣胥持国以枢密副使的身份随行辅佐完颜襄。完颜襄此前便已经觉察到了契丹牧民有聚众起义的迹象，因此在大定府一线留驻了6000精兵，加上从临潢、咸平等地调拨的边防部队，契丹牧民的此次起义在完颜襄闲暇如平日的从容中便被镇压了。倒是养尊处优的胥持国受不了塞外的风寒，最终死于军中。

虽然以胥持国牵制完颜襄的企图以破产而告终，但这并不影响完颜璟架空这位老臣的全盘计划。就在完颜襄驻节大定府平叛的同时，完颜璟派出同为宗室成员的完颜宗浩"佩金虎符驻泰州便宜从事"，暗中着手接管北境边防军的指挥权。作为金帝国宗室中的少壮派完颜宗浩没有太过显著的军功背景，因此到任后不久就提出利用蒙古诸部"春暮马弱"之际一举扫荡弘吉刺部和乞颜部合答斤氏、撒勒只兀惕氏的计划。对此完颜襄并不赞成，他认为若攻破弘吉刺部，则乞颜部无东顾忧，不若留之，以牵其势。但完颜璟此时正沉浸于在完颜宗浩"国家以堂堂之势，不能扫灭小部，顾欲藉彼为捍乎"的高调中，根本听不见维持草原政治生态的正确建议。而"螳螂捕蝉、黄雀在后"，就在金帝国再度大举北伐蒙古的同时，南宋政府内部也正在谋划着一举"克服中原"。

第三章　斡难河源

追亡逐北

决战杭爱

开禧北伐

追亡逐北
——铁木真对乞颜诸氏的征讨和与克烈部联盟的决裂

　　1198年春季，完颜宗浩所统率的远征军再度深入蒙古草原。在弘吉刺部主动降服，乞颜部合答斤氏、撒勒只兀惕氏遭遇重创的情况下，金帝国的北方版图延伸到了极限。但如何消化这一胜利果实，却是摆在完颜璟面前现实的难题。完颜宗浩的北伐虽然取得了辉煌的战果，但其深入蒙古的劳师远征却给金帝国的财政造成了巨大的负担。庞大的军费开支加上治理黄河的水利工程，令金帝国不得不以滥发纸币交钞来维持国家经济的运转。因此对于完颜襄提出了"因请就用步卒穿壕筑障，起临潢左界北京路以为阻塞"的加强"界壕"系统的提议，朝野之上颇多反对意见。

　　对此完颜襄的解释是："今天修筑国防工事虽然耗费百万贯，但一旦修筑完成，则可以巩固边防且减少边防驻军。半年就可以节省国家财政支出三百万贯；而且可以减少百姓转运军粮之苦，可以说是一劳永逸的事情。"不过尽管完颜襄、完颜安国及其继任者独吉思忠采取了招募饥民、动用边防驻军等手段减少工程开支，但由于"界壕"系统最终未能阻挡蒙古铁骑的南下，因此后世不断有人将完颜襄所主持的这项国防工程视为金帝国衰弱的开端。但诚如王国维先生在《金界壕考》一文中所说的金朝修筑的界壕，与历代中原王朝修筑的长城在本质上没有什么区别，都是期望用庞大的国防工事将游牧民族挡在草原之上。"然使金之国力常如正隆、大定之时，又非有强敌如成吉思汗，庸将如独吉思忠、完颜承裕，则界壕之筑，仍不失为边备之中下策，未可遽以成败论之也。"而令金帝国统治者所没有想到的是金界壕刚刚完工后不久便成为了铁木真的庇护所。

完颜宗浩的北伐不仅消灭了长期袭扰金帝国北境的强横，同时也替铁木真削弱了其东邻的劲敌。因此在金帝国埋头修筑界壕的同时，铁木真几乎马不停蹄的征讨敌对部族。他首先派遣其弟合撒儿率部奔袭试图南下牧马的蔑儿乞残部，随后又借口泰赤兀氏酋长塔而忽台收留蔑儿乞人，会合王汗脱斡邻勒麾下的克烈部大军循斡难河北上，与泰赤兀氏主力交锋于撒里川一线。泰赤兀氏在蒙古语中为"勇士"之意，其部族之中不乏能征善战之辈。因此铁木真所部便被逼得节节后退。但就在塔而忽台打算乘锐追击之时，却不料恰恰踏入了铁木真精心设下的陷阱。由铁木真麾下木华黎、赤老温等四将统帅的伏兵首先从各个方向冲入战场，随后克烈部大军由南而北横扫战场，泰赤兀氏大败而走，至此一蹶不振。

　　撒里川之战中铁木真的胜利不仅宣告了蒙古草原上的争斗从传统的正面硬抗转化为了复杂的多兵团协同作战模式，更从一个侧面证明经过了一番此消彼长的经营生聚之后，已经没有任何一个部族能够单独挑战铁木真与王汗脱斡邻勒所组成的"乞颜—克烈联盟"。有鉴于此，1201年敌对铁木真的蒙古诸部会盟于呼伦湖畔，拥立札答阑部首领札木合为"诸部共主"，立誓共同讨伐铁木真与脱斡邻勒。札木合此次纠集的联军在部族数量上虽然少于"十三翼之战"，仅为12部。但其中既有蔑儿乞、塔塔尔这样昔日"五大兀鲁斯"的残部，也有新败于铁木真的泰赤兀氏。甚至独霸蒙古草原西部的乃蛮部也派出酋长拜不花之兄——不亦鲁黑汗领军前来助战。而值得注意的是此前在完颜宗浩北伐中遭遇重创的弘吉剌部、乞颜部合答斤氏、撒勒只兀惕氏也加入了札木合的联军。因此王国维等史学家认为札木合此次所组建的联军"固对成吉思汗之同盟，亦对女真之同盟也"。如果说"十三翼之战"还是乞颜部内战的话，那么这一次可以说是蒙古草原之上反金势力与亲金势力的总决战。

　　各方史料虽然没有详细记述札木合此次12部联军的总兵力，但从铁木真得到内线所传来的情报后第一时间与克烈部会合，随即又不断派出斥候警戒对方的进军速度，最终不得不"移军入塞"退入金界壕防线躲避的情况来看，札木合联军应该拥有着相当大的兵力优势。而为了保障全军的安然撤退，铁木真和脱斡邻勒还各自挑选了精兵强将交由脱斡邻勒之子桑昆统率，担任全军后卫的任务。有趣的是，在《蒙古秘史》之中这支部队被称为"先锋",由此可见"转进"一词古已有之。

在"乞颜—克烈"联军后卫部队"据高山结营,乃蛮军冲之不动,遂还"的情况下,铁木真和脱斡邻勒所部主力得以安然的退入金界壕。在妥善安置了部族和辎重之后,铁木真和脱斡邻勒亲率主力与后卫部队会合,"倚阿兰塞为壁"依托金界壕防线继续阻击担任札木合联军的前锋乃蛮大军。但从后续的发展来看,这次阻击并不成功。"乞颜—克烈"联军被迫后退守金界壕以南60公里的莫尔根河南岸,而札木合联军趁势占据了莫尔根河之北制高点——辉腾山,从整个战略态势上来看札木合联军俨然处于优势。但恰恰就在此时,札木合联军突然分崩离析,全线崩溃了。

《蒙古秘史》对此事的解释是在决战前夜札木合军中有两位巫师自称可以兴风作雨,结果做法之后风雨是来了,但却逆行吹打札木合的军阵。札木合联军认为这是"天不佑己"的具体表现,于是不战自乱。气候条件对战争胜负自然有着一定的影响。但一场盛夏季节的风雨便令数万蒙古骑兵全线崩溃显然并不合理,而从战后札木合联军"道经诸部之立己者,大纵掠而去"的表现来看,导致其在这场"阔亦田之战"中功败垂成的原因应该更多是政治和经济上的。此时札木合联军已经进入了金帝国的领土,继续推进下去,能否歼灭铁木真尚属未知之数,但遭遇金帝国边防军打击的可能却是与日俱增,因此联军内部不免产生分歧,而远离自己的牧区上千公里,沿途没有获得任何缴获补充所造成的后勤压力也可想而知。因此已呈强弩之末态势的札木合联军才格外重视巫师所代表的上天庇佑。

面对全线崩溃的敌军,铁木真与脱斡邻勒决定分兵追击。铁木真将矛头对准同宗的泰赤兀氏,脱斡邻勒则负责掩杀札木合的札答阑部溃军。这场大规模的追击战一直从金帝国境内延伸到了斡难河畔。追亡逐北的战斗,对铁木真而言自然是所获颇丰,仅在一次小规模的遭遇战中,铁木真及木华黎等6名战将便击溃了泰赤兀氏300余骑,缴获战马百匹,铠甲50副。但这样的追击战也往往伴随着危险,铁木真本人在追击中也两次中箭,一次被射翻了自己心爱的白嘴黄马、另一次则被箭镞擦破了颈部动脉,险些丧命。但铁木真对此并不介意,反而将企图射杀自己的泰赤兀氏神箭手哲别收为部下。而在扫荡泰赤兀氏营地之时,铁木真还遇上了童年时救过自己的锁儿罕·失剌及其女合答安，对于这对救命恩人，铁木真无以为报，便将在战乱中失去丈夫的合答安收为妻子。

虽然没有生擒泰赤兀氏酋长塔而忽台，以报自己幼年身负木枷的屈辱。但吞并泰赤兀氏之后。铁木真已经成为了无可争议的乞颜部可汗。本就摇摆不定的弘吉剌部、乞颜部合答斤氏、撒勒只兀惕氏，随即投入了铁木真的麾下。而力量逐渐壮大的同时，铁木真也开始有意避免与脱斡邻勒再度会师。1202年秋，乞颜部与克烈部再度分兵，铁木真率部向东攻击塔塔尔部残军，脱斡邻勒则去找童年时掳走过自己的蔑儿乞人晦气。

在对塔塔尔部残余势力的扫荡之中，铁木真本人虽然笑纳了其也客扯连酋长膝下的一对姐妹花——也遂和也速干，并在也速干的建议下养了部落贵族后裔的两兄弟——忽里和哈喇蒙都。但对该部的成年男丁却展开了惨无人道的大屠杀。铁木真这样的举措绝非是为了报也速该当年为塔塔尔毒死的"杀父之仇"，而是因为此时乞颜部的规模已经达到了自身经济所能承受的顶点，因此在乞颜和克烈两部如草原豺狼般在昔日同列"五大兀鲁斯"的同僚僵尸上吃饱了的同时，其相互之间的撕咬也就难以避免了。

1202年冬，铁木真与脱斡邻勒最后一次联合作战，扫荡札木合麾下的残兵，随后向西追击乃蛮部的不亦鲁黑汗。依照谋主札木合的计划，这个冬天本应是反铁木真联盟休养生息的时机。等到来年春天再东

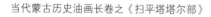

当代蒙古历史油画长卷之《扫平塔塔尔部》

西夹击"乞颜—克烈"联军，但铁木真抢先动手，首先在斡难河附近的沙漠中击败札木合所部，此战之中泰赤兀氏酋长塔而忽台被出身自己族内的铁木真部将赤老温所杀。塔而忽台临死前感叹："我固当死，然为锁儿干失剌之子标枪中我，我死不甘心"。而在生存还是毁灭的抉择之中，札木合放弃了尊严投效于脱斡邻勒的麾下。由于此前便不再分割战利品，甚至相互招揽对方的人马，因此铁木真对于脱斡邻勒的行为只能装聋作哑。

盟军的崩溃，令乃蛮部的不亦鲁黑汗不得不在大雪的封锁下，强行翻越阿勒泰山西逃，最终为"乞颜—克烈"联军大败于索果克河流域。而为了追击对手，铁木真与脱斡邻勒率部也进入乃蛮的势力范围。不亦鲁黑汗的部队虽然被打垮，但乃蛮部依旧有着充裕的战力，面对这样一个强大的对手，铁木真与脱斡邻勒心里都没有底。因此在札木合的煽动之下，脱斡邻勒竟率克烈部主力擅自脱离联军撤走了。童年时曾被族人抛弃的阴影，令铁木真面对克烈部空无一人的营垒感叹昨日重现的同时，也不得不承认一个残酷的现实，在残酷的草原之上从来没有永恒的友谊，唯有永恒的争斗。

不过令铁木真没有想到的是，率先撤军的脱斡邻勒竟然意外遭到了乃蛮部的伏击。不仅部众人马被掠走大半，连宝贝儿子桑昆都陷入了乃蛮部的合围之中。无奈之下脱斡邻勒只能向铁木真求援，希望其能派出被称为"四骏"的木华黎等勇将前去解围。铁木真虽然没有拒绝，并在解救克烈部之后与脱斡邻勒重订父子之约。但是很难想象铁木真这样的一代枭雄会真的相信那些空洞的誓约。1203年，在双方彼此的虚情假意和不信任中，年事已高的脱斡邻勒终于按捺不住，率先向乞颜部发动了突袭。

《蒙古秘史》对铁木真与脱斡邻勒交恶过程的描写犹如韩剧，札木合在克烈部内到处散布不利于铁木真的言论，老迈昏庸的脱斡邻勒和他的草包儿子桑昆则宛如牵线木偶。铁木真则一幅"义父虐我千百遍，我待义父如亲爹"的样子，险些踏入对方设下的圈套。但有趣的是在得到脱斡邻勒交付的全军指挥权之后，札木合却对自己的亲信说道："王汗（脱斡邻勒）让我指挥这支军队，我（以前）与（铁木真）安答厮杀，（常）不能（胜他）。如今让我指挥这支军队，（可见）王汗还远不如我，他只是个平庸的伙伴。让人去给（铁木真）安答传话，安答你不用怕，但要谨慎！"

当代蒙古历史油画长卷之《突袭克烈部》

事实证明脱斡邻勒之所以敢于主动进攻乞颜部，并非依仗克烈部的兵马，而是看准了刚刚归于统一乞颜部内的不和，以及自己在草原之上多年以来所建立的人脉和威名。铁木真在战场之上虽然击败了克烈部，但在包括自己弟弟合撒儿在内诸多部族的背叛中，却不得不带着1300骑人马逃往弘吉剌部。不过跌入事业低谷的铁木真倒没有陷入绝望，因为他深知克烈部对叛降的乞颜部贵族绝无善意，而克烈部内部也是矛盾重重。果然，1203年夏季，铁木真之弟合撒儿被脱斡邻勒剥夺了部属和财产，只能只身投奔铁木真。在获知了乞颜部贵族纷纷被脱斡邻勒逼走，克烈部内防御松懈的消息后，铁木真果断率军突袭了脱斡邻勒的主营。在一场持续三天的攻防战后，克烈部主营向铁木真开门投降。脱斡邻勒西逃乃蛮，为其边防哨卡所杀。其子桑昆流亡于多年之后，最终也为部下捕获斩首。至此蒙古草原之上五强并立的局面，只剩下乞颜与乃蛮东西对峙。而这场决定谁将主宰蒙古诸部命运的决战随着一场乃蛮宫廷的闹剧即将到来。

决战杭爱

——乞颜与乃蛮部的最终决战和蒙古部首次大规模扩张

乃蛮部西临咸海，东跨阿勒泰山，南接西辽，北越唐努山。大体占据了今天蒙古国西部近一半的国土及我国新疆的准噶尔盆地地区。仅从所控制的面积来看便与此时铁木真所领导的蒙古乞颜部不相上下。而早已广泛使用畏兀儿文字，大力发展工、商业的政治举措更令乃蛮部在文化程度及综合实力上远胜于其他蒙古部族。或许正因为这份国力的骄傲，历代乃蛮酋长以金帝国所赐封王位音译"塔阳"自居。汉族典籍进一步将其写为"太阳汗"。但自上任"太阳汗"亦难赤死后，乃蛮部便陷入了分裂之中，其次子拜不花继承了"太阳汗"之名和乃蛮本部，而亦难赤的长子不亦鲁黑汗则率众盘踞阿勒泰山以东，自成一支。

关于乃蛮部的这次分裂，后世的史学家根据一些"宫廷八卦"将一位乃蛮的"名女人"牵扯了进来。认为导致不亦鲁黑和拜不花不和的原因，除了大汗的宝座之外还为了争夺自己父亲美艳的妃子——古儿别速。分裂之后的乃蛮部力量被明显的削弱，但角逐汗位失败的不亦鲁黑汗所部的实力依旧足以令铁木真一度不得不退守金界壕躲避其所加入的札木合联军。而在铁木真击败不亦鲁黑汗，将乃蛮部的势力范围一度压缩到阿勒泰山以西的地区后。坐拥乃蛮本部的拜不花所部依旧拥有着不俗的战斗力。只是派出老将可克薛兀所率领的一支偏师，乃蛮部便一度令草原强者——脱斡邻勒所领导的克烈部损失大半的部众，如果不是铁木真不计前嫌的派出木华黎等"四骏"前往支援，或许不用铁木真出手，克烈部便将一蹶不振。

为了解释如此强大的乃蛮部最终的败亡，《蒙古秘史》中让古儿别速始终扮演着一个不识大体的"傻老娘们"的角色。她先是让自己的第

苍狼逐鹿

二任老公拜不花取来死于乃蛮边防军之手脱斡邻勒的首级，以"验明正身"。在确认是昔日克烈部酋长本尊之后，又将首级盛于盒中，置于帐中大白毡上，命乐师奏哀乐，亲自把酒祭祀。这种前倨后恭的做法既是对死者的侮辱，同时更令乃蛮部的大臣们寒心。或许是觉得自己的境遇过于黑色幽默，连已经死去的脱斡邻勒也"露出了笑容"。这种超自然的反应令拜不花当场崩溃，他飞起一脚将王罕的首级踩碎，随后为了彰显自己的君王气概，他决定亲自领军去会一会铁木真。

《蒙古秘史》中所记载的这则故事显然有其深意。铁木真灭亡克烈部之后，蒙古诸部争雄的失业者们如札木合、蔑儿乞部酋长脱黑脱阿等纷纷西逃，混迹于拜不花的帐下。而乃蛮部更以早年与克烈部千丝万缕的联系，宣布克烈部的牧场为其固有领土。正是出于招降纳叛的目的，拜不花才公然在自己的大帐之中上演了这场拜祭脱斡邻勒的闹剧。但大量逃亡的蒙古诸部贵族加入乃蛮部又冲击了其原有的政治秩序，因此曾击败过克烈部的老将可克薛兀等人当面讥笑拜不花懦弱无能。

这个时候古儿别速再度出场说出了足以转折她人生

的一句名言："蒙古人有什么了不起？我听说他们浑身都是膻味，衣服油污，我们打他们干什么？倒是可抓些略微长得清秀些的蒙古女子来，给我乃蛮勇士做女奴，先教她们学会洗手洗脚，然后干些挤羊奶的差事。"古儿别速的这些话或许是为了缓和一下拜不花与部领之间紧张的气氛。而老将可克薛兀也自觉失言，但已经深受刺激的"太阳汗"还是毅然决定出兵征讨乞颜部。

从战略态势上看，乃蛮部此时已经恢复了阿勒泰山一线的防御体系。而且由于不亦鲁黑汗此前的兵败，乃蛮本部的势力大肆东扩，其哨卡线已经深入了原克烈部的牧区。刚刚经历连场大战的铁木真不敢与其正面交锋，只能向东退守乞颜部核心牧区——斡难河流域，以待休养生息。如果"太阳汗"拜不花有足够的耐心，利用自身"进可攻，退可守"的地理优势，通过不断出兵袭扰的方式蚕食地处蒙古草原西部的克烈部牧场，打击乞颜部的经济，逼迫铁木真先行出兵阿勒泰山以西，在乃蛮部本土与之交战的话，那么鹿死谁手或许还犹未可知。但他在凭怒兴兵之余，又找错了盟友，竟然派人去联络已经内附金帝国的汪古部，希望与其东西夹击铁木真。

汪古部在血统上虽然与乃蛮部同为突厥后裔，但此时在经济和政治上却早已与金帝国同化，自然不会与乃蛮部一共进攻同为乣军系统的铁木真。因此乃蛮部即将出兵的消息不仅被汪古部首领阿剌兀思剔吉忽里转手"卖给"了乞颜部，铁木真还以"马五百、羊一千"的价格收买了阿剌兀思剔吉忽所部汪古部精兵加入其对抗乃蛮部的大军。在重金招揽"雇佣军"的同时，铁木真还对自己的部众进行了第一次的大规模"整编"。所有归入乞颜部麾下的草原各部统一以千户为单位进行编组，设立千户长、百户长和十户长三个军政合一的管理系统。同时选调能征惯战的1000名勇士作为铁木真的亲兵宿卫拱卫中枢。

在完成了部众的整编之后，1204年农历四月十六日，铁木真祭旗出征。全军分为六部，以哲别、忽必来所部第一军为前锋，乞颜部大军溯克鲁伦河而上，与乃蛮部大军对峙于杭爱山下。此时乃蛮部大军不仅占据了杭爱山的制高点，形成以逸待劳之势。兵力上更占据优势。但劳师远征的"太阳汗"拜不花此时却摇摆不定起来。最终为铁木真的心理战所打败。

由于战役发生在春季，蒙古骑兵的战马大多瘦弱。因此当在前哨战中被乃蛮军夺去一匹战马之后，铁木真立即命令自己的部下在晚上宿营的过程中每人点上五堆篝火。果然面对满山遍野的篝火，身为联军统帅的"太阳汗"拜不花误认为铁木真的大军数量庞大，随即派人通知其担任前锋的长子屈出律，提出要退回阿勒泰山地区再战。应该说拜不花的选择在战略可谓最优。但此时两军已经形成对峙，乃蛮部大军再无可能从容后撤。因此他的长子屈出律随即对自己的父亲抱怨道："你就像女人一样无用，你就像老鼠一样胆小！"而其他乃蛮部的宿将也对自己的主帅表示不满："你的父亲在世的时候，从来没有让敌人看到过他的后背，他的战马从来没有后退过半步！早知道你这样胆小，还不如让你的古儿别速来指挥军队！"

"太阳汗"拜不花虽然在儿子和部下们的讥讽声中不得不整军出战，但是偏偏他身边的高参札木合不停地替自己安答铁木真的军队大吹法螺。札木合倒不是有意替铁木真张目，他起初只是向拜不花献媚，说一两句无关痛痒的话。但身为"太阳汗"的拜不花轻视这些铁木真的手下败将，斥责札木合及蔑儿乞部酋长脱黑脱阿等人软弱无能才致今日的局面。于是恼羞成怒之下，札木合将铁木真及其麾下诸将描述成了天神下凡。甚至连铁木真的幼弟铁木格斡赤斤这样"早睡晚起"的"懒羊羊"也被说成是打起仗来不甘于人后的勇将。而为了掩饰自己的失败，脱黑脱阿等人也随声附和。

这些人众口一词的夸大宣传加上杭爱山下那多如繁星的营火，最终令乃蛮大军在初战失利后失去了主动进攻的勇气，全军龟缩于杭爱山麓地区。而此时札木合竟再度派出亲信向铁木真报告了乃蛮军中的虚实。从某种意义上来讲札木合流亡克烈、乃蛮两部时的举动都更像是铁木真布在敌营之中的"暗桩"。但从理性的角度来看，创业失败的札木合从未调整过自己的心态，他所做的一切只是为了用别人的失败来证明自己并非无能。

乃蛮部占据着兵力和战马肥壮的双重优势，但一旦转化为山地攻防战，这些优势便荡然无存。1204年农历七月一日，铁木真延展自己的战线，在中央突破的同时，从左右两翼挤压乃蛮部的防线。被赶上山后的乃蛮大军彻底失去了斗志，在盲目突围的过程中，自相践踏、坠入山谷

今天蒙古国插画家笔下的铁木真麾下战将

所造成的伤亡远超过战场上的损失，竟真的出现了铁木真战前所宣称的"人多的损失多，人少的损失少"的奇迹。不过当乃蛮部可克薛兀等老将们在身负重伤的太阳汗拜不花面前以"在我们看到他死去前，让我们在他面前厮杀吧，让他看到我们战死吧"的决心发动自杀式冲锋时，王子屈出律却仓皇而逃。知子莫如父，早在战前面对儿子的嘲讽，"太阳汗"拜不花就曾经说过："骄狂自大的屈出律，只怕和敌人交战的时候，最先逃跑就是你。希望你能够把你身上的狂气，用到敌人身上！"

屈出律率领乃蛮残部及札木合等蒙古诸部亲贵仓皇而逃之时，铁木真已经从容地开始分配战利品了。面对被俘的乃蛮王妃古儿别速，铁木真别有用心地将这个女人的名言告诉自己的部下，并表示要找一个膻味最重的好汉让这个女人好好尝尝一下蒙古男人的味道。大家于是心领神会的表示大汗膻味最重。不过铁木真似乎也很欣赏古儿别速的美色，承诺："只要你乐意陪我，用心侍奉我，又不惹是生非，我不会抛弃你的，还会封你当王后的"。应该说铁木真基本遵循了自己的诺言，但是古儿别速却似乎没有"不惹是生非"的习惯，据说在铁木真的晚年她曾红杏出墙。不过这一事件虽然被铁木真发现了，但却没有给予追究。因此就有好事者猜测，这对夫妻之间的"第三者"就是铁木真的二子——察合台。

而在下令所部大军分头展开追击的过程中，铁木真还笑纳了另一位美女——来自世仇蔑儿乞部的忽兰，忽兰的父亲答亦儿兀孙酋长曾经参与过抢走铁木真新婚妻子孛儿帖的行动。虽然没有从中"得利"不得而知，但是在与铁木真长期

乃蛮部溃不成军

的战争中跟着倒了霉却是肯定的。在乃蛮大军也遭到了毁灭性打击的情况下，答亦儿兀孙酋长失去了继续逃亡的信心。在他看来自己和铁木真之间因为女人而结下的梁子或许也能用女人来解决，他脱离了蔑儿乞部渡河继续向西溃逃的队伍，准备将自己的女儿——蒙古草原有名的美少女——忽兰献给铁木真。

不过答亦儿兀孙第一时间撞上的不是铁木真本人，而是他麾下和哲别一样来自泰赤兀氏的勇将纳牙阿。应该说在当时弱肉强食的蒙古草原之上纳牙阿虽然谈不上是什么圣贤，但至少是一位颇有骑士风度的将领。在护送忽兰之前，他便曾拼死保护过自己部落的首领——铁木真少年时代的死敌——塔里忽台突围，尽管他本人不齿塔里忽台的种种行为。而真是这份忠于故主的忠诚，使得铁木真不仅接纳了纳牙阿并一直对他委以重任。

纳牙阿虽然接纳了这对父女和他们的族人，但是等到他将忽兰送到铁木真的营帐之时，却险些招来了杀身之祸。我们很难理解新婚不久就戴了几年"绿帽子"的铁木真此时为什么要对忽兰和纳牙阿大吃其醋。除了忽兰也许长得的确不错之外，纳牙阿号称能"倒拖牛车"的强壮估计也是铁木真对他护送忽兰返回的一路之上所可能发生的一切浮想联翩的原因。不过忽兰却对纳牙阿交口称赞，说自己一路之上不断的遭遇被击溃的散兵游勇。纳牙阿将他们父女安置在自己营帐之内才保护了他们的周全。当然对于自己和纳牙阿之间的"清白"，忽兰最终还是表示铁木真"一试便知"。最终险些被治罪的纳牙阿随着铁木真在春风一度后获得满意之中被无罪释放，而忽兰也因为铁木真的宠爱而成为第二斡儿朵（蒙古语：行帐、宫殿）之首。地位仅次于主持第一斡儿朵的正室孛儿帖。

忽兰成为了铁木真的妻子，但是他的父亲答亦儿兀孙却在铁木真继续向西追击的过程之中在后方发动了叛乱。这位国丈为什么放着好好的日子不过要铤而走险，同样没有答案。或许这就是铁木真统一之前的蒙古草原生态——部族仇恨要远远高于个人的荣辱得失。不过答亦儿兀孙所领导的蔑儿乞部此刻已经衰弱得不成样子。铁木真的少数留守部队便将他们再度击溃。关于答亦儿兀孙最终的归宿，历史学家众说纷纭，常见的一种说法是答亦儿兀孙是铁木真后来所册封的九十五千户中的答亦儿千户。理由是从个人情感上，铁木真宠爱忽兰，自然不免爱屋及乌赦免自己的岳父，而从政治上考量，蔑儿乞人的各大部族虽然相继被灭，但是其族人在草原上是一股潜在的力量，由答亦儿兀孙作为代表人物，也可以起到安抚的作用。

对于答亦儿兀孙的宽容并不代表铁木真原谅了所有的蔑儿乞人，对于曾经突袭过自己新房的篾尔乞部首领脱黑脱阿和他的两个儿子。铁木真对派去追击的速不台下达了死命令："他们失败之后逃走，和带套杆的野马或中箭的鹿一样。捉住他们，如果他们飞上天去，你就做鹰隼。如果他们藏在地下和雪猪一样，你就用铁锹掘他们。如果他们变成鱼，用网捞他们。越高山，涉大河，趁现在马还未瘦的时候。要爱惜士卒。不可轻易围猎。马具不要伤马。若有违反号令的人，是我认得的，便拿将来，不是我认得的，就在那里正典刑。"

速不台最终在名为吹河的水系一举擒获了篾尔乞惕部的残余，不过铁木真的仇敌脱黑脱阿已经在逃亡的过程中消逝了。被速不台俘虏的是他的小儿子——墨尔根。据说墨尔根擅长射箭，当速不台把他押到铁木真长子术赤的军前时，术赤曾亲自考较过这小子的箭法。果然墨尔根在第一箭正中靶心情况下，还可以用第二箭将第一箭从中劈开，可以说是神乎其技。术赤不知道是爱惜这个人才，还是因为他本人和篾尔乞惕部的那份说不明、道不清的香火之情。总之，术赤在自己的父亲铁木真面前为墨尔根求情。但是铁木真却冷酷地表示："篾尔乞部是我的死敌。这小子还那么擅长射箭，将来一定是后患。"随即将墨尔根处死。

与墨尔根同时处死的还有一代枭雄札木合。随着杭爱山之战乃蛮大军的崩溃，众叛亲离的札木合躲进了科布多湖泊附近的山林之中，虽然他本人对于狩猎和流亡的生活还能忍受，但是他的部下却心怀怨恨，将他用绳子牢牢捆住，押送到了铁木真的面前。在自己的安答面前，札木合依旧一幅平起平坐的派头，他说："卑微的乌鸦竟捕捉高大的野鸭，下贱的奴隶竟擒拿其主子。呵，我汗安答，汝怎可容此等卑劣之徒效命于汝之帐前？"此时已经定鼎草原的铁木真自然不需要在札木合的随从身上再玩什么"千金买骨"的小把戏，当即表示："此等侵犯其主子的奴隶，怎可免他一死？此等卖主求荣之辈，能得到谁的信任？这等小人，应连同其子孙以及其子孙之子孙，统统斩首！"

面对与"三结安答"的老朋友，铁木真虽然也想下手。但是按照一般的江湖道义，他还是要客气几句。他说："当初，我二人亲密无间，

苍狼逐鹿

犹如一车之二辕而不可分也。嗣后，汝忽生离退之心，弃我而去。所幸者，汝今已归来矣。我切望我二人重归于好，相伴如初。"这番肉麻的话对于札木合而言只能算是临终关怀。因此这位口才不错的枭雄回答说："天命有归于安答，安答得天而独厚，故处处占我先也。呵，安答！此时此刻，汝应摆脱似我这等包袱和刺头，如此，汝心方可安矣。"札木合越是从容，铁木真反而越难下手，只能把他交给自己的侄子按赤台。之所以这么安排，可能是出于按赤台年纪比较小，较之铁木真的几位兄弟和麾下的将领面对札木合时没什么心理负担。最终札木合被装入麻袋中窒息而死，也算是替"十三翼战役"之后死在其酷刑下的冤魂报了仇。

不断的手刃仇寇的同时，铁木真麾下的大军也顺势扫荡了阿勒泰山东西两翼的乃蛮部牧区。长期臣服于乃蛮部的葛逻禄等畏兀儿部族趁势揭竿而起。一度与其伯父不亦鲁黑汗联手试图复兴乃蛮的王子·屈出律无法立足，只能选择继续向西逃入西辽的领土。由契丹贵族耶律大石所建立的西辽王国也被西方和穆斯林史料称为"哈喇契丹"。在耶律大石时代西辽王国迅速崛起，先后征服了高昌回鹘和又被称为"葱岭西回鹘"的喀喇汗王国，击溃疆域辽阔的塞尔柱帝国的干涉军。连中亚古国——花剌子模也一度成为了其附庸。不过耶律大石死后，西辽王国内部政局动荡，到耶律大石的孙子耶律直鲁古的手中，显赫一时的西辽王国已经呈现衰弱的趋势。花剌子模王国在苏丹摩诃末的领导之下率先摆脱了西辽的控制，随后喀喇汗王国和高昌回鹘也蠢蠢欲动。恰逢大批乃蛮等草原部落的难民和溃军开始向西迁徙。为了招揽这股力量，西辽国王耶律直鲁古随即接纳了前来投靠的乃蛮部王子——屈出律。

抵达西辽之后的屈出律很快便利用国王耶律直鲁古对他的信任，提出："我离开自己的部落和人民已经很久了，听说部众和军队流散在叶密立、海押立和别失八里一带，如果他们知道我还活着，都会聚集起来抗击敌人，请让我去召集他们。我只要是活着，就一定忠诚于你。"耶律直鲁古觉得这个小伙子很有抱负，不仅同意提供支持还把自己的女儿嫁给了他。屈出律为了表达自己的忠诚也放弃原先的景教信仰，皈依佛门。

用今天的眼光来看屈出律可以算是一个"坑爹专业户"。他在归收集旧众之后，随即投身于西辽与花剌子模之间的战争，不过不是为自己的岳父作战，而是联合苏丹摩诃末东西夹击耶律直鲁古。最终在屈出律的压力之下，耶律直鲁古只能被迫将自己"升级"为太上皇，把西辽王国交给自己的女婿继续打理。屈出律此时倒似乎孝顺了起来，根据元帝国所编撰的《辽史》中的说法，屈出律对耶律直鲁古"朝夕问起居"，不过相信他想知道的是这个老头子是不是在进行对自己不利的活动以及什么时候死。果然两年之后耶律直鲁古"因病"去世了。

屈出律对自己岳父的承诺是假的，但对神的信仰却是真的。他执政之后随即要求西辽国内的所有穆斯林都改信佛教。为了推行自己的信仰，他甚至不惜在攻下喀喇汗王国的过程中将重镇可失哈耳（今新疆维吾尔自治区喀什地区）所有的伊斯兰教神职人员统统赶到郊外。当地教牧——大伊玛木阿老丁大胆上前与这个暴君辩论，却被活活钉死在清真寺的大木门上。而为了监督和控制国民，屈出律甚至将自己的乃蛮士兵派到每户居民的家中居住。对此当地的穆斯林纷纷诅咒屈出律。"全知的主啊，你大发慈悲，把他投入海中直到淹死。"从某种意思上来说，他们的诅咒灵验了，因为铁木真不久之后自称的"成吉思汗"据说就有"大海"的意思。

屈出律篡夺西辽王位除了引起本部民众的不满之外，耶律大石所征服的高昌回鹘长期积累的独立诉求也出现了井喷的现象。当地的封建领主阿儿思兰汗等人杀死了西辽王国在当地所派驻的少监。不过高昌回鹘地处蒙古与西辽之间，其宣布独立之时铁木真的"四狗"之一忽必来正在附近扫荡乃蛮余部。面对着东西两大强敌，高昌回鹘的领导者阿儿思兰汗理智地选择了向新兴的蒙古帝国靠拢。不过控制了高昌回鹘之后，铁木真并不急于向西进军。此时的他忙于消化辽阔的占领区的同时，正不断地向南北两个方向派出使者，以招降纳叛的罪名问责生活于蒙古草原北方西伯利亚地区的"林中百姓"吉利吉思部及南方的吐蕃政权。

吉利吉思部以渔猎为生，无论是部族经济还是武器装备均无法与铁木真正面抗衡，只能乖乖的选择臣服。但吐蕃方面虽然自唐末陷入部族分裂以来便国力日衰，但活跃于青海、甘肃一线的青唐唃厮啰政权坐收河湟地区和西南茶马的经济收益，吸收唐、宋时代遗留当地丰富的文化遗产，虽然内部派系重重但依旧足以蔑视新近崛起的铁木真。在吐蕃诸部拒绝降服的情况之下，铁木真开始找起了与吐蕃唇齿相依的西夏王国晦气。

1205年，蒙古骑兵以追击乃蛮败兵的名义攻破西夏国境要塞——吉里寨，此时的西夏国王李纯佑清醒地认识到自己的国家已有百年不曾参与战争，于是选择了敛兵守城。蒙古大军在野外的一番劫掠也草草结束了这次对西夏王国攻略的试水。应该说依旧身兼金帝国纠军招讨的铁木真侵攻西夏，已经清晰的表达了其脱离金帝国系统，介入中原纷争的野心。可惜的是此时的完颜璟正忙于应对南宋方面声势浩大的"开禧北伐"，无心过问这场发生在西线的边境战争。

开禧北伐
——韩侂胄的"进取之道"和悲剧命运

　　1205年，南宋政府改元"开禧"。这一看似寻常的举动很快便引起了金帝国上层人士的注意。深谙儒家文化、曾担任过完颜璟汉文老师的宗室成员完颜匡在朝野上下一片"宋败衄之馀，自救不暇，恐不敢叛盟"的鸽派言论中，忧心忡忡地表示："彼置忠义保捷军，取先世开宝、天禧纪元，岂忘中国者哉"。完颜匡口中的所谓"忠义保捷军"其实指的是最早设立于南宋荆湖军区的两支部队——孟宗政的保捷军和陈祥的忠义军。虽然均为不属于南宋政府军系统的民兵武装，但由于其成员多为侨居南方的中原百姓，因此光复国土的战斗热情空前高涨。

　　事实上南宋政府的战争准备最迟不远于1203年便已悄然展开。这一年主持四川军区的兴州都统郭杲病死任上，作为南宋郭氏军事集团的代表人物之一，郭杲与其兄郭棣、其弟郭果均不曾建功于沙场，但长期担任禁卫军指挥官——殿前副都指挥使的要缺依旧给了这个家族极大的政治红利。特别是郭杲在逼迫宋光宗赵惇退位的"绍熙内禅"中的表现，更无形之中促成了赵汝愚、韩侂胄两位权臣的崛起。

　　最早提出由时任嘉王的赵扩代替自己的父亲宋光宗赵惇执政的是左丞相留正，作为深受宋孝宗、宋光宗两代君皇所信任的老臣子，留正并没有想要以剧烈的政变手段来逼迫赵惇退位，只是希望赵惇能立赵扩为皇太子监国，主持孝宗丧礼，终丧以后仍由光宗主政，此后光宗如想退位，才由太子赵扩即位。但身为留正副手的赵汝愚则主张，不管光宗是否愿意立赵扩为太子，都请太皇太后直接主持孝宗丧礼，直接推举嘉王赵扩即位。这种形同政变的行为当然需要禁卫军的武力支持。于是在留正装病、乘肩舆出城避祸的情况下，赵汝愚连续派人与殿帅郭杲串联。

同时密会与太皇太后吴苪芬关系密切的外戚韩侂
胄请其下懿旨，赋予此次政变以合法性。

可以说赵汝愚策划的宫廷政变，是通过郭杲、
韩侂胄两人的鼎力支持才能完成的，因此两人都
希望以"定策"之功得以晋升。而政变顺利完成
后，郭杲虽然以拥戴功，先后除武康军节度使、
最终升任太尉。但赵汝愚对韩侂胄却只给了一个
遥郡防御使的外职。对于自己这种卸磨杀驴的做
法，赵汝愚竟然还能恬不知耻地对韩侂胄表示：
"吾宗室也，汝外戚也，何可以言功。"如果赵汝
愚自己也急流勇退的话，韩侂胄或许还无话可说，
但偏偏在演足了三辞而受的戏码之后，赵汝愚成
功地从枢密院知事爬上了右丞相的高位，由于位
居其上的左丞相依旧是"绍熙内禅"中临阵脱逃
的留正，因此赵汝愚在南宋政府中可谓"一人之
下，万人之上"。一度乾纲独断，大肆招揽与之
关系不错的理学大儒朱熹、黄裳、彭龟年等人为
羽翼，隐然有架空新君赵扩的趋势。

赵扩虽然年轻，但却城府极深、少年老成，
按照负责记录皇帝言行的起居舍人卫泾的说法，
赵扩每次面见群臣，无论群臣所奏连篇累牍，时
间多长，他都和颜悦色，耐心听取，没有一点厌
倦的样子，但却从不咨访询问，无非听听而已。
但如果就此认为赵扩安于做一个"橡皮图章"却
大错特错了。面对赵汝愚一党独大的局面，赵扩
早已开始暗中部署反击。他首先册立韩侂胄的侄
女为后，进一步巩固了韩侂胄的外戚地位。面对
韩侂胄逐渐重返中枢的种种迹象，显然引起了赵
汝愚的警惕，皇帝召见自己的亲戚本就无可厚非，
但是其试图通过朱熹、彭龟年等弹劾韩侂胄的努
力，却被对方轻松的化解了。抓住朱熹等人好面

权倾一时的赵汝愚

宋宁宗赵扩

子的特点，韩侂胄故意安排优伶穿着峨冠阔袖，扮演儒生在皇帝面前表现喜剧，不堪其辱的朱熹和彭龟年随即先后请辞，被外放为地方官。

赵汝愚和韩侂胄势不两立的局面，被名为刘弼的一位南宋政府官员看在眼里，他向韩侂胄进言说："赵相欲专大功，君岂惟不得节度，将恐不免岭海之行矣。"这话的意思是说如果韩侂胄不能掌握军权，那么早晚会被政敌流放。韩侂胄虽然身为武职，但在军中并无根基，于是只能询问刘弼有无破解的方法。刘弼此时才缓缓说出自己的腹案："惟有用台谏尔。"的确，朝堂相争本来就是舆论战，谁掌握了言官系统谁便可能成为胜利者。按照刘弼的思路，韩侂胄很快便通过赵扩在御史系统中安插自己的心腹。

抓住得意忘形的赵汝愚，曾在"绍熙内禅"后散布自己曾经"梦孝宗授以汤鼎，背负白龙升天"的把柄，1195年韩侂胄在朝野之上部署了对赵汝愚的全线弹劾，以"以同姓居相位，将不利于社稷"、"唱引伪徒，谋为不轨，乘龙授鼎，假梦为符"等罪名罢免了赵汝愚。一年之后被一路降职的赵汝愚病死于贬途之中。而秉着除恶务尽的态度，韩侂胄还利用儒生内部对朱熹学术系统的不满，对其人格进行诋毁，将其所创建的"理学"定为伪学，其门生弟子系数不能参与公务员考试，史称"庆元党禁"。

此时已经身为平章政事的韩侂胄自然不会亲自出动打击朱熹，对朱熹的全面讨伐由监察御史沈继祖来全力推行，沈继祖罗列了朱熹的"十罪"请求政府判处朱熹死刑。不过沈继祖虽然来势汹

"低头认罪"的教育家——朱熹

苍狼逐鹿

汹，但其罗织罪名的能力却实在太差。他所列的朱熹第一大罪是"不孝"，但理由是朱熹作为儿子，父母还在的时候，福建建宁的米白，是全省最好的大米，而朱熹却不用最好的大米来供养母亲，每天用仓米，也就是普通大米食之。以这样的罪名开场，剩下的也就真的没什么好说的。随后说朱熹"不忠于国"，是因为宋孝宗死了，有人说应葬丁会稽，朱熹却说应改卜他处。朱熹"玩侮朝廷"是因为他老是辞职。

沈继祖十大罪中最为劲爆的就是对朱熹"糜烂"私生活的"无情揭露"。朱熹不仅"娶刘珙之女，得身后巨万之财"。更"引诱尼姑二人以为宠妾"，最为八卦的则是"冢妇不夫而自孕"。"冢妇不夫而自孕"说得是朱熹的儿子死了之后，他的媳妇竟然怀上了身孕。这种别人家的私事本不能作为罪名。但是由于朱熹这位老夫子向来道貌岸然，之前还在台州整肃官场时逮捕过名妓严蕊，于是乎朱熹"爬灰"之说也就甚嚣尘上了。

对于以上的种种指控，朱熹的态度竟然是照单全收，表示上表认罪说"草茅贱士，章句腐儒，唯知伪学之传，岂适明时之用"。且还承认自己"私故人财""纳其尼女"等数条，并说要"深省昨非，细寻今是"，表示要悔过自新。俨然一幅低头认罪的"臭老九"形象。有意思的是据说沈继祖攻击朱熹的文字是由朱熹曾经的学生胡纮操刀的。胡纮在正史中的描述是"博学强记，才华出众"。但是他拜在朱熹门下之后却很快便逃学了，而理由不是不接受朱熹的理学，而是因为朱熹对他和其他学生一样只给一碗"脱粟饭"。胡纮于是便对别人说："买只鸡再打点酒，就算是山里也不难办到吧！朱老头不讲人情啊！"他追随韩侂胄后得以进升，任监察御史、吏部侍郎等职。

朱熹在被沈继祖弹劾之后不久便去世了，享年七十一岁。据说临死还在修改《大学诚意章》。虽然此时正值"庆元党禁"的高潮期，但依旧有诸多朱门弟子争相前往奔丧。面对"伪学逆党"利用朱熹之死所展开的示威活动，韩侂胄不得不以"真伪已别，人心归正"的名义上奏赵扩请其放松党禁。当然韩侂胄此举并非是怕了那些击登闻鼓上书请杀他以谢天下的布衣儒生，而是因为1200年其身为皇后的侄女死后，他和皇帝赵扩的关系也变得微妙起来。

身为太皇太后的吴芍芬不仅斗败了强势的孙媳妇——李凤娘，还为自己的曾孙子——宋宁宗赵扩早早地培养了一个贤内助——杨桂枝。杨桂枝出身卑微，据说家族是淳安县辽源十五里坑的一家农户。如果不是母亲张氏擅长音乐，杨桂枝有幸跟随母亲进了德寿宫乐部，作一个杂剧孩儿的话。杨桂枝可能一生都无缘走进宫闱。有趣的是杨桂枝本不姓杨，她在宫廷之中偶然结识了一个名为杨次山的老乡，随即认为兄妹。杨次山是将门之子，他的曾祖父杨全曾经参加过靖康年间的汴梁保卫战，因此其家族世代受到政治上的优待。杨桂枝认杨次山为兄之时并改姓为杨时，据说仪状瑰伟，能文能武的杨次山已经是近卫军指挥官——宫中武德郎了。

杨桂枝的母亲生病回乡之后，她被留在了宫中以侍女的身份侍候皇太后吴芍芬的起居。吴芍芬本人能诗擅画，颇有文化修养。在发现杨桂枝聪明伶俐之后，不免产生怜爱之心，对她加以指点和培养。而杨桂枝也颇为好学，一生诗词、绘画、书法皆有作品留传于世，堪称全能的宫廷艺术家。不过吴芍芬的照顾和指点却引来了其他宫女的不平，有一次乘吴芍芬沐浴之时，有人鼓动杨桂枝穿戴太后的衣冠，随后便大造舆论，没想到吴芍芬并不以为意，反而说："你们这些人不要小觑了她，或许有一天她会穿上皇后的凤冠霞帔的！"

在吴芍芬的教诲之下，杨桂枝最终以姿容选入宫中，侍奉当时身为太子的赵扩。据说赵扩每次到吴芍芬宫中请安都要偷偷地盯着杨桂枝。吴芍芬随即在一次家宴上将杨桂枝赏赐给了自己的曾孙子。还对杨桂枝说："看在我的面子上，好好看着他！"不过此时赵扩的身边已经有了权臣韩侂胄的侄女韩氏。因此杨桂枝虽然在赵扩即位为宋宁宗之后，被册封为平乐郡夫人，又晋封为婕妤、婉仪。但是贵妃却似乎已经是她后宫事业的巅峰了。

1202年，皇后韩氏病故之后，韩侂胄又和赵扩的另两个妃子——曹氏姊妹结成政治联盟。在这样的情况下韩侂胄支持赵扩立曹氏姊妹其中之一为后的态度自然坚决。而理由是杨桂枝擅长权术。女人才学高、知古今、性机警不是好事，而曹氏姊妹性情柔顺。杨桂枝为人机警，随即先发制人，她利用赵扩临幸之机，在自己寝宫内盛筵款待，频频劝酒，待到赵扩倦眼微醉、余情缱绻之际，乘势乞求为后。赵扩不加思索，即命人取来纸笔，写下立杨氏为后的手诏。杨桂枝怕大臣生变，随即又请

苍狼逐鹿

宋宁宗赵扩重写一纸，当晚即将一纸交近侍按常例颁发，另一纸速交给自己认的义兄杨次山。第二天早朝，杨次山匆匆登殿，从袖中取出御笔，当众宣布立杨桂枝为皇后。韩侂胄虽然觉得不妥，但是皇命难违，也只好听命认输。在酒后册立杨桂枝为皇后赵扩似乎也认识到了喝酒误事，此后在后宫走动，总是命令两个太监背着写有"少吃酒，怕吐""少食生冷，怕痛"两架小屏风作为前导。遇到妃子们劝他吃生冷食物和饮酒时，他就指指屏风以拒绝。

一度深得人望的韩侂胄

失去了后宫依托的韩侂胄不得不寻求其他途经来强化自己的政治地位，他一方面以退为进向赵扩请求辞职，获得主导朝政的特权。另一方面暗中联络陆游、辛弃疾等朝野主战派文人制造战争舆论，重用郭杲之侄郭倪、郭倬，吴璘之孙吴曦等宿将子弟，试图"立盖世功名以自固"。而当时金帝国连年用兵蒙古，国民经济运转失灵，出现"府仓空匮，赋敛日烦"的局面，更给了韩侂胄以莫大的鼓励。在他的授意之下，辛弃疾写下了"君不见，韩献子，晋将军，赵孤存。千载传忠献，两定策，纪元勋。孙又子，方谈笑，整乾坤"的肉麻词句，更亲自觐见赵扩，吹嘘"金必乱亡"。陆游也不遑多让的鼓动说："中原蝗旱胡运衰，王师北伐方传诏。一闻战鼓意气生，犹能为国平燕赵。"

为了证明金帝国的虚弱，1205年韩侂胄在己方战争准备尚未完成之时，便不断的派小股部队袭扰敌境。这些边境冲突能拿出手的只有镇江都统戚拱派遣号称"李铁枪"的特工李全焚烧金帝国涟水县城。甚至于左丞相崇浩和参知政事贾铉都觉得："宋边卒狗盗鼠窃，非举兵也。"幸好有左丞布萨端和参知政事独吉思忠及时指出："小股部队肆扰应该是昼伏夜出，又怎么可能白天列阵。况且在灵壁、涡口、寿春同时发动进攻？这是宋军的战术欺骗，不早做准备的话，一旦大举进攻，将陷入完全的被动。"因此韩侂胄的所谓"先发制人"除了引起完颜璟的警觉，进一步加强金宋边境的防御外可谓得不偿失。

南宋政府的大规模北伐从1206年春季正式展开。韩侂胄的整体部署是由殿帅郭倪指挥两淮的战事，继任郭杲负责四川军区的吴曦进屯川陕前线。赵淳、皇甫斌从荆、襄一线分兵向北推进。而为凝聚将士的爱国热情，抵制国内的反战言论，韩侂胄还特意追封岳飞为鄂王、剥夺秦桧的王爵、改其谥号为"缪丑"，认为秦桧当年主导的"绍兴和议"是"一日纵敌，遂贻数世之忧"理应被揪出来承担责任。可惜对岳飞的平反和追赠似乎并不能得到这位冤死名将的庇佑。就在五月六日南宋政府正式以"伐金"之名宣战后不久，两淮前线的宋军竟出现了全线崩溃的迹象。

有人将"开禧北伐"的失利归咎于南宋方面缺乏将才，南宋末年的诗词大家刘克庄便曾在其撰写的辛弃疾作品集《序言》中写道："机会一差，至于开禧，则向之文武名臣欲尽，而公亦老矣。"但客观地说"江山代有才人出"，南宋军队在战役初期，昔日"岳家军"的后裔如毕再遇、孟宗政等人均有出彩的表现。完颜璟也曾担心南宋攻势强劲，河南地区将悉数沦入北进的宋军之手，而在西起今石家庄北，东至今天津南的几百里长地区集结重兵，以拱卫首都燕京。之所以出现多数南宋军队不堪一战的原因，则更多的归咎于南宋政府长期以来在军队建设方面的缺位。

自1165年宋金订立"乾道之盟"以来，南宋军队已有近半个世纪未曾有过大规模的战争历练。宋孝宗赵昚及其继任者宋光宗赵惇虽然重视对士大夫和宿将集团的控制，但无非是在维持高官厚禄的同时频繁更迭其职务而已。在长治久安的和平态势之下，南宋军队逐渐出现了形成诸多如吴氏、郭氏般的既得利益集团。

这些宿将门阀在军中结党营私，作威作福。如郭杲主政四川军区时便因为"刻剥军士"，导致大批逃兵聚集为盗。直到郭杲死后才由其副手王大节通过招安的方式平定。吴曦虽然一度在蜀中声望颇高，但他抵达四川之后，随即花费巨资为自己的爷爷吴璘建庙，随后"又命士卒负土筑江滨地，际山为园，广袤数里，日役数千人"，转瞬间便尽失军心。而除了剥削、奴役士族之外，吴氏、郭氏将门更在四川大面积的圈占土地，以至于出现"四川关外四州营田，半为吴、郭诸家所据，租入甚轻，计司知之而不敢问"的局面。吴曦接手之后，更为自己的叔叔吴忽谋取了茶马贸易特使的职务，叔侄两人沆瀣一气，从中渔利，最终导致"茶马司所发纲马，全不及格"。如此严重的"军中腐败"，自然令南宋政府军的战斗力大打折扣。在战场上一战即溃，甚至不战而溃。

晚年的杨桂枝

深得韩侂胄重用的郭倪是一个毫无尺寸军功的纨绔子弟，但这并不影响他自比诸葛孔明，整天摇着一把写有"三顾频频烦天下计，两朝开济老臣心"的扇子，终日在军中纸上谈兵。依靠毕再遇等前线将士初战得胜，收复泗州之后，郭倪便喜不自胜要加封毕再遇为刺史。这种轻佻的做法，令毕再遇以"国家河南八十一州，今下泗州两城，即得一刺史，继此何以赏之"予以拒绝了。而此后战事不利，郭倪又表现的极度沮丧，经常对着自己的幕僚哭泣，因此得了一个"带汁诸葛亮"的外号。

郭倪虽然能力不强，但比起主政四川却接受金帝国的诱降，公然建行宫，称蜀王，置百官，请金兵进入凤州，献出四郡，准备向金称臣的吴曦来却还算尽心尽责。吴曦踞蜀称王、联金叛宋的图谋，虽然仅仅维持了41天便为军民所阻止，但其对整个战局所造成的影响却可谓深远。在西线无后顾之忧的情况下，金帝国集中兵力攻击南宋两淮和荆襄战区。南宋军中的毕再遇等新生代将领虽然在六合、庐州、襄阳等地阻击了金军的进攻，但金军抵达长江北岸的消息，还是促使南宋政府决定主动向金求和。1207年农历十一月初，礼部侍郎史弥远在与皇后杨桂枝密谋下，伪称赵扩密旨，伙同参知政事李壁，命殿前司夏震秘密于玉津园暗杀了韩侂胄。

后世很多史料都宣称赵扩对韩侂胄的死并不知情。但坊间却传闻其一度得知了史弥远将在玉津园对韩侂胄下手的消息，试图将韩侂胄叫回来。但是杨桂枝却说："若欲追回他，我请先死！"无奈之下赵扩只能放弃了已经孤立无援的韩侂胄。韩侂胄执政前后十四年，一度权势显赫。虽然其发动北伐的目的并不单纯，但多数迎合了南宋军民光复中原的热情。因此在其死后南宋朝野随即将杨桂枝比喻成唐代祸国殃民的杨贵妃。将以"杨安史"比喻她和史弥远的政治同盟。

随着韩侂胄的失势被杀，南宋政府的"开禧北伐"也草草告终。1208年农历三月南宋政府以增岁币为三十万，犒师银（赔款）三百万两换取了金军从占领区撤回。史称"嘉定和议"。而对于完颜璟特别提出要求南宋政府将韩侂胄的首级送来以换取淮南、陕西之地的要求，南宋政府竟也照单全收。当时南宋的太学生们特意作诗讽刺说："自古和戎有大仅，未闻函首可安边。生灵肝脑空涂地，祖父冤仇共戴天。"不过完颜璟对韩侂胄却似乎还怀着一份敬意，在得到了其首级后，并未公然羞辱。而是诏谥其为忠缪侯，以礼葬于曾祖父韩琦的墓侧。

完颜璟此举固然是为了体现自己的胸襟，但另一方面虽然成功击退了南宋政府的北伐，但这场规模空前的战争也耗尽了完颜雍以来金帝国国力最后的积累。在战争过后，完颜璟曾经忧心忡忡的询问大臣南宋的议和可不可靠。有政治远见的大臣王维翰说："宋主怠于政事，南兵佻弱，两淮兵后千里萧条，其臣惩韩侂胄、苏师旦，无复敢执其咎者，不足忧也。唯北方当劳圣虑耳。"但此时的完颜璟和金帝国均已有心无力，他们虽然意识到了危机，却已经无法阻挡数年后即将破关南下的蒙古铁骑了。

第四章　界壕内外

窥测中原

叩关中都

分崩离析

窥测中原
——铁木真对西夏的侵攻和对金战争准备

　　在金宋两国剧烈交锋的同时，统一蒙古草原的铁木真也并未停止其东征西讨的脚步。随着1206年夏蒙古诸部于斡难河源头举行忽里勒台大会，公推铁木真为全蒙古大汗，上尊号为"成吉思皇帝"。铁木真随即大封功臣亲贵，俨然已经完成了一个游牧帝国的草创工作。但蒙古草原之上长期积淀的原始政治生态依旧与铁木真所要建立的封建帝国格格不入。在内部压制合撒儿、铁木格斡赤斤等兄弟争权、翦除以蒙力克之子阔阔出为首的萨摩神棍对政权干涉的同时，铁木真不得不面对蒙古草原北方西伯利亚地区"林中百姓"吉利吉思部的起义。

　　"林中百姓"的起义表面上是由于铁木真派往管理他们的万户那颜豁儿赤贪婪好色所引起的。当年豁儿赤背弃自己的兄弟札木合投奔铁木真之时，铁木真曾许诺他日后可以在蒙古逐步选美，成为拥有三十个妻子的人。在铁木真建立了蒙古汗国之后，对豁儿赤的拥戴之功还是给予了充分报答的，不过让豁儿赤在自己的领地内挑选美女，铁木真多少有些舍不得，于是便把他打发去管理贝加尔湖周遍的"林中百姓"各部落。豁儿赤治下到底有多少人口，虽然没有确切的答案，但是要挑选三十个美女应该还是不难的。但豁儿赤偏偏要对由寡妇塔儿浑夫人所领导的秃麻部下手，还想直接将塔儿浑夫人也纳为自己的妻妾。一般来说，身居高位的女性都难免会产生女权主义倾向。塔儿浑夫人直接逮捕了豁儿赤，随后联合其他部族揭竿而起。塔儿浑夫人的举动之所以能够得到"林中百姓"的广泛支持，更多的是因为依旧处于原始部族经济的吉利吉思诸部不堪蒙古帝国的征调税赋之苦。

　　铁木真起初轻视"林中百姓"的战斗力，草率的派出"四骏"之

一的博尔忽前往镇压。但在贝加尔湖附近的丛林之中，
骁勇善战的蒙古骑兵无法施展骑术。博尔忽所部遭遇吉
利吉思诸部的伏击，不仅部下损失惨重，博尔忽本人也
中箭身亡。豁儿赤被俘，自己母亲的养子、心腹爱将博
尔忽战死。铁木真本想亲自出马，但在木华黎等部下的
劝阻之下，铁木真最终委任自己的长子术赤统帅朵儿边
等部率部北上。

　　许多史料和小说之中都竭力熏染铁木真和术赤之间
那极端恶劣的父子关系。并将原因归咎于铁木真对他血
统的怀疑。不过事实上铁木真对术赤的教育和培养还是
颇为尽力的。这一点从术赤很早便参与自己父亲所发动
的对外战争中便可以看出一二，当然如果将其理解为铁
木真不喜欢他，刻意让这小子去充当炮灰，似乎也不无
可能。也许是因为自己本身便是草原仇杀所造成的不幸

产物，术赤虽然性格刚烈、骁勇善战，但是却并不嗜杀。他第一次走上战场，跟随自己的父亲讨伐家族世仇塔塔儿部便令"俘获者多蒙全宥"，宽恕和保全了许多生命。他的这一做法对蒙古帝国的扩张颇有好处，在其指挥的蒙古帝国军对和林西北诸部的征服中，术赤以军事手段配合外交攻势，轻松的便征服了贝加尔湖东西各部落。铁木真大喜之下随即将吉利吉思诸部交给术赤管理。而此举也奠定了术赤一系日后建立横跨亚欧大陆的钦察汗国的基础。

蒙古草原疲弱的自然经济令铁木真所创建的游牧帝国必须不断的对外用兵，在通过战争维持向心力的同时，依赖战争所得为自身"输血"。而铁木真的第一个目标便是囊括今宁夏全省、甘肃西北部、青海东北部及陕西北部地区的西夏王国。之所以挑选西夏为目标，一方面固然是此时的蒙古帝国仍无力远征西域，又不愿贸然向东与强大的金帝国交恶，南下攻略西夏便成了唯一的选择。而另一方面1206年，西夏宗室成员李安全与当朝太后罗氏通奸，发动政变废黜了夏桓宗李纯佑，自立为帝。李安全的篡位之举，虽然在正史中并未留下太多西夏王国动荡的记录。但李纯佑在位13年，虽没有太突出的政绩，但也被认为是守成之主。突遭自己母亲的奸夫废黜，自然会给朝野上下造成一定的冲击。正是在西夏国内人心浮动的情况下，1207年农历八月蒙古铁骑再度越过两国边境，这一次铁木真将目标指向了勾连西夏东西两翼的交通枢纽——丰州兀剌海城（今内蒙古自治区包头市）。

针对蒙古铁骑长于野战、不利攻坚的特点。李安全采取的应对之道还是敛兵守城，坐等对手劫掠一番后自行撤退。但这一次铁木真却有心想在西夏王国的身上锤炼自己部队的攻城能力。对于兀剌海城的围攻由铁木真驱赶当地的党项族牧民入城开始，铁木真向其宣称："如果开城投降，则可免一死，如果抵抗则破城之后、尽数屠灭。"面对铁木真的心理战，西夏守将不为所动。在长达40天的围困和拉锯之后，蒙古大军最终用火攻战术陷落了这座要塞，而铁木真也随即兑现了自己的诺言，屠灭了全城的西夏百姓。这种以屠城为威慑迫使对手投降的心理战术，随后在蒙古大军不断的攻城略地中被发扬光大。

铁木真第二次对西夏的侵攻持续了长达6个月，直到1208年的春季蒙古大军才撤回草原。能够维持长期战争一方面固然是蒙古帝国国力日益雄厚的证明，另一方面水草丰美的六盘山脉，对于常年生活于苦寒之地的蒙古诸部来说可谓天然避冬的良选之地。蒙古大军驻屯于自己的国境之内，对于李安全而言自然是一个不小的负担。在西夏自身的军事力量无法驱逐对手的情况下，李安全第一时间想到的便是向金帝国求援。

秉承着"唇亡齿寒"的战略理念，金帝国内部也出现了"西夏既亡，必加于我，不如与西夏首尾夹攻，可以进取而退守"的呼声。但此时的完颜璟早为南宋的"开禧北伐"搞得身心疲惫，竟然以"敌人相攻，中国之福，吾何患焉"来应对。完颜璟的这种态度与其说是鸵鸟政策，不如说是有心无力。在"开禧北伐"中金帝国曾大量的征募西北游牧民族的骑兵参战，但战后却无力对其封赏，大臣李藻等人因为上书提及此事竟然还挨了一顿板子，愤而投靠蒙古帝国去了，由此可见金帝国此时国力的虚弱。

金帝国的军队虽然没有出现在战场之上，但西夏王国频繁向燕京方面的求援举措，依旧引起了铁木真的警觉。在草草结束了对第二次与西夏的战争之后，1208年铁木真亲自前往金帝国边境地区的静州（今内蒙古自治区扎兰屯市），以朝贡之名刺探金帝国的虚实。此时的完颜璟已是疾病缠身，只能委任自己几位叔叔中最为无能的卫王完颜永济代为前往。应该说这一次的"静州会晤"，铁木真和完颜永济对彼此的感觉都

征服西夏之后，铁木真加紧了对金帝国的战争准备

不好。完颜永济对铁木真在会晤时的傲慢无礼也颇为不爽，一度"欲请兵攻之"。但恰逢1208年农历十一月完颜璟的病故，在忙于角逐帝位之余，完颜永济暗中部署兵力，准备以新君即位的名义诏铁木真再次朝贡时将其拿下。

不过当金帝国按照惯例向蒙古派出使者要铁木真拜受时，铁木真却问对方："新皇帝是谁啊？"在得到了是完颜永济的回答之后，铁木真当即面朝南方吐了一口唾沫。"我一直以为中原的皇帝都是天神一样的人物。原来这样的庸才也可以啊？那我还拜什么拜啊？拜拜了您勒！"于是乘马北去，开始谋划对金帝国的全面战争。

金帝国的史料之中曾不惜笔墨的描述完颜永济和完颜璟良好的叔侄关系。认为完颜璟在长期没有合法继承人的情况下，虽然"疏忌宗室"，但对"柔弱"的完颜永济颇为厚待，因此在自己病情加重的情况下，才准备传位给他。但事实上在完颜璟临终之前，他的两位宠妃贾氏、范氏都已经怀孕，完颜璟仍有怀有将帝位传给自己未来子嗣的期望。真正将完颜永济推上帝位的，是主持金帝国政府运转的宗室重臣完颜匡和把持后宫的李元妃。

在完颜匡看来，软弱无能的完颜永济继位将有利维持自己独掌朝纲的政治局面，而李元妃则因为不希望看到贾氏、范氏母凭子贵爬到自己头上。于是在这两人的内外串联之下，完颜永济不仅顺利地荣登大宝，还随即毒杀了贾妃，令范妃堕胎，将其削发为尼。不过在翦除后宫政敌的同时，李元妃也为自己挖掘了坟墓。在完颜匡的授意之下，金帝国言官系统"揭发"李元妃串联贾妃假孕，企图以李氏子弟的孩子冒充完颜璟的骨肉。在这个"狸猫换太子"的罪名之下，李元妃被赐自尽。其亲信宦官李新喜等人被处决。至此在金章宗完颜璟执政期间，权倾一时的李元妃势力被连根拔除。

利用金帝国权力更迭的有利时机，1209年农历三月，铁木真第三度攻入西夏国境。面对蒙古铁骑的连年进犯，不胜其扰的李安全只能硬着头皮动员全国兵力予以迎头痛击，他任命其子李承祯为元帅，大都督府令公高逸为副元帅，统率5万出征。但在承平日久的情况下，西夏的野战军此时早已不是昔日李元昊败宋拒辽的党项雄兵，仅仅一个月的时间，蒙古大军便再度攻破了兀剌海城，进一步逼近了西夏王国的首都中

苍狼逐鹿

兴府（宁夏回族自治区银川市），李安全在派兵死守中兴府外围要隘克夷门的同时，只能再度向金帝国求援。

龙椅尚未坐稳的完颜永济自然无力支援西夏，而面对地势险峻、关外两山对峙，仅一径可通，悬绝不可登的克夷门，蒙古铁骑也屡攻不克。在双方相持两月之后，铁木真最终决定乘夏军懈怠，采取据险设伏的战术，派遣少数游骑兵引诱西夏军主动出击。大半国土沦丧的西夏王国将士果然按捺不住，最终在草率出击的过程中为蒙古骑兵围歼。在重创西夏军主力之后，蒙古铁骑随即攻破克夷门，包围中兴府。

面对兵临城下的局面，李安全不得不亲自登城督战。而自李元昊建立西夏王国以来，两百多年的经营，也令中兴府城高池深。蒙古大军屡攻不下。双方相持到农历九月，随着连降大雨，黄河暴涨，铁木真随即遣将筑堤，引水灌城，西夏兵民淹毙极众。十月，西夏再度遣使赴金求援，又遭完颜永济拒绝。而就在西夏王国危如累卵之际，黄河水却突然溃决蒙古大军所修筑的外堤，一时间水势泛滥，蒙古军队也无法驻足，只能遣使入城，以图建立城下之盟。此时的李安全实在没有心思讨价还价，只能登城隔水与铁木真相见，献女求和。至此曾与宋、金三足鼎立的西夏沦为了蒙古帝国的附庸。

客观地说，此时的蒙古帝国依旧没有做好灭亡西夏的准备，更没有统治一个高度文明的封建王国的经验，而为了对抗表面上依旧强大的金帝国，铁木真更需要西夏从西线牵制对手。而出于失之桑榆、收之东隅的心理，侥幸在蒙古大军的围攻中保住首级的李安全也乐于附蒙攻金。1210年，在蒙古大军尚未完全撤走之际，李安全便发兵万余骑，攻打金帝国的葭州（陕西省佳县），由此正式掀开了漫长的夏金边境战争的序幕。

西夏对金用兵可谓频繁，在13年的时间里，有史可查的大小战役便多达25起，可谓"无岁不征"，但所取得的战绩却乏善可陈。除了促成了完颜庆山奴、郭斌等金帝国新生代将帅的崛起外，其最终结果是"精锐皆尽，两国俱敝"。讽刺的是李安全并没有看到金、夏两国鹬蚌相争，蒙古最终渔翁得利的最终结果，因为就在他点燃战火的一年之后，西夏宗室成员李遵顼发动政变，废黜李安全，自立为帝。尽管史书上说李遵顼"端重明粹，少力学，长博通群书，工隶篆"，曾参与西夏王国的科举考试，并"廷试进士，唱名第一"。但得位不正的先天不足，却令李遵顼这样一个曾经醉心文化的王室贵族，不得不在李安全所发动的战争之路上越走越远，因为唯有如此，内部早已腐朽不堪的西夏王国才能保持最基本的向心力。好在李遵顼执政时期，铁木真对金帝国的战争也已全线展开，他至少不是一个人在战斗。

叩关中都

——蒙古帝国第一次对金战争和野狐岭决战背后的故事

铁木真对金帝国的蚕食，早晚不迟于1209年结束对西夏的第三次侵攻之后。从1209年农历十一月撤离西夏首都中兴府，到1211年农历二月，正式"誓师伐金"的一年多时间里，铁木真一方面进一步稳定蒙古帝国内部，增强西线对西辽、花刺子模等中亚国家的警戒和监视，另一方面则不断招降纳叛的鼓动金界壕内外的汪古部等游牧民族，甚至金帝国边防军转投自己的帐下。

在蒙古方面积极准备对金作战的消息，通过金帝国北部边防将领纳哈塔迈珠等人及时传递到了中枢。但完颜永济对此却毫无办法，只能继续选择了鸵鸟策略，颇不以为然地回答道："铁木真怎么敢！况且没有什么理由，怎么可能挑起战争！"纳哈塔迈珠继续称述自己的理由，认为此时的蒙古已经是"诸部附从，西夏献女"。但却依旧全力开动军工机器"造箭制盾不休"，甚至在迁徙的过程中也令男丁坐车。这样积蓄民力的做法，只能是在进行战争准备"非图我而何"。不过在完颜永济眼中，纳哈塔迈珠的话虽然不无道理，但当面顶撞自己却属于"找事"，因此直接将他送进了监狱。

完颜永济虽然囚禁了纳哈塔迈珠，但并不代表其真的不担心蒙古大军的南下。为了应对南宋的"开禧北伐"，金帝国北境边防部队大多抽调南下，而汪古部等游牧部族倒向蒙古更令整个"金界壕"系统已形同虚设。处于被动防御态势的金帝国，必须同时兼顾东京辽阳、中都燕京、西京大同三个方向，压力之大，可想而知。在这样的情况下，完颜永济也只能一方面悄然释放了纳哈塔迈珠，通过西北路招讨使钮祜禄哈达等人向铁木真伸出橄榄枝。另一方面也委任独吉思忠率领金帝国野战部队进驻抚州（今河北省张北县）一线，在拱卫首都的同时兼顾各个战略方向。

完颜永济的备战举措，从纸面上来看并无太多的错误，但在具体落实方面却是漏洞百出。此时的铁木真早已磨刀霍霍，完颜永济的求和举措不仅主动示弱，坚定了对手发动战争的决心。更令许多对女真贵族统治心怀不满的契丹、汉族官员借出使之名行叛逃之实。例如，契丹王族后裔——耶律阿海早年作为特使出访蒙古时，便主动怂恿铁木真："金帝国戎备废弛，俗日侈肆，亡可立待。"而金帝国方面直到发现自己的特使竟然成为了铁木真的部下，才意识到对方的叛国举措，愤而将其家属全部收押。不过此时已经迎娶蒙古贵族之女的耶律阿海并不介意，主动担任蒙古大军南下的先锋，一路鼓动契丹牧民倒戈。对于这样忠勇的部下，铁木真自然投桃报李，当蒙古铁骑抵达金帝国中都城下时，铁木真对金帝国的议和使者特别提出："阿海的家属，你们有什么理由关着不放啊？"完颜永济在无奈之下，也只能将耶律阿海的家族全部释放。

独吉思忠虽然担任军职时间不短，但并没有太多战场经验，他的主要成绩是曾修缮完成了西北路的界壕系统。因为"止用屯戍军卒，役不及民"而广受好评。此时面对蒙古铁骑的不断袭扰，独吉思忠没有主动出击的勇气，只能在抚州一线筑垒自卫。对此时任平定州刺史金帝国官员赵秉文提出："我军聚于抚州，由于其城池较小，只能列营其外，恰逢夏天雨季，器械弛散，兵卒多病，等到深秋敌军进攻之时，已经疲惫不堪。不如从临潢一线主动进攻，则山西之围可解，这就是兵法中所谓出其不意，攻其必救者也。"

理想很丰满，现实却很骨感。此时的金帝国不仅要抵御蒙古大军的南下，继续维持与南宋的对峙，还要应对西夏王国的趁火打劫。1211年农历七月，李遵顼在即位伊始便出兵5万，围攻金帝国西北边防要塞——东胜城（内蒙古自治区托克托县），迫使完颜永济不得不抽调西南路马军万户纥石烈鹤寿所部赶往支援。而马匹的短缺比兵力上的捉襟见肘更为严峻，在"金界壕"系统崩溃之后，金帝国已经事实上失去了对阴山——燕山以北各群牧所的控制，没有了稳定的战马供应，金帝国只能搜刮民间马匹充作军用，在这样的情况要实现赵秉文从临潢一线突

　　　　　　　　　　　　　　　　　　　　　　苍狼逐鹿

入蒙古草原的计划，无异于痴人说梦。

1211年农历七月，铁木真在蒙古大军已经在大水泺、丰县、利县等地建立稳固的前进基地的情况下，开始围攻独吉思忠抚州防线的核心据点——乌沙堡。事实证明独吉思忠在修筑工事方面还是有一手的，坐落于今内蒙古自治区乌兰察布盟兴和县境内的乌沙堡一度成为蒙古大军无法逾越的屏障。但铁木真很快便发现了独吉思忠整个防御体系的弱点：乌沙堡虽然坚固，但为其提供兵员和后勤支持的后方基地——乌月营却防御松懈，随着铁木真派出哲别所指挥的别动队奇袭乌月营，独吉思忠的防线随即崩溃。

独吉思忠被迫从乌沙堡全线后撤的消息，顿时令承平日久的金帝国首都燕京陷入了极大恐慌之中。各地很快便流传起了一首童谣："摇摇罟罟，至河南，拜阏氏。"所谓"罟罟"指的是蒙古贵族妇人头上所戴的高冠。在这样的童谣歌声中许多金帝国的汉族官吏已经看出了人心向背，自称唐代名将郭子仪的后裔的金帝国汾阳郡公郭宝玉无奈地感叹道："北军南，汴梁即降，天改姓矣。"在他这样的汉族官吏眼中，金帝国不过是灭亡了正统的北宋王朝的异族而已，并不值得他们效忠，于是举军向铁木真投诚。

作为第一个向蒙古帝国输诚的汉族大姓首领，郭宝玉此举不仅奠定了其家族跟随铁木真东征西讨的基础，更是堪称日后左右中原战局的蒙古汉族世侯家族的滥觞。无独有偶，"幼有大志，膂力过人"的契丹贵族移剌捏儿也怀着"为国复仇，此其时也"的投机心理，带着几百部下主动投效于铁木真的帐下，受封为"霸州元帅"。

在"人情恛惧，流言四起"的情况下，完颜永济一方面在首都宣布戒严，一方面却"禁百姓不得传说边事"。但这种挟制舆论的做法，并不能改变金帝国上下不战自乱的局面。罢免了独吉思忠之后，完颜永济委任宗室成员完颜承裕主持前线军务。在抵御南宋政府的"开禧北伐"的战争中，完颜承裕也算是屡立战功，但其负责的战线主要在川陕一线，对手是一心图谋据蜀自立的吴曦。因此在名将的光环之下，完颜承裕究竟有多少才干仍有待检验。

完颜承裕抵达前线之后，随即宣布放弃昌州、桓州、抚州三地，全军退守易守难攻的野狐岭重组防线。如果仅从抚州前线的局势来看，完颜承裕此举不失为收缩防线，集中兵力的无奈选择。但如果将视野放大到整个蒙金战场，金帝国放弃昌、桓、抚三州之后，其整个北境边防系统便门户大开。铁木真没有急于进逼野狐岭，而是分兵扫荡被金帝国称为西京的大同府。

身为金帝国西京留守的女真将领胡沙虎，早年曾担任过金章宗完颜璟的侍卫，因此在完颜璟执政期间，一路官运亨通。虽然被言官弹劾"贪残专恣，不奉法令"，仍稳步高升。在南线与宋军交锋中，更凭借攻克淮阴，兵围楚州的军功，而被视为将才。但此时面对蒙古铁骑的兵锋，曾在长江中与数百艘南宋战舰搏杀于水上的胡沙虎却失去了拼死一战的勇气。在统率7千精兵与蒙古大军对峙的过程中，胡沙虎突然丢弃了自己的部队，借着夜幕的掩护独自逃走。在胡沙虎所部随即溃散的情况下，金西京大同宣告陷落。

在解除了侧翼的威胁之后，蒙古大军开始全面部署对完颜承裕所构筑的野狐岭防线的进攻。此时完颜承裕手中已经云集了河北、山西等地的汉族豪强和内附草原游牧部族，总兵力号称达到40万以上。保家卫国的热情加上兵力的优势，令金帝国各路民兵武装纷纷向完颜承裕请战，甚至愿意自己担任先锋，金帝国的正规军只要声援就可以了。但完颜承裕却始终只打听哪里有小路可以南逃。于是汉族豪强们纷纷私下嘲笑道："这里的溪涧曲折，我们都很熟悉，但是领导却不知道利用地利来与敌决战，一心只想自己先走。"

完颜承裕之所以急于南撤，除却其个性畏怯的因素之外，更多的是因为胡沙虎弃守西京大同之后，蒙古大军已从西线进抵野狐岭防线侧后的翠屏山，威胁完颜承裕所部大军的补给线和后方安全。担心遭遇对手合围的完颜承裕选择主动后撤，固然有他的理由，但数十万大军敌前转向却并不是一件容易的事，偏偏此时被完颜承裕委以殿后重任的纥石烈九斤又一时头脑发热，委派契丹贵族裨将石抹明安前往蒙古军营挑衅，之所以派石抹明安前往，纥石烈九斤的理由是："汝尝使北方，素识蒙古国主，其往临阵，问以举兵之由，不然即诟之。"纥石烈九斤显然没有想过，石抹明安既然认识铁木真，又怎么会对着蒙古帝国皇帝当面嘲讽，果然石抹明安抵达蒙古军营之后随即投诚，将野狐岭防线的情况和盘托出。

在得知完颜承裕主力已然南撤的情况下，铁木真集中全军主力猛扑野狐岭北山口——獾儿嘴。面对"率敢死士，策马横戈，大呼陷阵"的木华黎等蒙古悍将，还等着石抹明安回来复命的纥石烈九斤所部无力抵抗，全军覆没。突破野狐岭的蒙古铁骑随即对完颜承裕的主力展开衔尾追击，失去依托的金帝国野战军只能且战且走，最终在会河堡一线全军溃散，主帅完颜承裕仅以身免。

野狐岭战役对金帝国北境边防系统的打击可谓是致命的，金帝国不仅在战场上伏尸百里，损失了大量精锐的野战部队，更失去了河北、山西等地契丹、汉族豪强的支持。在金帝国"猛安谋克"体制日益崩溃的情况下，这些地方势力的向背直接决定着蒙金两国在战场上的力量对比。如果说耶律阿海、石抹明安、郭宝玉等人背金降蒙代表的是金帝国内部契丹、汉族官僚系统的立场松动的话，那么随着蒙古大军轻松地突破早已为金帝国放弃的居庸关，霸州等地石抹孛迭儿、史秉直等地方豪强望风而降，则无疑代表着河北民间力量也随着转投蒙古帝国。

而在远离野狐岭主战场的山东境内，更有一个叫杨安国的青州青年乘势崛起。杨安国早年以卖马鞍为业，因此也人称为"杨鞍儿"。在韩侂胄所主持的"开禧北伐"中杨安国一度在山东揭竿响应。但是在南宋的北伐军被击退之后，杨安国不得不接受金帝国的招安，一度升任防御使。但是在蒙古骑兵扣边的情况之下，杨安国的军队却始终徘徊在远离战线的鸡鸣山一线。为此完颜永济还特意"驿召问状"。杨安国的回答颇为理直气壮："平章、参政军数十万在前，无可虑者。屯聚鸡鸣山，所以备间道透漏者耳。"但是金帝国主力在野狐岭覆灭之后，杨安国便立刻逃回山东，和张汝楫等人再次举起了反抗金帝国的义旗。因其部队穿红袄作标志，故称"红袄军"。在随后的历史进程之中由杨安国及其妹杨妙真、妹夫李全所领导这支民间武装逐渐成为蒙、金、宋三方之外举足轻重的一支地方割据势力。因此野狐岭战役的影响，诚如编撰《金史》的脱脱所言："金之亡国，兆于此焉。"

当铁木真将自己的指挥部前移至居庸关龙虎台时，由哲别统率的蒙古骑兵直接便游猎于金中都城下。在再度宣布首都戒严的同时，完颜永济不得不计划在"纠军"的保护之下逃往被称为"南京"的汴梁。因为早在战争打响之前,"尚书令史"李英便上疏指出"山东、河北不大其声援,则京师为孤城矣"。但令完颜永济没有想到的是,纠军的先锋部队刚刚抵达中都。蒙古大军便悄然退去,于是纠军便大吹法螺,说己方先锋部队500人"自相激励,誓死迎战",给予了蒙古军队以极大的杀伤,而当蒙古军向俘虏的金帝国军民打听这支部队的具体编制时又得到了"二十万"的天文数字,所以就被吓跑了。

事实上铁木真之所以选择在此时退兵,一方面是鉴于中都燕京城防系统完备,拥有高达4丈的城壁、910座箭楼、地堑三重。以蒙古帝国此时的攻坚能力基本无法撼动。另一方面则是考虑此时已近暮秋,蒙古骑兵必须在冬季降临前返回草原,休养战马以利再战。而就在金帝国上下对铁木真的退兵欢欣鼓舞之余,蒙古大军却在回师的途中扫荡了燕山以南金帝国硕果仅存的几处群牧。等待完颜永济的将是最为难熬的一个冬天。

面对进抵中都燕京境外后如旋风般离去的蒙古铁骑,金帝国上下陷入了空前的迷惘之中。如何亡羊补牢自然成了完颜永济及其臣僚的首要议题,针对蒙古骑兵飘忽不定的劫掠战术,早在铁木真大举来犯之前,金帝国上京留守图克坦镒便向完颜永济提出:"自国家与蒙古交兵以来,敌军集中兵力打运动战,我们却分兵防御;在这样的情况下,怎么可能不败。不如集中兵力,重点防御。边境地区的昌、桓、抚三州,不仅储备丰富,而且民众健勇,可以将当地的行政机关和人民内迁。以保证人畜财货,不至亡失。"但这个后来被证明颇为正确的选择,却被参政梁镗指责为"自蹙境土"。此时图克坦镒又提出:"辽东,国家根本,距中都数千里,一旦遭打攻击,层层上报,会延误战机。不如派遣大臣建立独立的军区和行省特区。"

作为经历了金世宗完颜雍、金章宗完颜璟执政时期的三朝元老,图克坦镒的建言未必是为自己谋求功名利禄。但作为上京留守的他提出辽东军政的独立,却很难不招致来完颜永济猜忌,他不仅以"无故置行省,徒摇人心耳"为由拒绝了图克坦镒的合理化意见,还要求辽东方面抽调两万驻军驰援中都。而就在完颜永济大举征调辽东等各地精锐驻军拱卫中都之际,铁木真在马不停蹄地扫荡阴山—燕山以北的金帝国云中东、西两路的同时，也将注意力转向了辽东。

　　尽管在公元1211年夏、秋两季战争之中，蒙古多次重创金帝国的野战兵团。但是正如归降的契丹族将领石抹明安所说："金帝国的行政区划有十七路之多，而我们所夺取的不过是云中东、西两路而已。如果不继续进攻。对方一旦制订了完备的战略计划，集中兵力。那么战场的形势将出现逆转。"这样的情况之下，蒙古必须利用所掌握的战场主动权不断开辟新的战线。而此时主动从辽东赶来投靠的另一个契丹贵族——石抹也先的一番话更坚定了铁木真攻略辽东的决定。

　　石抹也先是辽帝国时代著名的后妃家族——萧氏的后裔。据说在其十岁时便向他的父亲询问辽帝国灭亡的原因和过程，还颇为豪气地表示："儿能复之。"他向铁木真建议说："金帝国的东京（今辽宁省辽阳市）是其根本之地，荡其根本，中原可传檄而定。"而此时在东北战场之上，还活跃着另一股反金势力——耶律留哥指挥的契丹军。随着蒙古的崛起，金帝国对境内的辽国遗民采取了更为严厉的防范措施——"辽民一户，以二女真户夹居防之。"结果这一政策反而激化了契丹人的

在金帝国汉族和契丹降将的引领下，蒙古铁骑突破长城防线逐渐成为了常态

民族情绪，最终引发了大规模的起义。在蒙古骑兵进入东北之时，由耶律留哥已经"营帐百里，威震辽东"牵制了金帝国相当数量的野战部队。

1212年，蒙古铁骑抵达辽东之时，正值耶律留哥所部契丹起义军的低潮期。金帝国方面受命"镇抚"辽东的完颜承裕，虽然在野狐岭战役中被打得一败涂地，但所能动员的兵力和物资对比耶律留哥仍具有一定的优势。为了能迅速剿灭自己辖区内的契丹起义军，完颜承裕甚至开出了可以用耶律留哥的骨肉换取等重的金、银及世袭千户的赏格。但就在完颜承裕沉浸于"重赏之下，必有勇夫"的幻梦中之时，由哲别统率的蒙古骑兵突然抵达战场，冲击完颜承裕所部的军阵，再度为蒙古军队所击败的完颜承裕退守辽阳，不久便病死于任上。

通过自己的情报网得到了金帝国正准备委派出任东京留守的消息后，石抹也先随即采用冒名顶替的方式，假称是金帝国派来的新留守，帮助蒙古骑兵顺利骗开了东京辽阳的城门。至此作为金帝国龙兴之地的辽东被彻底隔绝了与中原战场的联系，虽然依旧有相当数量的金帝国军队在完颜承裕部将蒲鲜万奴的指挥下继续与耶律留哥的契丹起义军周旋，但其对整个蒙金战争的影响已是微乎其微。

分崩离析

——金帝国的迅速衰亡及保持观望态势的南宋

　　蒙金战争初期，完颜永济最大的困扰或许莫不过于无人可用。由于金章宗完颜璟执政时期"猛安谋克"体系的全面崩溃，女真族优秀将领日益凋零。面对完颜承裕病故，东京辽阳的失守的局面，完颜永济一度不得不重用起于行伍、百战成名的老将完颜弼出征辽东。完颜弼虽然接受了元帅左监军的任命。但却提议由自己组建一支雇佣军。因为这样一来"万一首都被包围，也可以回戈自救。而如果按照金帝国过去的动员模式，征召由市民组成的义务兵，那么在战场上恐怕不堪一击"。

　　完颜永济却不认同老将的看法："我现在跟你谈的是东北方向的事情，你扯首都干什么。就算如你所说，我也自有办法。你和皇后是亲家，所以我一向对你不错，你怎么就不能体谅体谅我呢。"完颜永济的意思似乎是想将国政家事化，和完颜弼拉拉亲戚关系。但不想完颜弼却抓住这一点不放，强调说："陛下勿谓皇后姻亲俱可恃也。"讽刺完颜永济重用驸马都尉图克坦穆延。完颜永济一气之下，以"无人臣礼"的罪名对完颜弼施以杖刑一百，贬为云内州防御使。

　　赶走了完颜弼之后，完颜永济只能将规复辽东的期望寄托在身处敌后的蒲鲜万奴的身上。从抵御南宋"开禧北伐"的一系列军事行动中的表现来看，蒲鲜万奴应该算是金帝国中后期相对优秀的骑兵指挥官，而由于出身于辽东的海西女真蒲鲜部，更令蒲鲜万奴在对抗耶律留哥的契丹起义军时尽心尽责，屡败屡战。但蒲鲜万奴出身低微，在"开禧北伐"之前仅为掌管皇帝御马调匀牧养的从五品尚厩局使，这样一个昔日的"弼马温"成了主持辽东军政的一品大员，自然引发了东北诸多女真贵族的不爽。

东北路招讨使兼德昌军节度使的完颜铁哥曾是完颜襄麾下的爱将，在"开禧北伐"更自称"平南荡江将军"，自然不会将蒲鲜万奴放在眼里，他不仅拒不执行蒲鲜万奴的军令，更利用自己在金帝国中枢的关系网放出蒲鲜万奴怀有异心的言论，怀恨在心的蒲鲜万奴随即将其下狱治罪，最终导致完颜铁哥死在监牢之中。但完颜铁哥的死并没有起到杀鸡儆猴的作用，反而引起了辽东各地将帅的集体抵制。对于辽东方面各种弹劾蒲鲜万奴心怀异志的奏表，完颜永济虽然不以为意，但面对同僚的攻讦和掣肘，蒲鲜万奴却始终无法自安。

在无视辽东战线各种反对的声浪，重用蒲鲜万奴的同时，完颜永济又错误将拱卫中都的重任交托给了昔日的西京留守胡沙虎。虽然在蒙古铁骑面前，胡沙虎轻易地放弃了自己的防区，还在撤退的过程中擅取官库银五千两及衣、币诸物，抢夺政府所圈养的马匹分配自己的随从。擅自处死涞水县令。但由于其及时出现在了无将可用的中都城下，完颜永济非但没有责问，相反提升其为右副元帅。胡沙虎随即主动提出要求指挥二万人的野战部队"北屯宣平"。而不过鉴于自己手中只能挤出三千人，所以完颜永济将其防区改到了中都附近的妫州（北京市延庆区）。

相对于抗蒙前线的宣平县（今河北省万全县），妫州显然要安全得多。但胡沙虎所追求的却是山高皇帝远的惬意，因此怀着不满，这位跋扈将军又讨价还价要求，干脆将自己的部队撤往南口或者新庄，为此他在给尚书省的报告中说："蒙古兵来，必不能支。一身不足惜，三千兵为可忧，十二关、建春、万宁宫且不保。"面对这种畏敌如虎的将领，即便是"柔弱鲜智能"的完颜永济也终于难以忍受了，直接将其遣送回家了。但随着1212年夏秋之交，铁木真大军再度突破居庸关，威逼中都。完颜永济不得不重新起用胡沙虎。对此左谏议大夫张行信、丞相图克坦镒、参知政事梁镗都表示明确的反对。特别是张行信多次上书特别明确指出："一个人的能力不在于他的履历。何况胡沙虎过去的败绩，朝廷也都知道！今天又重新起用，似乎不太合适。"但是最终完颜永济还是一意孤行，重新任命胡沙虎为右副元帅，还令其统率中都的近卫部队——武卫军，驻扎在通玄门外。

官复原职的胡沙虎对于逐渐逼近的蒙古军队却没有丝毫的戒备。即便是昏庸的完颜永济也因为蒙古兵日近，而胡沙虎"日务驰猎，不恤军事"而遣使责之。而早已对这个赏罚无度的君皇失去耐心的胡沙虎此刻终于露出了自己的獠牙。他一边派出部下在中都制造蒙古大军已经兵临城下的恐怖气氛，一边假称奉旨讨伐谋反的驸马都尉图克坦穆延及其父图克坦南平，于1212年农历八月二十五日凌晨在中都发动军事政变。

胡沙虎率领部下直入皇宫，在大安殿上与卫绍王完颜永济有一段颇为有趣的对话。身为国君的完颜永济远远地对胡沙虎喊道："圣主令臣何往？"胡沙虎则老实不客气地回答道："回你的老房子住去。"不过毕竟胡沙虎还知道自己的分量，只是自称监国都元帅而已。但是为封赏自己的部下，他还是让一个小太监前往后宫索取玉玺。当时掌管玉玺的是尚宫左夫人郑氏，面对前来索取皇帝之宝的小太监，郑氏义正词严地回答道："玉玺是天子用的，胡沙虎不过是人臣，取来干什么？"小太监也很坦诚地回答道："现在天下大乱，皇帝都自身难保，何况一个图章！你也要为自己打算。"但是这个世界上并非人人都将自身的得失看得那么重。郑氏继续骂道："你也是宫中近侍，现在皇帝有难，你不以死相报也就算了，还来帮逆臣夺玺耶？我可以死，但玉玺是绝对不给的！"不过玉玺毕竟只是一个图章而已，胡沙虎还是拿来了另一个名叫"宣命之宝"的图章盖委任状去了。

胡沙虎控制了金帝国中枢之后，又找了孟铸、张行信等一干过去的政敌。得意的问道："你们就是一向弹劾我的人吧？"不过这些言官一向强势，所以胡沙虎也没有体会到多少胜利者的喜悦。在对方"各以正言对"的强硬声调中，以"且须后命"的名义将他们遣散了。但对于众叛亲离的完颜永济，胡沙虎却没有那么宽容。在遣人迎接居住于彰德府的金世宗完颜雍长孙、金章宗完颜璟庶出的大哥完颜珣入主中都的同时，胡沙虎派遣宦者李思中用毒酒将完颜永济鸩杀于自己的宅邸之中。

在金帝国中枢内乱的同时，铁木真麾下的蒙古大军已经攻破了由丞相完颜纲坐镇的缙山防线。多次在战场上成功"转进"的胡沙虎显然没有完颜永济那么宽容。他不仅翻出当年在宋金战场上的失败记录处斩了完颜纲，对完颜纲的部下术虎高琪也严格要求："胜则赎罪，不胜斩汝矣！"与之相比，刚刚登基的完颜珣则显得豁达得多。他在封术虎高琪为元帅右监军的同时还勉励道："我听说部队中的每件事情都要上报，这样做不是耽误时间吗？从今天开始你可以当机立断，我只关心结果。"

在中都以南的易州、涿州战场上又一次败给蒙古骑兵的术虎高琪知道回到中都少不了会成为胡沙虎的刀下之鬼，于是决心先下手为强。而他麾下的纥军虽然打不过蒙古铁骑，但是对付胡沙虎麾下那些久疏战阵的部队却是绰绰有余的。于是在一场新的宫殿政变之后，术虎高琪取代了胡沙虎的位置。对于这一段混乱的时局，左谏议大夫张行信以儒家特有的历史观作了总结。他首先为金宣宗完颜珣肯定了胡沙虎推翻完颜永济拥立自己的功绩，将发动政变美化为"躬行弑逆"。然后以南北朝时代，徐羡之、傅亮、谢晦废黜刘义符拥立刘义隆的故事。提出对胡沙虎的处理应该首先"暴其过恶，宣布中外，除名削爵，缘坐其家。"不过张行信还是希望完颜珣可以减少不必要的杀戮。依照刘义隆当年的做法，赦免胡沙虎的家人。

胡沙虎和术虎高琪所发动的两次政变，与其说是金帝国军队系统通过自己的方式拯救国家的努力，不如说是一干新晋女真军阀逃避责任、夺取权力的倒行逆施。而在这个过程之中，自金世宗完颜雍执政以来，得以重用的汉族士大夫阶层，一度也有过建功沙场的热情，如在蒙古帝国南下攻金的同时，西夏也频繁出兵骚扰金帝国的西北。在兵力捉襟见肘的情况下，金帝国中枢只能任命文官——陕西东路转运使事韩玉为凤翔总管判官，自行募集军队。韩玉是经义、辞赋两科进士，据说能"应制一日百篇，文不加点"。其所写就的《元勋传》，令以诗词和书法著称的金章宗完颜璟都感叹："那些元勋功臣何等庆幸，可以得到这样的大家为他们书写传记！"但是在击退了西夏军队的袭扰之后，韩玉却被诬告为与入侵者相勾结，而遭到逮捕，最终冤死狱中。

金帝国高层对汉族精英外宽内忌的态度，最终导致诸多有识之士选择了明哲保身的袖手旁观。言官张行信向完颜珣建议由朝中的大臣广泛的推举贤能，授以全权。但是这一看似合理的建议却造成了许多荒诞的结果。在东华门内外的招贤所内，会聚了一大批的江湖骗子。其中有贬低诸葛亮不懂兵法以自抬身价的王守信，过去靠说书为生的贾耐儿，以及自称通晓天文的李栋。最终张行信不得不再度上书以《易经》中"开国承家，小人弗用"为理论依据推翻了自己早先天真的想法。

1214年，铁木真对金帝国的第三次攻掠已经持续了近9个月的时间。在自己的部队逐渐呈现师老兵疲的情况下，铁木真摆出了一副无赖的嘴脸，派遣特使萨巴勒进入金中都，向完颜珣展开讹诈："现在山东、河北的郡县，已经悉为蒙古所有，中都燕京不过是一座孤城。不过上天既然在削弱你，我又怎么会步步进逼呢？这样吧！我现在回到草原也不是不可以？不过你总要对我的部下们意思意思吧？"术虎高琪虽然看出了蒙古方面的虚弱表示应该决一死战，但是都元帅完颜承晖却指出金帝国的中都守军家属都分散在各地，长时间的围困早已离心失德。决战风险太大，还不如接受对方的和平建议。最终金宣宗完颜珣在奉上大量金帛和马匹之外，还将完颜永济之女——岐国公主嫁给铁木真。

岐国公主虽然是失势的前任君皇之女，但是她出嫁的排场还是颇为壮观的。由丞相完颜福兴率领着精锐的卫队护送，携带着童男、童女各五百人，彩绣衣三千袭，马三千匹组成的嫁妆抵达了铁木真的军营。铁木真对岐国公主起初还是比较客气的，毕竟金帝国表面上依旧是雄居华北的大国。但是随着金宣宗完颜珣的南迁汴京，这位公主皇后的日子却似乎并不好过。当公元1220年长春真人丘处机奉诏前往西域之时，这位公主已经和在燕京被俘的其他金帝国后妃们居住在远离中原的八剌喝孙。见到了来自故土的这位道士，岐国公主竟忍不住"号泣相迎"，可见处境不太美妙。岐国公主没有留下子嗣，但是寿命却很长。直到公元1259年阿里不哥和忽必烈发生争夺汗位的内战之时，她的名字依旧出现在史料之中。没有在金帝国的覆灭中沦入战火兵患，得养天延固然是她的幸运。但是在远离故土的塞外孤独终老又何尝不是一个女人的不幸呢！

在蒙古军队解除了对金帝国中都的围困之后，金宣宗完颜珣便立刻接受了南京留守布萨端等人的"请幸"，准备迁都河南。对于这一点，丞相图克坦镒立即提出了强烈的反对。在图克坦镒看来既然和蒙古的和议已经达成，那么强化中都的防御，稳定北方诸路才是上策。即便要放弃中都也应该选择依山背海的女真族根本之地——辽东。而不应该选择河南这样的一个四面受敌的绝地。而得到了金帝国迁都的消息，嗅到对手恐惧的铁木真立即摆出一副正义的架势来。认为对方在和约签定之后选择迁都，是对自己的怀疑和不尊重。因此果断单方面终止停火协议，

蒙古大军攻克中都这样的大型中原城市仍很吃力

再度发动南下进攻。

完颜珣在决定迁都之时，曾在燕京留下了以太子完颜守忠为首的留守内阁。但是在得到了蒙古军队南下的消息之后，完颜珣第一时间想到的便将自己的儿子完颜守忠也召集到汴梁来，对于这一点翰林学士完颜素兰提出："太子在中都，则声势俱重，边隘有守，则都城无虞。就像当年唐明皇逃到四川，而太子则在灵武，这是为了稳定天下民心。"但这样的意见对于将家庭看的比国家更重要的完颜珣而言肯定是听不进去的。

随完颜珣由河北入河南的金朝主力军依旧不下数十万之众，术虎高琪以重兵组建黄河防线，守南京开封以自固，不顾华北、东北州县残破，根本无心抗击蒙古，收复失地。本就"畏罪不自安"的金帝国辽东战区司令蒲鲜万奴"闻东驾迁汴，不暇东顾，思乘间据地自擅"。1215年春蒲鲜万奴以自己的治所咸平为首都，开始出兵攻略上京等其他金帝国将领的领地。

由于打出了重建"猛安谋克"体系的旗号，蒲鲜万奴的行动得到了辽东女真各部的支持，至1215年农历十月，蒲鲜万奴已控制了几乎所有依旧忠于金帝国的辽东城市，随即以咸平为首都，自称天王，国号"大真"。而不愿与之为伍的金帝国贵族和官员只能从海路逃往山东。蒲鲜万奴叛金自立的行径，固然是其个人野心昭显，但从整个辽东的态势上看，在隔绝了与中原联系，金帝国日益分崩离析的情况之下，"大真"王国的建立又何尝不是辽东女真各部的本能选择。

金帝国政治中枢的南迁，同时也引起了南宋朝野的广泛议论。事实上早在野狐岭战役期间，以"贺金主生辰"名义出使的南宋户部员外郎余嵘便亲眼目睹了从前线败退的金帝国军"溃兵累累、号泣不止"的惨状。回到南宋之后，余嵘随即向赵扩报告说："今鞑靼坚锐，即女真崛起之初。而金人沮丧销耎，有旧辽灭亡之势。"而铁木真在1213年和1214年也三度派遣使者与南宋政府接洽，以期"纳地请兵"，希望西夏在西线牵制金帝国的同时，能与南宋联合行动，令金帝国陷入三线作战的困境。但昔日"海上之盟"与女真族联兵灭辽的教训，使得南宋政府在军事行动上格外谨慎。

南宋理学大师真德秀

著名的理学大师、时政评论家真德秀上疏提出应该立即中止向金帝国每年缴纳的"岁贡"。真德秀有自己的理由，在他看来，金帝国的南迁无疑是一个危险的信号，蒙古军队会像猎手追击鹿群那样继续向南进攻，无论蒙古是取代金帝国成为北方新的霸主还是最终放弃中原，造成群雄并起的局面对南宋而言都不是什么好消息。因此南宋政府应该将每年向金帝国的财政补贴用于"训兵戎，择将帅，缮城池，饬戍守者"以自强自保。当然对此也有人有不同的见解。淮西转运使乔行简提出："蒙古渐兴，其势已足以亡金。金帝国虽然过去是我们的仇敌，但今天却是我们的战略缓冲。应该继续给予财政支持，使之可以继续抵抗蒙古的南下。"最终南宋政府还是决定停止向金帝国输血，但是自强自保的种种举措却依旧不过是清谈而已。

在外援断绝的情况之下，金帝国的中都燕京最终被蒙古军队攻陷。在城市沦陷之前，城防司令穆延尽忠下令突围。得到消息的金帝国王室妃嫔们纷纷赶到通玄门。此时穆延尽忠颇为豪爽地提出："我先走一步，为各位王妃探路。"但是一出城就不见了踪影，一路跑到山里，穆延尽忠才对部下们说："如果和那些王妃一起走，我们又怎么能到这里！"

夺取了金帝国的中都及黄河以北的大部分领土后，铁木真又一次选择了退兵。而对于他来说，龟缩河南的金帝国就好像一场围猎之中惊恐不安的猎物，完全可以留给自己的儿孙辈拿来练手。

第五章　玉龙赤杰

大纛西向

裂土封疆

狼王之死

大纛西向

——第一次蒙古西征的前期准备和"黄金家族"的分裂

1218年春季，在将中原战场交给亲信部将木华黎统一指挥后，铁木真命哲别率领的两万蒙古骑兵，通过高昌回鹘的领土向西辽本土进军。之所以如此突然的改变进攻轴线。一方面固然是金帝国龟缩河南之后，华北大地已形成了群雄并起的局面，作为"外来户"的蒙古帝国需要一段时间梳理其经略中原的具体战略；而另一方面，自1211年乃蛮王子屈出律篡夺西辽王位以来，蒙古帝国的西部边境便始终处于动荡不安的状态。为了根除西线的隐患，1217年铁木真首先派出速不台、哲别及长子术赤扫荡东进的乃蛮残部，随即启动了对西辽王国的总攻。

面对蒙古帝国的大军压境，屈出律此时的表现连他的父亲都不如，他第一时间放弃了耶律大石子孙三代四任君王苦心经营的西辽故都——虎思斡耳朵（今吉尔吉斯斯坦托克马克），向西逃往自己新近征服的可失哈耳。这无疑是在自寻死路。面对宣称宗教信仰自由的蒙古军队，可失哈耳的居民不仅无心替屈出律作战，甚至倒戈一击纷纷杀死了居住在自己家中的西辽王国士兵。无力镇压的屈出律只能继续向西逃窜，最终在帕米尔高原的群山之间被当地的猎户拘捕，移交给了哲别。旋即在军前被处死。

哲别对西辽王国的征服如此之顺利和快速是铁木真都没有想到的。他甚至一度从哲别辉煌的战报中怀疑是不是故意夸大其辞、有在西辽地区自立为王的意思。为此特意派人去提醒哲别不要夸大自己的功劳，因为"王汗、太阳汗和屈出律都是因为骄傲而失败"予以敲山震虎。哲别也意识到自己功高震主，立即派人征集了千匹白嘴黄马送往蒙古帝国的首都——和林，在表达自己的忠诚之余也算是补偿了自己此前射杀铁木真坐骑的过失。

屈出律和西辽王国败亡的过程之中，他昔日的盟友花剌子模王国的苏丹摩诃末正在忙于扩张自己的领土。花剌子模虽然是一个文明古国，但是在中亚的历史之中却始终处于各方势力垫脚布的地位——周边强盛的帝国崛起之时都会去踩上一脚，从亚历山大的马其顿远征军到贵霜帝国的佛教信徒，从西边的波斯人和阿拉伯人到东方的契丹移民。花剌子模王国的历史几乎就是一茶几——上面摆满了杯具（悲剧）。

但进入公元13世纪之后，花剌子模的国运似乎出现了逆转。利用突厥分支土库曼人所建立的塞尔柱帝国日益衰弱的有利时机，花剌子模首先借助西辽的力量驱逐了前者的势力。又抓住西辽王国内部的动荡悍然宣布独立，随后又利用屈出律的篡位，吞并了撒麻耳干地区的西辽属国——喀喇汗王国。至此摩诃末自认为是穆斯林世界最强大的统治者。当蒙古帝国的势力逐渐扩展到中亚地区之时，据说摩诃末正带着自己的大军进行着一次穿越波斯的"武装游行"，除了接受沿途世袭的突厥总督们向他本人的效忠之外，他还打算前往巴格达，要求阿拉伯世界的精神领袖哈里发加封他为苏丹。在这一要求被拒绝之后，他又借口哈里发有和西辽王国夹攻他的阴谋，在自封苏丹之余准备武力夺取巴格达另立哈里发。当然对于东方的事务，摩诃末也不是漠不关心。1215年他派遣了一个使团前往蒙古，了解铁木真与金帝国的战争情况。据说是准备在统一了中亚地区之后挥戈东进。对于这样一个政治暴发户，我们不得不好奇地问一句："你的自信从何而来？"

诸多史学家都将花剌子模触怒铁木真，引发蒙古帝国第一次西征的原因归咎于所谓的"讹答剌事件"。这一严重的外交事件的原委大体如下：1215年花剌子模的使团抵达蒙古帝国的首都和林之时，铁木真曾表示愿与花剌子模友好通商，并遣使回访，同时组织了一支四百多人的商队于1218年前往花剌子模贸易。但商队抵达花剌子模边城讹答剌（今哈萨克斯坦锡尔河中游东之齐穆耳），该城长官哈只儿只兰秃贪图商队所携带的财物，竟诬其为间谍，将他们尽加杀害。一名幸免于难的骆驼夫逃回蒙古报告，铁木真愤怒至极，又派出了三名使者前去交涉，结果摩诃末杀掉了其中一人，将另外两个人剃须后驱逐出境。如此蛮横无理

随着西辽的灭亡，畏兀儿诸部成为了蒙古和花剌子模争夺的对象

的外交模式连一向粗放的蒙古人都被彻底激怒了。"汝要作，便作战"，七百多年后的一位笔名金庸的小说家替铁木真咆哮道。

　　但事实上在西辽王国灭亡前后，蒙古帝国和花剌子模的边境之上已经是战火四起。西进的蒙古帝国术赤所部就曾经遭遇过花剌子模王子扎兰丁部队的攻击。此时蒙古帝国对幅员辽阔的花剌子模还心存敬畏。术赤的部下们纷纷以"众寡不敌"建议术赤撤军，不要轻易与邻国交锋。但是术赤却说："遇敌而逃，何以归见吾父及诸弟。"在击溃了扎兰丁部队的左翼之后，才一路采取多设篝火的方式从容撤退。而在哲别从西辽王国回师的途中，花剌子模也不断派兵追击，并顺手夺取了原属于西辽的西境锡尔河上游沿岸诸城。

　　面对空前辽阔的战线和纵深数千公里的战场，为了筹措第一次西征所需物资，蒙古帝国动员了几乎所有可

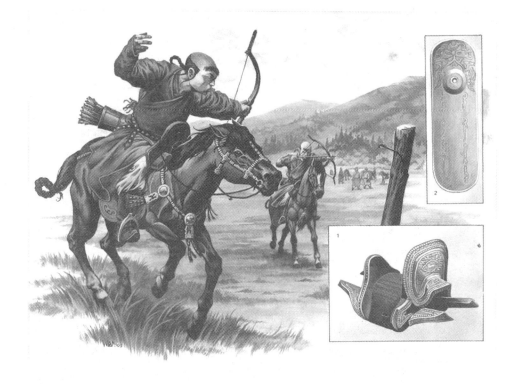

骑射是蒙古少年自幼练习的技能

用的战力，不仅铁木真已经成年的四个儿子悉数上阵。而且根据当时南宋使者的笔记，此次西征蒙古大军之中还抽调了大批的未成年人"亦多有十三四岁者，问之则云：此皆轶人调往征回回国，三年在道，今之年十三四岁者，到彼则十七八岁，皆已胜兵"。当时的蒙古草原之上，骑射本就是从小便需要熟悉的生存技能，"孩时绳束以板，络之马上，随母出入；三岁索维之鞍，俾手有所执射，从众驰骋；四五岁挟小弓、短矢；及其长也。"因此十三四岁的少年，已经具备一定的战斗力了，被称为"渐丁军"。

除了广泛征调蒙古诸部之外，铁木真还向西夏国王李遵顼征兵助战。尽管西夏向蒙古臣服已久，但是铁木真这次的态度却还是比较客气的。他对李遵顼说："你答应做我的右手。现在我和花剌子模决裂，即将出征。和我一同出发，做我的右手吧。"但是此时的西夏已在铁木真的指挥棒下与金帝国缠斗多年，战果有限却损失极大。一度出现"自兵兴之后，败卒旁流，饥民四散"的局面。而作为盟友的蒙古帝国虽然在中原大地之上不断攻城略地，但对西夏王国的实际支援却微乎其微。

1217年农历一月，李遵顼好不容易抓住机会，邀请穿越西夏国土进攻潼关的蒙古大军，在回师途中帮助自己攻打金帝国的平阳府（今山西省临汾市）。此次蒙夏联合行动投入的兵力不可谓少，仅西夏方面就动员了三万余骑，但结果却是大败而归。西夏败军在撤回本土的过程中，又在宁州（今甘肃省宁县）遭到金帝国将领完颜庆山奴所部的伏击，损失惨重。之所以出现这样的局面，固然是因为连年的政治动荡和频繁征调令西夏军队的战斗力直线下降，同时也有蒙夏联军互不统属、配合不利的因素在其中。对于这样一个盟友，仍决心与龟缩河南的金帝国缠斗下去的李遵顼，以不堪征调为由，拒绝出兵似乎也在情理之中。

如果能够更为委婉的拒绝铁木真的邀请，西夏与蒙古的外交关系或许不会那么快破裂。但偏偏负责外交事务的西夏大臣阿沙敢直接对蒙古使节说："如果铁木真的力量不够，何必自称为汗？"西夏政府敢于如此牛气，很大程度在于他们认定蒙古帝国多线作战，是无力战胜强大的花剌子模的。大战在即，铁木真本人也是心中没底。为了以防不测，他听从自己老婆也遂的建议。公开和自己的儿子们讨论自己的继承人问题。

此时的铁木真虽然只有56岁，但按当时蒙古草原男子的平均寿命来看已经算是高寿了。虽然在建立蒙古帝国之初，铁木真曾将所征服的疆域视作自己所谓"黄金家族"的共同财产，和自己的兄弟们商定："夺取天下，各分地土，共享富贵。"而在此后的分封过程中，铁木真也基本按照蒙古游牧贵族的古老传统——"忽必"（也就是汉语中所谓的"分子"）将自己的领地和人口分给了自己的母亲、弟弟和儿子们。其中在1214年南征金帝国的过程中，将蒙古高原以东的地区分给了自己的四个弟弟，形成了日后的所谓"东道诸王"。而在第一次西征之前，铁木真又把蒙古高原以西的疆土分封给自己的几个儿子。按照这样的分配模式，此次西征最大的受益者自然是铁木真嫡出的四个儿子。

铁木真先问长子术赤："汝乃朕诸子之长，汝意下如何？试言之！"

这样严肃的问题，术赤自然不能贸然回答。但是他的沉默却遭到了二弟察合台的抢白。察合台向来和术赤不合。因此大声嚷道："父汗先问术赤，莫非是欲立术赤为太子吗？"随即又接着："他不过是一个蔑儿乞惕部的野种，我等怎可让此等之人登汗位。"所谓打人不打脸，察合台公然揭术赤的伤疤，自然引起对方的激烈反应。

这样的兄弟相争，铁木真是最有资格出来劝解的但却也是最无能为力的一个。因为他知道无论偏祖谁都会激化矛盾。所以这个角色只能由手下人来做。老将阔阔搠思此刻站出来说："察合台，汝为何如此性急？汝等未生之前，蒙古地面充满混乱；列国相攻，人不安生，邻里相劫，天下扰扰，无处没有劫掠之事，有人即有杀戮之举。"随即又说术赤四兄弟的母亲孛儿帖"心像油一样温柔慈爱，灵魂像乳汁一样纯洁"。最后指责察合台说："汝等四人非同出于其腹吗？汝等今日岂已忘却其乳温了么？察合台，汝今说出此等言语，乃是损害汝母之名誉侮辱汝圣洁之母，恶语中伤汝母也！"

由阔阔搠思这番话垫底，铁木真才从容开腔，对察合台说："汝何可以此等之言语伤汝兄术赤耶？术赤岂非朕之长子吗？此后断不可出此等言语！"这个时候才意识到自己陷入不利境地的察合台只能表示自己言辞失当。但察合台也不完全是一个莽夫，他随即又说："窝阔台敦厚谨慎，我等愿听从其指挥调遣。窝阔台可于父汗之侧，奉识大冠形影之教"。这句话无疑将未来的汗位之争形成窝阔台——察合台联盟对抗术赤的局面。铁木真此刻也意识到这个问题目前不可能解决，于是打了哈哈说："汝等无须并效于朕前。后土宽广，江河众多，天高地阔，朕将令汝等各治一处，分镇营此宽阔之邦，各守封国。"这次继承人问题的讨论虽然没有达成共识，但却不失为最好的动员。在此后的征战中，铁木真的儿子们为了自己未来的封地无不拼死向前。其日后所形成的"四大汗国"在汉族的史料中又被称为"西道诸王"。

1219年夏，铁木真亲自统领大军越过阿勒台山，在也儿的石河驻下后，开始全面进攻花剌子模国境。当时花剌子模分布在锡尔河、费尔干纳要隘和河中各城的这条防线，虽然总兵力占优，但是力分则弱。铁木真的先锋部队顺利地突破了花剌子模的边境防线。蒙古大军随即分头行动。察合台、窝阔台负责围攻曾经屠杀蒙古商队的边境重镇讹答剌。守将哈只儿只兰秃深知自己身负蒙古大军的仇恨，因此顽强抵抗。甚至在外城被攻破后还在核心城堡里顽抗了一个月之久，弓箭射尽他就接过妇女们从墙头递来的砖头猛掷，可谓困兽犹斗。不过最终被俘之后，铁木真对他的处置也很有意思，考虑到他贪财好物，就命令将生银熔化从他的耳朵里灌入。的确别出心裁。

在围攻讹答剌的同时，术赤率部沿锡尔河左岸向下游进发。术赤采用的是蒙古大军惯常的战术，每到一城先派人劝降。如果当地守军拒绝投降便展开疯狂的轮番进攻。破城之后便展开屠杀，以警告其他城市。而对于接受劝降的城市，在蒙古大军抵达之后，也要求居民出城躲避七天，以便蒙古军队大肆劫掠。随后再派信任的土著前往出任地方官员。

在术赤向锡尔河向下游挺进的同时，由蒙古将领阿剌黑等人率领的另一支大军则溯锡尔河而上，进攻花剌子模军队锡尔河防线的核心——忽班。守备忽班的是花剌子模军中有名的勇将帖木儿灭里（突厥语中"铁王"的意思）。这位"铁王"果然名不虚传，不仅抵抗坚决，最后在城破之时还带着一支舰队沿锡尔河而下，连续突

当代蒙古历史油画长卷之《大军西征》

苍狼逐鹿

破了蒙古军队的铁链和浮桥防线，最终逃之夭夭。

在自己的三个儿子和部下将领们扫荡锡尔河一线的同时，铁木真带着小儿子拖雷和精锐的怯薛中军直扑花剌子模王国的纵深，很快便夺取了穆斯林世界的最大的城市之一——不花剌。不花剌城以其布局巧妙的城市供水系统和地毯纺织业而闻名。但是这座商业都市在蒙古铁骑面前却无力自卫。守城的雇佣军只抵抗了三天就作鸟兽散。不过也得益于雇佣军的溃退，不花剌免于遭到屠城的厄运，不过城中的居民也要暂时离开自己的家园，为蒙古士兵提供抢劫的方便。最终蒙古士兵似乎觉得不过瘾，开始纵火焚城。居民们对此却毫无办法，唯有以泪洗面而已。诚如一个穆斯林教牧所说："这是真主吹动的愤怒之风。我们这些被此风吹散的稻草无权发言！"

铁木真的大军在洗劫了不花剌之后，开始向花剌子模王国的新都撒麻耳干挺进。苏丹摩诃末对此毫无办法，这是因为他的国家崛起的时间太短，各地的地方势力在和平时期还算顺从，在如此大规模的战争面前则都在犹豫观望。无奈之下他只能退守阿姆河南岸，但是他一离开撒麻耳干便遭到了铁木真以哲别为先锋，以速不台和自己的女婿脱忽察儿后续跟进的三万骑兵的追击，在蒙古军紧紧追逼下辗转西逃，好在哲别和速不台的部队虽然快速开进，但是铁木真的女婿脱忽察儿却沿途大肆劫掠。他之所以这么做，未必是自恃其地位，而是因为他来自贝加尔湖周遍的"林中百姓"部落，实在没见过什么世面。最终苏丹摩诃末成功的遁入宽田吉思海（里海）南岸附近一个岛上，在1220年年底病死，传位于其子札兰丁。而对于自己的女婿脱忽察儿延误战机的行为，铁木真虽然不免有些气愤，但也只是短暂的解除了他的职位而已。

苏丹摩诃末的逃窜给撒麻耳干的防御带来的影响是不言而喻的。面对铁木真裹携着由从附近攻陷的城市和沿线的乡镇中抓来的市民和农民组成的大军。守军只抵抗了五天便开城投降了。其实真正的攻防战持续的时间更短。因为在抵达撒麻耳干城下之后，铁木真首先花了两天的时间亲自环绕全城，实地勘察城墙防护、外围工事及城门的虚实。第三天才开始攻城。公元1220年5月17日，蒙古军队通过位于西北的"祈祷门"开进撒麻耳干城。特别值得一提的是撒麻耳干的东门名曰"中国门"。这一名字得缘于来自东方的"丝绸之路"。随即动手拆毁城防工事将居民驱赶出城，放手劫掠。蒙古大军对撒麻耳干的居民显得比较宽容，铁木真的部下在抢劫了一番之后，忍住没有放火毁灭这座生产供整个中亚的商人使用的帐篷和装在雪白的铅制盒子里远销各地的撒麻耳干甜瓜的城市。而铁木真本人也只从居民中挑选了3万名工匠，将他们分赐给他的儿子、妻妾和各位高级将领。其他居民除了征发了3万名壮丁随军作役夫之外，只要缴纳赎金便可以回城。

蒙古大军第一次西征过程中的首场恶战爆发在花剌子模王国的故都玉龙赤杰城下。这座城市除了是以沙漠中的绿洲构筑的天然堡垒，城内的居民同仇敌忾之外，另一个主要原因是蒙古军队内部的将帅失和。指挥围攻玉龙赤杰的蒙古大军统帅起初是术赤和察合台两个人。除了两兄弟本来就互相憎恶之外，玉龙赤杰在战前被指定为术赤的封地也是导致蒙古大军步调不一的重要因素。

西征过程中蒙古大军的攻坚手段日益成熟

长期的攻围不克，加上术赤和察合台的相互指责，最终令铁木真失去了耐心，他让窝阔台统一指挥攻城部队，责令术赤和察合台都必须听从其弟窝阔台的指挥。窝阔台抵达玉龙赤杰之后首先调节了两位兄长之间的矛盾，随后针对当地多是沙漠和沼泽，找不到可供炮击的石头的特点，采取了一种新的战法——火攻。而这种火攻最为狠辣的地方在于它是借助投掷燃烧着的石油罐来蔓延的，即便是坐落于绿洲之中水资源充沛的玉龙赤杰也无力抵挡。

玉龙赤杰在火攻之中崩塌，尽管术赤对前来乞降的穆斯林长老表示："汝曹以抗拒而没我军多人。迄今受怒火与威严者乃我军也，汝曹竟说汝曹受我军之怒火与威严！今我军当使汝曹一受之！"但是最终还是宽恕了退守一隅的居民。虽然他们之中年轻的妇女和儿童都沦为了蒙古人的奴隶。所有的工匠被集中在一处，以便遣往蒙古为成吉思汗服务。其余的男性居民被分别充入蒙古军队列之间，但毕竟保全了性命。随后蒙古大军掘开阿姆河堤，引水灌城。使这座在沼泽和沙漠之间的肥田沃土成为了一片泽国。玉龙赤杰战役之中，窝阔台的继承人身份首次得到了肯定。而术赤随后则留在了沦为废墟的玉龙赤杰。这不仅因为那里是他的封地，更因为在铁木真的身边已经没有了他的位置。可以说黄金家族的分裂，正是从玉龙赤杰的陷落拉开了其序幕。

裂土封疆
——蒙古帝国在中亚的扩张和钦察汗国的草创

在玉龙赤杰惨烈攻防的同时，铁木真正在撒麻耳干城内的奈撒夫绿洲避暑，他毕竟已经是58岁的老人了。等到秋高气爽之后他才动身前往阿姆河流域的忒耳迷城。忒耳迷城经过了短暂的抵抗之后也随即陷落，对于城中的居民铁木真虽然采取了之前惯用的手段——将其驱逐出城然后纵兵劫掠。但是一位当地贵妇的多事却最终引发了一期颇为血腥的事情。在忒耳迷城内一位贵妇被捕之后，表示如果不杀她，她可以献出一颗漂亮的珍珠。蒙古士兵觉得这笔交易不错，于是要她交出珍珠，但这个贵妇随即回答说自己已经将珍珠吞进了肚子里。一向粗暴的蒙古士兵当然没有心情等她再把珍珠拉出来，于是随即挥刀剖开她的肚子，果然取出了一颗珍珠。而铁木真本人也觉得这种行为可能颇为普遍，于是随即下令剖开所有尸体，以搜寻被吞下的珍珠。

整个蒙古大军的第一次西征之中，年事已高的铁木真都表现得极为懒散。在自己的三个大儿子围攻玉龙赤杰，猛将哲别和速不台追击苏丹摩诃末而深入伊朗高原北部和高加索山脉的同时，铁木真在攻陷了忒耳迷城之后又跑到了卡尔希绿洲（今乌兹别克斯坦南部）过冬，直到1221年春才再度动身出发前往攻略当时被称为"呼罗珊"的伊朗高原东北部及阿富汗北部地区。如果说花剌子模的本土——阿姆河下游三角洲历史上是各大帝国崛起的垫脚布的话，那么"呼罗珊"则可以说是波斯文明的龙兴之地，曾令众多抵达这里的强大远征军铩羽而回。

蒙古大军在征服"呼罗珊"的过程中损兵折将，第一个倒下的是铁木真的女婿脱忽察儿。在进攻波斯帝国曾经的首都你沙不儿（今伊朗东北部呼罗珊省内沙布尔）的战斗之中，得到自己岳父重新任用的脱忽察儿急于一雪前耻，结果在亲自指挥攻城时中箭而死。不过你沙不儿守军还来不及欢呼胜利，便遭到了铁木真第四子——拖雷所统率的蒙古大军的疯狂围攻，根据西方的史料，你沙不儿的城防部队准备了弩炮3000门，发石机500架，自持火力强大。但是在看到蒙古大军在城下所布置的多于他们无数倍的攻城器具时，仍不得不派出求降使团向拖雷输诚。但是在一向看重亲情的拖雷面前，"即使将全世界的黄金都堆在面前，也不能动摇其的复仇执念"。

你沙不儿最终于回历沙法儿月的12日即公元1221年4月7日陷落。而随即展开的屠城据说更由脱忽察儿的遗孀秃满伦公主亲自指挥。这个女人的心狠手辣丝毫不弱于其父兄，不仅"所见辄杀，猫犬不留"。更为了防止有人躲在死人堆里，命令部下将所有居民的人头一律砍下。将这些被斩下的男人、妇女和儿童的头分别堆积，各聚之为塔。整个大屠杀整整持续了15天之久，只有400名技术熟练的工匠得以保全了性命。

杀戮和掠夺令蒙古帝国在第一次西征中满载而归

和你沙不儿所遭遇的情况类似的还有以巨大的洞窟佛像而闻名的阿富汗北部城市巴米安。在攻城的过程中察合台的儿子蔑忒干由于亲负矢石而被守军射杀。铁木真很宠爱这个孙子，随即下令"屠尽所有有生命者，不管是人还是动物；不取任何俘虏，杀死所有的人，包括杀死母腹中的胎儿；不取任何战利品，一切都在摧毁之列；今后不许其他任何人居住这个'该死的城市'"。他的命令虽然得到了有效的执行，但是蔑忒干的生命却终究是唤不回来的了。而除了自己痛惜之外，铁木真还要考虑如何给察合台一个交代。

察合台和窝阔台在攻陷玉龙赤杰之后便随即前来与铁木真会师。不过他们和术赤私分了战利品的行为多少冲低了铁木真对察合台的愧疚之情。据说他连续三天拒绝接见自己的两个儿子。为此失吉忽秃忽等人都不得不劝说道："取得玉龙赤杰，增加了我们的威力，花剌子模被征服，你的大军皆喜。汗为什么这样愤怒？三个王子似鹰雏一般加入围猎，他们来学习战争的本领。为什么一回来就这样责骂他们呢？从日出处至于日落处，我们的敌人很多。请你放我们去冲向敌人，就像你在围猎时候放出猎犬一样，蒙天地护佑，我们战胜敌人，我们将一切金银绸缎财富取来献你，我们替你攻破人民和城池。你要不要我们去攻打巴格达的哈里发呢？"铁木真这时才放下了架子，接见了窝阔台和察合台。不过在察合台面前，他继续大声地责备对方，直到察合台跪在地上发誓说他死也不会违抗父汗之命。这个时候铁木真才图穷匕见地说道："蔑忒干已被敌人射杀。汝不得哭泣悲伤。"可怜的察合台只能竭力忍住眼泪，事后才找了个借口一个人跑出去大哭了一场。

蒙古大军第一次西征最大规模战役发生在巴米安东南约150公里处的哥疾宁城。在那里继承苏丹之位的摩诃末之子扎兰丁集结了10万大军。由于此前连续击败了蒙古军队的前锋和由铁木真的义弟失乞忽秃忽所统帅的3万大军，花剌子模军士气正盛。作为铁木真家族所收养的塔塔尔部孤儿，铁木真和失吉忽秃忽的感情不错，这一点与他对自己亲兄弟的残忍反倒成了鲜明的对比。

据说有一次铁木真按照游牧生活的习惯，在天气酷寒和积雪根深的时候移营，在路上恰巧遇到了一群麋鹿。当年不过十五岁的失吉忽秃忽对铁木真的御帐管理人屈出古儿那颜说，他很想去追猎那些在积雪之上行动迟缓的鹿群。屈出古儿虽然同意了失吉忽秃忽的请求，但是没有让队伍停下来等待这个少年。因此直到在晚上宿营的时候，铁木真才知道了失吉忽秃忽脱队的消息，他勃然大怒，用车辕把屈出古儿暴打了一顿，因为他认为在风雪之中"这个小孩子要冻死了！"但是出人意料的是失吉忽秃忽竟然回来了，还报告说自己猎杀了那三十头麋鹿中的二十七头。尽管这个说法听起来太过离奇，但是随后派去查看的轻骑果然看到了铺满雪地的鹿群尸体。此后失吉忽秃忽的豪勇和胆识也使他在铁木真的眼中成为栋梁之材。

公元1206年，铁木真在肃清了草原之上的其他各路强敌，回到自己的"根本之地"斡难河流域，树起了九游白旄霹旗，正式建立了蒙古帝国之时，失吉忽秃忽因为功勋卓著，不仅没有因为是塔塔儿人而受到歧视，在被册封为千户那颜的同时，还领命就任蒙古帝国最高法官——断事官，负责刑罚词讼及民户分封等事务。

在这个岗位之上，失吉忽秃忽按照铁木真"把一切领民的分配和判断的案件"集中起来的要求，建立起了蒙古帝国第一部案例集和档案——青册，以及第一部文字法典——"成吉思汗大扎撒"并在实际工作中予以推行。作为一名法官，失吉忽秃忽无疑是称职的，据说他在审理案件之中奉行"逼供来的证据没有任何价值，充分的事实或自动坦白才是定罪的依据"的理念，一度整肃蒙古帝国内部先前杂乱无章的情况。

而失吉忽秃忽的另一项主要工作则是处理蒙古大军不断在前线占为己有的土地、人口和财富，在这个方面失吉忽秃忽的工作同样成果斐然，他不仅拒绝了金帝国降将合答的贿赂，将各地所缴

冬季移营中的蒙古人

获的财物、人口据实上报之外，还将著名的治国贤才耶律楚材推荐给了铁木真。获得铁木真的嘉许。失吉忽秃忽虽然是铁木真的耳目，但是在有些问题上还是不能令自己的领导完全满意。据说他从被俘虏的女子之中进献给铁木真的都是一些年老色衰的妇女，没有一个能令铁铁木真看得顺眼的。不过失吉忽秃忽有他的理由——大汗的后宫里早已美女如云，而自己献上的这些都是产婆，她们懂得怎样顺利的接生孩子。

事实证明，失吉忽秃忽在内政领域是把好手，但是在指挥大兵团作战中却乏善可陈。他第一次单独领军便大败于花剌子模王子扎兰丁之手。此役失吉忽秃忽错误地估计了扎兰丁的实力，以绝对劣势的兵力进入了对手早已布置好的包围圈。失吉忽秃忽在发现自己形势不利之后，立即在军中扎了许多草人安置在蒙古骑兵所携带的备用马匹之上。但是这一心理战术被扎兰丁看破。最终失吉忽秃忽的部队损失惨重，他本人只能带领少数精锐突围。铁木真对失吉忽秃忽惨败看得很淡，表示"忽秃忽一向惯于打胜仗。现在让他尝尝失败的滋味，就会在军事上变得更加谨慎和富有经验了"。不过此后铁木真和他的继任者再也没有给失吉忽秃忽指挥大军的机会。

在宽恕了失吉忽秃忽之后，扎兰丁终于迎来了铁木真的蒙古西征军主力。应该说扎兰丁个人的军事才能颇为出众，但是花剌子模王国终究只是雄起一时，各地诸侯依旧无心死战。在部将不和、军队分裂、力量削弱的情况下，扎兰丁兵败印度河畔，最终只是独自跃马渡河，逃入印度。铁木真似乎觉得这个王子也挺有意思的，于是禁止部下放箭和下水追击，并指示自己的儿子们："凡为将者，皆应如此也。"

在追击花剌子模王子扎兰丁的过程之中，蒙古铁骑第一次抵达了印度河流域。此时的南亚次大陆之上正处于分裂和混战之中，即便是较为强大的德里苏丹国，其政治体制和国防力量也不足以抵挡蒙古大军的兵锋。但当地炎热的气候却令长期居住于大漠之上的蒙古军队很不适应。印度河蒸气磅礴，虽然蒙古士兵口干舌燥，但是河水热度似沸，不能入口。这一点令整个西征军队怨声不断，恨不得立刻驰归。而恰逢此时一头鹿身马尾、绿色的独角怪兽的出现给了身为铁木真高参的耶律楚材借题发挥的空间。这头怪兽的叫声隐约有些像蒙古话。因此耶律楚材引用中国的神话"忽悠"铁木真，说这就是神兽角端，是上天厌恶杀戮的体现。而它所发出的叫声就是"汝主早还"。不过从科学的角度上分析，蒙古远征军所遇到的应该是今天仍分布于尼泊尔和印度东北部的独角犀。

铁木真所统率的蒙古西征大军的主力于1223年前后开始踏上了归途。但蒙古第一次西征的脚步却并没有因此而止步。这一年的春天由东斯拉夫人组成罗斯联军出兵钦察草原向哲别和速不台所统率的蒙古军队发动进攻。公元13世纪的东斯拉夫人正处于公国林立的分裂阶段，他们之所以挥师东进，主要是由于接受了邻近突厥游牧部落的求援。1222年，哲别和速不台在扫荡了北高加索山区之后宣布：钦察地区是蒙古大汗长子术赤的封地，所有钦察人和该地区的其他民族都是蒙古的臣民，都要接受术赤的统治。钦察草原游牧民为此不得不大举西逃，蒙古大军随即跟踪追击，一直渡过顿河，追逐到亚速海北岸以西之地。

花剌子模军队

罗斯的王公们在是否出兵与蒙古军队作战的问题上一度争论不休，最终还是加里兹公国密赤思老大公一锤定音："钦察人虽与我们是世敌，但是大敌当前，救钦察就是救我们自己。如果把钦察人推向蒙古人，壮大了他们的力量，早晚我们将在罗斯的土地上迎接蒙古大军。不如先发制人，主动进攻，将蒙古人挡在国门之外。"密赤思老大公之所以如此积极，很大程度上还是因为他本人是钦察部首领迦迪延的女婿。而事实上蒙古大军此时并无心与罗斯王国交战，哲别和速不台曾派出10名使者到基辅会见各位王公，表示蒙古没有进犯罗斯的意图，只是讨伐钦察人，不要听信钦察人的挑拨。况且钦察人常年侵扰罗斯境内，不如与蒙古和兵同伐钦察，共分果实。但是在密赤思老大公的坚持之下，罗斯各王公的联军还是

罗斯联军在蒙古铁骑的打击下遭遇重创

杀死了蒙古使节，出兵第聂伯河下游。

罗斯各公国虽然各自的实力不强，但是联手出兵依旧集结了不下十万大军。而溃散各地的钦察人纷纷赶来加入联军参战。在力量悬殊的情况下，仅仅有2万军队的哲别和速不台再度派使者，对罗斯诸王公表示："你们听信钦察人的谗言，杀害我们的使臣，集结军队向我们宣战。我们对天发誓说不侵犯你们，你们为什么还要这样做？请你们不要进兵挑起战争。我们蒙古人是不怕打仗的，但是要把道理讲清楚。"罗斯诸王公觉得蒙古人不过如此，于是放回使者转告蒙古将领，坚持要与蒙古军约战。不过事实证明罗斯联军的战斗力远不如百战之余的哲别和速不台所部，在主动后撤并会合了术赤派来的援军之后，公元1223年5月31日，蒙古军队在迦勒迦河大败罗斯联军。罗斯联军损兵7万，有6位王公被处死,70位贵族阵亡，密赤思老大公被俘之后屈膝求降。

蒙古军乘胜长驱直入，蹂躏了南罗斯的广大地区，进入克里木半岛，攻陷速达黑城。1224年，速不台奉成吉思汗之命率军东行，在蒙古西部地区与成吉思汗的大军会师，哲别则奉命留守钦察草原。这位屡建战功的蒙古骁将哲别，不久便病逝于咸海西部的康里境内。在结束了西征，返回蒙古草原之后，铁木真饶有兴致地在今天的塔什干以北举行围猎。由于西征的辉煌胜利，这次围猎更像一次家族休闲娱乐活动。铁木真留守和林的孙子们也纷纷前来参加。据说年幼的忽必烈和弟弟旭烈兀也分别取得了一只兔子和一只山羊的收获。按照蒙古民族的风俗，小孩子第一次狩猎要将猎物的血抹在家族长老的拇指之上。旭烈兀跑过去抓住铁木真的手用力猛按，搞得这位老人家很不舒服。铁木真随即说道："你这么用力对我这位老人家，我替你感到羞耻。"相比之下忽必烈则要乖巧得多了。他捧着铁木真的手轻轻地抚摸，令铁木真很是受用。

而在这次围猎中除了旭烈兀之外，术赤以生病为由没有前来参加也令铁木真颇为不爽。客观地说即便术赤有自己身为长子却没有机会继承汗位的不满心理在，他的生病也很可能是真的。因为在一年之后，铁木真听信了来自西方的蒙古官员关于术赤"见其出猎，未闻有疾也"的说法，准备派察合台和窝阔台出兵讨伐自己的长子之时，术赤病故的消息便随即传来。铁木真在伤心之余，随即派自己的幼弟铁木格斡赤斤前往选定术赤的继承人。据说术赤子嗣众多，其中见著史料的便有十四人，而其中一直最为著名的拔都其实是术赤的次子。不过最有理由继承术赤遗产的长子鄂尔达自认才能不如自己的弟弟，于是在铁木格斡赤斤的主持之下，拔都随即成为了术赤家族的领导人，但由于相隔的距离太过遥远，拔都返回蒙古草原参与"黄金家族"的政治活动，要等到1227年铁木真逝世之时。

　　在蒙古大军结束西征后不久，花剌子模王国的残余势力曾再度兴起，不过最初领导花剌子模复国运动的不是逃入印度的扎兰丁，而是在蒙古西征过程中始终处于默默无闻状态的摩诃末第三子嘉泰丁。在蒙古西征大军回师之后，嘉泰丁纠合旧部迅速收复了呼罗珊和伊朗南部山区一带。和嘉泰丁相比，他的哥哥扎兰丁在印度混得却并不好。尽管德里苏丹一度接纳了他，并将自己的女儿嫁给了这位王子。但是扎兰丁随后卷入了德里苏丹国内部的政治斗争惨遭放逐。在得到了自己弟弟复国的消息之后，扎兰丁随即北上依靠伊朗高原各地封建领主的拥戴，用武力将自己的弟弟赶下台去。

　　由于蒙古帝国此时对伊朗高原缺乏热情，扎兰丁复兴花剌子模

当代蒙古历史油画长卷之《铁木真与忽必烈》

王国的行动一度颇为顺利。他不仅接受了自己弟弟的全部势力范围，还随即出兵阿塞拜疆和格鲁吉亚。格鲁吉亚曾是高加索地区的强国之一，1221年前后其女王鲁苏丹妮，曾一度派出三万大军响应罗马教廷的第五次十字军东征。但是这一精锐部队最终没有能够南下巴勒斯坦，而是在第比利斯以东被哲别和速不台轻松歼灭。此时元气尚未恢复的格鲁吉亚自然不是扎兰丁的对手，首都第比利斯被花剌子模军队轻松攻陷。

而在征服阿塞拜疆和格鲁吉亚的过程中，扎兰丁缺乏政治远见的短板显露无余。作为一名穆斯林他不仅破坏了第比利斯全部基督教教堂，还大肆屠杀所谓的"异教徒"。如果说扎兰丁攻打格鲁吉亚的行为还情有可原的话，那么他随即又出兵小亚细亚，打击同为穆斯林的其他国家，就可以理解为自我孤立了。这位不事整顿内政，只知穷兵黩武的君皇很快便被窝阔台所派出西征军所击败，再度逃亡。最终于公元1231年8月在土耳其东部山区被当地的库尔德人杀死。扎兰丁死后不久，他的弟弟嘉泰丁也被其部将缢死，花剌子模王国的直系子孙从此悉数灭绝。

有趣的是在扎兰丁死后，花剌子模王国的故土之上始终流传着他再度侥幸逃生的故事。甚至在22年之后依旧有人身穿着印度丐僧的衣服，对阿姆河摆渡的船夫说："我就是世人以为在阿米德山中被曲儿忒人所杀之花剌子模扎兰丁苏丹，当年被杀者实际上是我的马夫，我流落四方多年，此事尚不为世人所知！"摆渡的船夫随即将之诱至附近蒙古总督府处，在蒙古官员的严刑拷问之下，这位丐僧至死不改变自己即是扎兰丁苏丹的说法。

狼王之死
——吞并西夏与铁木真身后的蒙古帝国

第一次西征对于蒙古帝国而言，可谓所获颇丰。除了西辽、花剌子模等中亚大国多年积累的财富，悉数被收入蒙古大军的囊中之外，大批手艺精湛的西域手工业者更被作为战利品，加入铁木真于西征之前便大量安置汉地匠人的"工业基地"——称海城、谦谦州等地。重视军工制造等手工业的发展，是铁木真和昔日草原霸主最大的不同。在蒙古西征之前，南宋方面的使者还认为蒙古大军军备极差，"元帅方有一旗，国王只有一鼓，临阵则用之。鞍轿以木为之，极轻巧。一石以上箭，用沙柳为笴。手刀甚轻薄而弯"。

而在第一次西征之后，前往蒙古帝国商讨"联蒙灭金"事宜的南宋特使彭大雅却惊诧于对手装备的精良："其军器有柳叶甲、有罗圈甲、有顽羊角弓、有响箭、有驼骨箭、有批针，剡木以为栝，落鹏以为翎；有环刀，效回回样，轻便而犀利，靶小而偏，故运掉也易；有长、短枪，刃板如凿，故着物不滑，可穿重札；有防牌以革编绦，否则以柳，阔三十寸，而长则倍于阔之半；有团牌，时前锋臂之，下马而射，专为破敌之用；有铁团牌，以代兜鍪，取其入阵转旋之便；有拐子木牌，为攻城避炮之具。每天酋头项各有一旗，只一面而已，常卷常偃，凡遇督战，才舒即卷。攻城则有炮，炮有棚，棚有纲索以为挽索者之蔽，向打凤翔，专力打城之一角，尝立四百座，其余器具不一而足。其长技，弓矢为第一，环刀次之。"前后如此之大的差异，自然与蒙古帝国军工系统的快速发展，有着密不可分的关系。

除了有形的财富之外，第一次西征还为蒙古帝国引入了中亚地区成熟的商贾系统和包税收制。作为昔日花剌子模与蒙古帝国通商事宜的负

强大的军工生产能力令蒙古铁骑的装备日趋精良

贵人，色目商贾牙老瓦赤不仅没有在西征中受到牵连，反而受到铁木真的重用，受命与蒙古特派员一起治理辽阔的中亚占领区。而由于色目商贾长于理财，拥有大量资本的蒙古贵族也逐渐开始将财富、采邑交给色目商人经营，从中牟取利润。这些在汉族士大夫眼中"素无文艺，亦无武功，唯以商贩所获之资趋赴权臣，营求入仕"的色目商贾，正是凭借着自身在经济领域的特长，逐渐成为蒙古帝国政坛不可忽视的力量。

第一次西征的丰厚收益并没有缓解铁木真的征讨脚步。1223年，在蒙古大军主力回师的途中，铁木真召见了木华黎之子孛鲁，令继承当年去世的木华黎的职务"继掌经略中原事"，出兵征讨西夏。西夏国王李遵顼拒绝配合蒙古西征的狂妄言行，对于向来记仇的铁木真而言，无疑是必须严惩的恶行。早在蒙古大军开始西征的1218年，铁木真便令木华黎率军围攻西夏首都——中兴府。但由于此时中原大地群雄并起，东北方向更出现了耶律留哥的弟弟耶律斯不背蒙自立、建立后辽政权，一度投靠木华黎的蒲鲜万奴逃往图们江流域建立东真帝国的反复，使得木华黎不能长久屯兵于西夏战场，铁木真征讨西夏的计划只能暂缓实施。

蒙古大军主力西征，本是西夏王国改变附蒙攻金的外交政策，积蓄国力、对抗蒙古的大好时机。但偏偏屡次兵败令李遵顼对蒙古帝国产生了一种莫名的恐惧，即便面对木华黎这样一支偏师的统帅，也不敢违逆。继续投入大量的人力、物力攻打金帝国的陕西边境要塞，对此，完颜珣除军事上予以反击之外，不断向西夏伸出橄榄枝，试图缓和两国关系。但李遵顼却始终拒绝和平。

甚至在1221年农历三月，木华黎部渡过黄河，攻西夏河西诸堡，守将无力抵抗，纷纷投降的情况下，李遵顼还不思改变，继续派监府塔海设宴招待蒙古军队，将5万西夏野战部队交由木华黎指挥，将西夏的国运继续捆绑在蒙古帝国的战车之上。

1222年农历六月，木华黎率兵攻金陕西诸州，向西夏借道，李遵顼马上应允，并全力出兵配合，但在战场之上，早已不堪征讨之苦的西夏士兵却表现格外消极。1223年，西夏各地由于春旱颗粒无收，国内一度出现"饥民相食"的局面，与蒙古大军一道围攻金帝国风翔府的西夏野战军，不得不先行撤兵退还，用于国内维稳。但木华黎丝毫不体谅李遵顼的苦衷，以惩罚风翔之战夏兵不辞而别为名，包围了西夏军队好不容易从金帝国手中攻下的边境城堡——积石州（今甘肃省夏河县）。

"我本将心向明月，奈何明月照沟渠"或许是李遵顼"附蒙攻金"政策最好的写照。为了贯彻自己所制定的国策，李遵顼甚至不惜废黜了自己选定的继承人——长子李德任，但换来的却是蒙古帝国方面一再遣使责令其退位的无情抛弃。1223年农历十二月，怀着无奈的心情李遵顼宣布传位于次子李德旺，成为李西夏历史上唯一的一位"太上皇"。

蒙古帝国逼迫李遵顼退位从政治意图上看，无非是想借此兴废之事确立对西夏王国的政治把控。但令铁木真没有想到的是，虽然有个不靠谱的父亲，但李德旺却是一个颇有政治抱负的新生代君主，他即位之初便立即改变李遵顼的附蒙政策，主动与金帝国联络，结束两国战争状态。1224年农历二月，利用蒙古帝国主力西征未归之机，李德旺遣使联络草原诸部，试图与不甘为铁木真驱使的部落结为联盟，以共同抗击蒙古。客观地说，李德旺的这一波外交攻势恰好打中了铁木真的软肋，眼见有后院起火之虞的铁木真，在西征军主力无法及时回师的情况下，只能要求中原方面军的新任统帅孛鲁先行出兵压制西夏。

木华黎在中原经营多年，所部早已不再是昔日铁木真大军西去之时的小股偏师。在吸收了大量背金自立的契丹、汉族乃至女真部武装之后，孛鲁所部兵强马壮。在经过一番血腥的攻防战后，蒙古帝国中原方面军于1224年农历九月，攻克西夏重镇银州。无奈之下，李德旺只能以请降、质子的名义，请求蒙古大军暂时后撤。自以为对手中了缓兵之计的李德旺显然并没有想到，铁木真同样需要时间以调整部署。

1225年，铁木真结束西征、回到漠北。一番休养生息之后，1226年农历二月，铁木真以西夏迟迟不纳人质为借口，亲自统兵十万，由北路攻入夏境。先破西夏的军事重镇黑水、兀剌海等城。接着遣大将阿答赤率军与畏兀儿亦都护合兵攻沙州。西夏军民顽强抵抗，蒙古军经过月余的强攻才攻克沙州。沙州沦陷之后，蒙古军挥兵南下，先后攻陷肃州、甘州和西凉府，西夏右臂的河西地区全部丧失。内忧外患之下，李遵顼、李德旺父子先后在惊惧中去世。西夏王国的政权如击鼓传花般落到了李德旺的侄子李睍的手中。

李睍即位之时，蒙古大军已分成东西两路向西夏都城挺进。八月，蒙古西路军越过沙陀（今宁夏回族自治区中卫市），抢占了黄河九渡，攻陷应里。十月，东路军攻破夏州。两路夹击，形成对西夏政治、经济中心灵、兴地区的钳形攻势。十一月，成吉思汗亲自率领大军围攻灵州。李睍虽然派出最后的野战军紧急赴援，却恰好中了铁木真"攻其所必救"的诱敌之计。

被蒙古大军诱入黄河岸边沼泽地带的西夏军队虽然奋勇死战，其惨烈程度为铁木真起兵以来所少见，但最终仍以全军覆没而告终。攻陷灵州后，铁木真留一部分兵继续围攻中兴府，自己带领大部分军队渡黄河进攻积石州，以彻底卡断夏兵的后路。直到第二年闰五月，铁木真才回师隆德、避暑于六盘山中，派御帐前首千户察罕赴中兴府谕降。此时被蒙古军队围困达半年之久的中兴府已是粮尽援绝，已失去了抵抗的能力，李睍在走投无路的情况下，只得派遣使节向成吉思汗请求宽限一个月献城投降。但偏偏在这个月里铁木真突然病故。在临终之际，铁木真立下遗嘱：死后暂秘不发丧，夏主献城投降时，将他与中兴府内所有兵民全部杀掉。可怜还被蒙在鼓里的李睍打开中兴府的城门之后，便惨遭屠戮。至此建国一百八十九年的西夏王朝归于灭亡。

由于一生杀戮颇多，因此关于铁木真的死因也成为了后世好事者对其发泄不好的渠道。有人说他不孝生母、不悌兄弟，因此是为天雷轰毙。有人说他好色成性，因此是在围攻中兴府时为西夏王妃咬断下体而死。

辉煌一时的西夏王国最终只剩下恢弘的王陵供后人凭吊

也有人说他围猎无度，是在六盘山中意外坠马，为自己的坐骑践踏而死，如此种种不一而足。但客观地说铁木真一生戎马，中年之后身体状况便始终不是很理想。早在西征途中，其健康状况便急转直下，不得不千里迢迢地召见中原道教全真系掌门人邱处机，寻求长生之药。

邱处机是一个拥有灵敏政治嗅觉的宗教领袖，在金、南宋和蒙古三方竞相拉拢的情况下，他以"我之行止天也，非若辈所及知。当有留不住时去也"为由，先后拒绝了金帝国东平监军王庭玉和依附于南宋的李全的邀请。在铁木真的邀约之下，却不顾自己七旬高龄，带着徒弟尹志平等十八人欣然北上。

抵达燕京之后邱处机才知道铁木真远在西域战场，此时他才想起还是"身体要紧"，于是上表请求留在燕京等待班师后觐见。但是此时的铁木真一心想着长生不老，于是采用逐步哄骗的办法，先是派宣德路长官耶律秃花邀请至宣德（今河北省张家口市宣化区）。随后又派人要求邱处机前往他的行宫。此时铁木真的行宫在今天内蒙古自治区新巴尔虎旗东辉河旁，距离宣德也就两个月的路程。邱处机似乎觉得还能接受也就动身前往了。

在铁木真的行宫蹒跚了十七天之后，邱处机又接到继续西行的指令，随即踏上漫漫的长路。用了三个多月的时间越过名为大海子的呼伦湖，翻过杭爱山，好不容易抵达了称海城，这个时候的邱处机实在走不动了，于是表示想留在这里过冬以待铁木真返回。但是铁木真却"不许稽其行程"，邱处机只能留下九名弟子在当地修建道观。随即继续向西翻越天山、阴山，穿过被称为大沙陀的准噶尔盆地沙漠，终于在1221年的农历十一月十八日抵达了花剌子模的故都撒马尔罕，不过这个时候铁木真已经率领大军追击扎兰丁进入了印度河流域。而此时距离邱处机从山东出发已经过去了近两年的时间了。好在铁木真此时对战局发展颇为乐观，允许邱处机在撒马尔罕过冬，等待明年春天再进行朝见。

1222年的农历三月，养精蓄锐的邱处机不得不再度南下。又跋涉了一个月的时间才渡过阿姆河抵达了位于阿富汗兴都库什山的大雪山行营。但是见面，后铁木真的第一句话便让邱处机很尴尬。铁木真说："真人远来，有何长生之药以资朕？"邱处机只能无奈地回答："有卫生之道，无长生之药。"铁木真虽然不免有些失望，但是觉得这个老道倒也诚实，于是还是给予了极高的礼遇。并在军旅之中听取了邱处机"减声色，省贪欲"的道论。

邱处机前后历时3年，行程万里的"西游"，获得了丰厚的回报。铁木真对这个老道颇为照顾，不仅经常派人前来肉麻的表示"朕常念神仙，神仙无忘朕"。更赐予了燕京金帝国宫城东北琼花岛离宫其周边数十顷的黄金地块以供邱处机修建道观之用。而为了利用邱处机在中原的声望，铁木真还特意赐给他金虎牌，任命邱处机为天下道家的掌门人。不过铁木真当时对中原的宗教事务并不熟悉，因此在诏书中含糊的写下了"天下出家之人皆隶焉"的字句，这一点直接导致了邱处机和他的弟子利用蒙古大汗给予的特权大肆扩展全真道势力，除了"大开玄门"，保护和收容了大批难民之外，邱处机还自恃有圣旨和金牌，派出弟子到处宣称可通管僧尼，到处抑僧为道，改寺为观，种下了僧道矛盾尖锐的祸根。

在围攻中兴府的过程中，蒙古军中一度瘟疫盛行。好在当蒙古将士争着掠取子女财帛，唯独耶律楚材搜罗了西夏工国的诸多典籍以及两骆驼驮当时名贵的中药——大黄。在军中爆发疫病时，耶律楚材以这些大黄治愈了几万名蒙古军士。而铁木真则可能是年岁已高，终被这场瘟疫彻底击垮了。从铁木真的一系列遗嘱来看，其临终之前不仅逻辑清晰、思维活跃，提出一系列针对金帝国的战略方针，更巧妙地回避了自己的继承人问题。

虽然自蒙古帝国草创以来，铁木真便利用千户分封的机会确立了自己一系对其他兄弟分支的主导权和绝对优势，但是对于自己的四个嫡子铁木真却一时没有更好的办法来化解他们之中越来越明显的继承权之争。只能以不断的对外征服来暂缓其矛盾。此时长期以来一直由于血统问题而被铁木真所猜忌、诸兄弟疏远的长子术赤按照蒙古习俗中"以西为大"的理念被分封在了遥远的中亚地区，从此只能向西去征服"这个方面马蹄所至之地"，基本被排除在了继承人的行列之中。

铁木真虽然在西征中确立了次子窝阔台在军中高于诸兄弟地位，但按照蒙古民族"幼子守产"的惯例，真正得以继承了铁木真所控制的蒙古本土的却是四子拖雷。在这样的情况之下，汗位的归属权似乎毋庸置疑。甚至连窝阔台之子阔出等人前来求赏，铁木真也表示："我的产业已全部给了拖雷，他是一家之主，你们应该向拖雷去要。"可见在铁木真的心目中，俨然将拖雷视为自己帝国的继承人。

但是当时的蒙古帝国依旧沿袭着过去部落联盟的政治形态，因此在铁木真死后，由谁来继承汗位并不以统治者的个人意愿为转移。而铁木真似乎也意识到了这一点，因此在自己遗嘱之中突然将深得人望的窝阔台推到了台前。很大程度上便是认识到了窝阔台在蒙古帝国内部拥有着比拖雷更深的根基。即便是这样的安排，在铁木真逝世后的两年时间里，以监国身份管理蒙古帝国日常政务的拖雷始终态度暧昧不明。他的部下更一而再、再而三发出拥立拖雷的提议，令窝阔台不得不以退为进再三推让。但此时另一股力量的介入，却动摇了拖雷即位的法理根基。

　　在蒙古族的风俗之中向来以东为尊，因此铁木真将自己的兄弟及其后裔分封在东部地区，而将自己的儿子分封在西，理论上说也合情合理。但是在当时蒙古草原之东的大兴安岭及松花江流域依旧是未开发的不毛之地。因此在蒙元帝国的历史中"东道诸王"的政治影响力始终在盘踞着今天的甘肃、新疆乃至辽阔中亚地区的"西道诸王"之下。但在铁木真逝世之时，"东道诸王"中却有一位足以问鼎大宝的人物，他就是铁木真的幼弟——铁木格斡赤斤。

　　尽管铁木真的母亲诃额伦一度对于铁木真给予自己和铁木格斡赤斤的封地颇有不满。但事实上铁木格斡赤斤所获得的领民虽然不多——根据《史集》中的说法：铁木格斡赤斤分得五千户，而诃额伦分得三千户。但是依照蒙古"幼子守产"的惯例，诃额伦的领民最终也交由铁木格斡赤斤继承，其总和依旧远在其他蒙古权贵之上。而在1214年随着蒙古帝国政治中心的南迁，铁木格斡赤斤封地更囊括了今大兴安岭以西，海拉尔河以南到哈拉哈河一带。这一地区除了地域广大，资源丰富之外还扼

蒙古大汗的王帐

守着蒙古高原进入东北地区的交通要道。

在铁木真所展开的蒙古帝国的第一次西征之中，铁木格斡赤斤再度自愿留守。此时即便是全权负责经略中原汉地的木华黎，名义上也在铁木格斡赤斤节制之下。不过这位仁兄显然对中原事务没什么兴趣，在"放手"让木华黎与金帝国鏖战的同时，他悄然将手伸向了辽东和朝鲜半岛。除了稳步的将自己的势力拓展到大兴安岭以东地区和嫩江、松花江流域之外，铁木格斡赤斤还几次三番以"皇太弟"的名义向高丽政府发出"国书"要求其臣服。

铁木格斡赤斤自诩"皇太弟"，除了有强大的实力为后盾之外，当然还高举着"幼子守产"的习惯继承法。因此铁木真的直系子嗣要杜绝其染指大宝，便必须摒弃这一传统。最终在蒙古东、西道诸王支持窝阔台的情况之下，拖雷不得不选择让步。在窝阔台的即位典礼上，蒙古帝国的内部形势显得格外明朗，东道诸王的领袖——皇叔斡赤斤扶着窝阔台的左手，西道诸王的领袖察合台扶着窝阔台的右手，而拖雷则负责敬上一杯装在金樽中的美酒，这杯酒的个中滋味或许拖雷和窝阔台都有着各自的理解。

第六章　黄河彼岸

新生时代
——窝阔台执政之初对蒙古帝国战略的全盘调整（上）

　　经历了长达两年的政治博弈之后，窝阔台虽然最终坐稳了蒙古帝国大汗的宝座，并要求参与自己登基大典的诸路王公，立下"只要是从窝阔台子孙中出来的，哪怕是一块臭肉，我们仍要拥立他为汗"的誓言。但作为一名大国领袖，窝阔台自然深知如何誓约，在个人野心面前都一文不值。而此时在他的治下，至少有四股强大的政治势力正在蠢蠢欲动。

　　作为铁木真的长子，术赤本人虽然已在1225年病逝，但其子拔都却已长大成人，且在蒙古帝国第三代政治人物中大有独占鳌头的架势。但窝阔台对遥远的钦察草原毕竟鞭长莫及，只能以完成术赤未竟之志的名义派遣大将速不台辅佐拔都继续在伏尔加河流域开疆扩土。虽然窝阔台深知这样的做法无异于饮鸩止渴，但在自己的子嗣能够独当一面之前，窝阔台并不急于与拔都这样的后生晚辈争锋。

　　如果说随着术赤的早逝，侄子拔都对于窝阔台而言，还属于可暂时搁置的"肌肤之疾"的话。那么曾以"监国"之名掌握蒙古帝国达两年的弟弟拖雷，却是窝阔台必须尽快解除的"心腹大患"。但拖雷一系兵强马壮，如果以武力对抗不仅胜负难料，内战一起更令整个蒙古帝国伤筋动骨。在权衡利弊之后，窝阔台最终决定采用借刀杀人的方式，令拖雷负责南下攻金相关军事行动。

　　在金帝国迁都汴梁后不久，完颜珣寄予厚望的长子完颜守忠、长孙完颜铿已先后去世。因此其继承人只能在次子完颜守纯和三子完颜守礼之间挑选。从完颜珣的个人感情而言，似乎更倾向于庶出的完颜守纯，一度任命其为殿前都点检兼侍卫亲军都指挥使、权都元帅，掌握近卫军权，随后又加封其为掌握军国大权的"平章政事"。完颜守纯也没有辜负自己老爹的期望，于1220年成功翦除了权倾朝野的军阀——术虎高琪。但完颜守纯庶出的身份，最终令其与帝位无缘，随着弟弟完颜守礼被册立为皇太子，改名完颜守绪之后。完颜守纯的工作热情明显受挫，以至于完颜珣不得不亲自训诫说："汝乃惟饮酒耽乐，公事漫不加省，何耶？"

完颜守纯虽然对工作不怎么热心，但是当1224年1月完颜珣病重之际却颇为积极。第一时间跑进皇宫，摆出一副"先入关中者为王"的架势。但身为太子的完颜守绪也不是省油的灯，面对完颜守纯封闭的宫门，完颜守绪第一时间调来了自己3万人的东宫卫队。无力争雄的完颜守纯只能乖乖开门，接受被幽禁于自己的府邸的命运。

面对蒙古帝国步步紧逼的危局，完颜守绪力图振作，他即位后立即进行大刀阔斧的改革。而针对铁木真死后，蒙金之间的战线一度处于相对平静的状态。完颜守绪也试图谋求和平，以为自己争取调整部署的时间。为了体现自己的诚意，西夏的灭亡本来是金帝国最为危险的信号，但完颜守绪却不知道从哪里灵光一闪，从铁木真临终前所谓"停止杀戮"的遗嘱里读出了和平的讯息。于是不仅停止了对各地城防工事的修筑还严格控制军需品的租调。然后颇为得意的向大臣萨哈连说："'水深才见高度'，大家都在怂恿我和蒙古决战，只有你很从容。先帝一直说你是可用之材，果然和我英雄所见略同。现在和平即将来临了！"

完颜守绪派阿固岱前往蒙古，以给予"赗赙"的方式来伸出橄榄枝。所谓"赗赙"就是给钱帮你们家办丧事"意思、意思"。但不想这样的好心却成为了铁木真继承者窝阔台的战争理由。窝阔台对阿固岱说："你们家主子这么长时间不投降，让我老爸死在行军途中，这一点我是不会忘记的，谁要你来意思、意思。"以此为借口，窝阔台再度整军南下。

面对金帝国依托黄河和潼关所构筑的防线。铁木真在临死前曾指示自己的子嗣："金帝国的精锐部队集结于潼关一线，在他们的主场我们讨不到什么便宜，不如向南宋政府借道。南宋和金帝国是世仇，一定会答应我们的。我们的部队从侧翼迂回过去，直接威胁金帝国的首都，一定可以将他们的主力吸引过来，当时对方千里赴援，人马疲敝……呵呵，你懂得。"不过在蒙古帝国的继承者窝阔台看来，自己的铁骑在哪里都是主场。何况在灭亡西夏和进攻金帝国陕西一线时，蒙古军队习惯性的

长途奔袭是蒙古军队的长项

"搂草打兔子"，顺手对南宋四川利州路关外五州及其所属关寨城堡大肆劫掠了一番，酿成了震惊南宋朝野的"丁亥之变"。在此之后南宋方面不仅有大臣提出"存金以藩鞑"的联金抗蒙战略，淮东战线上的赵范、赵葵兄弟更与金帝国野战军达成了攻守同盟。因此窝阔台并没有遵照自己老爸的意思，依旧不断向潼关一线发动进攻。

在这条战线之上，蒙古大军除了要面对不利的地形之外，完颜彝和他所统率的金帝国"忠孝军"更成为了窝阔台无法逾越的屏障。完颜彝这个名字在蒙金战争的历史中并不响亮，不过他的小名——完颜陈和尚还是比较有知名度的。完颜彝的老爸也是金帝国的战将，不过没有等到和蒙古人交手，便死在了与南宋的战争中，完颜彝还没来得及子承父业便被南下的蒙古铁骑俘虏。不

　　　　　　　　　　　　　　　　　　　苍狼逐鹿

过当年蒙古军队还没有后期那么习惯于屠杀，因此完颜彝不仅没有被杀，还以回家探望母亲为由逃出了蒙古军营，成为了日后蒙古军队眼中麻烦的代名词，而由其所组建的"忠孝军"仅从名字就大体可以猜得出这支部队和南方的忠义军一样是个有别于正规军，由各种流亡者组成的"山寨军队"。不过在当时的历史背景下"山寨货"一般都比较威武。在庆阳大昌原战役之中，完颜彝只带着四百骑便大败蒙古八千主力军，堪称蒙金二十年战争以来金帝国首次不注水的大捷，在这次胜利的刺激之下，完颜守绪像打了鸡血一样对蒙古使节叫嚣道："我已准备军马，能战则来。"

完颜守绪这种亢奋的情绪并不能感染完颜彝和前线的将士，因为他们在统帅副枢密使移剌蒲阿的命令之下正埋头忙于抢掠蒙古占领区内的人口和牲畜。尽管这样的袭扰作战每次都能有所斩获，但是对于每次所投入的庞大兵力而言却可以说是得不偿失。对此完颜彝对同僚抱怨道："副枢密使以大将军的身份干着山贼这份很有前途的职业，今天抢了三头牲畜，明天掠来一两千牛羊，却完全不顾步兵吃不吃得消。大金帝国最后的这点家底看来是要被他掏空了。"军营里也没有不透风的墙，这话很快传到了移剌蒲阿的耳朵里。在一次酒会上，移剌蒲阿走到完颜彝的面前敬酒，颇有领导威仪地说道："听说你小子在背后说我是个败家子，有没有啊？"按照惯例身为下属理应锤胸顿足、赌咒发誓说绝无此事，不过完颜彝喝完酒之后只说了一个字"有"。移剌蒲阿也只好打个哈哈，颇有领导气度地说："以后这话当面说，当面说啊！"

在潼关一线不断进攻受挫的窝阔台终于发现还是自己老爸临死前制订的计划比较"给力"。于1231年年初派出拖雷统率精锐部队自凤翔过宝鸡，入小潼关，经过宋境沿汉水而下，自唐、邓一线迂回攻击金帝国的首都汴京。不过铁木真所设想的是向南宋政府借道，但是南宋政府不仅多次拒绝蒙古使节李邦瑞入境，对其提出的"借道攻金"也采取不通融的态度。不过蒙古铁骑可不是你一句"不行"就能挡住的。拖雷一边指挥大军"武力借道"一边派出使节速不罕前往青野原，再次向南宋提出借道要求。在速不罕被南宋边防将领诱杀，南宋边境各处军民在得到消息后"烧绝栈道"，以示不允许蒙古军过境的决心之后，拖雷王子有些兴奋地说道："宋自食言，背盟弃好，今天的事情我不能这么算了！"

于是明目张胆的挥军深入南宋领土。这场没有宣战的蒙宋之战同样按照干支纪年被称为"辛卯之变"。

拖雷的这次战略大迂回可以说是蒙古军队的一把锋利的双刃剑，他不仅直捣了金帝国空虚的腹心，更一举摧毁了南宋政府苦心经营多年的川陕一线"三关为门户，五州为藩篱"的边防体系，令南宋的战略大后方——四川满目疮痍。当时四川总领所的收入，常年占南宋财政总收入的四分之一以上，四川提供的军粮，更达到整个南宋军粮供应量的三分之一以上，故时人便有"蜀亡则宋亡"之叹。

不过由于窝阔台是在官山九十九泉军事会议上当众宣布拖雷军队的行动路线的，而一路与南宋军队的纠缠也令拖雷的部队失去了奇袭的突然性。因此金帝国在拖雷大军抵达战场之前有了充分的准备和部署时间。此时金帝国的文官系统纷纷建议完颜守绪采取坚壁清野的战略，使对手"欲攻不能，欲战不得，师老食尽，不击自归"，但是完颜守绪认为"敌至不能迎战，徒欲自保京城"很没面子，决定听天由命，集中全部主力豪赌一把。

从某种意义上来讲，金帝国的这次主力决战并非全无胜算。因为这次集结相对从容因此并没有出现"千里赴援"的疲惫，更没有误认为对手"从天而下"的恐慌。但是统率这支大军的移剌蒲阿却绝对可以媲美宋襄公。蒙古军队在抵达主战场之前还需要强渡汉水这道天堑。大多数将领都主张击其于半渡或者直接沿汉水布防。但移剌蒲阿却觉得将敌人压制在河滩或者直接沿河对峙比较不爽，远不如让对手渡河再战来得妥帖。

蒙古军队从容渡过汉水之后，金帝国的主力兵团在禹山预先布阵，本来也是占据上风。但是蒙古骑兵一采取迂回的战术，移剌蒲阿就觉得："今日之势，未可战也。"虽然部下奋战勉强击退了对手的突击。但是移剌蒲阿却不敢放手追击，而是一心等待着对方耗尽粮草不战而败。但是他似乎忘记了自己的兵力是拖雷的数倍，比消耗粮食的速度来，蒙古军队远不是金帝国的对手。庞大的金帝国野战兵团最终在返回邓州补给的途中再度遭到了蒙古骑兵的突袭，几乎溃不成军，退入邓州城后，甚至不得不鸣钟召集暗夜中迷路的士卒。禹山的惨败再度被移剌蒲阿鼓吹成了胜利，不明真相的金帝国朝野一片欢腾。左丞李蹊甚至喜极而泣的表示"非今日之捷，生灵之祸可胜言哉！"而原本聚集在金帝国首都——汴梁的难民和民兵也纷纷返回家乡，结果几天之后便都成为了蒙古大军游击骑兵的俘虏。

蒙古骑兵在汴梁附近的游击作战，成功地将猬集于邓州的金帝国主力兵团吸引了出来。而在行军的途中，拖雷不断发动突袭和骚扰，令金帝国军队疲惫不堪，而又一场大雪更令早已习惯了城市生活的金帝国士兵在三峰山野外几乎全部失去了战斗力，而蒙古骑兵养于塞北，对于这样的寒冷天气表现出了良好的免疫能力，最终除了完颜彝等少数将帅逃进了附近的钧州城外，金帝国最后一支可以一战的野战兵团也全军覆没。

在钧州城内完颜彝率部与蒙古军巷战，最终主动放下了武器。而在被俘之后，这位金帝国最后的名将表现出了一个军人应有的气度。在拖雷面前他自报姓名，随后说："我是大昌原、卫州倒回谷战役的指挥者。我如果死在乱军之中，也许还有人会猜测我是独自潜逃了。而今天我明明白白的死在这里，就是为了让世人知道我的结局。"不过对于这个蒙古军队的宿敌，拖雷倒不是很客气。对他施以酷刑，折磨而死。面对这样的硬汉，蒙古军队中也有将领表现出了惋惜之情，他们用马奶酒祭祀完颜彝。希望这样的好男儿"他日再生，当令我得之"。

而就在拖雷的大军一路奏凯的同时，其他的几路蒙古军队却状况频出。特穆尔岱率领的左路军在归德府遭到了金帝国防御部队的顽强抵抗。在这座曾经以睢阳的名字创造了中国历史上城市防御战传奇的城市里，金帝国军队竟然在当地百姓的指引下挖出了唐代张巡所埋的古炮，而且数量多达五千门之多，而特穆尔岱屯兵的城南高地据说就是尹子奇攻破睢阳故址。有人向特穆尔岱提出决开黄河大堤，水灌归德府的建议。谁知道河水从西北流向城西南的濉水故道，反而成为了天然的护城河。恼羞成怒的特穆尔岱想要追杀这个馊主意的提出者，却发现对方早就卷了赏金跑路了。

在汴梁城下，当年铁木真麾下号称"四狗"之一的速不台同样遭遇了空前的苦战。作为金帝国的第二首都，汴梁经过了五代十国时期历代君主和北宋政府的多年经营，城防体系堪称世界一流。而当年曾被宋钦宗用来砸过女真大军的皇家园林艮岳中的太湖、灵壁假山石再度成为了投石车的弹药。从这个角度来看宋徽宗赵佶耗费国力搞得"花石纲"也并非全无用处。而在这场攻防战中中原帝国的科技优势也得到了充分的体现，在铁罐中灌满火药的原始榴弹——震天雷令蒙古大军的诸多攻城器械形成玩具。而以火药为动力的"飞火枪"更压制了掩护攻城部队的强弓劲弩。起初对于金帝国的停火请求，速不台还牛气冲天的表示："我受命攻城，不知其他。"最后也只能放下身段，主动提出："两国已讲和，更相攻耶？"

而在激烈的汴梁攻防战中还有一个小插曲。矢石如雨之下，竟然有一个女孩子冲到城下，大声疾呼："我叫张凤奴，是被蒙古军掠走的许州人。敌人已经快支撑不住了，大家努力为国坚守，不要被他们所欺骗了！"言竟就跳壕沟自杀了。没有人知道在乱世中这个弱女子经历了什么，但是她最终的绝响却绝对是出于一个普通人的善良和顽强。而在这场战役之中，位高权重的女真人并没有太多的伤亡，在蒙古大军撤离之后，汴梁城外却多了九十多万座新坟。完颜守绪的大女儿对自己的父亲说："近来立功效命的都是汉族及其他异族。我们女真人太平的时候就钩心斗角，有事却让他人尽力，百姓焉得不怨？"可以说蒙金战争后期金帝国所表现出的大多数悲壮，与其说是女真族最后的光芒，不如说是汉民族在守护自己家园中一如既往的无畏和顽强。

1231年，窝阔台与拖雷的分进合击，虽然掠取河南十数州。但归德、汴梁的久攻不下还是令同样承受巨大战争减员压力的蒙古帝国不得不于1232年农历四月选择回师，而就在蒙古大军北撤的途中，一出离奇而荒诞的政治闹剧悄然上演：身为大汗的窝阔台突然病倒，随军的萨满巫医随即表示："这是金帝国的山川之神认为蒙古大军杀戮过多所导致，不用人命为供品是无法解除其诅咒的。而甘愿牺牲的还必须是蒙古大汗的兄弟或者子侄"。这个时候最令人觉得惊奇的事情出现了，拖雷竟然主动提出愿意为自己的哥哥献出生命。在喝下了窝阔台的洗澡水之后没几天，拖雷便死在了行军途中，而窝阔台则神奇的康复了，对于这一段关于兄弟情谊的神话，或许连习惯为了胜利吹鼓的史官们都觉得难以自圆其说，于是留下了"窝阔台康复，而拖雷病死，虽然可能是巧合，但是弟弟这种至孝，可以感动鬼神是没有问题的。怀疑它过于荒诞的人，都是世俗浅薄……"

据说拖雷在甘愿代死的同时也希望自己哥哥能照顾他的孤儿寡妇。这一点窝阔台的确有去做。不过他的安排是让自己的长子贵由按照蒙古的旧俗迎娶拖雷的遗孀—唆鲁禾帖尼，从而"继承"拖雷系的全部领土和麾下的百姓、财产。不过窝阔台显然太小看自己的弟妹了。作为拖雷的妻子，唆鲁禾帖尼是克烈部首领王罕之弟——扎合敢不之女，可以说是从小便在显赫的草原贵族中长大的，因此对于政治格外的敏感，她对窝阔台对自己的安排，以要"教养拖雷诸子成人"为理由婉拒了。而对窝阔台不经宗室会议商讨，便私自将拖雷名下的财产分给自己的三子阔端的行为则采取了忍让。

　　应该说拖雷夫妻的遭遇在蒙古帝国内不乏同情者，以失吉忽秃忽为首的铁木真时代的官员曾向唆鲁禾帖尼提议，应该召开诸王会议对窝阔台当面质问，但是唆鲁禾帖尼却反过来说服他们应该遵从大汗的旨意，而且虽然被分割了部分财产，对于唆鲁禾帖尼而言她和她的儿子依旧衣食无忧，而对于一个母亲而言没有什么比看着自己的几个儿子日益长大更能感到安慰的了。

　　唆鲁禾帖尼顺从的态度最终引来了窝阔台的信任，根据《史集》中的说法"（唆鲁禾帖尼）她在采购他们（诸子）和丈夫的军队的食品和装备之时，建立了严格的核算措施，使任何欺骗都不可能得逞。合罕（窝阔台）一切事情都同她商量，不违背她所作出的决定，而且不允许对她的命令作任何更改"。似乎有将唆鲁禾帖尼视为自己"贤内助"的意思，而获得拖雷大量领民的阔端也把这份恩情算到了自己婶婶的头上，在未来新一轮的权力角逐之中抛弃了自己的侄子失烈门等人，站在了堂弟蒙哥一边。

　　除了将唆鲁禾帖尼吸纳进自己的智囊团之中，窝阔台还对拖雷的长子蒙哥十分宠爱，甚至一度有将汗位传给对方的意思，据说他曾爱抚地摸着蒙哥的头说："你是将来可以君临天下的人啊！"不过这可能只是一句玩笑，因为随后窝阔台又因为自己用母牛来喂自己养的豹子时，小孙子失烈门一句："那小牛怎么办？"感到自己的小孙子宅心仁厚，也认为失烈门有君临天下的潜质。拖雷系的蒙哥兄弟想要翻盘仍要耐心的等待时机。而在解除了拖雷系对自己家族威胁的同时，窝阔台也将矛头对准了自己的叔叔——铁木格斡赤斤。

东征高丽
——窝阔台执政之初对蒙古帝国战略的全盘调整（下）

　　身为"皇叔"的铁木格斡赤斤虽然在窝阔台即位的过程中成功"搅局"，挤掉了拖雷以"幼子守产"之名继续"监国"的可能。但其领袖"东道诸王"的政治地位及以"皇太弟"身份收高丽为附属国的举动，仍令窝阔台感到不安。为了改变这一局面，窝阔台一方面将中原的益都路及平、滦二州赐给铁木格斡赤斤，作为其家族在中原的飞地。将"东道诸王"的力量引入蒙金战场。同时以蒙古帝国中枢的名义正式接管对高丽王国的外交事务。

　　蒙古帝国与高丽王国的接触始于1218年。当时契丹反金义军首领耶律留哥之弟——耶律撒不背蒙自立，于澄州（今辽宁省海城市）建立所谓的"后辽帝国"。但耶律撒不在契丹义军中的威望远不如其兄，旋即为部将所杀。内部失和的"后辽"政权自然无力抵御蒙古大军的征讨，只能向东越过鸭绿江，重文轻武、笃信佛教的高丽王国无力抵挡这股契丹大军。因此当蒙古帝国军以"追剿"之名尾随进入高丽王国境内之时，高丽国王王皞丝毫没有抵触情绪，还命枢密院使赵冲等领兵与蒙古军队联合作战。

　　在攻克了为契丹族叛军所占领的所谓"后辽"首都——高丽江东城之后，蒙古与高丽正式相约"两国永为兄弟"，但这不是一个平等的同盟。高丽王国虽然借口"道远，难于往来"，但每年仍要"遣使十人入贡"。事实上宣告了高丽臣属于蒙古。在高丽王国表示臣服之后，蒙古东道诸王连年遣使到高丽索取贡物，诛求无厌。其中1221年使者著古便以铁木格斡赤斤的名义前往高丽，索贡獭皮一万领，细绸三千匹，细苎两千匹，绵一万斤，墨一千只，笔百管，纸十万张，以及其他诸物。铁木格斡赤斤狮子大开口，著古本人更是骄横贪婪，竟然一路任意索要，

最终激起高丽民众的愤怒。1225年，著古在索贡归国途中被当地百姓杀死，蒙高两国的"睦邻友好关系"也随之断绝。

铁木格斡赤斤的特使为高丽所杀，自然不免引起了蒙古"东道诸王"的愤怒，但此时恰逢蒙古大军刚刚结束西征，又忙于准备攻伐西夏之际。随着铁木真病故而空悬的汗位，更是引发了铁木格斡赤斤问鼎的野心。因此对朝鲜半岛用兵的计划便一再拖延，直到窝阔台即位之后，这一问题才再度浮出水面。而此时金帝国方面也正在积极通过叛将蒲鲜万奴所建立的东真政权与高丽王国结盟，试图在蒙古帝国的东线打开局面、牵制对手。有鉴于此，1231年，窝阔台在南下攻掠金帝国的同时，命昔日领军进入过朝鲜半岛的老将撒里台再度统兵出征。

撒里台当年与高丽王国联手围剿契丹叛军，不仅熟悉朝鲜半岛的风土人情，更与高丽王国将领赵冲、洪福源等人结下了不错的私人情谊。此次蒙古大军再度横渡鸭绿江，负责高丽王国边防的将领——麟州都领洪福源随即成为了"带路党"。在洪福源的指引下，蒙古大军轻松攻陷四十余城，进围高丽王国首都王京。蒙古使者持诏入城，诘责高丽杀使之事，在令其投降的同时又索取"好金银、好珠子"及其他大量贡物，并命送高丽王室以王公大臣之子女作为人质。高丽国王王皞随即派自己的弟弟王俒到蒙古帅营请降，同时献上大量的金、银、衣、马、器皿，在各项条件得到充分满足之后，蒙古大军于1232年初班师还朝。

经过一年的战争，本来蒙古和高丽之间的外交关系已经初步稳定了。但是于1232年农历二月抵达王京的蒙古使者都旦的举动却令高丽王室不得不奋起抗争。都旦是契丹人。他本来只是前来催促高丽王国纳贡和进送王公贵人子女的。但是出于个人野心，都旦却说自己是奉窝阔台之命前来"都统高丽国事"，还想直接从招待所搬到王宫居住。忍无可忍的高丽国王王皞听从权臣崔怡的意见迁都江华岛。不仅处死了使者都旦和蒙古帝国在朝鲜半岛派驻的72名特派员（达鲁花赤），还带着首都的群众"上山下海"，准备和蒙古帝国展开持久战。

面对高丽王国的不合作态度。撒里台奉旨再征高丽，洪福源依旧以"带路党"的身份率领着朝鲜半岛北部的民众迎接"王师"，蒙古大军轻松地夺取了已经成为空城的王京，在没有海上力量无法登陆江华岛的情况下。撒里台领兵继续南下，在夺取了高丽王国的南京之后，撒里台却在朝鲜半岛东南部的处仁城，被流箭射死。由副帅铁哥领蒙古军队随即回师。将以西京为中心的占领区交给洪福源管理。

1233年，窝阔台诏谕高丽国王王皞，列举了对方拒命、杀使、迁都、不上民数等五罪。高丽王国再度被激怒了，在以崔氏家族为首的武派的坚持之下。高丽军队出兵对洪福源展开了北上攻势。无力抵抗的洪福源只能带着诸多降民逃到了辽东半岛。高丽王国之所以得以"雄起"一时，很大程度上缘于此时窝阔台已将注意力转向了盘踞辽东的东真王国。利用蒙古西征之后又用兵西夏、同时与金力争中原，无暇分兵辽东的有利时机，蒲鲜万奴所建立的东真王国不断发展壮大，其疆域最盛之时：东至日本海，北至胡里改城（黑龙江省依兰县），西至长白山脉，南至与朝鲜青州（今朝鲜咸镜北道）接壤，基本涵盖了今黑龙江、吉林两省的东部地区，正是有了相对雄厚的实力，蒲鲜万奴才敢于向高丽王国发出："蒙古成吉思，师老绝域，不知所存，斡赤斤贪暴不仁，已绝旧好"，希望结成抗蒙同盟的倡议。

面对高丽王国的反复和蒲鲜万奴的张狂，窝阔台与其说是无力征讨，不如说是在坐待良机。1233年农历二月，窝阔台"诏诸王，议伐万奴"。但最终却没有任用富有战场经验的老将挂帅，直接将指挥权交给了自己的长子贵由。而从窝阔台为自己儿子所配置的将领来看，更不难发现此举背后的深意，除了木华黎的长子塔思、速不台长子兀良合台等蒙古新生代将领之外，贵由此次远征军中还囊括了大批昔日契丹反金义军的后裔，如移剌捏儿之子移剌买奴、石抹也先之子石抹查剌等悉数从军。如果说这些宿将元勋之子从征，是窝阔台有意在培养贵由未来的政治班底的话，那么其特意挑选铁木真三弟合赤温之子按赤台作为贵由的副手"将左翼军讨之"，则无疑是为撬动整个"东道诸王"政治版块所插入的一根杠杆。

在自己的诸多兄弟之中，铁木真最为忌惮的莫过于二弟合撒儿，因此随着蒙古帝国的建立，两人的关系便急转直下。在铁木真已经决定不再重复过去部落统治的固有模式，开始寻求自己独揽大权的新道路的同时，骁勇善战的合撒儿必然成为其绊脚石。虽然最终在母亲诃额伦的干预之下，合撒儿保全了性命，但是却失去了此前的特殊地位，麾下的部署大多被铁木真调走，沦为普通的将领抑郁而终。而对于英年早逝的三弟合赤温，铁木真倒颇有几分香火之情，作为合赤温之子的按赤台，很早便跟随伯父铁木真南征北战。但由于毕竟是后生晚辈，按赤台在"东道诸王"中的地位始终不及叔叔铁木格斡赤斤，窝阔台此时重用按赤台自然是有心在"东道诸王"中扶植一个新贵，以分化铁木格斡赤斤的势力。

面对贵由和按赤台所统帅的蒙古大军，蒲鲜万奴没有在野战中一决胜负的勇气，只能全力据守自己的新都——开元城（今吉林省延吉市城子山）。但此时的蒙古军队早已在战争中练就了一套行之有效的攻坚战术，即便东真国的首都"城坚如立铁"，但仍在石抹查剌"奋长槊大呼，登西南角，摧其飞橹"的猛攻下沦陷了。虽然蒲鲜万奴一族在城破之后被悉数诛灭，但窝阔台对于东真国的政权却予以了保留。毕竟东海女真一族在当地仍有着强大的影响力，与其耗费气力的斩草除根，不如收为己用。而沦为蒙古藩属的东真国，此后也对蒙古攻略高丽颇多助力。1235年蒙古三伐高丽，东真军即作为前导，攻下了龙津镇、镇溟城等地。洪福源等朝鲜叛将也带着"还乡团"又杀了回来。这一次高丽国王王暾不得不派出王族成员王倎北上朝见。其后相当长的时间里双方使节频频往来，基本上保持了和平的宗藩关系。

窝阔台不遗余力地在辽东、朝鲜半岛用兵，固然有蒙古帝国南下攻金的同时，解除侧翼威胁的军事需要。但更多的是政治上的通盘考量，随着东真和高丽的臣服，"东道诸王"基本失去了继续向东南方向发展的空间，只能跟随着窝阔台的指挥棒进入中原战场。而作为"东道诸王"的领袖，铁木格斡赤斤在窝阔台在世期间，只能小心翼翼地收敛着自己的野心，继续经营自己的封地。

而在窝阔台调整自己帝国内部的诸多问题的同时，彼此对立的金宋两国之间也不断在修正着自己的内政和外交。蒙古与金帝国之间的战争对于偏安东南的宋皇朝而言，起初并未引起重视。唯有湖北路安抚使赵方认定"金人北逼于蒙古，计必南迁。"于是进一步强化长江中游的重镇江陵一线的防御体系。果然在蒙古的压力之下，金帝国选择了南下。对于金帝国军队在边境附近不断招降纳叛、步步紧逼的局面，师从张栻的湖湘学派巨子表现出了南宋士大夫特有的战斗激情。他对自己的部下说："朝廷和、战未定，益乱人意，惟有提兵临边，决战以报国尔！"在边境上一再挫败金帝国的野战部队。

而金帝国的有识之士也看到了南下的希望渺茫。右司谏兼侍御史许古提出："南宋有江南蓄积之馀，而我们只有河南一路，征敛之弊，可为寒心。现在理应和南宋联合，使我们不至于两线作战。那么蒙古方面得到消息，可能还有所收敛。"但是金帝国的骄兵悍将却采取先斩后奏的方式继续向南用兵。最终虽然一度攻占了南宋的一线边境城市却消耗了大量的有生力量，而蒙古和山东方面的红袄军也利用宋金战争的机会扩大了其在中原的势力范围，金帝国的统治愈加削弱。

面对危局，完颜珣颇多感慨。虽然有心南下攻宋但却没有可用之人。"天下之广，缓急无可使者，朕安得不忧！"而无论是对南宋边防部队

　　　　　　　　　　　　　　苍狼逐鹿

还是红祆军战局都异常艰难。而山东方面奋起的"红祆军"中最为著名的莫过于李全和杨妙真夫妻统帅。杨妙真之所以青史留名很大程度上要归功于她百年之后的两位"粉丝"——明代军事家戚继光和何良臣。戚继光在他的军事操典《纪效新书》中首先提出："枪法之传，始于杨氏，谓之曰梨花，天下成尚之，变幻莫测，神化无穷，后世鲜有得其奥者"。随即在自己书中列出了据说杨妙真所创的"九转梨花枪"的图解。而何良臣虽然在军功上与天下闻名的戚继光相差甚远，但作为一名著作等身的军事理论家，他在自己全书四卷，二十三类，六十六篇的《阵纪》也颇为推崇的表示"天下无敌者，惟杨家梨花枪法也"。

但在正史之中杨妙真却并不以长枪见长。周密的《齐东野语》中说："（杨妙真）膂力过人，能马上运双刀，所向披靡。"《宋史》中则说杨妙真"狡悍善骑射"。唯一提到杨妙真枪法的是宇文懋昭的《大金国志》，不过也并没有渲染其枪法精妙，只是说杨妙真"勇而有力，能飞马植枪，深入一尺"。由此看来出生于山东淄州、青州交界处的杨妙真可能是一个同时善于使用长、短兵器的复合性军事人才。

杨安国的起义军更像是一个家族企业，在以"母舅刘全为帅"，"从子（杨）友伪称九大王"的情况之下，武艺出众的杨妙真自然也要参与军事事务。不过可能考虑到杨妙真是个女孩子，杨安国交付给她的任务更多的是守备自己的老营——杨家堡。而正是这一安排，令杨妙真随后结识了自己的丈夫——李全。李全是山东潍州（今山东潍坊市）人。根据《宋史》中的说法李全虽然出生于北海一户农民家庭。但是在普遍习武的山东地区却也"弓马趫捷，能运铁枪"，加上他本人脑子比较聪明，又擅长社交。很快便在潍州一带小有名气，人称"李铁枪"。

在"开禧北伐"中李全作为南宋特工一度在敌后不断展开"特种行动"。而其正式揭竿而起，是在金帝国为了躲避蒙古军队的兵锋迁都汴梁之后。他和自己的二哥李福聚众数千，随即又得到了其他各路起义军的响应和依附。随即成为了山东地区仅次于杨安国的地方武装。不过李全和杨安国虽然都"衣红衲祆以相识"，号称"红祆军"，但起初彼此之前却并无交集。李全甚至一度打起了杨安国根据地——杨家堡的主意。周密的《齐东野语》中说李全的部队所过之处，诸堡皆载牛酒以迎，独杨家堡不以为意。李全知道之后打算"攻劫之"。根据《齐东野语》中的说法，李全的部队抵达杨家堡之时，杨安国已经回师救援了。两军对垒之际，杨安国对李全说："你是好汉，可与我妹挑打一番，若赢时，我妹与你为妻。"结果李全和杨妙真"酣战终日"也没有决出胜负。于是在"忿且惭"的情况下竟想出了"伏兵诈败"的路数，最终才俘虏了杨妙真。杨安国倒也不介意，随即"领众备牛酒，迎归成娴"。不过在宇文懋昭《大金国志》中却说李全和杨妙真并没有正式交手，杨妙真只是"飞马植枪"之后，请李全"飞马而拔之"，结果李全"不能拔"，于是只好"下马屈服，遂为夫妇"。不过无论是哪一种说法，杨妙真的武艺都不在李全之下却是公认的。而杨安国也顺利通过"政治联姻"避免了与李全的直接冲突，组成了军事同盟。

杨妙真与李全成婚之后根据汉族女子出嫁从夫的风俗便留在了李全的军中。而身为大舅子的杨安国随即也为李全指了一条明路——归降南宋。杨安国是山东民间武装之中最早试图与南宋政府建立直接联系的领导人，他通过往来于南北的江淮商人季先、沈铎向南宋政府的京东经略按抚使兼楚州知州应纯之表达了"豪杰愿附之意"。不过在南宋政府没有明确表态之前，杨安国的起义军便遭到了金帝国驸马都尉仆散安贞的全力镇压。在仆散安贞率金帝国重兵集团前来围剿之际，杨安国的事业达到了前所未有的巅峰。以其为首的"红袄军"主力一度控制了莱州、登州、密州等地。一度建立了年号"天顺"的地方政权。而其妹夫李全也扼守穆陵关，威胁着金帝国军队的侧翼。但是在1214年农历七月的主力决战中，杨安国的"红袄军"却惨遭大败，连续丢失所控制的主要城市。杨安国本人在乘舟入海的过程中被贪慕金帝国"获杨安儿者，官职俱授三品，赏钱十万贯"赏格的船夫曲成等人袭杀，落水而死。

杨安国从据"三州之众十万"到死于逃亡途中前后仅不过三个多月的时间。跟随着自己丈夫的杨妙真不仅来不及救援，连共赴艰难的机会都没有。毕竟李全驻军的穆陵关距离前线仍有三四百里的距离。不过在自己的哥哥败亡的过程之中，杨妙真还是轻骑北上，和自己的舅舅刘全一起收拾残局。也就出现了《宋史》中"刘全收溃卒，奉（杨妙真）而统之，称曰姑姑，众尚万餘。掠食至磨旗山"的情况，之所以称杨妙真为"姑姑"，是因为此时杨安国所部名义上的领导人是杨安国的从子——杨友。不过南宋政府对于山东地区的情况不甚了解，于是在《宋史》中含糊的记述道："（李）全以其众附，杨氏通焉，遂嫁之"。当然也可能是为了安定军心，杨妙真和李全不得不在磨旗山"再度结婚"。

杨妙真、李全在磨旗山会师之后，随即与金帝国主力野战部队的完颜霆所部展开激战。完颜霆不是女真人而是出生于燕京宝坻的汉族人，原名李二措。在与蒙古军队的战争之中李霆以组建民兵而获得了金帝国的信赖和重用，赐姓完颜氏。改名为完颜霆之后，这位数典忘祖的汉族将领表现的空前积极，不仅成为了镇压山东"红袄军"的主力，不久之后还在宋金边境冲突之中以四千人击败驻军胸山的南宋正规军三万之众，堪称"忠勇绝人"。面对这样的对手，李全夫妇显然没有讨到便宜，李全本人甚至一度被完颜霆麾下号称"赛张飞"的勇将张惠险些刺于马下。

就在"红袄军"起义进入空前低潮的情况下，南宋政府却开始大肆招降纳叛。而身为南宋政府的京东经略安抚使的应纯之首先任用的便是杨安国派来联络的江淮商人季先和沈铎。应纯之任命沈铎为武锋军副将跟随南宋正规军将领高忠皎一起北上。而季先则随军北上，沿途联络山东各地的民间武装。在与季先会合之后，李全随即出兵五千配合高忠皎对海州的进攻。随即又频繁出击，连续攻克了金帝国在山东一线的莒州、密州、青州等地。应纯之尝到了甜头之后，随即向南宋政府提出大规模收编山东民间武装的建议。此时大权在握的史弥远虽然以"频岁小稔，朝野无事"为由拒绝明纳，但还是私下同意应纯之设立一个"忠义军"的番号，暂定编制为一万五千人。不过不等李全南下，头脑灵活的沈铎便先一步招纳了东海马良、高林、宋德珍等小股民间武装的一万多人，挤占了"忠义军"的大部分名额。对此李全的心情多少有些复杂。

为了得到南宋政府粮食和军饷的接济，尽管对于应纯之这样泥沙俱下的扩充"忠义军"的方法感到不满。但是李全最终还是选择了率军南下，并将其家眷、辎重迁到了南宋制置使所在楚州的附近。杨妙真也随之移居，成为后方留守营房的主管。而随着李全不断北上与金帝国交战，于嘉定十二年（1219）俘杀金帝国的"四驸马"而晋封为刺史，杨妙真也随即被南宋政府封为"令人"。这个所谓的"四驸马"虽然身份存疑，但是李全多年以来出生入死的战功却是实实在在的。而考虑到杨妙真本身也是武艺出众，因此她对李全而言可能不仅是"贤内助"那么简单。

对于以李全为代表"忠义军"出任淮东制置使的贾涉向南宋中央提出"忠义之人源源而来，不立定额，自为一军，处之北岸，则安能以有限之财应无穷之需！饥则噬人，饱则用命，其势然也"，因此对其采取比较弹性驾驭的政策。用"以地来归及反戈自效者，朝廷裂地封爵无所吝"不断鼓励李全等人向北发展。以至于金帝国中央也惊叹："宋人以虚名致李全，遂有山东实地。"但是身为南宋政府的官僚，贾涉对于李全等农民起义军的态度最终不过是利用而已，他在写给右丞相兼枢密使——史弥远的报告中提出："天意隐而难知，人事切而易见。当思今日人事，尚未有可答天意者。昔之患不过于金。今之患又有山东忠义与北边，宜亟图之。"

由于南宋政府断绝了每年的财政补贴，金帝国很快便陷入了国库空虚的状态。为此完颜珣决定发动更大规模地对宋战争，对此翰林学士杨云翼提出反对意见："今天的事势，与泰和年间反击南宋北伐时期有着太多的不同。首先时间选择上泰和年间是在冬天用兵，而今天则选择夏季作战。冬则水涸而陆多，夏则水潦而涂掉，此地利之不同也。泰和举天下全力，驱纠军以为前锋，今能之乎？此人事之不同也。议者徒见泰和之易，而不知今日之难。请以西夏方面的情况来看，向日弓箭之手在西边者，则搏而战，袒而射，彼已奔北之不暇，今乃陷吾城而掳守臣，败吾军而擒主将；囊则畏我如彼，今日侮我如此。夫以夏人既非前日，奈何谓宋人独如前日哉！愿陛下思其胜之之利，又思其败之之害，无悦甘言，无贻后悔。"但是完颜珣此刻完全听不进去。最终南下的金帝国野战兵团在淮河流域遭到了李全统率的忠义军的全力反击，最终铩羽而还。

鉴于李全击退金帝国南征兵团的战功，南宋政府授予他保宁军节度使兼任京东路镇抚副使的官职，对此一直都对忠义军口惠而实不至的贾涉感叹道："朝廷但知官爵可以得其心，宁知骄之将至于不可劝耶！"对于羽翼丰满的李全等忠义军将领，贾涉逐渐失去了驾驭的能力，最终不得不因为身体原因而请求辞职，最终病死在返回首都的路上。而他死后，他的继任者由于种种错误的决策，最终导致了忠义军内部的分化，将领们进一步蜕变成了控制山东、两淮一带的军阀。而贾涉此时年仅11岁的儿子贾似道也逐渐登上了南宋的政治舞台。

忠义两失

——"忠义军"系统的瓦解和南宋"联蒙灭金"的战略得失

　　公元1227年的春夏之间，北上掠地的李全所部在青州为蒙古军队所包围。经过一年多的攻防战，李全最终在弹尽粮绝、突围失败的情况下选择了向蒙古军队投降。据说在决定投降之前，李全曾有过焚香南拜准备自杀成仁的念头。但是部下却劝解他说："只要身体在，还怕没衣服！"也算是留得青山在的又一版本。对于迫于形势才选择归降的李全，蒙古人自然无法信任。但是身为木华黎长子的孛鲁却已经深谙他父亲的统御之道。他深知杀一个李全容易，但却会失尽山东乃至中原及两淮的民心。于是在请示了成吉思汗之后，孛鲁任命李全为山东、淮南、楚州的行省长官。

　　对于李全无奈投靠蒙古帝国的选择，南宋政府所派出的地方领导——淮东制置使刘琸并没有采取积极的应对措施，连亲自落井下石的勇气都没有，只能鼓动忠义军中的另一个山头的领袖——盱眙总管夏全给予在楚州李全之妻——杨妙真最后一击。女中豪杰的杨妙真对此的应对也颇有外交官的风范。她先派人前往楚州城外的夏全军营，转达了"将军非山东归附耶？狐死兔悲，李氏灭，将军宁独存？愿将军垂盼"的口信。在得到了夏全的承诺之后，杨妙真更"盛饰出迎"，对夏全百般逢迎："人言三哥死，吾一妇人，安能自立！便当事太尉为夫，子女玉帛、干戈仓廪，皆太尉有，望即领此，无多言也。"最终换来了夏全的倒戈一击，不仅驱逐了淮东制置使刘琸，更将南宋政府精锐的镇江军打得一败涂地。而在夏全在为杨妙真作了这一切之后却被拒之于楚州城外，最终不得不转投风雨飘摇的金帝国。杨妙真的真实年龄虽然无从考证，但想到当时应该至少也已经是"奔四"的年纪，还能施展这样的"美人计"，不得不说令人佩服。

在经历了一连串分化和控制忠义军行动的失败之后，南宋政府干脆采取"轻淮重江"的政策，直接放弃对忠义军的军饷供给，最终引发了李全在楚州部队的内乱。李全的二哥李福、次子都在内乱中被杀。小妾刘氏也被误认为是杨妙真而被斩下了首级送往了南宋政府的首都。听到噩耗身在青州蒙古军营中的李全不惜自断一指换取蒙古将帅的信任，而在回到楚州之后，李全一一击破了其中忠义军的将领，重新掌握了主导权。对于两淮的纷乱，金帝国试图以"淮南王"的封号招降李全。但却遭到了对方"王义深、范成进皆我部曲，而受王封，何以处我"的调侃。从此徘徊于蒙古、宋、金三方之间的山东民间武装力量开始逐渐倒向新兴的蒙古帝国。

李全回到了楚州之后，不断充实自己的实力。除了招募各地流亡的壮丁之外。更购买和建造大型战舰，甚至在海上搞阅兵式。其南下的意图已经十分明显。对此南宋政府和金帝国方面却始终处于不作为的状态。南宋方面主要是因为权相史弥远的鸵鸟政策。而金帝国方面则是因为受制于蒙古。南宋权枢密判官白华对李全的行动给予了如下的评价："李全借北兵之势，要宋人供给馈饷，特一猾寇耳。老狐穴冢，待夜而出，何足介怀！我所虑者，蒙古之强耳。今蒙古有事，未暇南图，一旦无事，必来攻我。与我争天下者此也，全何预焉！若北方事定，全将听命不暇；设更有非望，天下之人宁不知逆顺，其肯去顺而从逆乎？为今计者，宜养士马以备蒙古。"

而对于铁木真死后的中原局势，南宋政府内部也感到颇为棘手。按照太学录陈埙的说法："方张之敌，未亡之金，叵测之忠义，跳梁之群盗，皆所当虑。"不过虽然蒙古作为"方张之敌"排名比较靠前，但是南宋政府首先要面对的还是以李全为代表的"叵测之忠义"，对此曾经在荆襄一线长期抵御金帝国兵锋的赵方之子赵范、赵葵向史弥远提出"守江必守淮"的战略，理由是长江以北多的是芦苇遮蔽的港汊，敌人可以轻松的偷渡。并指出"扬州，国之北门，一以统淮，一以蔽江，一以守运河，岂可无备哉？"以"善守者敌不知所攻"的态度构筑了南宋政府在长江上游的防线。

在李全正式向南宋宣战之前，南宋政府不得不继续向其提供军饷。

除了稳定两淮之外，也通过忠义军方面向蒙古方面表达善意。而李全方面也依仗蒙古的势力向南宋政府提出"裂土封王，增加军饷"的要求。双方虽然表面上还保持最后一丝暧昧。但是在李全心目中却始终认为："朝廷待我如小儿，啼则与果。"决心不只做一个"会哭的孩子"，要冲出摇篮去抢夺属于自己的糖果。

　　1230年，昔日的忠义军领袖李全最终向他曾经保卫过的南宋政府发起了进攻。而在出发之前他对自己的部下所说的话语，多少表达了他矛盾和纠结的心情："我乃不忠不孝之人。縻费朝廷钱粮至多，乃杀许制置，不忠；我兄被人杀，不能报复，不孝。"但是在战场上这个纵横多年的悍将还是展现出了自信和霸气，他在写给沿江制置使赵善湘的信中说："我复归三年，淮甸宁息，奈何您与二赵兄弟（赵范、赵葵）使我为难。我决定亲往盐城，如有不信我李全、嫉恨我的人，如赵知府之辈，可以提兵与我交战。能灭我的，

今天的扬州平山堂

宋太师右丞相卫国忠献王_讳弥远像第三十六世

把持朝政多年的史弥远

高官厚禄由您给；不能灭我的，便知道我李全的心意了。"

面对李全的南下，身为南宋政府首相的史弥远除了"泄泄如平时"的淡定外，便是开出了"许增万五千石粮"的价码，希望花钱买个平安。不过却招来了正在扬州城下与副都统丁胜恶战的李全"史丞相劝我归，丁都统与我战，这不是自相矛盾"的嘲笑。无奈之下史弥远只能派出赵范、赵葵兄弟前往扬州迎战。

在扬州城下李全和赵葵曾有一段颇有意思的对话。李全对赵葵说："朝廷动辄对我猜疑，这一次又绝我粮饷，我非背叛，索钱粮耳。"赵葵则淡然的回答："朝廷认为你是忠臣孝子，但你却反戈一击攻陷城邑，朝廷安得不绝汝钱粮！你说你不是造反，忽悠谁啊？"赵氏兄弟在荆襄前线跟随着自己的父亲和金帝国的野战部队交战多年，也是披着士大夫马甲的老兵油子。而南宋政府的正规军野战或许不行，守城却颇有一套。李全虽然占据着战场主动权，每每还对部下抱怨说："我不要淮上州县，渡江浮海，径至苏、杭，孰能当我？"但却始终不愿意放弃占据江淮门户的扬州城，最终不得不转为长期围困。

扬州的剧烈攻防，令身在大后方的史弥远感到了空前的压力。这个已经把持了南宋政府23年的权臣显然对目前的局面也毫无办法，只能挂起了"病休"这块官场"免战牌"。对此由史弥远一手拥立的宋理宗赵昀倒是颇为体恤，特意下诏表示为了体现"尊礼元勋"，史弥远不用每天上朝，只要每十天到皇宫中协助处理一下政务就可以了。但不想这纸诏书在史弥远看来却不亚于催命符，毕竟这个肆混多年的老政客明白首相和高级顾问之间的差距，在剧烈的心理落差之下，已经63岁的史弥远竟然半夜跳进自己家的池塘想"自杀"，好在被侍妾及时发现，否则纵然淹不死，在农历十一月的气候条件下估计也会冻出肺炎。而在自导自演了一出闹剧之后，史弥远似乎清醒了些，放弃了长期以来的独断专行，吸纳了郑清之、乔行简、袁韶进入政府中枢，虽然这几个都是史弥远的亲信，但至少出现了南宋政坛不多见的"集体领导"局面。

李全对扬州的围困可以说是军事上的一大败笔，他的部下大多是出身草莽的亡命之徒，只适合在战场上搏杀。长期的对峙只会消磨士气，而赵范、赵葵兄弟和他老爸一样也是防守反击的高手，此消彼长之下令李全颇为苦恼。而这位昔日农民起义军的首领好勇斗狠的性格最终也将他送上了不归路。为了迎接来自蒙古帝国中央的使节，李全在平山堂摆下酒宴，恰逢南宋军队出城偷袭，来得又是战场上人尽可欺的一支弱旅，于是"李铁枪"大手一挥："看我扫南军！"便亲自出马，但没有想到的是这支弱旅的旗号之下竟是赵氏兄弟的精锐部队，在慌乱之下，李全策马冲入一片泥潭，被赵葵的部下乱枪刺死。而这位风云人物临死之前颇为狼狈，没有留下什么豪言壮语，只喊出了"勿杀我，我乃头目"的一声哀号。

在李全死后，忠义军迅速陷入了分崩离析的状态。对于部下的惶恐，杨妙真可以说是洞若观火。她对部下们说："老娘的梨花枪，二十年天下无敌手，今天事势已去。你们还没有投降，不过是因为我在而已，现在我准备归老涟水，你们各奔前程吧！"杨妙真的话给了部下一个顺利出降的台阶，不过"归老涟水"不过是这个半老徐娘耍的又一路"花枪"，她在离开楚州之后，很快来到了山东，召集旧部，拥立养子李璮，继续周旋于南宋政府和蒙元帝国之间。

根据蒙古帝国名臣耶律楚材《湛然居士集》第八卷《答杨行省书》中的说法，蒙古帝国方面非但没有因为杨妙真是一介女流而轻视她。相反还给予了"闺门之内助"、"族出名家，世传将种。无儿女子之态，有大丈夫所为"的高度评价。而对于杨妙真一再请求隐退的报告，也再三挽留。耶律楚材在肯定了杨妙真"惧折鼎覆悚之患，避牝鸡司晨之讥"有"谦尊而光"的古风之余，也告诉她应该"喝若随时之义"。并鼓励杨妙真"秣马厉兵，可报西门之役"。所谓"西门之战"指的是当年李全驻军的平山堂在扬州西门之外。但是在自己的丈夫死后，杨妙真虽然官拜"山东淮南行省"，也曾参加了对南宋淮南地区的进攻。但最终她还是在一年之后辞去了自己的官职，在将地盘和军队交给养子李璮之后归隐。据说最终病死于公元1234年前后。

在蒙古大军撤退之后，完颜守绪再度选择了迁都。不过这一次面对士大夫的阻挠，他编造了一个"御驾亲征"的故事——亲自率军去进攻敌人，还振振有辞地说："我不出马，部队必须一分为二：一部分守城，一部分出战；现在可以合二为一。"结果礼部尚书舒穆噜世勣很不给面子地回答说："陛下出马的结果更糟，我们必须把兵力一分为三，一部分守城，一部分野战，还有分出人手来保护你！"不过完颜守绪不是来和大臣们讨论数学的，最后还是毅然决定出城"转进"。

完颜守绪一路辗转逃往河南南部的蔡州，汴梁城内的金帝国权贵们在经过又一通复杂而欢乐的窝里斗之后，最终出身无赖的汉族将领崔立主导了局势。在向速不台献城投降之后，崔立身边的摇尾系统纷纷建议为这位无耻将军树立功德碑，在"不从则死，作之则名节扫地"的权衡之下，金帝国的士大夫们纷纷选择了各种各样的理由推辞，更有人问："这个功德碑上能写什么？"结果引来了依附于崔立的尚书省负责人翟奕的勃然大怒，呵斥道："崔立大人不战而降，让全城数百万居民得以苟活，不是应该大书特书的功德吗？"果然是有转进千里的元首，便有"曲线救国"的大将。不过蒙古人似乎并太认同所谓功德，速不台统率大军进入汴梁城外除了大肆劫掠金帝国的王室和显贵之外，也没忘了冲进崔立的府邸，将他的正妻、小妾连同收藏的金银珠宝一扫而空，等崔立赶到也只有恸哭的份儿。

金帝国的崩溃可以说是南宋政府收复中原失地的最后机会。为此宋理宗赵昀特意召见了江淮制置使赵善湘咨询国策。虽然招降了金帝国南线的边防军，收复了盱眙、泗州、寿州等地。但是赵善湘还是保守的认为南宋的国力自守有馀却不足以经理境外。但是在另一方面苟延残喘的金帝国却不这看，在蔡州城下依靠完颜彝死后所残留下来的忠孝军击退了特穆尔岱所统率的蒙古追兵之后，完颜守绪一边忙着搜罗美女充实后宫，一边却打着向四川继续转进的念头。可惜此时宋金之间的力量对比早已失衡，新近崛起的南宋将领孟珙轻松击败了金帝国的所谓"重兵

集团"。身为权相史弥远本家侄子的史嵩之也用实际行动证明了自己之所以可以主政荆襄并不全靠关系。顺利地利用了金帝国的虚弱，迫降金帝国南方重要的战略据点——唐、邓二州。

对于南宋政府的防守反击，完颜守绪豪气万千的表示："蒙古军队擅长骑射，又学会了中原的军事技术，我们的状态又不太好……不过南宋那帮杂鱼，何足道哉？只要给我三千铁骑，我就可以横扫江南。"随后便派出全权大使完颜阿古岱前往临安。临行前完颜守绪语重心长地交代道："南宋政府的人品实在太恶劣了，自我上位以来一直采取人不犯我，我不犯人的政策。偶尔南下夺取他们几个州郡也很大度的让他们用钱赎回去了。今天他们趁火打劫，果然是目光短浅。蒙古自崛起以来已经摧毁了四十几个政权，先是西夏然后是我们，接下来必然轮到他们。唇亡齿寒的道理，爱卿一定要向他们讲清楚，和我们联手，其实是为他们好！"可惜南宋政府根本没给完颜阿古岱入境的机会。

　　蒙古方面对于金帝国领导人无视现实，一味顽抗的行径也逐渐失去了耐心。在河南继续拔除对手孤立据点的同时，窝阔台也派出使臣，要求南宋政府出兵、资助军粮联合灭金。南宋朝野上下虽然议论纷纷，但是襄阳前线的史嵩之和孟珙却早已达成了一致意见，作为军人孟珙的想法很现实，他认为南宋如果足够强大，当然可以拒绝与蒙古的联合，但是目前的局势是金帝国的灭亡已经进入了倒计时，无论南宋政府如何选择其结果都是一样，与其给蒙古这个潜在的对手一个轻视的理由，不如出兵以显示自己的力量。而史嵩之也通过自己的私人关系说服了早已迟暮的叔叔。南宋政府在1233年农历十月出动2万精锐野战部队，运送三十万石粮草加入了对金帝国的最后一击。

　　蒙宋联军对蔡州的全线进攻虽然结局已经没有了悬念，但是其惨烈的过程却令很多人始料未及。在攻城战中连蒙古军中的汉族将领张柔都被乱箭射成了刺猬，在孟珙的救援下才侥幸保全了首级。但此刻秉承着战场上军人天职的孟珙或许永远无法预料到在不久的将来，张柔和他的子嗣们将会成为南宋政府的掘墓人。而随着外围的防御体系被蒙宋联军一一攻破，金哀宗完颜守绪在疯狂地驱策全城军民顽抗的同时，也开始感受到了末日的临近，他感慨地说："我做了十年太子和十年皇帝，自问没什么大的过失，因此也没什么可以抱怨的。只是大金帝国传承百年，竟然亡在我手里，和古代那些荒淫暴乱的国君一样，实在令人介怀。"这话虽然听上去很伤感，但是一般的亡国之君都会来上这一段，难免令人审美疲劳。最终完颜守绪将帝位传给了宗室将领完颜承麟，自己上吊而死，算是摆脱了他所恐惧的亡国之君的名号和成为阶下囚的命运。而完颜承麟的登基大典还没有完成，蒙宋联军便已经攻入了内城，这位新君在指挥巷战时死于乱兵之中，其在位时间确切的算起来只有几个时辰，因此可以说是开创了中国历史上执政时间最短的新纪录。

　　强盛一时的金帝国在蔡州城下的尸山血海中归于灭亡。作为世仇的南宋朝野自然是一片欢腾。有好事者画了一幅名为《尝后图》的春宫画，以彰显南宋野战军的"赫赫武功"。甚至还将南宋主将孟珙也画入其中。题词云"南北惊风，汴城吹动，吹出鲜花红董董。泼蝶攒蜂不珍重。弃雪拼香，无处着这面孔。一综儿是清风镇的样子，那将军是报粘罕的孟珙。"粘罕是昔日攻陷宋皇朝首都汴梁的金帝国军队统帅，其对宋朝宗室及普通妇女的暴行显然深深地刺激了汉族男性的自尊心。因此才在笔墨间由孟珙施以报复，好好尝尝金帝国后妃的"滋味"。不过考虑到金哀宗完颜守绪逃亡到蔡州时曾以"六宫空虚"为由，到处搜罗美女，即便南宋野战军真的以牙还牙，那么承受他们暴行的也未必是女真族的贵妇。

史嵩之画像

"联蒙灭金"之后，坐镇襄阳的史嵩之第一时间将完颜守绪的遗骨连同俘虏的金帝国大臣张天纲、完颜海罕等人押送到临安。对于朝野上下一片边臣论功，朝臣颂德的热闹场面。曾因为触怒史弥远，而赋闲七年刚刚复出的监察御使洪咨夔冷静地提出现在南宋政府已经与强盛的蒙古接壤，其形势如"抱虎枕蛟"，理应加强戒备，而不应盲目的庆祝。不过这种提醒未必人人都听得进去，临安知府薛琼便想在被俘的张天纲身上好好体会一下胜利者的心理优越感，于是大声呵斥道："你也有脸到这里来？"可惜张天纲也是词赋进士出身的汉族士大夫，轻松地回答道："国家的兴亡，哪个朝代没有！金帝国的灭亡过程，比你们的徽宗，钦宗二帝怎么样？"自取其辱的薛琼只能很没风度的乱骂了一通，然后请示宋理宗赵昀将其处死，不过对于一心求死的张天纲，南宋政府却还想通过他撰写回忆录将金帝国批臭，因此一直养着他，直到不知所终。

第七章　多瑙河畔

群狼咆哮

端平入洛

摄政皇后

群狼咆哮

——蒙古帝国的"长子西征"幕后的故事

1235年春，窝阔台汗在和林召开忽里台大会决定发起第二次西征。在这次忽里台大会商议西征的问题时，察合台提议派各宗室的长子、长孙率军出战，万户以下各级那颜也派长子从征。因此这次西征又被称为"长子西征"。察合台的这一提议除了由于各宗室的长子、长孙手中均握有重兵之外，更主要的是希望自己的子侄辈们能通过这次西征积累战斗经验和政治资本。基于这一考量铁木真的四个嫡子的后裔——术赤的次子拔都，察合台的长子拜答儿，长孙不里，窝阔台汗的长子贵由，拖雷的长子蒙哥以及铁木真的庶弟阔列坚系数与役。他们之中以年长的拔都为西征军总帅并统管诸王子弟，而熟悉西线情况的老将速不台则作为西征军副总帅主持军务。不过作为汗王窝阔台的儿子，贵由在西征大军也具有非常重要的地位，负责统管其他将领的子弟。

蒙古大军展开第二次西征之前，他们的主要对手——罗斯诸国虽然不断抵抗着蒙古的侵蚀。但是在迦勒迦河会战之后的十几年间，这些同样以东斯拉夫人为主体建立的国家之间却内争不断，始终无法形成合力。而在蒙古大军一路西进，开始扫荡其两翼的邻国——由保加利亚人的祖先建立的不里阿耳和钦察部落之时，罗斯诸国也始终未能再组成联军展开支援。

"长子西征"的过程中无论是拔都、贵由还是蒙哥事实上都是在老将速不台的教导之下指挥作战的。拔都指挥大军攻略了"以城防坚固和资源丰富而闻名全世"的不里阿耳城之后，蒙古大军开始南下，征讨"长子西征"中的第一个强大对手——钦察部的酋长八赤蛮，窝阔台在西征之前曾经说过："闻八赤蛮有胆勇，速不台亦有胆勇，可以胜之。"果然在以速不台为先锋的蒙古骑兵猛攻之下，八赤蛮和钦察部的其他酋长或死或降。

生擒八赤蛮的据说就是未来的元宪宗蒙哥。在搜捕八赤蛮的过程中，蒙哥首先遇到了一个生病在床的老妇人，询问之下才知道八赤蛮已经逃到了里海之中的一个岛屿上。蒙哥随即利用北风大作和里海北部海水较浅的有利时机，出其不意的突击上岛俘虏了八赤蛮。不过面对要自己下跪的蒙哥，身为钦察部酋长的八赤蛮表示："我好歹也是一国之主，现在被俘了也就不打算再苟活下去了。况且我又不是羊驼，为什么要下跪？"不过硬气归硬气，不久之后八赤蛮就对自己的看守说："我流窜到海岛，自认为是鱼入大海，想不到还是被你们抓住了。看来这是天意。不过从这片岛屿回到陆地的浅滩马上就要被涨潮的海水所淹没了。你们还是带着我快点回去吧！"果然蒙哥的大军刚刚开始回撤，就遭遇到了涨潮，殿后的部队有不少不得不浮渡回岸。不过蒙哥并没有感谢八赤蛮的建议，随即将其处死。

扫除了南北两翼的威胁之后，蒙古大军在1237年的秋天开始向罗斯诸国的腹地进军，未来吞没了拿破仑和希特勒大军的"冬将军"此刻反而成为了蒙古铁骑的盟友，罗斯境内地势低平，特别是冬季河川封冻后，骑兵可以自由驰骋，畅通无阻。而当时罗斯诸国的城堡、房屋也多用各种木材搭建，抗不住蒙古大军先进炮石和火药的轰击。到公元1238年的春天，拔都的大军已经占领了包括未来创造守城奇迹的莫斯科洼城在内的罗斯弗拉基米尔公国全境。据《蒙古秘史》记载，当时的莫斯科"居民多如蚂蚁和蝗虫，而它的四周，树木和茂林密布，以致连一头蛇都不能穿过"。不过蒙古大军到达后，先从四面八方修筑了足够三四辆大车并排而行的道路，然后架起射石机，仅用五天时间就攻陷了莫斯科城。

在灭亡了弗拉基米尔公国之后，蒙古大军一度试图向北方的诺夫哥罗德公国进军。但是大军行至距诺夫哥罗德城不到50公里的地方却突然掉头南下。据说是担心春暖雪化，道路泥泞对作战不利。诺夫哥罗德公国不仅幸运地躲过了一劫，而且得以保存了罗斯诸国的历史文化和民族传承，更使其有力量在5年之后击败条顿骑士团的东进，避免了整个东斯拉夫文明的衰亡。而未来俄罗斯的崛起很大程度上也得益于莫斯科公国的隐忍和诺夫哥罗德公国的积累。

蒙古大军攻克莫斯科

　　在占领了除诺夫哥罗德公国之外的整个北罗斯地区后，拔都的大军开始南下围攻罗斯诸国的政治中心——基辅。据说未来的蒙古帝国统治者蒙哥曾站立在城外的崖岸上遥望这座东斯拉夫人的龙兴之地。见城内屋舍雪白，建筑壮丽，30座教堂金塔摩空，从而一度不愿意毁坏这座美丽的城市，采取了长期围困和派使者入城谕降的手段希望能够保全这座古城。可惜的是东斯拉夫人此刻依旧内讧不断。基辅公国的贵族首先逃亡波兰，斯摩棱斯克大公罗斯迪斯拉夫入守基辅，又加里西亚大公丹尼尔赶跑。加里西亚公国位于今年的乌克兰西部、波兰南部，基辅城对他们来说不是政治中枢而是前沿要塞，因此毫无负担的宣布将死守到底。而此时由于窝阔台的去世，主张和平解决基辅的蒙哥跟随贵由东归。拔都随即下令在公元1240年冬，利用第聂伯河封冻之际，全力猛攻。守城军民虽然前仆后继展开激烈的巷战，但最终的结果却是死者如麻、全军覆没。有趣的是指挥抵抗的加里西亚公国将领狄米脱里却被拔都认为英勇而免了了一死。基辅保卫战的英勇事迹使基辅成为英雄城市而载入史册。

基辅失守之后，以邻为壑的加里西亚公国也随即被蒙古大军占领。丹尼尔大公逃亡匈牙利，寻求贝拉四世的庇护。匈牙利国王长期以来一直在利用蒙古西征招降纳叛。大批流亡的钦察游牧民为了躲避蒙古大军的追击逃入了他的领地，贝拉四世随即接纳了他们，但是要求他们皈依基督教。这位匈牙利国王的如意算盘是自己一举令超过二十万的"野蛮人"改信基督教，那么匈牙利在罗马教皇面前的地位也大为提高，同时大批钦察的加入也将令他的军队更为强大。但是天下没有白吃的午餐，在抵达了匈牙利边境之后，拔都随即向贝拉四世送去了最后通牒——"你们收容了我们的叛徒钦察人，他们本是我们的奴仆。立刻停止收容他们，不然你们将成为我们的敌人。"贝拉四世显然还不知道蒙古骑兵的力量，他随即派遣专差拿着涂染鲜血的宝剑（一个匈牙利的传统，表示国难当前的信号）到全国各地号召所有诸侯贵族起兵勤王。

贝拉四世是否从钦察部落和流亡的罗斯王公丹尼尔等人口中了解过他的对手我们不得而知。但是，蒙古西征大军的统帅——拔都和速不台却显然对中欧地区的政治局势进行了一番精确地分析。当时匈牙利是中欧最强的国家，不击破匈牙利的现有力量，那么蒙古在罗斯地区的统治难以长久。根据间谍和使团所带回的情报，他们也知道虽然欧洲各国统治者之间为了利益经常互相攻伐，可是上层贵族之间又因互相联姻而有血缘上的关系，如果遭遇到外来的攻击，他们还是会守望相助的。因此，在与匈牙利正式交锋之前，拔都派遣察合台的长子拜答儿和速不台之子兀良合台统领右翼军先行北上进入另一中欧大国波兰的境内，以牵制其对匈牙利的援助。而窝阔台的第六子合丹则率左翼军匈牙利东南方推进，监视拜占庭帝国的动静。

拔都和速不台显然太过于高看波兰和其他欧洲国家对匈牙利的援助热情了。在贝拉四世的动员令下，匈牙利国内的大小诸侯倒是纷纷响应国王的号召，甚至连邻国也有人领兵前来共同抵抗"东方野蛮民族"、"异教徒"的入侵。不过他们之中有多少人是真心实意却不得而知。如奥地利大公腓特烈就颇有意思。他长期以来都和匈牙利国王争夺边界土地而心生不睦，因此在抵达匈牙利首都布达城之后，发现城里居民并不欢迎客居的钦察人，就趁机煽动匈牙利民众暴动，被匈牙利人驱逐的钦察人，愤怒地离开了匈牙利，在逃往保加利亚的途中一路烧杀抢掠。而挑事的腓特烈大公此时却悄悄地溜回奥地利，袖手旁观的等待蒙古人对匈牙利的入侵。波兰国王博列斯拉夫四世此时虚有君主的称号，仅占有都城克拉科夫和桑多梅日两城，他的兄弟们则控制着其他公国各自为政。拜答儿的右翼军进入波兰境内之后，国王博列斯拉夫四世随即仓皇出逃。大小贵族相继出走，平民百姓则逃亡山林。连保家卫国都尚且无力，又怎么可能支援邻邦呢？

波兰大半国土沦丧，使得整个中欧地区不得不正视蒙古大军的西进。日耳曼各城邦之中的条顿骑士团和波希米亚随即派兵支援波兰王国的下西里西亚大公——亨利二世，在里格尼茨地区集结了一支数万兵力的大军。关于里格尼茨战役中欧洲联军的总兵力史学家们向来说法不一。不过可以肯定的是由于各路人马都以保存实力为第一要务，因此最终被推到第一线的竟然是衣甲不整的日耳曼义勇兵和矿工。紧随其后的则是其他波兰王公的军队，号称精锐的条顿骑士团则部署在倒数第二的位置上，亨利二世和他的所谓波兰精锐——西里西亚公国军队则位于大军的最后。当然与离战场还有两天距离的波希米亚大军相比，亨利二世还是勇猛的。

里格尼茨战役在基督教的宗教活动弥撒后正式开场。在中欧联军的眼中，蒙古大军显然也不怎么给力。在日耳曼义勇兵和矿工的冲击之下，蒙古军队竟然迅速的后撤。但是随即蒙古大军的后撤并不等于败退。在追击的过程中欧联军中不断有人倒在对方的密集的箭雨之中，而在追击的过程中联军原本猬集的阵线也被拉开。随着蒙古大军全线反击的展开，中欧顿时兵败如山倒。关于此役中欧联军的损失，同样没有确切的答案。但是根据蒙古军队把每个被杀的联军士兵的一只耳朵割下来就装满了九只大麻袋，以及龟缩在阵后的联军主帅亨利二世也战死的情况来看，差不多算是全军覆没了。

里格尼茨战役被欧洲史学家粉饰为虽败犹荣的经典战役。认为亨利二世虽然战败，但是也给予西征的蒙古大军以巨大的杀伤。迟滞了蒙古人征伐的脚步，欧洲各国能够免遭蒙古铁蹄的践踏，应该感谢那些在里

蒙古西征的辉煌战役——击溃条顿骑士团

格尼茨以东平原上"献身"的勇士们。但是从拜答儿和儿良合台随后的继续长驱直入直达波希米亚和奥地利边境，饱掠一番后进入匈牙利境内同拔都主力会师的情况来看，那些所谓"勇士"的血估计是白流了。

　　1241年3月12日，拔都所率领的西征军主力攻破匈牙利军在喀尔巴阡山关卡，长驱直入匈牙利境内，而在以每天四十公里强行军抵达距离匈牙利王国首都佩斯特城半日路程的地方。拔都突然停下了脚步。因为他得到了侦察部队的情报：匈牙利兵力两倍于蒙古军，兵甲强盛。而此时面对兵临城下的蒙古西征大军匈牙利国王贝拉四世的约定战略是固守不出，但是佩斯特城内的军民踊跃要求出战。大主教乌古兰也不满意贝拉四世的谨慎。在来自人民和上帝的双重压力下，在里格尼茨战役几乎发生在同一天，贝拉四世率领七万大军主动出击。蒙古大军随即东撤，两军

索约河之战

随即在索约河对峙。

贝拉四世的匈牙利军在索约河筑营，匈牙利人将他们的辎重马车首尾相连，组成一道环形防线，仍然保持着匈奴王阿提拉时代遗留下来的传统。而蒙古大军则利用索约河东岸的密林为掩护开始分兵迂回。索约河之战可以说是拔都和速不台这两位蒙古新老名将战法的全面比较。决战之前，拔都效仿自己的祖父铁木真登上高台，企求蒙古人信仰的"长生天"腾格里的保佑，祷告了一天一夜。随即以自己据守的索约河上游的浅滩处发起进攻。拔都的攻势起初进展顺利，成功的攻破了匈牙利军队在索约河东岸的桥头堡。但是在强渡河流时却遭到了对手的顽强抵抗，拔都麾下的悍将八哈秃也在战斗中阵亡。此时拔都及其他年轻的诸王都觉得应该停止攻击，但是速不台却表示："要撤你们撤，我不杀到佩斯特城是不会收兵的！"而此时河对岸的匈牙利军队果然出现了混乱。拔都的大军乘势过河，一举击溃了贝拉四世的大车防线。而在随后的追击战中七万匈牙利大军仅有一万人得以生还。事后拔都责备速不台在渡河的时候动作迟缓，直接导致了自己的爱将八哈秃战死。速不台这个时候才揭示了索约河战役的真实情况："诸王惟知上流水浅，且有桥，遂渡而与战，不知我于下流结筏未成，今但言我迟，当思其故。"正是速不台从下游迂回的一支骑兵打乱了匈牙利人的河防部署，最终赢得了这一辉煌的胜利。

贝拉四世自从索约河畔的战场化装逃脱之后，一路弃甲曳兵向西逃，最后逃入奥地利，被他的世仇奥地利大公爵腓特烈囚禁起

匈牙利国王贝拉四世

苍狼逐鹿

来，后来他答应割地赔款，腓特烈才没有把他绑送给蒙古人。赎得自由之身后，拔都还是不放过他，追到天涯海角也要将他逮住。最后贝拉四世逃到亚德利亚海上一个小岛才得到安身之处。中欧各国在短短的两三天之内连接遭受两次如此惨痛的战败，波兰人因此认为蒙古人不是凡人，而是上天派遣下凡惩戒人类的鬼神，称之为"黄祸"。

1241年夏秋，西征军各路兵马驻营于多瑙河畔，休整兵马，分兵四处劫掠。1241年冬季，多瑙河冻冰后，拔都分军两部渡多瑙河向西扫荡。蒙古攻取克兰大城，四处纵掠，南路蒙古军队，此时越过尤利安山脉进入意大利，前锋离当时意大利最强大的城市威尼斯城不到50公里，哨骑已经到达威尼斯城郊。而主力蒙古部队，也到了离奥地利首都维也纳仅仅十几公里的地方，维也纳已经关闭城门准备守城战。但是随后窝阔台病逝的消息传到前线。蒙古军队于公元1242年便全部撤离匈牙利。不过此时从亚德利亚海回到国内的贝拉四世已经无力追击，他首先要做的是设法恢复国家在战争中遭受重创的经济与军事能力。

铁木真的孙子一辈之中，拔都虽然可以称得上是天才的军事家。但是尽管"长子西征"之中他拓地最广，由于他父亲术赤的血统所累，他依旧没有一窥大宝的机会。因此在窝阔台逝世之后，他一度并不想参加推选蒙古大汗的忽里台大会，只是在速不台"大王于族属为兄，安得不往"的要求之下，才被迫起程东归。但是在得到和自己不和的贵由继位为汗之后，他又以生病为由停下了脚步，而速不台独自返回。1243年初，拔都抵达伏尔加河下游东岸，在此修建了萨莱城，从此开始了蒙古钦察汗国的建立工作。尽管中外史书均称赞拔都执法严明，处事敏决，知人善任。蒙古人及征服地的臣民皆称其为"赛因汗"（赛因是蒙古语好的意思）。但是在拔都之中蒙古帝国随即停下了向欧洲进攻的脚步却是不争的事实。

有趣的是蒙古大军的西征并没有令中欧各国更加团结。仅仅一年之后，贝拉四世就为了争夺达尔马提亚的几座城市与威尼斯作战。其后又在1253年和1260年，为争夺奥地利和施蒂里亚而与波希米亚国王普什米塞·奥托卡二世进行过两次战争。一度以难民身份流亡匈牙利的加利西亚王公丹尼尔，回到被蒙古大军摧毁的家园之后，首先要面对的也是

将基辅化为战场的王公丹尼尔

准备趁火打劫的匈牙利人和波兰人组成的联军。公元1246年，这位被乌克兰视为一代中兴名君的王公被召集到金帐汗国首都，伏尔加河岸的萨莱，并被迫向蒙古称臣。根据乌克兰历史学家奥列斯特·苏布泰利尼的说法，拔都汗递给丹尼尔一杯发酵的马奶，告诉他要适应它的味道，因为"现在你是我们的人了"。无独有偶，在楚德湖的冰面上击败了条顿骑士团的诺夫哥罗德公爵——亚历山大·涅夫斯基，也没有接受罗马教皇的自杀性的、与蒙古军队血战到底的建议，1246年接受了拔都授予他的基辅大公的封号。

"长子西征"虽然战绩辉煌，但窝阔台利用此次西征确立自己长子贵由帝国继承人的政治意图却无法实现。因为指挥权的问题与术赤的长子——拔都龃龉不断，两人甚至因为庆功宴上谁先喝酒的问题引发了冲突。不过当时的术赤系已经在中亚及乌拉尔山地区建立了稳固的根据地，拔都在"长子西征"中又战功赫赫，因此在得到了拔都对自己儿子贵由的控诉之后，窝阔台一度有把贵由贬为普通军官流放边远之地，以息事宁人的想法。好在他的幕僚及时提出："成吉思汗有训，内事只家中断，外事只野外断。此外事，请付拔都治之。"把皮球踢回给了拔都。拔都虽然在西征大军之中占据了优势，但是在整个帝国中却毕竟还是小字辈，于是也只好与贵由继续保持貌合神离的态度。

端平入洛
——南宋政府的战略反击和全线崩溃

　　"联蒙灭金"的同时，南宋政府内部也经历了一次空前的大换血，86岁高龄的权相史弥远终于在册封为会稽郡王、二子、一婿、五孙皆加官秩的优厚待遇中退休，随后告别了人世。但是亲政之后的宋理宗赵昀首先要面对的便是如何处理权倾朝野的"史党"问题。"史党"的政敌首先将矛头指向史弥远的旁系亲属、封疆大吏——史嵩之。于是，在襄阳主持军政十年的史嵩之，成了监察御史王遂口中"不懂军事，矜功自侈，谋身诡秘，欺君误国"的政治无赖。好在宋理宗赵昀还算理智，而和"史党"颇有宿怨的洪咨夔也认为，"残金虽灭，邻国方强"，理应"益严守备，犹恐不逮"，这个时候的确不适合搞政治运动。不过并非所有人都有史嵩之的运气，同样是在边境地区颇有政绩的吴渊，因为曾得到史弥远的赏识而被攻击为"恃才贪虐"，被一撸到底。吴渊之所以倒霉，不仅仅因为他曾被史弥远称赞为"国器"，更重要的是他反对新任右丞相兼枢密使郑清之进军中原的政策。

　　金帝国灭亡之后，南宋朝野上下充斥着一股躁动的情绪。这一点多少与宋蒙联盟中的一些不确定条款有着必然的联系。在联手灭金的过程中，蒙古方面许下了所谓"河南之地"的优厚回报。但是随着蔡州城被攻破，宋蒙方面在瓜分金帝国遗产的过程中，根据双方最终确定的却是以陈、蔡一线进行分割，窝阔台的许诺基本上算是打了个五折。对于这一点，"联蒙灭金"的实际操作者史嵩之的态度倒是比较务实。毕竟国际争端向来是有实力的一方拥有"最终解释权"，与其和兵强马壮的蒙古发生不必要的争执，不如"落袋为安"，增强边疆防卫以巩固"胜利果实"。

史嵩之的想法并不能代表最高领袖的思路。早在灭金的军事行动结束之前，宋理宗赵昀便召见了在两淮前线肃清了李全所部忠义军势力的赵范、赵葵兄弟。不过从史料记载的双方对话之中，我们不得不说赵氏兄弟多少有些无辜。面对宋理宗赵昀对于与蒙古外交关系的询问，赵范只是回答说："和约这种事情只不过是忽悠对方的'羁縻之策'而已。我朝宣和年间和女真人的海上之盟，最初不也是情比金坚……不，坚如金石的吗？如果过分依赖所谓的和约，最终只能是被欺骗和损害的一方。因此应该尽早进行战备才行。"而关于如何进行战备的问题，赵范的回答则更为简洁："问我弟弟去……"而赵葵对未来局势的判断是："一年之内不会有战事，因此可能有两年的缓冲期，我们可以训练野战部队、修筑边防要塞。而最主要的还是推行屯田。"对此宋理宗赵昀很兴奋，高屋建瓴的总结道："这个计划很有高度，尽快实施。"不过赵葵怎么也没有想到，宋理宗赵昀的"尽快"竟然是在蔡州战役的硝烟散去还不到6个月，便要求他统率两淮的南宋正规军向理论上是蒙古帝国版图的河南北部进军，开始了"收复三京"（西京洛阳、东京开封、南京归德）的军事行动，史称"端平入洛"。

　　对于"端平入洛"的军事行动，南宋政府的官方说法是鉴于"因彼鹬蚌之相持，甚于豺狼之交啮。百姓至此极也。"也就是说中原地区由于蒙金双方的长期战线拉锯而陷入一片混乱，南宋政府为了避免这一地区出现"人道主义灾难"而派出军队以恢复当地秩序。不过虽然师出有名，但是南宋政府朝野上下却普遍持反对的态度。参知政事兼知枢密院事乔行简首先提出："目前国内百姓苦于各项苛捐杂税，豪族劣绅兼并成风。在内部矛盾没有得到解决的情况下，贸然出兵境外。恐怕中原还没有规复，江南已经开始骚动了。"

　　而此前被罢免的吴渊之弟——淮西总领吴潜对于"端平入洛"的看法同样消极。他提出："规复中原的军事行动不应该如此草率。此前蔡州战役投入很大，但是收获很小。"当然有了自己哥哥的前车之鉴，吴潜不得不对以郑清之等当权派恭维几句，在自己的报告中特意写到"近闻有进恢复之画者，可谓俊杰"。肉麻归肉麻，但是他还是不得不总结道："'然取之若易，守之实难'。特别是后勤补给方面。目前百姓已经困苦不堪，继续征调将可能会激起民变。"

如果说乔行简、吴潜等人算的是"端平入洛"行动的政治账、经济账的话。那么身为两淮制置使赵范参谋的邱岳则为自己的领导算了一笔军事账。在邱岳看来，蒙古这个方兴之敌"气盛锋锐"，不可能轻易放弃在中原的既得利益。部队一旦开进河南北部，自然会遭遇对方的反击。而"千里长驱以争空城"，后勤补给的压力必然空前艰巨。但是这些意见对于头脑发热的宋理宗赵昀而言是根本听不进去的。

　　不过"端平入洛"在开始阶段还是比较顺利的。由庐州知府全子才率领的前锋部队几乎兵不血刃的便收复了昔日中原重镇汴梁。不过这一辉煌的战果主要归功于蒙古方面对中原地区统治的随意和混乱。在窝阔台率领蒙古军队主力撤离之后，蒙古方面将汴梁的军政大权留给了卖主求荣的前金帝国将领崔立。崔立不仅在政治上是个摇摆不定的投机者，在私生活方面更是"淫人妻女乐呵呵"的色魔。这样的人能获得部下的真心拥戴，恐怕是只在穿越小说中才会出现的情节。于是全子才的部队刚刚开到汴梁城下，城内的李伯渊等将领便联合发动政变，杀死了崔立，并将其暴尸于宫殿前的一棵槐树上，据说尸体刚刚挂上去树就倒了，人们纷纷传说这棵老槐颇有灵性，不过从唯物主义的角度出发，只能说是崔立生前的体重应该比较惊人。

　　成功夺取了汴梁本来可以说是"端平入洛"所取得的阶段性成果。但是南宋政府的主战派却急于将这个有利局面无限扩大。于是统率大军后续抵达的赵葵对全子才的态度不仅没有褒奖，相反指责他贻误战机。认为"我们的预定计划是依托黄河、潼关组织防线，你已经抵达了汴梁半个多月，还不夺取洛阳、潼关，在等什么呢？"而全子才列举了后勤补给所遇到的实际困难之后，赵葵的对策是派出由自己的亲信——淮西制置司机宜文字徐敏子统率先锋部队向西进发。由一个机要秘书指挥相当于一个步兵师的兵力自然有些不妥，因此赵葵又派杨谊指挥全子才麾下装备有强弩的另一支部队后续跟进。这两支部队或许都是赵葵心目中的精锐。但是在给养问题上，他也是巧妇难为无米之炊，两军所携带的口粮都只能支撑五天而已。当然在赵葵的心中或许还存在着最后的一丝幻想——洛阳是中原古都，只要部队可以抵达预定目标，就地便可以征集粮秣。而自己的运粮车队应该也在兼程赶来。

　　不过在无情的事实面前，久经战阵的赵葵还是显得过于天真了一些。蒙金战争的破坏力远比他所想象的要恐怖得多。这一点担任大军前锋的全子才显然要比他清楚一些。从庐州一路北上，全子才的部队的确可以用如入无人之境来形容，因为他们沿途所走过的基本都是无人区。即便是北宋时号称"小东京"的城府此刻也剩下十几户人家。而为了阻挡南宋政府的北上，蒙古军队还掘开了黄河南岸的寸金堤，人为的在淮北制造了一片水深及腰的黄泛区，在这样的情况下即便南宋政府动员了大量的民夫，后勤效率却依旧低下到难以维持的境地。

而蒙古帝国方面，早在南宋发动"端平入洛"军事行动之前，大臣耶律楚材和李实便已经在为窝阔台制定《平南策》了。不过蒙古方面将主攻方向定在长江上游的四川方面，随后再"顺流而下窥江南"。南宋方面的"端平入洛"从一定的程度上也打乱了蒙古方面的预定战略。在中原兵力空虚的情况下，窝阔台增派木华黎之孙塔斯率军南下。不过在这支生力军抵达战场之前，将五日军粮分成八天吃的南宋野战部队已经提前败给饥饿。在几乎已经变成一座空城的洛阳数万精锐的淮西健儿只能"采蒿和面作饼"。此消彼长之下，两军在龙门和洛东两度爆发的遭遇战都以南宋军队的崩溃而告终。无奈之下赵葵只能选择主动放弃已经控制的汴梁南撤，而在通过黄泛区的道路上他们只能丢弃所有的辎重。"端平入洛"军事行动以全面的失败而告终。

在这场堪比闹剧的武装大游行中，还有一个颇有意思的小插曲。在两淮前线的部队还在进军的途中，宋理宗赵昀派出祭祀自己家祖坟的特派员——朱扬祖、林拓抵达了长江中游的襄阳军区。此时中原战场的局势空前紧张，传说蒙古帝国的哨骑在孟津到潼关一线到处游弋，两位特使的行程显得格外危险。不过刚刚在蔡州战役中载誉而归的孟珙却不这么看，他说："淮东军区从淮西进军，抵达汴梁要近半个月的时间，而从我的防区出发，精锐骑兵只要不到十天就可以往返了。"于是亲自护送两位特使到中原祭扫了宋帝国历代皇帝的祖陵，还画了一幅《八陵图》送回去让宋理宗赵昀感慨。而在整个"端平入洛"行动中，史嵩之所控制的荆湖军区始终处于作壁上观的姿态，可以派骑兵完成拜谒祖陵的政治任务，但却"无力"支援友军。可以在一年前慷慨地给蒙古军队三十万石粮秣，等到了自己人饿肚子的时候就打报告说："荆襄连年水潦螟蝗之灾，饥馑流亡之患，极力振救，尚不聊生，征调既繁，夫岂堪命？"也许宋理宗赵昀面对着精心画就的《八陵图》也真的只有"忍涕太息久之"了。

"端平入洛"的惨败自然需要有人负责。在后方长期按兵不动的赵范率先发起弹劾。赵葵、全子才都被官降一级，从此长期并肩作战的赵氏兄弟反目。不过最惨的还是亲临第一线的徐敏子以及杨谊，他们被分别处了开除和勒令停职的处分。其实徐敏子作为一名机要秘书，在战场上已经算是尽力了。洛阳突围之时，这位文弱书生带着食不果腹的部下，在一马平川的河南平原之上竭力躲避着蒙古铁骑的追杀，一路之上徐敏子身中流矢，战马也被射死。他还收容了被杀散的溃兵，一路上步行吃着桑叶和梨蕨才侥幸逃回了南宋的国土。当然宋理宗赵昀也不会放过始终坐观成败的史嵩之，而史嵩之也颇有政治手腕的主动提出辞职，于是只是丢了京湖制置使的乌纱帽，却没有受到其他的处分。不过他的政治对手——郑清之的日子也不好过，宋理宗赵昀虽然一再拒绝了郑清之的辞职，但是毕竟还要面对朝野上下的一边指责之声。

而对于蒙古而言，南宋政府的"端平入洛"虽然没有造成太大的损失，却依旧给了他们理直气壮、大举南下的借口。1234年的农历十二月，窝阔台的特使王檝首先抵达南宋首都临安。作为曾经为金帝国工作的汉族文人，王檝可不单纯只是一个会坐而论道的士大夫，在他的履历之中招降纳叛、行军缉盗的经验远比外交事务来得多。因此这位特使的到来远不是递交窝阔台指责南宋政府背盟的国书那么简单，更重要的是刺探南宋政府的虚实，甚至暗中招降。而南宋政府方面也派出了庞大的使节团回访，在一片热烈而友善的气氛中，第一次蒙宋战争逐渐拉开了序幕。

面对窝阔台措辞严厉的指责，宋理宗赵昀一边派出了宁淮军统制程芾作为蒙古通好使前往正在大兴土木的蒙古帝国首都和林。而与此同时也在着手进行战争准备。作为"端平入洛"中唯一令其感到满意的将领，宋理宗赵昀特别召见了荆湖军区的孟珙。对于政府未来的外交政策，孟珙的回答很巧妙。他只是说："我是军人，理应主战而不主和。"这一回答令宋理宗赵昀很是高兴。而此刻也有人跳出来对孟珙的老领导——正在江西安抚使岗位力主和议的史嵩之大打小报告。南宋著名教育家、哲学家袁燮的儿子——袁甫向宋理宗赵昀报告说："我和史嵩之是同乡。当然我不太了解他。不过史嵩之的父亲史弥忠，和我是老朋友。国家有难，史嵩之每次都主张和谈，而他老爸史弥忠每次都会告诫他不要轻易和谈。现在朝廷甘心用父子不同心的人，我以为问题不只是史嵩之的立场问题，还在于朝廷用人太随便了。"可是袁甫的这个小报告打得实在太拙劣了，他不仅攻击了史嵩之，还把主持政府任免大权的宋理宗赵昀也牵扯了进去，因此自然无法起到他所预想之中的效果。

1235年的夏秋之间，蒙古铁骑终于来了。不过窝阔台这一次的进攻矛头并不只针对南宋，同一时间列为打击对象的还有西域的伊斯兰世界及朝鲜半岛的高丽王国。在最初的动员方案中，蒙古帝国计划以西域的民族充当南征的主力，而将华北地区新招募的汉族军队投入朝鲜半岛的战场。这看似是一个颇有创意的安排，但却遭到了耶律楚材的反对。耶律楚材很清楚西域各民族和中原的汉族对自然环境的适应能力远不如草原上逐水草而居的蒙古人，如此大范围的调动其结果自然是人马疲乏、水土不服。在他的建议之下，最终蒙古帝国将动员计划改为：每一个蒙古军户抽调一名男丁西征，一名男丁南下。而中原的汉族军户则抽调一名男丁南下，一名男丁加入讨伐高丽的远征军。

面对兵力雄厚的蒙古大军，首当其冲的唐州前线，在"端平入洛"行动中收复汴梁的全子才无力抵挡，只能弃城而逃，再度被处于官降二级的行政处分。好在赵范的增援部队及时赶到，在上闸遭遇战中击败了由塔思统率的蒙古前锋部队，才最终阻止了崩溃蔓延的势头。不过接替史嵩之成为京湖安抚制置使的赵范在荆湖军区没有自己的班底，只能依靠归降的前金帝国将领——王旻、李伯渊等人，而他拉拢这些所谓"北军"的手段也并不高明，无非是吃喝玩乐而已。在这样的情况下荆湖军区更大的危机悄然降临。

由1235年开始的第一次蒙宋战争，南宋政府所面临的正面压力并不大。毕竟蒙古帝国同时还要兼顾西域和高丽两条战线。但是由于连年用兵所导致的军费赤字和金融改革所导致的通货膨胀却令南宋政府的内部矛盾却在此刻集中爆发。而这一次南宋政府所要面对的还不单纯是百姓的骚动还有武装部队为了加薪而发动的兵变。而为了压制各地野战部队的情绪，南宋政府除了弹压之外，还派出曾从龙（以枢密院使身份）和魏了翁（以签书枢密院事之职）携带巨额军饷前往江淮、荆湖军区建立更高一级的前线军政机构——督府。不过作为当年和王安石一起推行过变法的曾公亮的四世从孙，长期活跃于宋金外交舞台之上的曾从龙虽然是开设督府的始作俑者，并且也的确有执掌一方的阅历和威望，但唯独缺少的是一副好身板。还没来得及走马上任，一展拳脚，曾从龙便病死在赴任的途中。无奈之下，宋理宗赵昀只能将原定的两大督府合二为一，统一由魏了翁领导。

魏了翁没有曾从龙那么显赫的家世背景，但是多年以来的宦海沉浮和游历讲学却令他在南宋朝野颇有人望。而除了儒家理学之外，魏了翁还是南宋政府内少有的易学大师，因此也颇受宋理宗赵昀的信任。为了给这位从未上过战场的老臣壮行，宋理宗赵昀还面赠魏了翁一首亲笔的唐代剑南节度使严武的《军城早秋》，"昨夜秋风入汉关，朔云赠边月满西山，更催飞将追骄虏，莫遗沙场匹马还。"当然魏了翁也不是只会写文章的书呆子，他历任地方官吏的过程中也曾整饬城防、

魏了翁画像

训练民兵。更重要的是魏了翁的岗位是统领全局，不是攻城拔寨。因此在吸收了吴潜、赵善潮、马光祖等一批干才进入领导班子之后，在江州开设的魏了翁督府一度也颇有气象。但是此时蒙宋之间的主战场却悄然从东线转移到了西侧的川北。

南宋川陕军区的负责人是四川制置使赵彦呐，和南宋政府的其他封疆大吏一样。赵彦呐也是通过科举考试选拔出来的士大夫阶层。如果在太平盛世，赵彦呐或许是个不错的地方官吏，但是在端平年间这样一个风起云涌的大时代里，他的犹豫和怯懦却注定了他和整个川北地区的悲剧。事实上在金帝国灭亡之后，蒙古和南宋在西部边境上依旧存在着一个战略缓冲地带——由前金帝国民兵司令、秦巩豪族汪世显控制的巩昌一线。汪世显虽然是蒙古汪古部的后裔，但是在金帝国灭亡之后在政治上却倒向南宋，多次遣使向赵彦呐请求"内附"。这虽然是天上掉馅饼的好事，但却也是这样的招降纳叛终究也要背负一定的外交和政治风险。因此赵彦呐遵从官场的游戏规则，把球踢给了千里之外的内阁负责人——郑清之。或许是忌讳汪世显的异族身份，也许是多一事不如少一事的官僚作风，最终郑清之代表南宋政府拒绝了对方的输诚。而蒙古大军南下，统率大军的窝阔台次子阔端在对巩昌展开全面包围的同时，派出同是汪古部出身的按竺迩前劝招降。一边是南宋政府的再三婉拒，一边是蒙古方面的热情招揽，汪世显最终倒向了后者，他的部队并成为蒙宋战场的一支生力军。

汪世显投降之后，身为王子的阔端曾和他有一段颇有意思的对话。阔端以胜利者的姿态问道："我在中原地区征战多年，所到之处金帝国的官吏无不望风而降，只有你选择了固守，这是为什么呢？"汪世显当然不好意思回答说那你还没有兵临巩昌城下，于是正义凛然地回答道："我不是卖国市恩之人。"阔端又问道："金帝国灭亡已久，你还不投降是为了谁？"汪世显再蠢也不会说自己长期以来"土皇帝"做得很开心，还有想去抱南宋的粗腿。于是继续正义凛然："殿下的大军刚到，我一时不知道该怎么办。直到发现殿下仁武不杀，我认为一定可以保全城内的军民，因此才毅然投降。"这样的回答自然令阔端很满意，不仅整肃了部队的纪律，还继续任命汪世显为巩昌的最高军政长官。

虽然收降了汪世显和他的民兵部队，但是阔端所部在四川前线的进

苍狼逐鹿

展却并不顺利。这一点与他所选择的进攻方向和遇到的对手有着密不可分的关系。在夺取了南宋在川陕一线的重镇——沔州（今陕西省略阳县）。阔端最初的计划是集中兵力攻击鸡冠隘和阳平关。作为川北的门户，这两个重要关隘历来是军事重镇，而南宋方面此刻的前线指挥官更是大有来头的左骁骑大将军曹友闻。按照今天的定义，曹友闻可以算是南宋的高干子弟，他是北宋开国名将曹彬的直系后裔。不过祖辈的光环早已淡去，曹友闻同样是通过科举考试才得以步入仕途。不过他上任伊始便遭遇了蒙古军队南下犯边的"丁亥之变"，身为天水地区教育部部长的他还没有到任就被隔绝在蒙古军队的包围圈外。按照一般人的逻辑，此时应该在庆幸之余原路回家。但是曹友闻临难不苟，单枪匹马闯入了孤城，为此时任四川制置使桂如渊还特意绣了一面"满身胆"的锦旗颁授给他。而曹友闻也从此告别了文官队伍，成为了南宋历史上的又一名"儒将"。面对这样的一个棘手的人物，阔端自然讨不到什么便宜。因此只能在留下少数哨骑之后，暂时撤退。

经过1231年"辛卯之变"中拖雷大军的扫荡，南宋政府所统治下的四川地区战备和经济都遭到了空前的破坏。根据赵彦呐提交的统计数据，整个四川军区野战部队不过3万，而粮食储备也极其有限。而南宋政府中央也有人向宋理宗赵昀发出了警报："赵彦呐连年调度，早已师老财殚、兵分力薄。四川是长江的上游，一旦被蒙古军队夺取，长江中下游的局势将更为危险。目前当务之急是保卫四川，不仅应该从襄阳方面派出增援部队，更应该在物资上给予全力的支持。"宋理宗赵昀虽然接受了这一建议。但是战场上的局势却早在南宋政府中枢做出反应之前便全面的恶化了。

正面进攻受挫之后，阔端再度祭出了蒙古军队所擅长的迂回战术。1235年的农历十二月，蒙古军队从甘肃东南部出击，沿着三国时代邓艾偷渡阴平的路线进逼文州（今甘肃省文县）。曹友闻虽然第一时间派出了增援部队，但是南宋的部队在野战中显然不是蒙古铁骑的对手，蒙古军队顺利地拔除了川西北一线的文州、阶州两大据点。随后又在遭遇战中歼灭了曹友闻部下忠义总管当可和西和州总管陈禹的部队。据说当可和陈禹都被认为是南宋四川军区的"才勇之人"，他们的战死不仅令南宋军队的士气大受影响。更令原本就捉襟见肘的川北防线最后的预备队消耗殆尽。

烽烟四起的战线上所暴露出来的一系列问题很快便反应到了南宋政府的最高领导人——宋理宗赵昀的面前。而其中最为触目惊心的还是野战部队的兵力和士气问题。江淮军区的兵力不可谓不多，但是正规军的数量远少于民兵。而在南宋政府的官僚系统看来，这些当地的民兵组织"皆沿淮恋土之民，未必人人可用。"而荆湖军区则充斥着同样令人不放心的"北军"。而南宋政府的对应策略是建立更多的"州军"——也就是卫戍区。这种做法的优势是可以充分动员边境地区的人力、物力用于战争，而缺点则是令出多门，使本来就分散的指挥权更加凌乱。而宋理宗赵昀此前寄予厚望的魏了翁督府也成为了朝臣们攻击的对象，作为理学大家魏了翁多少有些耿直或者说迂腐，因此长期以来在南宋政府内的人缘并不好。在很多大臣的眼中让他离开中枢去外地开府不失为一个"眼不见为净"的权宜之计。因此借着战局的恶化，成立不到3个月的魏了翁督府轰然解体，受不了这个刺激的魏了翁本人当即提出辞职。宋理宗赵昀只能出面安抚说："这是内阁开会决定的，不是我的意思。"不过经过了一番折腾，魏了翁的职位从相当于国防部副部长的签书枢密院事，变成了高级顾问——资政殿学士，可以说是结结实实地吃了一招"乾坤大挪移"。

魏了翁督府刚刚解散，荆湖军区的襄阳城内便发生了空前的兵变。这次兵变的直接导火索是前来增援的镇江都统李虎率领"无敌军"与原金帝国降将王旻所统率的"克敌军"之间由于防区等一系列矛盾的激化。但其背后更深层次的原因则是身为军区主要领导的赵范对部下失去了驾驭能力。事实上荆湖军区的兵力远远超过了南下的蒙古军队，但是自宋蒙开战以来，除了上闸遭遇战的小胜之外，在其他战场之上南宋军队始终处于被动挨打的局面。唐州、邓州、枣阳等前沿要塞先后失守，南宋军队在水、陆战场都连遭败绩。如果说赵范本人在此前一直算是南宋政坛的绩优股的话，那么襄阳兵变则可以是一次空前的跌停板。

驱逐了李虎的"无敌军"之后，王旻和李伯渊向蒙古军队打开了襄阳城门。从刺杀自己的长官，向南宋军队投诚以来，这已经是李伯渊第二次转换阵营了。他本人是一个反复无常的小人，还是蒙古高层导演的"无间道"，或许永远没有答案，但是在一个空前纷乱的时代里，人类出于求生的本能往往会践踏所有的高尚情操，却是一个不争的事实。南宋名将岳飞于公元1134年从金帝国扶植的刘豫伪政权手中收复襄阳以来，这座江汉重镇已经南宋军民进行了一百多年的经营。可以说它不仅是一座城市、一座要塞，更是南宋军民心目中光复中原的希望所在。但是这一线希望随着一把冲天的大火而归于泯灭。同时消散的还有荆湖制置使赵范的升迁之路，鉴于他所肩负的领导责任，赵范很快在朝野上下的弹劾声中被免除了一切职务，回家赋闲去了。直到三年之后才重新复出，不过在出任静江知府之后没多久便死在了任上。

襄阳的易手对于南宋的整体国防态势都带来了巨大的冲击，身为元首秘书——左司谏的李宗勉率先向宋理宗赵昀提出："襄阳沦陷之后，蒙古军队的下一个目标必然是江陵（今湖北省荆州市）。一旦江陵失守，那么长江航运便有被截断的危险。过去朝野上下所担忧的还是今年秋天蒙古方面可能会发起的攻势，现在的形势却是危在旦夕。"而针对宋理宗赵昀任命淮西制置使史嵩之兼任沿江制置副使的同时，遵照后者的意见在长江以南的鄂州建立指挥部的行为，李宗勉再次谏言："欲保江南先守江北。"要求宋理宗赵昀严令史嵩之将指挥部前移。在李宗勉的多次建议之下，宋理宗赵昀打消了被认为是"抱薪救火，空国与敌"赔款求和的念头，颁布哀痛之诏，号召全国总动员。

一纸文书虽然可以激发民众的万千豪情，却并不能第一时间转化成实际的战斗力。就在宋理宗赵昀忧心忡忡地降低了自己的伙食标准、减少娱乐活动期待前线传来捷报之际，1236年秋，从四川前线传来更大的噩耗。首先是曹友闻的野战部队在阳平关一线的全军覆没。经历近半年的准备之后，蒙古军队在四川一线集结了一支由多民族组成的庞大军队，面对空前强大的敌人，曹友闻对自己的胞弟曹友万提出了自己"众寡不敌，岂容浪战"的担忧，并认定唯一可取的战术只能是在据守沔州（今陕西省略阳县）这一军事要塞的同时，以机动灵活的奇袭、伏击战术来对应。但是曹友闻的这一战略设想却并没有得到川陕军区负责人——四川制置使赵彦呐的支持，当蒙古大军的先头部队攻破武休关和兴元府（今陕西省汉中市）之际，赵彦呐错误地命令曹友闻放弃外线牵制的预订计划，全军赶赴以阳平关为中心的大安卫戍区与敌军展开主力决战。

阳平关战役前后历时半个多月。曹友闻采取伏击、迂回等灵活机动的战术，给予了蒙古军队以沉重的打击。农历九月二十七日曹友闻指挥部队全面出击。但是关键时刻战场上却下起了暴雨。而由汪世显所率领的蒙古骑兵部队投入战场。四川的南宋军队素以绵袭代替铁甲，此时尽被雨湿透，不利于徒步战斗。被蒙古铁骑分割包围。面对已经无法挽回的战局，部下纷纷劝说已经负伤的曹友闻突围。因为在他们看来部队虽然打光了，但是也重创了敌人，只要曹友闻还在，希望就还在。但此刻的曹友闻已经看不到希望了，在一连串的战略失误之后，等待川陕战区的最终将是毁灭，而身为军人曹友闻选择了以身殉职。据说汪世显与曹友闻曾是生前的好友，曾以名马相赠。而此刻面对命运的无情，他也只能感叹："蜀曹将军真男儿汉也！"

在硝烟散去之后，打扫战场的蒙古军队从堆积如山的尸骸之中发现了曹友闻的遗体以及那面"满身胆"的锦旗，不过没有等蒙古方面决定是厚葬还是暴尸，曹友闻的尸体便被潜入战场的一个女孩子哭着烧毁了。这个毁尸之后选择自杀的女孩子据说是曹友闻的女儿，面对这对忠烈的父女，即便是暴虐的蒙古军队也为之动容，将其合葬在一起。

和曹友闻几乎同一时间战死的还有一位传奇人物——神射手郭斌。不过这位百步穿杨、例无虚发的名将并不是死在蒙宋战场之上。而是以金帝国会州都总管的身份从容的迎接生命的终结。会州（今甘肃省靖远县）地处金、宋、西夏三国的交接地区，长期以来都是金帝国的边防要冲。作为世居当地的保甲射手，郭斌逐渐在与西夏军队的边境冲突中崛起成为了一名出色的战将。而因为他颇有个性的长相——"嘴尖而下唇阔大，双眼暴突而细小"，郭虾蟆的外号几乎伴随了他一生。和大多数出身贫寒的人一样，郭斌十分看重那些改变自己命运的"知遇之恩"。因此即便在他逐步升迁的同时，金帝国始终处于风雨飘摇之中，但他对这个国家的忠诚却始终不渝。即便是在金帝国灭亡之后，他依旧拒绝了汪世显二十多次的招揽，依旧以金帝国官吏的身份守护着自己的城市。

原本蒙古军队并不急于夺取这座孤城，但是公元1236年的秋天情况却有了极大的转变。在指挥主力部队强攻汉中——阳平关一线的同时，阔端王子派出宗室亲王宗哥穆直统率一支偏师沿着阴平古道展开侧翼迂回。而此时位于这支部队前进道路侧翼的会州便成为了担任大军前锋的按竺迩必须解决的威胁。郭斌的抵抗虽然坚决，但是实力上的巨大差距还是令会州沉陷于蒙古军队的猛攻之下。面对纷涌而入的敌人，郭斌让部下将柴禾堆积于州衙门前，随后将家中妻小及城中将士妻子全部集中到一处，随后举火自焚。在熊熊燃起的火焰中，郭斌和部下以门扇作掩护，不断狙击着敢于靠近的敌人，直到弓箭射尽之后才一一转身冲入火场。

但是并非所有生命都消逝在那冲天的烈焰之中，在郭斌射完了自己身上所携带的所有箭矢冲入火场之时，却有一个侍女冲了出来。不过她并不是为了保全自己，而是将怀中抱着的婴儿哭着托付给满身血腥的蒙古军人。身为蒙古军统帅的按竺尔虽然凶悍，但终究还是一个人。他也被眼前的景象所感动，主动收养了郭斌的儿子。按竺尔战功卓著，后来列土封王。抚养一个孤儿长大成人应该没有问题。但是这个孩子此后的命运却没有再出现在史籍之中，毕竟按竺迩子嗣众多，我们很难从里面确认哪一个才是郭氏孤儿。

在攻克了会州之后，按竺迩指挥的蒙古军队一路南下顺利的于公元1236年农历十月中旬与突破剑阁天险的阔端王子会师于成都郊外。此时四川军政最高长官赵彦呐早已逃往夔门（今重庆市奉节县）。客观的来讲，在阳平关战役曹友闻全军覆没之后，此时赵彦呐手中的野战部队恐怕也少得可怜。但是比起成都的守军而言，赵彦呐的兵力还是雄厚。毕竟四川制置副使兼成都知府丁黼手中只有400名盾牌手和300衙役。不过命中注定的悲剧却有一个颇有喜感的开场，因为蒙古大军的前锋部队打着武休关守将李显忠的旗号，所以起初丁黼还以为是前线溃退下来的败兵，因此大开城门将其接纳了进来。此后近两天的时间蒙古兵往来城内，成都的居民都"表示对生活影响不大"。直到第二天的晚上，有数人于一小巷内擒杀一骑兵，市民们方知是蒙古兵。一边撕破了伪装的侵略着，一边从梦中惊醒的成都市民。双方随即在城内展开了惨烈的巷战。

四川制置副使兼成都知府丁黼不仅家学渊博，更是著名的南宋大儒徐谊的门生。在被蒙古军队乱箭射死之前，他可以说是著作等身的学者。作为南宋方面战死的第一个制置使级高级官员，丁黼的战死以及成都的失守令南宋政府内部再度引发了一场空前的大地震。在朝野上下的一片弹劾声中，内阁领导人——郑清之反复递交的辞职报告终于获得了批准。接替他的是一向老成持国的乔行简，与此同时拥有多年军事斗争经验、竭力主张大搞民兵建设的老臣崔与之也被退休返聘。从他个人的简历上来看，崔与之的确可以说是南宋政府内不多得的全才，但是此刻他已经81岁高龄了，面对宋理宗赵昀七道任命诏书，身在广州的崔与之上疏十三次请求辞免。最终崔与之虽然勉强答应作为高级顾问复出，但是一年之后便病故于任上。

1236年农历十一月，是第一次蒙宋战争中转折性的一个月份。在这个月的上旬，蒙古军队火烧成都，扫荡了整个四川腹地。与此同时南宋荆湖、江淮军区也同时告急。但是此刻已经连续作战近半年的蒙古军队，其攻势也不可避免出现了衰竭的迹象。首先是在江陵城下，南宋方面的名将孟珙以夜袭的方式摧毁了对手围城的营垒和为了渡江而建造的舰队。随后这位机动防御大师又奔赴黄州（今湖北省黄冈市）战场，在全城上下一片"吾父来矣"的欢呼声中，蒙古军队不得不改变攻击防线，绕过黄州进攻真州（今江苏省仪征市）。而在同一方向，等待着蒙古铁骑的是真州知州邱岳所布下的伏兵和强弩石炮。在攻坚失利的情况下，蒙古军队不得不全线后撤。虽然战争并非就此结束，但是南宋方面的战略危机期终于算是渡过去了。为此宋理宗赵昀下诏改元，用宋朝历史上最繁荣的两个时代——嘉祐（宋仁宗年号）、熙宁（宋神宗年号）组成的嘉熙来替换那不吉利的"端平"。

蒙古军队对于第一次宋蒙战争的结果基本上算是满意的，毕竟在同一时间内蒙古军队在朝鲜半岛依旧深陷于战争泥潭之中。这一点倒不是因为高丽的军队比南宋善战，而是因为高丽国王早就认清形势逃到了江华岛上，令当时还没有海上力量的蒙古大军只能望水兴叹。因此元太宗窝阔台决定在休整近一年之后，在秋高马肥之际继续向南宋方面施加军事压力。不过窝阔台显然忽视了一个现实，那就是南宋是一个政府机制完善的国家，一年时间足够南宋朝野调整军事部署，动员更多的力量投入抵抗。于是在安丰城下（今江苏省兴化市），蒙古大军再一次领教南宋军队弓弩的厉害。而南宋方面新一代的将领也在战争中逐渐崛起，时任池州都统制的吕文德率军驰援自己的故乡安丰，最终令蒙古军队不得不撤围而去。

苍狼逐鹿

而在文官系统之中，南宋政府此刻也注入了一些新鲜血液。公元1238年已故淮东制置使贾涉的儿子贾似道金榜题名，考中进士，随即被提升为太常丞、军器监。不过他的这一升迁并非单纯是因为他老子的功劳薄，更重要的是此时他的姐姐已经成为了宋理宗赵昀所宠幸的贵妃。少年得志的贾似道是临安有名的花花公子，据说有一天晚上宋理宗赵昀登高望远，发现西湖之中有几艘灯火通明的画舫，便对左右说："这一定是我的小舅子贾似道又在开游艇派对了！"第二天派人查询，果不其然。对于这种荒诞的行径，赵昀特意嘱咐临安市长史岩之对贾似道进行警告和规劝。史岩之是史弥远之侄、史嵩之的弟弟。作为南宋朝野裙带关系的既得利益集团，他当然不会按照赵昀的吩咐去得罪这位"国舅爷"，于是反过来对宋理宗赵昀说："贾似道虽有少年习气，但是其材可大用。"

年轻时的贾似道

贾似道没有辜负史岩之的帮衬。1238年1月，他向宋理宗赵昀提交了两份报告。首先他推测说蒙古方面应该会派出和谈代表，战争即将结束。此时窝阔台的特使王檝的确正在南下的途中，贾似道的本职工作是管理皇室的祭祀活动和军队装备，他能够掌握这一情况，只能有两种解释，要么他有过人的政治嗅觉，要么他有一套自己的情报网络。而无论是哪一点，都基本上可以肯定贾似道在外交领域的确有些天赋。第二份报告则对南宋政府当时所面临的财政危机，提出惩治腐败的意见。宋理宗赵昀因此对贾似道的看法有所改观，但也不希望再在西湖上看到别人的豪华派对，于是把他外调到澧州（今湖南省澧县）去做父母官去了。

窝阔台的特使王樾抵达临安之后开出了岁币、银绢各二十万的和平清单。但是此刻南宋军队正在襄阳一线准备全线反攻，而巨额的军费开支也令南宋政府的财政并不宽余。于是在参知政事李宗勉的反对之下，南宋政府委婉地拒绝了对方"施舍"的和平。于是双方在公元1238年展开了自战争爆发以来最大规模的战略决战。蒙古方面的主攻方向在淮西，由成吉思汗时代的近卫军统帅察罕指挥号称八十万的重兵集团直扑庐州。但是在南宋方面的杜杲、吕文德等人顽强防守和果断反击之下，这一轮的秋季攻势再度以蒙古方面的全线失利而告终。而南宋方面随即展开的冬季反攻却大获全胜，在孟珙的指挥下，南宋军队一路将战线从郢州（今湖北省武昌周围）推回到河南南部的蔡州，在中原战场基本上恢复到了战争开始前的态势。东部战线基本归于稳定之后，蒙宋双方都将注意力转移到西线。双方于公元1239年年底在四川东部的夔门、万州（今重庆市万州区）一线又爆发了新一轮的攻防战，最终孟珙又一次化解了危机。而蒙宋双方也基本耗尽了各自的国库和战争热情，终于选择了坐下平心静气的和谈。不过作为窝阔台的特使，王樾第五次抵达临安却还没来得及与南宋外交部分达成一份和约，就病死他乡。

接替王樾的是来自乃蛮部的月里麻思，月里麻思率领了一支七十多人的使团南下。出发之前月里麻思似乎预感到了什么，对自己的整个团队要求道："遵照窝阔台大汗的命令，你们同我南下，南方人比较奸诈。如果我们一旦遭遇什么不测，不管是谁，都应宁死不屈，不能玷污我们蒙古大汗的名誉。"果然使团抵达淮北便被当地的南宋军队扣押。这起外交事件多少令人有些匪夷所思。毕竟此前蒙古和南宋之间一直都有使节往来，为什么南宋方面会偏偏在战局趋于平稳的时候拘押月里麻思呢？答案或许就在月里麻思出使前对部下的训话之中。他本人早已预见了自己的命运，这次南下他所肩负的使命可能远远超出和谈这么简单，因此月里麻思才能有如此悲观的预测。不过南宋政府毕竟还是遵守了"两国相争，不斩来使"的古训。将月里麻思投入了长沙的飞虎寨监狱，足足囚禁了36年，直到他老死其中。不过此时的蒙古正处于窝阔台死后的政局动荡期，对于月里麻思被拘事件并未做出任何反应。

摄政皇后
——窝阔台之死和蒙古帝国的政权动荡

铁木真的继承人窝阔台在自己的父亲和兄弟们的眼中是一个宽厚的老好人。事实上也的确如此。有一次他和自己的哥哥察合台看到有一个西域人在河中洗澡。按照蒙古帝国的法律，春季、夏季在河中洗澡的人要被判处死刑。察合台随即命人将那个西域人处斩。窝阔台随即表示："他是在水里捞他丢了的黄金，不是洗澡。"从而救了这个名叫奥都拉合蛮的西域商人一命，随即还将其引为亲信。

窝阔台据说嗜酒如命，到了晚岁尤其严重，耶律楚材多次劝谏，都没有效果；最终只能拿着腐朽的铁制酒槽对窝阔台说："麹蘖能腐物，铁尚如此，况五脏乎！"窝阔台似乎醒悟了，对身边其他的臣子说："你们爱君忧国之心，都能这样想就好了？"随即赏赐了耶律楚材一些金帛。但是完全戒酒对于窝阔台这样的蒙古人是做不到的。能像他自己所规定的那样做到每天只喝三杯就算不错了。

长期的酗酒令窝阔台的健康状况一直不太好。除了在与金帝国战争回师的途中害死自己弟弟拖雷的那场不知道是真病还是假病的医疗记录之外。他晚年还发生一起严重的休克。据说医生

窝阔台

都表示"脉已绝"。但是耶律楚材却似乎看出了其中的玄机，趁机劝说乃马真皇后："今任使非人，卖官鬻狱，囚系非辜者多。古人一言而善，荧惑退舍；请赦天下囚徒。"果然不久之后窝阔台的脉搏又复苏了。除了酗酒之外，无节制的打猎也严重地损害了窝阔台的健康。在他死前，耶律楚材曾假借天意劝阻过他。但是窝阔台的部下却说："不骑射，何以为乐？"而在打猎的过程，窝阔台故态重萌"欢饮极夜"，最终在第二天一命呜呼了。

作为成吉思汗的继承者，一向迷信的窝阔台更将自己的命运与狼联系在一起。在瑞典人多桑的《蒙古史》中记录了一则有趣的故事。在远征西域的过程中，窝阔台偶然从部下的口中听说当地的伊斯兰牧民捕获了一头屡次侵袭牲畜的野狼。窝阔台立即命人从当地牧民手中购买下了这头野狼，甚至还赏赐给了告知他此事的蒙古部下一群羊。当野狼被带到窝阔台面前后，窝阔台不仅公然将其释放还煞有介事的对狼说："你回去之后要将这里的危险告诉你的同类，让他们迁徙到别处繁衍。"但事实证明放生不过是窝阔台的一厢情愿，野狼刚刚被解除束缚便被帐前豢养的凶猛猎犬群起咬杀。对于发生在面前的惨剧。窝阔台显得很失落，"入帐默久之"后，对左右说："我身体不好，本来想放生这头狼来向长生天祈祷延寿。谁知道它在劫难逃。这件事情对我不是什么好兆头。"果然不久之后，窝阔台便因病去世。当然这个故事的真实性或许还有待考证。

中亚史料《史集》则认为是拖雷遗孀唆鲁禾帖尼毒死了窝阔台，唆鲁禾帖尼的姐姐亦巴合别吉有个儿子是窝阔台的宝儿赤（厨子），按照唆鲁禾帖尼的吩咐，亦巴合每年要从自己的营地来宫廷一次，并设宴款待大汗，这一次，她与其子一起向大汗献酒，其夜，窝阔台即因饮酒过多而死，于是宫廷便流言说是亦巴合和其子在酒中下了毒。这个故事的真实性虽然同样有待考证，但随着窝阔台的去世，沉寂多年的拖雷诸子再度看到了登上权力巅峰的希望。

蒙古帝国入主中原多年，早已形成了一套行之有效的官僚系统。其中为首的便是名臣——耶律楚材。铁木真攻陷中都燕京之后，曾一度寻访和重用契丹贵族。时任金帝国左右司员外郎的耶律楚材便是其中之一。铁木真第一次召见耶律楚材时颇为得意地告诉对方："辽、金世仇，朕为汝雪之。"但是耶律楚材却不以为然地回答道："臣从祖父起便为金帝国工作，既然是臣子，那么又怎么可能仇恨君皇呢？"这一颇为巧妙的回答令铁木真对这个"身长八尺，美须宏声"的年轻人留下深刻的印象。于是将他留在了自己身边，以便随时咨询。一向喜欢给人起外号的铁木真也不称呼耶律楚材的名字，而用蒙古语称作"吾图撒合里"，意即"长髯人"。

从家谱来看耶律楚材是辽太祖阿保机长子东丹王耶律突欲的八世孙。所谓"东丹"是契丹对被为自己所灭的渤海王国起的新名字。耶律突欲是契丹皇族中最早接受汉文化的人之一，他治理东丹时一概采用汉法，他本人能用契丹、汉两种文字撰写文章。作为他的后裔，长期定居在燕京的耶律氏世代受到汉文化的熏陶，形成了读书知礼的家风。耶律楚材的父亲耶律履也是金朝著名学者，兼精汉、契丹、女真文字，曾译汉籍为契丹、女真文，又参与编纂辽史，以文章行义见知于金世宗、章宗，官至右丞。据说耶律履精通占卜之数，当耶律楚材出生时，他就曾私下对自己的亲人说："吾年六十而得此子，吾家千里驹也。他日必成伟器，且当为异国用。"随即根据《左传》中"楚虽有材，晋实用之"的名句，为自己的儿子起名为：耶律楚材。

耶律履最终没有能够看到自己的儿子成为被蒙古所用的"金才"，在耶律楚材三岁时，他的父亲便去世。不过在母亲杨氏的养育和教诲之下。耶律楚材自幼勤奋好学，十三岁时开始学习诗书，十七岁时已经"书无所不读"。在"博极群书，旁通天文、地理、律历、术数及释老、医卜之说"之后，耶律楚材自命为"百尺栋梁"。强烈地追求功

名臣耶律楚材

名，企图按照儒家学说来治理天下，奉特旨应试中甲科，任为省掾。不过耶律楚材在金帝国并没有太大的政治作为，虽然在中都被围后他也曾"绝粒六十日，守职如恒"的坚守工作岗位，但是衰弱的金帝国最终无力抵抗蒙古南下的兵锋。

1218年铁木真正式征召这个契丹皇族的后裔扈从西征。耶律楚材看到了蒙古帝国方兴未艾，势不可当的气象，便决心依靠它来实现自己的政治理想，或者说，决心用自己的思想行动来影响它的发展进程。不过在铁木真的西征之中，耶律楚材所担任的工作不过是无足轻重的汉文书记。不过他对天象的解释和对人事的预卜，却深得笃信萨满教的铁木真的信任。而耶律楚材在从东亚来到中亚的远程过程中，也发现地上的距离与天象的出现有直接联系。他从而提出"里差"（即现在所说的"经度"）概念，并根据这个概念来"改作"历法，编订了一部《西征庚午元历》。应该说他是在中国首先提出和使用"经度"概念的人，几十年后，苏天爵在此基础上又发展出了"地方时"的概念。

耶律楚材真正在政治上崭露头角是在窝阔台执政时期，在最终确定窝阔台即位的忽里台大会之上，耶律楚材依照中原王朝的传统制定了册立仪礼，要求皇族尊长都就班列拜。初建皇权威严的窝阔台随即投桃报李，任命耶律楚材主持黄河以北汉民的赋调征收。此时黄河以北地区刚刚从战争的创伤中恢复过来，耶律楚材主张予以宽宥，使窝阔台下诏，宣布特赦自庚寅年（1230）农历正月朔日以前所有"误触禁网"的百姓。

1230 年，耶律楚材向窝阔台条陈十八事，主要内容是："郡宜置长吏牧民，设万户总军，使势均力敌，以遏骄横。中原之地，财用所出，宜存恤其民，州县非奉上命，敢擅行科差者罪之。贸易借贷官物者罪之。蒙古、回鹘、河西诸人，种地不纳税者死。监主自盗官物者死。应犯死罪者，具由申奏待报，然后行刑。贡献礼物，为害非轻，深宜禁断。"窝阔台都加以采纳，仅仅认为"贡献礼物"是贡献者自愿的事，不必禁止。实际上，当时所谓的"贡献"形同强夺，往往是各地驻军强行索要的。

在蒙古崛起初期，主要采取以战养战的战略，并没有所谓国库的概念。因此近臣别迭等建议说："虽得汉人，亦无所用，不若尽杀之，使草木畅茂，以为牧地。"对此还是汉化的契丹人耶律楚材比较了解财富的真谛。他向窝阔台进言说："夫以天下之广，四海之富，何求而不得！但不为耳，何名无用哉？"为此他还为窝阔台算了一笔经济账："地税、商税、酒、醋、盐、铁、山泽之利，可得银五十万两，绢八万匹，粟四十馀万石"。铁木真听后当然很高兴，于是"诚如卿言，则国用有馀矣。卿试为之"。随后由耶律楚材制定了蒙元帝国最初的税收制度。据估计，当时黄河以北汉民可征赋调的至少接近四十万户，如果以四十万户计算，那么平均每户承担银1.25两、绢0.20匹、粟1石。这样的赋税在当时来说还是比较轻的。

耶律楚材采取的劝农性的赋税征收政策，使中原地区的农业生产很快得到恢复，使蒙古的军需供应得到了切实保证，从而使蒙古成功地进行了最后灭金的战争。而在灭金战争中，耶律楚材的特殊功绩则是保护生命。面对战争中的残酷杀戮，他总是力图保全更多的生命。当1233年正月蒙古军队行将攻占汴梁时，战将速不台主张按蒙古惯例，对这个进行过抵抗的全国都城实行屠城。由于耶律楚材在窝阔台面前力争不能得了土地而失了人民，屠城之举才得以免行，这一次就使在汴避兵的一百七十四万户免遭惨祸。蒙古对待汴京的这种宽大措施，以后成为定例，在攻取淮河、汉水流域诸城时也得到遵循。耶律楚材还成功地说服窝阔台解除了"居停逃民及给资者，灭其家，乡社亦连坐"的残酷禁令。

1234年蒙古灭金以后，耶律楚材认为"以儒治国"的时机已经成熟。他的相关方案，在《西游录》中已有简要的记述，那就是"定制度、议礼乐、立宗庙、建宫室、创学校、设科举、拔隐逸、访遗老、举贤良、求方正、劝农桑、抑游惰、省刑罚、薄赋敛、尚名节、斥纵横、去冗员、黜酷吏、崇孝悌、赈困穷"。由于他得到大汗窝阔台的器重，他的方案的若干项目有了实施的机会。但随着窝阔台晚年饮酒无度，怠于政事。耶律楚材逐渐不能真正主持朝政。1241年农历十月，花剌子模人牙老瓦赤被任命主管汉民公事，耶律楚材的实权更见削夺。一个月之后，窝阔台去世，皇后乃马真摄政。耶律楚材虽然继续任职，但已难以有所施展。

作为蒙元帝国的第一任统治者，铁木真曾经与蔑儿乞惕部有过一

蒙古帝国皇后的标准像

段"抢亲"的恩怨。不过有趣的是，他的继承人窝阔台最为宠爱的却恰恰是曾为蔑儿乞惕部酋长妻子的乃马真脱烈哥那，真正的皇后孛剌合真反而默默无闻，无子无名。在强悍的窝阔台生前，乃马真那对蒙元帝国的政治似乎干预不多，但是随着1241年窝阔台的病逝，在这位窝阔台所有妻子中排名第六的乃马真脱烈哥那却成功的脱颖而出，理由很简单，在窝阔台的子嗣之中，无论是参与第二次西征的大汗长子——贵由，还是拥兵吐蕃的阔端都是乃马真脱烈哥那所生。在成功的获得察合台等宗亲赞同之下，乃马真得以在贵由统领西征大军返回前以"摄政"之名暂代国政。

乃马真摄政之后，似乎忘记了自己只是一个代理国君的身份，开始宠信蒙古西征大军在波斯俘获侍奉宫廷的穆斯林妇人法蒂玛，使其得以干预朝政；中原事务则委任给商人奥都剌合蛮全权处理。她对奥都剌合蛮的信任之深，甚至将空白的圣旨"御宝空纸"都交给对方，任何奥都剌合蛮提出的建议她都一概同意，如果官员提出反对意见不肯按章办理，就要被处以断手之刑。对于这种恶政，以耶律楚材为首的蒙古帝国官员采取了抵制的态度，耶律楚材表示："国家的法律颁布和行政命令，先帝一向都交给老臣，这事和其他官员没有关系。如果法令合理，我们自当奉行；如果法令不符合国情，我连死都不怕，还怕断只手吗？"

对于耶律楚材的不合作态度，身为摄政皇后的乃马真也不能将其直接罢免或者处死。因为耶律楚材自己都说："我帮助铁木真、窝阔台治理国家二十余年，无负于国，皇后亦岂能无罪杀臣也！"对于这样的先朝旧勋，即便是乃马真脱烈哥那这样的悍妇也不得不表示尊敬和忌惮。

身为政坛元老的耶律楚材与摄政皇后直接发生冲突，令他的政治处境格外的艰难。而他的妻子苏氏的亡故，对他又是一个沉重的打击。因此耶律楚材的晚境十分凄凉，1244 年农历五月十四日，这位与蒙古帝国一同崛起的契丹名臣在郁郁中与世长辞。其政敌随即企图乘机对他进行清算。有人谮言他在久居相位时贪污严重。乃马真皇后随即命近臣到他的府第进行搜查，但结果只发现琴阮十余张以及书画、金石、遗文数千卷，并没有其他的财物。

耶律楚材死后，乃马真顿时失去了掣肘，开始大肆地迫害与自己结怨的大臣镇海等人，逼迫对方只能逃到乃马真的儿子阔端那里躲避。而为了巩固自身的地位乃马真脱烈哥那又不得不采取滥行赏赐博取手握重兵的宗亲贵族、那颜们的欢心，而吃准了乃马真心虚的蒙古诸王也逐渐从被动的接受变成了主动索取，令蒙古帝国的财政状况日益恶化。长期雌伏的"皇叔"铁木格斡赤斤更忍不住露出了自己的獠牙。他利用乃马真皇后摄政期间政局混乱，人心浮动之际，悍然率军西进，令蒙古帝国中枢惊慌失据。乃马真只能一边以侄媳的名义语气谦卑的写信询问铁木格斡赤斤起兵的原因，一边准备迁都躲避。

不过铁木格斡赤斤虽然势力雄厚，但多年来用于伪装的懒惰似乎已经成为了习惯，他不仅进军速度缓慢还缺乏放手一搏的勇气。当听说贵由和拖雷之子蒙哥已经率领西征大军回师之时，他便以"吾来奔丧，非有他也"的名义缩回自己的封地去了。他这种谋篡的行为当然不会因为未遂而被原谅，贵由继承汗位之后立刻授权蒙哥对其进行调查和审判。对于铁木格斡赤斤最终的结局，史学界向来有"被处决"和"善终"两种说法。从他的后嗣在蒙元帝国的政治地位来看，无论他最终是怎么死的，对于他的家族影响都不大。因为无论是执掌蒙古帝国的贵由，还是觊觎汗位的蒙哥和忽必烈都一时无力鲸吞铁木格斡赤斤在辽东的势力，相反必须倚重于他的嫡孙塔察儿。

贵由、蒙哥所部西征军团胜利回师，不仅有力地回击了以铁木格斡赤斤为首的"东道诸王"试图"问鼎"的野心，更令长期空悬的汗位终于有了着落。客观地说乃马真虽然没有什么政治才干，又用人唯亲，但至少在她的"银弹外交"之下，保证了汗位空悬的五年之中，蒙古帝国内部没有爆发大规模的内战。在贵由于1246年通过召开忽里台会议的方式正式继承汗位之后，作为他母亲的乃马真脱烈哥那也如谢幕的演员一般离开了人生的舞台。在乃马真病逝之后，贵由随即以施展巫术害死自己的弟弟阔端为由，处死了自己母亲生前的亲信——法蒂玛和奥都剌合蛮，并拘收其母及诸王滥发的牌印，禁止无限制搜括。

第八章　钓鱼城下

血沃宫闱
——贵由的短暂执政和拖雷系的绝地反击

由于执政时间不长，长期以来各类史料之中，贵由都被描绘成一个潜在的"昏君"。但设身处地的来看，贵由回师之后虽然取代了摄政五年之久的母亲，但乃马真长期以来滥行赏赐，法制废弛，从而造成了政令不一，矛盾重重的局面并非一朝一夕可以消弭，而由其所造成的巨大政治惯性，更令贵由不得不继续大开府库，以金银财宝赏赐那些推举他为大汗的诸王、大臣和将领，以表示他的慷慨和感念之情。当然对于自己治下"法度不一，内外离心"的局面，贵由也并非全无警觉，不过他所采取的措施是将矛头对准了西征中与自己龃龉不断的堂兄拔都，希望能通过一场内战来凝聚自己。

1247年，贵由任命自己父亲窝阔台的心腹——大断事官野里知吉带为新的西征军统帅，并展开了前所未有的大规模动员——除了从诸王的部众之中十抽其二之外，还号召所有蒙古牧民百选一人，组成"巴图鲁"（勇士）精锐部队。与此同时贵由授予野里知吉带统辖阿姆河以西各地区和所驻蒙古镇戍军的军权和收取地方财政收入以充实军需的财政大权。这一异常举动，明显含有对付拔都的意图，因为此时拔都的势力已扩展到高加索地区，而贵由则特别指明这个地区归入野里知吉带所管辖的战区。最终贵由的一道手谕更表达了自己下一步的计划："朕将自往，以汝为前锋耳！"

公元1248年初，贵由自称身体不适要到自己父亲窝阔台的封地叶迷立（今新疆维吾尔自治区额敏县）养病，随后便率领精锐的近卫军踏上了西行的不归路。1248年农历三月，贵由在抵达横相乙儿之地（今新疆乌伦古河上游河曲处）突然死去。关于他离奇死亡的真实原因史学界颇多争议。

为了征讨堂兄拔都，贵由征募了一支庞大的多民族部队

不过无论是被毒死还是因为和昔班（拔都的四弟）酒后斗殴中被打死，似乎一切的线索都指向拔都。但事实上拖雷系在这次宫廷政变中也出力不小，因为正是拖雷的遗孀唆鲁禾帖尼秘密派出使者通知拔都，让他提前防备贵由的西进。可以说在贵由时代术赤系与拖雷系便可能已经结成了秘密同盟。

贵由虽然死了，但是窝阔台家族表面上依旧实力雄厚。蒙古帝国的政权再度落入一个女人的手里，她就是贵由的妻子海迷失，应该说在没有结成正式的联盟之前，无论是术赤系的拔都还是拖雷系的蒙哥都不敢第一时间跳出来挑战窝阔台制定的继承人——皇孙失烈门以及他的法定监护人海迷失。可惜海迷失皇后的政治才干甚至连她的婆婆乃马真都不如，而贵由的两个儿子忽察和脑忽也一心想着争夺汗位，在母子三人都自以为是、各自为政的情况之下，海迷失不得不将推举大汗的权力移交给身为长子嫡孙的拔都。或许海迷失心里还在打着如意算盘——术赤血统不纯，拔都没有机会窥测汗位自然只能按照之前的誓约将汗位传给窝阔台的子孙。但可惜的是海迷失忘记了，拔都虽然没有理由自己即位却有推举别人的权力。

拔都此时也展现出了高超的政治手腕，一方面按照蒙古帝国的"习惯法"请海迷失暂时摄政以稳住窝阔台系诸王，一方面以长支宗王身份遣使召集各路诸侯前来共商大事，而地点则选在他大军驻守的阿剌脱忽剌兀。由于这个尴尬的地理位置，察合台和窝阔台派系的人马自然不敢自投罗网，连海迷失本人也只是派来了全权代表。不过窝阔台系统还是有一位强力人士抵达了会场，他就是在西线战场上统帅大军的野里知吉带。

有空前强大的野战军为后盾，野里知吉带在会议上要求大家遵从海迷失的全权代表那颜八剌的建议：按照窝阔台的

蒙古帝国公推大汗的"忽里勒台"大会

遗命推举失烈门继位，这一点似乎站得住脚却不想其实是自打耳光。蒙哥的弟弟忽必烈立刻抓住了其中的逻辑错误，指出："既然窝阔台生前留下过遗嘱，那么贵由是不是谋朝篡位啊？"然后继续推导得出竟然窝阔台自己的儿子都敢这么乱来，那么之前的誓约也就毫无信用可言——"今日之事，奈何以太宗之命为辞！"

在推翻了失烈门继承权的合法性之后，大汗继承人的热门人选就只剩下主持会议的拔都和参加会议的拖雷系的长子蒙哥了。于是在以退为进的指挥棒之下，拖雷系首先大肆推举已在钦察草原立国、已无东归之意的拔都。而拔都也知道自己的身份特殊，在主动予以拒绝之后，一场有些做作的对话便出现了。与会的人事一起提问："王既不自立，请审择一人，以践大位"。然后拔都则做思考状，回答说："我国家幅员甚广。非聪明知能效法太祖者，不胜任。我意在蒙哥。"然后台下一致表示："我们也这么看！"在所谓"民主"的推动之下，拖雷的长子蒙哥登上权力的巅峰。而蒙哥还要再推让一番，才在自己的弟弟末哥鼓噪"我们兄弟不是一向听拔都大哥的吗？你今天怎么不尊重他了啊"之后，才表示"勉强接受"。

但阿剌脱忽剌兀的推举毕竟只是在术赤和拖雷派系中产生的。被排除在外的窝阔台、察合台两系诸王立即提出选汗大会应在成吉思汗大帐举行，要求移师到他们的"主场"重新举行。这一次轮到拔都纠结了，不过虽然自己不敢贸然前往，但是拔都还是派自己的弟弟伯勒克、托克帖木儿统率大军武装护送蒙哥返回蒙古本土，同时自己驻守在边境之上作为声援。拔都麾下都是"长子西征"中的百战精锐，蒙哥兄弟在母亲唆鲁禾帖尼多年苦心经营之下，也是实力雄厚，连1246年抵达蒙古的罗马教皇使者卡尔平尼都认为："在鞑靼人中，除皇帝的母亲外，这个贵妇（唆鲁禾帖尼）是最有声望的，而且除拔都外，她比任何人都更有权力。"因此面对这两股势力的合流，即便是在蒙古本土窝阔台、察合台两系诸王也迅速发现自己毫无优势，只能继续抵制会议的召开。但是这种缓兵之计无法改变双方的力量对比，1251年农历六月，在克鲁伦河上游举行的大会中，与会的东、西道诸王、百官再度提名蒙哥登基。大蒙古国汗位正式由窝阔台系转移到拖雷系。

尽管可以想见钢刀很快便会架到脖子之上，但是窝阔台、察合台两系诸王之中真正敢于铤而走险的却只有失烈门、贵由之子脑忽等少数愣头青，而他们所采取的方式也显得格外幼稚——带上自己的亲信人马以参加蒙哥即位后展开的庆祝酒会为名抵达会场，然后将新任大汗及拥戴蒙哥的各方诸侯杀个干净。中国历史并不乏少数死士突击得手，从而颠覆一个政权的先例。但是，以失烈门等人的组织能力并不能成功地实施这一并不复杂的宫殿政变。

根据各方面史料的说法，失烈门等人阴谋的败露完全是一起偶然事件。蒙哥的鹰夫克薛杰为了追赶自己逃走的骡子而意外的在萨里川之地（土拉河上游与克鲁伦河上游间）遭遇到了失烈门等人的车队，而车队中由于混杂了来自各方面的力量，因此竟然意外的没有发现克薛杰这个路人。而"恰巧"又有一辆大车因为车轮损坏而停在路边，而赶车人又"恰巧"认为克薛杰是自己人，于是请他帮忙修车。在这个过程中克薛杰发现了车上满载的兵器，他问对方原因，那个赶车人竟然毫不怀疑地回答："你的车也是这样，问什么啊？"于是克薛杰立刻警觉地赶回了会场，向蒙哥报告这一迫近的阴谋。

因为有太多不符合正常逻辑的巧合，因此我们或许可以认为这一切都原本不是"巧合"。总之失烈门等人还没有赶到会场便被蒙哥方面的大军所包围，在几乎没有遭到什么抵抗的情况下，失烈门和他的随从便成为了蒙哥的阶下囚。随后在严刑拷打之下，相关的人证迅速出现。但是蒙哥的镇压却不仅仅局限于失烈门个人。伴随着大规模的军事行动，失烈门和脑忽等人麾下的窝阔台派系的七十多位那颜首先被处死。随后参与密谋的大臣合答随即被捕杀；察合台的孙子也孙脱虽然与失烈门等人同谋，但是他只是率军作为后应，一见形势不对便弃军投降，因此只是被逮捕而已。

在形势对自己极端不利的情况下，身为皇太后的海迷失依旧态度强硬。她依旧以摄政者的身份向蒙哥的使者发出斥责："各系宗王们曾经发过重誓，誓言大汗之位只能由窝阔台家族传承，绝不与他的子孙为难。现在你们却自食其言，不守信用！"不过所谓的誓约在政治斗争中从来都需要实力来进行背书，蒙哥毫不犹豫地选择了无视，直接派人用生牛皮缝住海迷失的手将她带往和林，交给自己杀人如麻的断事官长忙哥撒儿。

忙哥撒儿是蒙哥和忽必烈的父亲——拖雷时代的老班底。在跟随蒙哥参与"长子西征"的过程中也"勤奋效力，立功尤多"，因此颇得蒙哥的倚赖。甚至他有事入奏时，蒙哥如果还没有起床，他也能直趋宫帐前，扣"箭房"。所谓的"箭房"是指元帝国的内卫处。根据《元朝秘史》所载，成吉思汗规定的宫帐宿卫法，夜间不许任何人走近，擅入者宿卫士得格杀勿论；至少少数权贵在有急事入奏的情况，可以先通知宿卫，一同至宫帐后启奏。而对于忙哥撒儿，蒙古不仅"所言事皆获允准"。还将自己的大帐、行榻赏赐给他，可见其受宠信之深。

据说忙哥撒儿对待做过三年摄政女王的海迷失极其残忍，不仅没有给予其政治上的特权，相反在审问的过程要求对方裸身处刑。尽管忙哥撒儿一向冷酷，但是我们似乎找不到他和海迷失有什么私人恩怨，但是蒙哥对海迷失的憎恨却是众所周知的，他甚至向来自欧洲的法国国王路易九世使节表示："（海迷失）比一条母狗更卑贱"。而忙哥撒儿显然正是在自己领导的指示之下，对海迷失进行一番羞辱之后，将她与失烈门的母亲合答合赤哈敦一起，以蒙古习俗裹入大毡，投入河中从此尸骨无存。

在肃清了窝阔台系的骨干之后，蒙哥命令自己部下不怜吉歹和不花分别率军向察合台系的领地逼近，以武力支持拥护自己的察合台长孙合剌旭烈前往取代长期以来支持贵由的察合台汗国的领导者也速蒙哥。事实上合剌旭烈本来就是察合台所选定的继承者，只是由于贵由的干涉才被自己的弟弟也速蒙哥赶下了台，可惜的是这位复辟的汗王走到半路便因病去世，只能让自己的遗孀——兀鲁忽乃出马在察合台汗国首都虎牙思处死了也速蒙哥，随后以监国的身份管理察合台汗国。在此后相当长的时间内，察合台汗国都在蒙哥的羽翼之下。

而对于窝阔台系，蒙哥则采取直接支解的模式，根据《史集》中的说法："他们的军队除阔端诸子的以外，全被夺走并分配掉了"。不过这一说法事实上并不确切，窝阔台的子孙之中没有卷入政治斗争的合丹、灭里、海都等各分得一部分属民和领地，虽然他们的力量暂时没有能力威胁到蒙哥的统治地位，但是随着时间的推移，他们最终将会成为蒙古帝国分裂和内战的源头。

从他的种种行为来看，蒙哥是一个刻薄而又残忍的人，在肃清了蒙古帝国宗室内的反对势力之后，他将目光转向了政府内那些没有明确支持自己的官僚。曾经在铁木真最危难的关头同饮班朱尼河水、立有卓著功勋的三朝元老镇海虽然曾经得罪过窝阔台的妻子乃马真，但是由于长期与贵由关系密切而被以莫须有的罪名处死，耶律楚才的儿子——耶律铸也险遭杀身之祸，只是因为得到了忽必烈的保护和说情才得幸免。在蒙哥毫不留情地政治大清洗之中，被杀的诸王、后妃和那颜达三百多人，以致他的大断事官忙哥撒儿病死之时，那些被害者的家人无不拍手称快的表示："你也有今天！"

在蒙元帝国的历任统治者中，蒙哥无疑是比较抠门的一个。即便是对于拥戴自己的拔都，他在赏赐上面也是颇为吝啬的。1253年农历六月拔都派遣使者向蒙哥申请"买珠银"万锭，结果直接被蒙哥打了个一折，只给了千锭。还不忘告诉对方："我们爷爷和父亲那一辈积累的财富已经花得差不多了。快没钱赏赐给你们这些诸王。这笔钱就当是今年的赏赐了。"对于长期以来向蒙古贵族销售奢侈品而发财的回回商人，蒙哥也采取了抵制的态度。公元1257年农历九月，回回商人以进献的名义向蒙哥兜售水晶盆和珍珠伞等工艺品，狮子大开口的要价三万锭。蒙哥随即表示："方今百姓疲敝，所急者钱耳。朕独有此何为？"于是给了点路费就把对方打发走了。

除了"不喜侈靡"的节俭品德外，蒙哥还是一个沉默寡言的领导者。不过他的沉默不代表不作为，而是心计深沉的表现。针对窝阔台时代以来蒙古帝国内部群臣擅权、政出多门的情况，蒙哥大权独揽，所有的行政命令都自己书写，甚至还要再三修改。而他对部下的管理也是极其严格，他经常对自己的亲信们说："你们得到了我的赏识，如果还不低调的话，可是要吃苦头的！"正是基于这样的"吝啬"和"内敛"，蒙古帝国在蒙哥的治下基本结束了乃马真、贵由母子治下的种种乱象。

死在襄阳城下一个独臂汉族游侠手中的蒙哥，其实在史书之中的确与"射雕英雄"有些关系。在他的众多妻子之中，第二皇后忽都台便曾向蒙哥展现过不输给蒙古男子的射击技术。据说忽都台自幼勇敢机敏，酷爱骑马射箭，而嫁给蒙哥之后小夫妻的感情也一直不错。有一次两人正在蒙古包中亲昵，突然空中传来了蒙古草原之上特有的雕叫之声，忽都台竟然取下弓箭走了出来，蒙哥见到妻子这副跃跃欲试的样子，就决定赌点"彩头"，不过这个"彩头"实在太大——"你如果能射中大雕，

苍狼逐鹿

汗位是可争得的；如果射不中，恐怕就很难"。谁知忽都台张弓射去，竟然一箭双雕。

蒙古草原之上骑射也是女性的生存技能

除了有一身好体魄之外，忽都台在政治上也是蒙哥的"贤内助"。她很早便向蒙哥灌输"王室分裂，汗祚移人，今日贵为汗，明日楚囚相向，求为匹夫亦不可得"的残酷斗争理念。据说不仅蒙哥一举拿下海迷失一系的诸多亲王背后有忽都台的推手，连将窝阔台系诸王的领地瓜分数块，分授其他后人这既分散他们的权力，又奖励忠于自己的宗室，增加汗廷的实力的蒙哥版"推恩令"，也是忽都台的主意。可惜忽都台的寿命并不长，1256年就在自己的丈夫登上权力巅峰的五年之后，忽都台撒手人寰。也许她不死的话，她与忽必烈之间将有一场精彩的"叔嫂暗战"。

国土防线

——蒙古政权动荡时期的南宋国防态势

从公元1241年到公元1246年，蒙古帝国始终处于汗位虚悬的状态。在等待窝阔台的长子贵由从西征俄罗斯前线归来的过程中，蒙宋战场上基本上处于一种对峙的状态。蒙古军队在东、西两线都发动了一些小规模的进攻。但是却始终无力给予对手致命的打击。而南宋方面则利用这一难得的战略调整期，按照宋理宗赵昀"正好乘暇作工夫"的指示，构筑了一条从长江上游的夔州、重庆经中游的襄阳、樊城一直延伸到上游的江淮一线的要塞群。而其中对后世影响最大的自然莫过于由四川安抚制置使余玠主导，由播州绥阳（今贵州省绥阳县）冉琎、冉璞兄弟所规划建设的合州防御体系。

余玠以兵部侍郎、四川安抚制置使兼重庆知府的身份抵达四川前线之时正是两川民不聊生，监司、戎将各专号令，局面日益恶化的时期。余玠赴任后，革除弊政，实行轻徭薄赋、整顿军纪、除暴奖贤、广纳贤良、聚小屯为大屯等一系列政策令几乎糜烂的四川局势出现重新振作的迹象。而他在自己帅府附近修建的招贤馆更吸引了遍游巴蜀名胜和关隘重镇的冉氏兄弟前来报效。不过冉氏兄弟虽然被余玠奉为上宾，但却一连几个月没有任何的建设性意见。余玠没有将他们扫地出门，而是派人暗中观察。结果发现两兄弟每天都只做一件事情，那就是用白土在地上画出战区内山川城郭的形状，互相攻守，按照时下的说法就是"兵棋推演"。这样的情况又持续了这几天，冉氏兄弟私下向余玠建议："为今保卫四川的办法，只有将防线向西北推移到合州一线。合州有嘉陵江和钓鱼山天险，只要任用得人，再加上足够的粮食储备，远胜十万大军。"对于冉氏兄弟的建议，余玠显得异常兴奋甚至跳了起来。

事实上南宋朝野内持有这种观点的并非只有冉氏兄弟，在此之前，时任仓部郎官的赵希塈和宋理宗赵昀讨论四川局势时便提出："当择威望素著之人当夔、峡要害，建一大阃。"因为重庆城防即使再坚固，如果没有外线的要塞呼应和屏障，一旦被蒙军围困，蒙军主力再顺江而下，四川战区作为拱卫南宋长江上游的功能就会丧失。

但是余玠的幕僚们却不这么看，毕竟此时重庆以西南宋军队几乎没有一条连贯的防线。在余玠上任之前，作为南宋四川军区的负责人，四川安抚制置使陈隆之也曾锐意进取，一度收复了成都、汉州等地，并在旧城的基础上，重新修葺城池，加强守备。但结果仍被汪世显指挥的蒙古大军轻易的攻破，声称要以百万大军讨伐蒙古的陈隆之在"城破被执"之后也被蒙古军队杀死。战火一直烧到嘉定、泸州、叙州等地，史称"西州之祸"。有了这样的前车之鉴，大家出于自己的生命安全考虑，自然反对余玠敌前筑城的做法。这些反对的意见最终引起了余玠的愤怒。他大声呵斥道："筑城计划如果成功，那么整个四川战区可以继续坚持下去。如果不成功，我一个人去守备好了，你们大家只要负责围观就好了。"在余玠的坚持之下，南宋军民在合州地区修筑了青居、大获、钓鱼、云顶、天生等几十座军事据点，形成了棋布星分的整体防御体系。为此余玠还特意找人画了一幅《经理四蜀图》进献给宋理宗赵昀，表达自己愿意用十年的时间，收复整个四川地区，然后归老山林的意愿。

在蒙古帝国处于乃马真皇后摄政的五年之中，南宋政府内部也进行新一轮的大洗牌。依仗着部下孟珙的英勇善战，战争期间总领江淮、荆湖、四川三大军区的史嵩之自然而然的出将拜相，从乔行简、李宗勉、史嵩之"三驾马车"的时代进一步升为右丞相兼枢密，其职权相当于总揽军国重事的内阁副总理加国防部部长，完成了史氏家族"一门三相"的政坛帽子戏法。对此史嵩之本人颇为得意，很少写诗的他在《宴琼林苑》中大发感慨："鸣跸高登秋暮天，西郊辇路直如弦。梨园花覆千官醉，愈觉君恩湛湛然。"

但是南宋政府内部对于史嵩之的反对声浪却始终不绝于耳。这一点除了出于对这个官N代的不忿之外，更重要的是大权在握的史嵩之和他的叔叔史弥远一样行事专横。曾在安丰和庐州战场上多次击退蒙古大军的淮西制置使杜杲只是因为史嵩之的和谈政策，便被夺去兵权，终老田

南宋最后的名将——孟珙晚年画像

园。最终对史嵩之的不满在1244年的秋天集中爆发了，而整个事件的导火索竟然是史嵩之父亲史弥忠的去世。按照南宋政府的惯例，为官之人一旦碰到至亲有丧必须要脱离本职岗位回家守孝，时间为三年。而贪恋权位史嵩之企图援引战时特例，继续赖在高位上不下去。此举最终引来了南宋各大高等学府——太学、武学、宗学、京学学生及部分官员的大串联，他们纷纷上书指责史嵩之不孝，并控告他主和乱军、专权固位、结党营私，他们并在太学张贴榜文宣称："丞相朝入，诸生夕出"，以罢课来抗争。无奈之下史嵩之只能上书请允许回籍守丧。

史嵩之回家郁闷去了，南宋政府再度进入了军政分离的时期。主持政府日常工作的是史嵩之过去的助手范钟和政敌杜范。而军事方面则由国防部副部长——同知枢密院事赵葵领导。赵葵走马上任之初虽然发表了一通"任用人才，应该长时间考察其成效"之类的豪言壮语，但是在各大军区领导人的问题还是不免有所偏颇。在赵葵一手提拔的吕文德和其在江淮军区的老战友——余玠都得到重用的情况之下，在史嵩之时代担任荆湖安抚制置大使兼夔州路制置大使，统一指挥长江中下游各地驻军的孟珙，此时却被一再削弱兵权，并加上了江陵知府的头衔，再无驰骋疆场的机会。

事实上孟珙的年纪虽然比赵葵要小9岁，但是早在赵葵的父亲赵方的时代，孟珙便已经活跃于战场之上了。因此两人不仅是平辈更曾是同一条壕沟里的战友。在升迁的道路上，赵葵由于"端平入洛"失败的影响而一度落于孟珙之后。今天我们无从得知赵葵对孟珙的真实看法，但是从一系列的军事调动上，两人的心态的转变却似乎已经跃然纸面。余玠前往重庆赴任之时，孟珙不仅主动资助其军粮十万石，更将自己麾下的晋德和六千精锐部队也交给了对方。

或许在孟珙看来余玠的到来对他而言是一件好事，毕竟长期以来同时指挥荆湖和四川两大军区的孟珙几乎将所有的精力都投入到了阻击蒙古军队在四川一线的进攻之上，而其自己经营襄阳的计划却始终得不到实施。但是随后而来的江陵知府的任命却令孟珙空前失望。他甚至公开对部下表达了自己的不满："朝廷的决策太过于简单了。一旦蒙古方面派兵牵制我，长江上下游发生险情我是救还是不救？去救的话，对手必然乘虚而入，直捣江陵，而我不去救援的话，谁又能挡住那些蒙古铁骑呢？"显然对于孟珙这样擅长机动防御的将领而言，将其框死在江陵的做法不仅愚蠢更是一种残忍。

牢骚归牢骚，对于赵葵抽调其麾下五千精锐前往江淮战区，支援安丰、寿春战场的决定，孟珙还是支持的。随后赵葵又要求他分兵三千前往齐安，这一次孟珙终于发火了。当然在拒绝的同时，孟珙也阐述了自己的理由："我的防区黄州距离预定目的地只有一江之隔，如有战事可以随时支援，何必预先调动。何况部队调防劳师动众。可以说是无益有损。万一上游有警、我军已疲，这似乎不是好主意！"不过随之而来的便是南宋政府要求孟珙回镇江陵的行政命令。在江陵城上孟珙悠然长叹，他不是为自己的仕途担忧，而是焦虑江陵的防御。江陵外围虽然水网交织，既可灌溉农田，又可作为阻挡蒙古骑兵的障碍，但依旧存在着可以通行的低洼地带。一旦蒙古大军南下可以轻易地直达江陵城外，为了改善这一情况，孟珙选择险要地段，修筑要塞11处，另筑大型外围防御工事10处。加上开挖连通的外围河道，江陵终于可以称得上是金城汤池。

不过孟珙在江陵的建设却并不能换来赵葵和南宋政府对他的信任。心灰意冷的孟珙只能主动提出：自己的哥哥孟璟在武昌，自宋帝国建立以来没有"兄弟同处一路"的道理，请求解甲归田。但却没有得到批准。而新一轮分兵令再度降临在孟珙的身上。跟随孟珙多年的部下张汉英率军五千人被调往了江淮战场。如果说这还属于正常的话，那么南宋政府以防御大理可能的入侵而要孟珙从荆湖军区再抽调五千人前往广西，这可以说是在赤裸裸的"削藩"了。

要知道孟珙的父亲孟宗政经营一生，才打造出了一支两万人的"忠顺军"。此后孟珙虽然不断吸收中原地区的流亡难民，但其中真正拥有实战经验的壮丁并不多。孟珙事业巅峰时期所统帅的镇北军也不过一万五千多人。而不断奔波于四川和荆湖两地，加上战场的损耗。孟珙手中的精兵可以说越打越少，以至于连回鹘人爱里八都鲁带领壮丁一百多人加上一百多老头和小孩，以及两百六十匹战马都令孟珙极其重视，特意为他们创立了"飞鹘军"的番号。而从两淮招募到了359人也被编组成"宁武军"交给自己的弟弟孟璋指挥。而南宋政府却一再狮子大开口，这边要几千、那边要几千，对于孟珙而言都是切肌之痛啊！

孟珙再一次据理力争，提出："从大理到广西，数千里部落隔绝，应该任用官吏分布各郡县，教化当地的少数民族。并在险要的地形处设立军事据点，储备粮草。这样一来声势既张，国威自振。现在这样的闻风调遣，只能是空费钱粮，无补于事。"但是这样的声音最终石沉大海。而随后甚至连孟珙所递交的蒙古即将发起进攻的军事情报都被直接无视了。蒙古军队在察罕和曾在蔡州城下被孟珙救出的汉军将领张柔的统率下轻松的在淮西突破了吕文德的防线，一路扫荡劫掠甚至威胁到江淮重镇——扬州。此时的孟珙或许也只有"哀莫大于心死"的感怀了。

最终给予孟珙致命一击还是南宋政府对于他准备接纳蒙古边将范用吉投诚问题上的冷漠。范用吉本名为孛术鲁·久住，是女真族孛术鲁氏部落的族人。在金帝国灭亡前期，孛术鲁·久住审时度势投靠了当时的两淮制置使赵范。赵范起初对他还是比较欣赏的。但是当对方改用了汉族名字范用吉之后，两人的关系却急转直下。赵范觉得对方触犯了自己的名讳，时常找些小事就呵斥他。不过范用吉倒是应对如故。

时间一长，赵范也只能觉得自己挺无聊的。于是就让对方改个姓氏，以花用吉的身份继续充当自己的亲信。结果1233年农历三月，已经身为均州(原在湖北省丹江口市)军事主官的花用吉却杀了当地的长吏，席卷了全城的钱粮投奔南下的蒙古人去了。范用吉是否是真心想要回头，这个反复无常的小人值得信任吗？这些对于孟珙而言已经都不重要了，他所希望看到的是一个锐意进取的政府，而不是一群只会钩心斗角的官僚。在南宋中枢阻止他与范用吉继续接触之后，这位转战多年的名将发出了"三十年收拾中原人，今志不克伸矣"的感叹，而他的病假申请再度没有被批准。1246年农历九月初一，这位名将终于在江陵病逝于自己的岗位之上。接替他的是风头正劲的"国舅"——贾似道。

在孟珙生前的最后两年里，史嵩之的日子也同样不好过。而令他难堪的不是政敌的痛打落水狗，而是他的政敌一个个莫名其妙地死在了内阁午餐会上的饭桌上。首先暴病而死的是向来与史嵩之不和的新任右丞相杜范，如果这位前后在岗位上干了还不到四个月的丞相还算是自然死亡的话，那么接下来的事情就只能用离奇恐怖来形容。杜范的心腹、新任工部侍郎徐元杰在拜会左丞相范钟之后，在内阁吃了一顿工作餐，结果当天晚上便手指甲爆裂，在惨叫声中死去。就在朝野上下都在猜测徐元杰的死因之时，杜范派系的另一员干将户部侍郎刘汉弼也在内阁午餐会之后死于家中。于是所有的猜测很快便汇聚到了内阁的饭桌之上，因为担心中毒，一段时间之内政府内部人心惶惶，竟然到了中午在内阁食堂没人敢动筷子的地步。

此时史嵩之的侄子史璟卿也暴病而亡，因为史璟卿不久前曾写信劝谏史嵩之辞去相位。所有的线索一时间都指向了已经赋闲在家的史嵩之，虽然所有的指控都没有真凭实据，但是史嵩之复出的大门却也在朝野上下对他的猜忌和恐惧之中永远的关上了。在此后漫长的十三年里，史嵩之也曾多次请求复出，但是最终只是在垂老之际获得了一个观文殿大学士的顾问头衔。

被并称为"淳祐三贤"的杜范、徐元杰和刘汉弼接连死亡，背后自然是疑点重重。但是被指控为凶手的史嵩之虽然有动机但却没有丝毫的得利。而就在"内阁午餐投毒案"的疑云逐渐淡去的同时，一度退休的郑清之再度出山，南宋政府内部一度出现了郑清之主政、赵葵掌军、陈韡理财的局面。而此时蒙古方面窝阔台的长子贵由也从西征前线返回，继承汗位。但是蒙宋双方长达六年的战略休整期并没有由此而宣告结束。因为贵由首先要面对是自己的堂兄、西征大军的统帅拔都的挑战，与此同时蒙古借口高丽停止进贡，再度向朝鲜半岛出兵。中原大地之上虽然小规模的战事不断，但是蒙古方面依旧无力大举南下。

公元1251年农历十一月，南宋太傅、左丞相兼枢密使郑清之以年事已高、力不从心、恐误国事为理由连续递交了十份辞呈之后终于获得了宋理宗赵昀的恩准，第三次光荣退休了。不过他再也没有机会像4年前那样放浪湖山，寓身僧刹。因为已经年逾古稀的他早已被繁琐的政务熬到灯尽油枯了。就在他离开内阁后的第六天，郑清之病死于家中。他的离去宣告了一个时代的终结。从史弥远主政时期便一直饱受战争侵袭的南宋政府虽然一直以来都有惊无险，但是在即将席卷而来的蒙古铁骑面前，这个繁盛一时的帝国终于开始摇摇欲坠起来。

郑清之死后，宋理宗赵昀曾一度想要重新起用史嵩之，据说甚至连诏书都写好了。但是却半夜惊醒，改变了主意。选择任用了监察御史出身的谢方叔为左丞相，而曾经上书反对郑清之"端平入洛"决策的吴潜则接替被士大夫们长期认为没有通过科举考试因此没有资格担任丞相的赵葵。对于自己所任命的新一届内阁班子，宋理宗赵昀并不是完全满意，因此在谢方叔等人入宫谢恩时特别关照："朝廷内部长期党争不断、猜忌成风，希望你们可以勿牵人情，勿徇私意。"但是嘱咐归嘱咐，事实上谢方叔或许是一个合格的监督者却未必是一个成功的领导者，特别是在即将到来的蒙宋决战中，谢方叔对军事的无知和门阀乡党理念很快便将南宋拖入了深渊。

蒙古方面自元定宗贵由死后，继承汗位的蒙哥任用自己的弟弟忽必烈在金莲川开设幕府，总领中原的军务。忽必烈除了在自己的治理范围内广泛采用汉族士大夫推行儒学的行政模式外，更在军事上一改以往蒙古军队只重劫掠，不擅经营的弊端。在汴梁设立经略司，在河南中部的唐州、邓州一线效仿自己的对手实施屯田制，并同时在蒙宋边境一线修筑工事。面对忽必烈的变招，宋理宗赵昀显得格外敏感，他亲自拟订了两条对应措施：一是在两淮、沿江各建立一支机动性较高的战略预备队以策应各战区；二是在边境地区大挖沟渠，在方便百姓灌溉的同时，削弱蒙古骑兵的突击能力。但是谢方叔所领导的内阁班底却并不太积极，只是敷衍地回复说："容讲行之。"

不过忽必烈在经营中原的同时，并没有急于南下。此时蒙宋正面战场之上双方之间的小规模冲突中，南宋军队依旧捷报连连。但一场空前的战略大迂回却已经悄然展开。对于灭宋的战略，忽必烈起初和自己父辈们的观点一致，认为由长江上游的四川入手，顺江而下是最佳选择。而对于南宋在合州、重庆一线修筑的要塞群，忽必烈认为强行攻坚必然

　　　　　　　　　　　　　　　　　　　　苍狼逐鹿

伤亡巨大，不过堡垒毕竟是固定的，再绵长的马齐诺防线也会有尽头。于是忽必烈向蒙哥提出了"绕道西南，攻其腹背"的战略。在得到了蒙哥的批准之后，忽必烈于1252年屯兵于当年自己的祖父铁木真指挥灭亡西夏的六盘山中。而为了配合忽必烈的行动，蒙哥同时授意继承已故父亲汪世显势力范围的巩州、昌州地区民兵司令汪德臣出兵四川，牵制南宋四川军区司令余玠所部。

汪德臣和余玠也算是战场上的老朋友了。在余玠抓住蒙古军队在四川地区主力北撤修筑合州要塞的过程中，汪德臣便主动来找麻烦。他率领部队直扑余玠尚未修缮完成的运山城，准备一举拔除这颗还没扎稳的钉子。但是南宋军队的要塞修筑在"形如屏立，横亘半空"的运山之上，汪德臣虽然拼死猛攻，在战马被飞石砸死的情况下，依旧步行指挥，甚至连自己的汪直臣都搭进去了，最终还是铩羽而归。公元1250年余玠调集全川精锐，号称十万大举北伐。双方在汉中地区再度交手，这一次蒙古方面调集了包括汪德臣在内的多路大军，屯兵于汉中城下的余玠只能知难而退。而这一次可以说是两人时隔两年之后的第三次对决。

余玠在四川一线多次击退了蒙古军队的骚扰。但是战线反复拉锯，却始终未能恢复到蒙宋战争前的水平。而蒙古方面，在蒙哥、忽必烈兄弟上台以来也改变了在四川战区的原有战略，在沿边一带筑城积谷，置军屯守，作为攻宋前沿基地。在进攻命令下达之时，汪德臣刚刚完成了对川北重要战略据点沔州的恢复。因此大军从沔州出击，轻松地杀到成都城下，第三次攻陷了这座巴蜀重镇。余玠虽然随后在嘉定（今四川省乐山市）城下击退了汪德臣的进攻，并在左绵、云顶、隆庆、剑门等地不断地伏击对手，令汪德臣的回家之路走得格外艰难。但是成都失守的责难却依旧令余玠在南宋朝野被贴上了无能的标签。

而此时远在临安的谢方叔也在谋划着给予余玠致命一击。当然他不是一个人在战斗，在四川前线的利戎军司令姚世安正在不断地向他输送着攻击余玠的炮弹。蒙宋战争爆发之前，南宋四川军区有四大主力——分别是沔戎、兴元、金州和利州。而随着战区面积的不断缩小，原先的沔戎、兴元、金州都已经成为了"沦陷区"。利州军便成为了四川军区野战部队的一枝独苗。作为四川地区的军政一把手，余玠对于这支百战之余的野战部队当然是倚重的，但是这支部队有着它自身的势力范围。

其领导者更频频拥兵自重，丝毫不把余玠放在眼中。

早在姚世安之前，指挥利州军的都统王夔便是一个抗敌无能、扰民有术的军阀，人送外号"王夜叉"。余玠前往他的防区视察，王夔派出由两百名老弱病残组成的仪仗队表示"欢迎"。余玠此时也只能用开玩笑的口吻说："一直听说王都统麾下兵强马壮，想不到疲敝若此，真是闻名不如见面啊！"王夔此时不免得意地说道："不是我的部队不行，只是怕吓着您老人家！"于是一个呼哨，四周顿时鼓声如雷，伏兵四起。余玠的随从都吓得面无人色，他本人倒是谈笑自若，让部下赏赐前来"迎接"的利州军将士。这倒令王夔有些下不了台，只能私下里对部下表示："原来士大夫中也有这样的人！"面对这样的军阀，余玠毫不客气地以开会的名义诱捕、除斩了王夔，让自己的亲信杨成接管了利州军。但是杨成终究在利州军内没有根基，很快余玠只能将他调走，去作文州刺史了。

姚世安是利州军内肆混多年的老兵油子，他的前任退休之前自说自话地便将利州军司令的位置传给了姚世安。这种私相授受的行为当然不能得到余玠的默许，他亲自派出三千骑兵前往利州军司令部所在的云顶山下，准备以武力护送自己所指定的都统金某上山接管指挥权。但姚世安可不是王夔那样的"大炮筒子"，他不仅能做出"闭关不纳"的抗命行为，更有着制衡余玠的本钱——他上面有人。谢方叔是威州（今四川省理县东北）人，他的亲属在战乱中全部沦为了难民，姚世安抓住这一点，对谢方叔家族颇为照顾。此刻他更利用这条人脉，向临安方面求援。

谢方叔是监察御史出身，弹劾大臣的工作本来就驾轻就熟，于是很快在政府中枢掀起了一派攻击余玠的浪潮，成都失守、失尽军心、老师糜饷这些对余玠指控宋理宗赵昀都能宽容。他甚至亲自为余玠辩护："余玠上任之初的局面大家都清楚，他经营八年，一再击退蒙古军队的入侵。四川内地也连年丰收，这些成绩还是要肯定的！"但是当谢方叔和他的党朋祭起"大权独揽、不知事君之礼"时，宋理宗赵昀终于坐不住了。毕竟有宋一代最忌讳的便是军人跋扈、拥兵自重。岳飞死在这个罪名上，孟珙可以说也是死在这个罪名上，余玠当然也无法幸免。宋理宗赵昀听取了徐清叟的意见，"出其不意"地发出召回余玠的指令。这种召回无疑是一把双刃剑，如果余玠奉诏返回，那么等待他的将是谢方叔所领导的文官系统的弹劾和炮制；如果他拒绝，那么自然是抗旨不遵，大可以就地免职。不过余玠最终选择了另一种激烈而又直接的方式——"一夕暴卒"来回应了所有的怀疑和指责。

余玠出生于江西蕲州，自幼家贫，虽然就读过沧浪书院和白鹿书院，但最终还是没有经济实力完成学业，只能投奔淮东制置使赵葵麾下作一个幕僚。早年的流离和终年的征战，令他几乎没有什么诗词流传于世。但从他存世不多的作品中，我们还是可以看到其投兵从戎的书生风骨。《瑞鹤仙·怪新来瘦损》：怪新来瘦损。对镜台、霜华零乱鬓影。胸中恨谁省。正关山寂寞，暮天风景。貂裘渐冷。听梧桐、声敲露井。可无人、为向楼头，试问塞鸿音信。争忍。勾引愁绪，半掩金铺，雨欺灯晕。家僮困卧，呼不应，自高枕。待催他、天际银蟾飞上，唤取嫦娥细问。要乾坤，表里光辉，照予醉饮。

就在余玠的生命结束之时，在六盘山养精蓄锐一年之久的蒙古大军在忽必烈的统率之下兵分三路开始了针对云南大理政权的全面进攻。单纯从军事角度来看，忽必烈的才能远不如自己的祖、父辈，南下的大军首先要面对的不是敌人，而是恶劣的自然环境。除了西路军取道四川阿坝草原，一路较为顺利之外。由忽必烈亲自指挥的中路军沿着大渡河河谷前进，沿途山路崎岖，悬崖绝壁林立，马不能行，军队不得不"舍骑徒步"，忽必烈也经常是被汉将郑鼎背着前进。汉将董文炳率一部为中路军殿后，到达吐蕃境内时，所率46骑中"只两人能从"。而东路军则几乎是沿着南宋四川军区的边境侧敌行进，如果不是余玠的继任者前鄂州知府余晦无能，这支军队能否抵达大渡河或许都要打个问号。即便如此，在波斯史家拉施特口中，忽必烈南征大理之役"由于路途漫长，行军艰难，气候恶劣，他们（蒙古军队）每天都要打两次仗，以解救自己"。拉施特所谓的打两次仗，相信指的是与沿途的恶劣的气候和地形做斗争。因为在抵达大理边境之前，各地的土司军队对蒙古大军大多采取恭迎的态度。

而就在蒙古三路大军艰难跋涉远征大理城下的同时，为了消除侧翼南宋四川军区的威胁。蒙哥再度授意汪德臣进一步将战线从沔州推进到利州一线。曾经突袭过余玠运山城的汪德臣深知敌前筑城的痛苦，他一边请求蒙古政府任命他的哥哥汪忠臣代理自己原先的岗位，一边派出自己的弟弟汪良臣领兵驻守于利州嘉陵江南策应自己的行动。而此时南宋四川军区正处于余玠病故的真空期，虽然南宋军队也展开了一些反击，但最终仍无法阻止汪德臣在利州城东的宝峰山上将要塞直接修在了南宋军队的家门口。对于这件事情，宋理宗赵昀的反应远比邻国大理首都的沦陷更激烈，公元1254年农历正月他亲自指示谢方叔："北兵攻利州，筑城已就，不可坐视。"而谢方叔倒是比较淡定，轻描淡写地回复说："当令余晦御之。"

事实上，公元1254年的春天正是汪德臣在利州最为艰难的时期，要塞虽然修缮完工。但是由于四川天气干旱，嘉陵江水位下降，依赖水运的蒙古军队的后勤补给几乎全部中断。部队士气低落，将帅们更纷纷建议汪德臣弃城北撤。如果此时南宋四川军区的新任领导余晦可以主动出击的话，那么蒙古军队在利州一线将很难继续坚持下去，但余晦却似乎丝毫没有理会南宋中央的焦急心态。非但没有采取攻势，反倒令将自己战马杀掉、分饷士兵的汪德臣奇袭嘉川得手，缴获了两千石的军粮，解了燃眉之急。随后汪德臣更进一步东进，连续攻占了阴平、彰明。

此时作为野战军的利州军才从云顶山派出由吕达率领五千人马前去拦截，结果不仅被汪德臣军队击溃，更白白贡献了五千石的军粮。原本只是打算出城打打草谷的汪德臣此刻显然已经走出了此前屡败于余玠的阴影，更进一步地坚定了"以战养战"的决心。

在野战失利的情况下，南宋四川军区负责人余晦决定遵循前任余玠的策略，在前沿依托地理修筑防御据点。因此派部下统制甘润领兵数万在盐亭紫金山筑城，但是敌前筑城这一招并不是人人都可以用的。1254年5月，汪德臣抓住对方缺乏经验、防备不严的空隙，率领精锐部队发动夜袭，不仅彻底击溃了这支规模不小的工兵部队，还将几近完工的要塞也收入囊中。在毫不费力的连续获得辉煌胜利的同时，汪德臣自然不忘发动政治攻势，不仅南宋方面被俘的营级军官崔忠等人得到了优待，连普通士兵和平民愿意回家者皆发给路费。事实证明这一轮政治攻势的确有效，驻守剑阁苦竹隘的南永忠等川北一线孤立据点的将领纷纷投降，剑阁苦竹隘是余玠所修筑的全川防御体系之中担负枢纽地位的"巴蜀八柱"之一。它的失守不仅令蒙古大军没有了侧后的牵制，更令其周边的利州、阆州等地的其他城寨失去了支撑。

自蒙宋战争爆发以来，南宋四川战区虽然一再遭遇重创。但是像公元1254年春季这样被蒙古方面的汪德臣一支偏师彻底搅乱的局面却可以说是空前绝后的。第一个被拎出来充当替罪羊的是阆州知府兼利州安抚使王惟忠，罪名是"通敌"。在元代临安人刘一清所撰写的南宋政坛八卦文选《钱塘遗事》之中曾记录了一段"（余）晦诬（王）惟忠"的故事。大体的意思是说余晦接到了前线关于南永忠叛降蒙古的报告之后，没有通知就在身边的王惟忠，而是故意先假意王惟忠咨询这个人的情况，王惟忠不知道是出于真心还是对同僚的爱护，于是对南永忠大加赞许了一番，称其"勇而义"，看到对方上套之后，余晦又接着问道："有人说这个人靠不住，你觉得呢？"王惟忠当即表示：可以立下军令状，用自己的身家性命担保。余晦随即拿出南永忠叛降的报告，王惟忠当即愕然。

　　事实上作为驻守川北要冲的战将，南永忠或许不是一个贪生怕死的人，这一点在他此后在蒙宋战场上的表现可以证明。而在他投降蒙古之后不久，在进攻一座南宋军队的堡垒中，身为一军统帅的他竟被城上的昔日战友王佐骂到痛哭流涕，可见也算是良心未泯。而余晦之所以和王惟忠开这样一个可大可小的玩笑，并不是因为他们是同乡，所以关系比较密切。相反正是因为王惟忠和余晦是老乡，因此对这个靠着父亲余天锡的荫庇而官运亨通的上司格外的鄙视，在余晦出任四川制置使之后，王惟忠经常用嘲笑的口吻叫着对方小时候的外号："余再五来也。"

　　而在监察御史出身的谢方叔主持南宋朝政之后，自宋帝国创立以来一直活跃的言官系统却逐渐走向瘫痪。出任右司谏的丁大全、右正言陈大方、侍御史胡大昌都是靠着宋理宗赵昀宠信的妃子或宦官才爬上高位的，阿谀奉承、攻击异己的本事远比直言进谏强得多。因此被当时的南宋士民讽刺"三不吠之犬"。在这样的政治气候下关于余晦诬告王惟忠的案子自然没人提出异议，甚至由弹劾人陈大方出任法官。最终被问斩于街市的王惟忠或许也只能大喊："吾将诉于天，以明此冤也。"同时倒霉的还有已故余玠的家属，南宋政府以余玠治理四川期间"聚敛罔利"的名义不仅抄没了余玠的家产，还要其子余如孙拿出家产贴补军费。而真正应该对四川惨败负责的余晦却只是受到了解除一切职务的行政处罚，三年之后又风风光光地总领淮西财赋去了。

与汪德臣在四川战区的无心插柳相比，忽必烈对大理的远征却可以说是一波三折。尽管在公元1254年的春天，蒙古军队便已经顺利地攻占了大理国的首都，但是大理国王段兴智却成功地逃往了附都善阐（今云南省昆明市）。而忽必烈显然也对在雨林中的围剿和追击失去了兴趣。他留下蒙古开国元勋速不台的长子、蒙哥的近卫军司令——兀良合台继续讨伐残敌，自己则班师回朝去了。而对于大理战场，南宋政府倒是颇为关心。宋理宗赵昀特意召开内阁首脑会议，提出："听闻大理方面仍在努力抵抗蒙古的入侵，大家认为他们可以坚持下去吗？"可惜谢方叔等人跟皇帝打起来太极拳，含糊地回答道："广西方面传来的消息全都未经证实，我们应该严加戒备。"这一套官场通用语可以说毫无漏洞，毕竟无论是好消息还是坏消息全都没有得到证实，所以所谓的严加戒备，也就是听任大理自生自灭。

上帝折鞭

——蒙哥灭宋的宏大战略及其最终的破产

谢方叔靠不住，宋理宗赵昀不得不重用自己的"前小舅子"（贾贵妃已经于公元1247年病逝了）——贾似道。于是一直在荆湖、两淮前线屯田的贾似道被提升为同知枢密院事，开始主持南宋政府的国防事务。而曾经在两淮和贾似道配合默契的吕文德此刻也以湖北安抚使、峡州知州的身份统一指挥长江中下游的防务。而四川方面，尽管处于赋闲状态的赵葵和史嵩之都向宋理宗赵昀表示愿意接下这个烂摊子。但是最终接替余晦的却是南宋政府内以填词而流名史册的资政殿学士李曾伯。李曾伯虽然也曾在淮西、荆湖、广西等地历任过军政长官，从资历方面考虑的确足以胜任。但对他的任命是四川宣抚使兼荆湖制置大使，也就是说李曾伯要同时兼顾四川和荆湖两个军区。作为补充，南宋政府很快便又让国家总装备部部长（军器监丞）蒲择之代理四川制置使的工作，在重庆指挥四川地区的抗蒙战争。

李曾伯和蒲择之都很清楚要想挽救四川的危局，靠士大夫的清谈是挡不住蒙古铁骑的，姚世安这样的四川当地土帅他们也指挥不动，因此必须提拔和重用一批真正可以在战场上披坚执锐的职业军人。而李曾伯在出任荆湖制置使的过程中曾着力招揽了一批孟珙麾下的悍将，其中最为骁勇当然是打着孟珙亲书"赛存孝"军旗的刘整。刘整是邓州穰城（今河南省邓州市）人，因此严格意义上来讲是金帝国公民。不过在金帝国分崩离析的过程中，孔武有力、擅长骑射的刘整最终还是选择了加入孟珙指挥的南宋军队，而在孟珙指挥之下，刘整率领一支12人的突击队，竟成功地夺取了金帝国的边防重镇信阳。依照民间传说后唐的李存孝曾率十八骑夺取洛阳，而刘整所率的兵力比李存孝还少，因此当时兴致颇高的孟珙也没有多想就写下了"赛存孝"的名号送给刘整。而历史上李存孝除了骁勇之外，还有一个特质却被人们都忽视了，那就是他对自己养父李克用的背叛。

在刘整等一批来自孟珙麾下的百战宿将的指挥之下，南宋军队在四川战区也获得了一些胜利，其中对未来战局影响较大无疑是收复了此前由于南永忠的叛降而落入蒙古手中的剑阁苦竹隘。对于南永忠这位降将，身为蒙古帝国大汗的蒙哥还是很重视的，在四川的战事趋于平稳之后，亲自召其北上觐见。但是南永忠一走，其麾下内心怀故国的周德荣等人便毅然反正。但是收复剑阁苦竹隘的军事行动却没有计划的那样兵不血刃。不等南宋方面前来接收的部队抵达，南永忠便已经率军赶回，不仅捕杀了周德荣等人，重新在剑阁苦竹隘上竖起了蒙古的军旗。深知剑阁苦竹隘战略地位的李曾伯无奈之下，只能将原来的接收改为强攻。

蒙宋两军以苦竹隘为中心反复拉锯，最终以南宋都统段元鉴成功全歼苦竹隘内的蒙古守军而告终。但是南宋军队在川北并没有一条稳固的防线，蒙古方面依旧可以利用侧后的沔州、利州据点频繁袭扰南宋方面脆弱的后勤补给线。就在南宋方面收复苦竹隘之后的不到一年时间里，汪德臣便成功地歼灭了两支南宋方面重兵护送的运输队。对此四川军区内部和南宋政府中枢之内都有人主张放弃川北，最终还是宋理宗赵昀一锤定音指示说："四川军区各隘口、两淮地区以北的黄泛区都是重要的战略缓冲地带，理应长期经营，若根蒂已固，可无后患。"

而在四川军区展开局部反攻的同时，南宋政府中枢又完成一轮政治洗牌。谢方叔由于得罪了后宫的妃嫔和宦官系统而被迫下野。接替他的是曾在广西出任运判兼提刑史的董槐。应该说宋理宗赵昀的这一人事任命还是颇有一番考量的，毕竟随着大理的覆灭，南宋在西南方向上门户大开，迫切需要董槐这样有着丰富当地工作经验的干部来为自己出谋划策。果然董槐上任后不久便向宋理宗赵昀传达了通过贵州地区的彝族少数民族地方政权——罗氏鬼国的重要情报："蒙古已经攻占了大理国的陪都——善阐，目前正招募当地人为向导，形势对我们十分不利。"而在宋理宗赵昀"彼不能支，骎骎及我矣"的指示之下，董槐一边着手在泸州、溆州一线建立边防要塞，同时派人联络播州（今贵州省遵义市）、思州（贵州沿河土家族自治县）当地的土司，要求其出兵支援罗氏鬼国。

可惜的是董槐同样和宋理宗赵昀所宠信的阎妃系统的丁大全不和，不久之后便被罢免。

蒙古帝国对大理的最后一击是由兀良合台完成的，面对大理国陪都善阐的坚固城防和云集的当地少数民族军队。兀良合台采取"夜半鸡叫"的袭扰战略，每天晚上都虚张声势地展开佯攻，最终令对手疲惫不堪，而由兀良合台之子阿术率领的小股突击队则利用这一机会成功潜入，最终一举攻克了善阐城，俘虏了大理的末代国王段兴智。

不过蒙古帝国对云南征服此时仅仅只是一个开始，曾经臣服于大理的周边少数民族纷纷揭竿而起，令蒙古大军疲于应付。在采取武力压制的同时，蒙古政府也不得不采取温柔的政策，被押送到蒙古帝国首都和林的段兴智不仅保全了首级，更以大理总管的身份重返大理，要知道段氏在蒙古入侵之前早已被掌握大理军队的高氏架空成为了傀儡。经过这一轮覆灭和重起，其权力反而还得到了提升和强化，可以说是因祸得福。而坚决抵抗蒙古入侵的高氏军阀首领高泰祥也因为在被俘后表现出的"不屈精神"被忽必烈"许以世其官"，后代继续在云南各地出任土司。

在云南各地基本平定之后，兀良合台才得以按照原先的部署，强渡沪江从贵州一线迂回包抄南宋在四川一线的战略枢纽——合州、重庆。在这一线兀良合台遭到了被蒙古称之为"乌蛮"的罗氏鬼国顽强的阻击，南宋军队也派出增援。尽管兀良合台成功地抵达了合州地区，与蒙古四川方面的汪德臣成功会师。但是很快蒙古与安南之间的战争便令兀良合台的注意力南移。南宋政府此前便已经意识到"罗（氏）鬼（国）不足恃"。开始全力经营长江下游防线，由吕文德、向士璧统率大军在湖南中南部、重庆等地全面布防，任命赵葵为宁远军节度使、京湖宣抚大使兼夔州策应大使，李曾伯为湖南安抚大使兼任潭州知府。甚至连此前由于"端平入洛"的失败而被开除公职的徐敏子此刻也被派往了广西。可以说南宋政府此时一举集中了当时所有的名臣良将，全力迎对一触即发的战争。

蒙古方面在公元1256年也已经开始制定全面的灭宋战略。在这一年春天举行的忽邻勒台大会之上，铁木真的女婿帖里垓率先提出了南征的计划："南宋距离我们这么近，并与我们为敌，我们为什么置之不理，拖延着不去征讨彼国呢？"这个问题蒙哥不仅作了正面的回应，并表示自己即将御驾亲征。在各路大军陆续开拔的过程之中，蒙哥还特意问责了纵兵劫掠山东的帖里垓。显然在蒙哥心目中这一次的南下已经不再是为了掠夺财富，他的目的是一举征服整个长江流域。

蒙哥对南宋的全面进攻以四川为重点，由其亲自统领的主力还在六盘山集结之时，蒙宋双方便已经在剑阁苦竹隘爆发了激烈的攻防战。南宋政府在赵葵的要求之下，在全国范围内动员、征召十万青年从军。而此时贵州一线再度传来了蒙古云南方面军大举开拔的消息。宋理宗赵昀和自己的祖辈一样亲自定下了"内外夹击"的战略，不过就在南宋内阁在地图将兀良合台的部队歼灭了无数次之时，对方却开往了安南战场。

在兀良合台征讨安南的过程之中，蒙古方面基本完成了对南宋全面进攻的各项准备。在中原战场上由蒙哥远方堂兄弟塔察儿统率的部队对南宋荆湖军区发动攻势，在这个方向上忽必烈任用的汉族将领——"行军千户"董文蔚此前已经修筑了一系列前沿要塞，甚至一度攻破了南宋江汉重镇——樊城的外围。不过接替忽必烈执掌中原军事的塔察儿却遭遇到了南宋军队的顽强抵抗，加上连月的阴雨，最终公元1257年的秋天塔察儿基本没有完成蒙哥所赋予的牵制南宋军队的使命便私自退兵了，引来了蒙哥的强烈不满。

塔察儿在荆湖战区"打酱油"的行为，令蒙哥不得不重新起用他颇为猜忌的忽必烈。1257年冬两兄弟在冰释前嫌之后，定下了"以明年为期"分道南下的灭宋战略。忽必烈统领左翼诸路蒙古、汉军直扑鄂州威胁南宋长江中下游防线。而蒙哥则统率蒙古帝国的主力兵团猛攻南宋四川军区。与此同时，塔察儿将继续对南宋荆湖军区施加压力。已经从安南战场胜利班师的兀良合台则从云南出兵进入湖南、广西，对宋军进行牵制。在蒙哥看来如此多线推进，足以令南宋政府顾此失彼。在这场灭宋之战中，真正可以起到一锤定音作用的自然是自己的四川战区。

蒙哥的自信有他的道理。在1257年到1258年夏天的西线战场上，由纽璘统率的蒙古前锋部队便搅得南宋四川军区几乎全线崩溃，不过这一点很大程度上要归功于南宋四川军区代总司令蒲择之。在得到了赵葵从荆湖军区不断调来的有生力量之后，蒲择之颇为豪放地放弃了过去被动防御的战略，对蒙古军队采取了以攻对攻。因此当蒙古先头部队从川西的利州进入四川腹地，占据了南宋方面已经放弃的四川心脏地带——成都之时，蒲择之"敏锐"地嗅到了战机。他根据宋理宗赵昀驻蜀诸军收复成都的命令，布置了空前庞大的一张战略包围网：都统杨大渊率一军守御剑阁，以断蒙古北援；安抚使刘整、都元帅段元鉴各率一军扼守要道灵泉山城和箭滩渡阻击蒙古方面正在夔门、钓鱼城游击的纽璘所部，自己亲率主力向成都挺进。按照蒲择之的计划，此战不仅可以轻松收复向来易攻难守、且城防设置早已被蒙古人烧毁一空的成都，更可以将四川腹地近两万蒙古先锋部队各个击破。

但是蒲择之显然忽视了一个重要的问题，那就是南宋军队向来长于防御而不擅野战。对于蒲择之的计划，拥有丰富实战经验的刘整和杨大渊都竭力反对。刘整认为防守成都的蒙军兵力单薄，不足以为惧，应该集中优势兵力迅速解决成都之敌，然后聚主力再寻找与东路返还的纽璘军作战机会。杨大渊则提出不应该主动与蒙古军应战，而应该以余玠多年经营的各山城防御体系据险而守，以逸待劳对抗蒙军的侵扰，以保存四川军区好不容易积累起来的兵力优势。蒲择之对杨大渊的建议予以驳斥，认为那是一个消极防守、困守自毙的做法。对刘整的建议也不以为然，认为自己手中的兵力解决成都之敌应该没有问题，围城打援更是一举两得的事情。

但事实证明在四川腹地这样的平原地带，蒙古骑兵有着强大机动作战能力。即便是刘整这样的悍将依托箭滩渡的河流屏障也未能抵挡住纽璘麾下的蒙古铁骑。双方鏖战一昼夜，纽璘还是突破了刘整的防线，蒙古外线兵团成功地回师成都。不过对于蒲择之而言，他的计划并未完全失败。因为南宋军队依旧控制着成都周围的要冲，蒙古军队虽然在会合之后兵力有所增加，但依旧难逃覆灭的命运。在令杨大渊等人继续扼守剑阁和灵泉山等外围据点的同时，蒲择之开始指挥部队全力攻坚。而此时另一个好消息从城内传来，蒙古方面成都最高指挥官阿答胡死了。这无疑意味着成都城内的蒙古军队将很快陷入群龙无首的状态。

此时蒙古方面在成都的确有多支互相独立的部队，论身份地位王室成员阿卜干或许是最有理由出来牵头领导各军的人物。但是阿卜干却似乎很清楚自己的能力，他对成都城内的诸将表示："现在南宋军队步步进逼，得到我方主帅去世的消息一定会全力猛攻。我军远离中枢，等待上级重新任命恐怕已经来不及了。不如推选纽璘为首，指挥大家拼下去。"阿卜干的让贤和推举最终挽救了困守成都的蒙古军队。在纽璘的指挥之下，南宋军队对成都的长期围攻始终没有得手，而与此同时，纽璘送往利州的求援信也递到了汪德臣的案头。正处在上升期的蒙古军队内部此时虽然还没有"友军有难，不动如山"的陋习，不过地盘观念还是有的。因此汪德臣在向成都派出援军之时，也与纽璘定下了"先破敌者当奏请领此城"的君子之约。

或许是成都的城防的确已经难以支撑下去，也可能是不愿为别人作嫁衣。就在汪德臣的援军大举南下之时，纽璘利用成都地区农历五月的雨季突围而出，在外线连续击破蒲择之早已疲惫不堪的各路人马。其中纽璘的部下契丹人石抹按只也攻破了灵泉山城，击杀了南宋都统韩勇，可以说是给了南宋军队致命一击，作为联系川东和成都前线的后勤枢纽，灵泉山城的易手彻底切断了蒲择之大军的补给线，无力再战的蒲择之只能选择全线撤退。纽璘趁势包围了南宋利州军指挥部所在地——云顶山城。曾经依托地形阻挡过汪德臣和余玠的山城终于无力招架内部的动摇，守将姚世安拱手将山城献给了其实同样虚弱的纽璘。

云顶山城的叛降，宣告了蒲择之所策划的成都战役全面破产。此时关于成都战区的指挥权的问题，自然成为了纽璘和汪德臣争议的焦点。双方将问题交给已经南下抵达汉中的蒙哥亲自仲裁，对于麾下的这两员悍将，蒙哥并不想轻易得罪其中任何一个。于是含糊地表示，这个问题先暂时登记在案，等到征服南宋之后再作处理。不过成都之战终究是纽璘打的，因此一向吝啬的蒙哥在大肆奖赏了纽璘之后，更任命其为四川军区的前线最高指挥官，统一指挥成都一线的蒙古大军。

而对于有些失意的汪德臣，蒙哥则亲自前往

汪德臣铜像

安抚。1258年农历十月，蒙哥抵达了汪德臣所修筑的利州要塞。身为帝国大汗的蒙哥与汪德臣并马立于北山，环视四周，问起这一带敌我双方的态势之余，蒙哥也不忘口头鼓励一下对方。赞叹说："朕在和林，自南来者，盛称汝立利州之功。不过我看你虽然胆略不小，但身材不是很高大，不知道敌人有没有在城下见到过你啊？"汪德臣此时自然不会说出自己当年在利州要塞杀马充饥的丑事，于是回答道："赖陛下洪福，未曾一来。"蒙哥自然继续奉承说："那一定是忌惮你的威名吧！"于是君臣尽欢之余，汪德臣也自然接下了充当蒙哥主力大军南下前锋的工作。

从地图上来看，到1258年秋季，由蒙哥亲自指挥的蒙宋西线战场的局势可以说是空前的利好。在肃清了成都地区南宋方面残存的孤立据点之后，纽璘在留下部将拜延八都鲁、刘黑马及五千部队留守之后，以空前强盛的兵势从水旱两路向东推进。在泸州渡马湖战场，契丹人石抹按只再度为纽璘打开了胜利之门，他所统率的蒙古水军先锋配合夹江前进的蒙古铁骑一举击溃了南宋方面由500艘以上战舰组成的水上防线。并一举擒获了南宋四川军区昔日余玠麾下的名将——张实。而此时川北一线，通过汪德臣所修筑的浮桥，蒙哥的主力也渡过嘉陵江和白水江的交汇处，直逼剑阁苦竹隘的城下。为了配合蒙哥主力的南下，纽璘将表示愿意为蒙哥效劳的张实派往苦竹隘劝降，但是没有想到这位名将在进入苦竹隘之后便立即化身为一个坚定的战士，和守将杨立并肩作战。剑阁苦竹隘再度成为了蒙古大军南下不得不拔除的钉子。

在蒙哥面前，汪德臣急于地表现出了他在四川战场历练多年的山地攻坚战术，即便是苦竹隘这样的要塞，在汪德臣麾下不顾伤亡攀援而上的山地步兵面前，最终也没能支撑太久。随后南宋在川北一线的各地州县无不望风而降，驻守阆州大获城的杨大渊虽然斩杀了前来劝降的前南宋长宁知县王仲，但是在水路补给线被切断之后也不得不派自己的儿子杨文粲到蒙古军前乞降，对于这种"敬酒不吃吃罚酒"的行径，蒙哥原本打算将杨大渊直接处死。不过汪德臣显然更希望通过杨大渊来为其他南宋将领树立一个典型，因此竭力劝谏，将杨大渊力保下来。不过他或许没有想到的是，在未来的蒙古帝国四川军政版图之上这位自己在刀下救下的汉族将领将接替他的位置。

榜样的力量向来是无穷的，在杨大渊归降之后，在余玠指挥下曾经重创汪德臣的运山城在守将张大悦的眼中也成为了其转投蒙古阵营的见面礼。紧接着青居城中裨将刘渊也杀死都统段元鉴献城出降，至此加上杨大渊和姚世安所献的阆州大获城、云顶山城以及汪德臣攻陷的剑阁苦竹隘，昔日余玠所建立的"巴蜀八柱"已失其五。随着蒙古大军的兵锋继续东进，一旦突破了合州、重庆一线。那么蒙哥的大军便可以从侧翼迂回包抄长江中游的南宋荆湖军区与忽必烈会师于鄂州城下。

1259年的农历新年对于蒙哥而言似乎格外的意义非凡，在他看来四川战区的大局已定。因此在武胜山与麾下诸将同庆新禧的过程之中，他很有前瞻性的向大家询问是否有意愿在向有火炉之称的重庆度夏。此时便有人向蒙哥提议："南土瘴疠，上宜北还。"可惜这一颇有见地的看法被众人嘲笑为怯懦的表现。在做出了分兵攻掠礼义山城、平良山城等地，纽璘在涪州（今重庆涪陵区）一线架设浮桥阻击南宋水路增援的部署之后，蒙哥亲率主力兵团开始进逼合州钓鱼城。一路上招降纳叛的蒙哥自然而然的派出了南宋的降将晋国宝前往钓鱼城。

但是这个世界永远都会存在着例外，不仅钓鱼城的南宋主将王坚借晋国宝的人头向蒙哥表示了血战到底的决心。礼义山城、平良山城等地面对蒙古大军的逼近也是誓死抵抗。令蒙哥首轮政治攻势以失败而告终。从公元1259年农历二月开始，蒙宋两军正式围绕钓鱼城展开了全面的攻防。而南宋政府此时也动员了一切可以动员的力量增援四川军区，宋理宗赵昀要求国防部长枢密使贾似道以京西、湖南、湖北、四川宣抚大使的身份调集南宋后方军区江西、两广的部队北上驰援。而吕文德则接替蒲择之，以四川制置副使的身份领军入蜀。

吕文德的大军沿着长江逆流而上，他首先要面对的自然是横亘在长江之上的蒙古军队浮桥防线。虽然吕文德所面对的对手纽璘曾有过泸州渡马湖水战的辉煌胜利，但是在长江之上蒙古军队终究不敌长于舟楫的南宋精锐。在南宋悍将曹世雄和刘整的并肩突击之下，纽璘的浮桥防线最终崩溃。吕文德的大军于公元1259年农历六月进入合州——重庆战区。但是从重庆继续向西，吕文德的水师却遭到了蒙古方面史天泽的夹江拦截。吕文德对钓鱼城的解围努力虽然以失败而告终，但是却极大地牵制了蒙古方面的进攻节奏。更重要的是吕文德抵达重庆封闭了蒙古大军绕过钓鱼城沿长江南下的可能。

就在吕文德的援军抵达前的公元1259年农历五月，正在雨季艰难攻坚的蒙古军中便有宿将述速忽里向蒙哥建议在重庆、钓鱼城之间，部署五万精兵，以牵制南宋援师。然后避开钓鱼坚城，迂回夔州、万州（今四川省万县市），等到冬季长江水位下降，在出三峡入两湖，抵达鄂州与忽必烈及兀良合台会师，一举可定东南。但是蒙哥却自持兵强马壮，执意要夺取钓鱼城杀出一条血路。在强攻无果的情况之下，汪德臣只好单骑策马抵达钓鱼城下，高呼："王坚，我来活汝一城军民，宜早降！"但是城墙之上回应他的却是由投石车抛洒而来的致命飞石。

重伤不治的汪德臣对前来看望自己的蒙哥说："陛下贵为天子，还冒着酷寒盛暑征战在外，我本来是行伍之人，战死沙场是分内的事啊。"他这些话或许是发自真心，但却也表达了一个道理，战场之上同样是人人平等。不仅冒死攻城的普通士兵有尸填沟壑的风险，连将帅、君王也未必能保得自身周全。就在汪德臣因伤去世的一个月之后，蒙哥也死在钓鱼城下。

关于蒙哥的死因，史学界向来有多种不同的声音。但无论是因病还是因伤，蒙哥死于南征大军的营垒之中

今天的钓鱼城遗迹

却是不争的事实。而对于阻击了蒙哥大军长达半年之久的钓鱼城，蒙哥直到生命的最后一息也没有释怀。特意嘱咐麾下诸将："我之婴疾为此城也，不讳（死）之后，若克此城，当尽屠之。"不过可惜的是早已被钓鱼城搞得身心疲惫的蒙古大军已经无心恋战。在蒙哥死后，蒙哥西线军团随即北撤。

第九章　和林临安

大宝之争

——忽必烈的崛起及其与阿里不哥的内战

身为蒙古帝国的统治者，蒙哥长期以来被视为一个颇有才干的君主，但是也许与早年寄人篱下的遭遇有关，蒙哥很早便清醒地认识到在权力面前亲情只不过是一层暧昧的薄纱。因此尽管对忽必烈在自己继承汗位过程中的表现颇为认可，自己登基之后也让自己的这个弟弟统领中原的军政事务，但是很快忽必烈在政治事务和军事上对南宋、大理的一系列成就和胜利，不可避免地招来了蒙哥的猜忌。对于蒙哥和忽必烈关系的急转直下，很多历史学家从施政纲领、宗教信仰乃至个人情感领域给出了各种解释，但或许正如意大利政治学家马基雅维利在《君主论》中所描述的那样"权力是无法分享"的。

蒙哥对忽必烈的钳制从行政和军事两个层面分别展开，行政方面他于公元1257年派遣大必阇赤（左丞相）阿兰答儿和刘太平等到陕西、河南等地"钩考"钱谷，以财务审核为名审查忽必烈在当地所任用的官吏。打击忽必烈藩府势力，迫使忽必烈交出了邢州、河南、陕西这三个地区的地方权力，撤销三司。军事上则以忽必烈的脚有问题，对其采取彻底封杀的态度。不让他参与对南宋的全面进攻。

从忽必烈晚年的身体状况来看，他似乎的确有关节炎之类的毛病。但是他也知道自己和蒙哥之间的问题不是"没瘸！走两步……"可以解决的。在自己麾下的汉族士大夫幕僚团的介意之下，忽必烈首先将自己的爱妻察必和儿子真金送往和林充当人质，随后又亲自觐见蒙哥，据说两兄弟见面之后竟然同一时间落下了眼泪，忽必烈的口才还没有来得及施展，蒙哥便已经原谅了他，并任命他为南下攻宋的东线最高指挥官。

事实上蒙哥和忽必烈的这次见面表面上虽然异常的煽情和感人，但其背后却有着各自的算计。忽必烈被排除在权力中枢之外，一度意志消沉，但近侍燕真的一番话却令他不得不有所行动："蒙哥已经怀疑你有异志了，现在他率军远征，怎么可能让您以皇弟的身份悠闲地留在后方？"显然忽必烈不主动做出一些表示，更大的打击可能就在眼前。而对于蒙哥而言，东线的蒙古军队统帅东道诸王领袖塔察儿长期出工不出力也令他十分困扰，而在自己所指挥西线不断传来捷报的情况下，他似乎也不反对忽必烈此刻出马在东线牵制一下南宋的荆湖军区。不过他对忽必烈所指挥的军事行动不是没有限制的，在两人的口头约定之中，忽必烈所承担的任务是夺取南宋长江中游的鄂州，然后等待蒙哥西线大军突破南宋在四川所构筑的合州——重庆防线，然后会师西进，直捣临安。

由于只担任配合的角色，忽必烈在南下的过程中并不十分用心。他首先召集了自己的幕僚——宋子贞、商挺、李昶、杜瑛等人会商这次战争中自己所要面对的政治得失及攻宋之计。而其中刚刚被任命为江淮荆湖等路宣抚副使的郝经所提交的一份名为《东师议》的可行性报告给忽必烈留下了深刻的印象。郝经虽然肯定了蒙古帝国的军事优势——"一旅之众，奋起朔漠，斡斗极以图天下，马首所向，无不摧破。灭金源，并西夏，破荆襄，克成都，平大理，蹂躏诸夷，奄征四海，今十分天下，已有其八"，蒙古骑兵更是"聚如丘山，散如风雨，迅如雷电，捷如鹰鹘"，但是这次规模空前的军事行动却存在着准备不足——"括兵率赋，朝下令而夕出师"以及后续乏力——"连百万之众，首尾万余里……竭天下，倒四海，腾掷宇宙，轩豁天地"的问题。当然最重要的是郝经预见了蒙哥亲自出马在战场所可能遭遇的不测——"执千金之璧而投瓦石也"。在这样的分析之下，忽必烈显然已经开始接受了郝经"姑为之和，偃兵息民，以全吾力，而图后举，天地人神之福也"的建议，将蒙哥此前拟订的一举灭亡南宋的大规模军事行动的目的修整为"以打促和"。而忽必烈的大军刚刚进入战区，西线便传来了蒙哥死于合州城下的消息。

按照正常的逻辑，忽必烈理应在得到自己兄长死讯之后第一时间回师，以便夺取政权。但身为一个政治家，忽必烈的眼光却必须放得更为

今天的鄂州古城门

长远。蒙哥死前虽然没有指定继承人，但事实上也进行
了相应的部署——留守和林的阿里不哥事实上便是看守
内阁，自己贸然回师自然会被第一时间收回好不容易才
重新获得的兵权。而手握重兵留在战区后发制人似乎才
是更好的选择。因此忽必烈慷慨地表示："吾奉命南来，
岂可无功遽还！"随后登上香炉山，让自己麾下的水战
专家董文炳强渡长江，大有将战争进行到底的气势。不
过在包围了南宋的重镇要塞鄂州之外，忽必烈却将前线
的指挥权交给了汉族士侯张柔，忽必烈为此还特意打了
个比方："我就像一个猎人，总不能把已经赶进了圈里
的野猪再杀了给吃吧！你自己来吧！"这一说法固然有
蒙古铁骑不善于攻城的成分，但是想来也有忽必烈保存
实力的私心。

　　表面上忽必烈在鄂州城下与南宋方面贾似道所指挥
的诸路援军杀得天昏地暗。但事实上一系列的政治运作
却已经在暗中进行之中。忽必烈首先派出自己的亲信

谋事廉希宪以"送饭"的名义前往和自己同在战区的蒙古帝国东道诸王首领塔察儿，据说廉希宪在一番关于忽必烈"圣德神功，天顺人归"的吹嘘之后，便成功地劝说对方："大王位属为尊。若至开平，首当推戴，无为他人所先。"赢得了东道诸王的拥戴。随后忽必烈又在战场局势占优的情况下，接收了贾似道的和谈请求。

但是此时身在和林的阿里不哥显然已经开始着手削弱忽必烈的力量，由阿兰答儿所统率的蒙古大军开始向忽必烈的根据地开平移动。忽必烈留守开平的妻子——察必虽然第一时间派出使者表示："出兵增援前线这么大的事情，为什么不通知我们家真金啊！"暂时遏制了阿里不哥突袭开平的行动。但是察必和真金虽然身份特殊，但毕竟没有行政任命，无法阻止阿里不哥逐步开始蚕食华北等地军政权力，无奈之下察必只能写信通知前方的忽必烈，要自己的老公回来主持大局。

忽必烈和贾似道的谈判从一开始互相便都没有什么诚意。当得到长江上游合州地区蒙哥已死的消息之后，贾似道虽然主动提出和谈，但其实也是一种以拖待变的姿态。而就在忽必烈的特使赵璧前往洽谈具体停火条件之时，忽必烈已经不得不准备班师了，不得不与赵璧谈定"见军旗挥动便火速返回"的暗号，赵璧进入鄂州之后，与贾似道的代表宋京还在讨价还价，城外的军旗便已经开始挥动了。因此从一定程度来讲，鄂州城下贾似道是"卖国无门"。

1260年初，从蒙、宋前线匆匆北返的忽必烈在路上便听从自己的谋士商挺关于"军中当严符信，以防奸诈"的建议，更换了口令和通信方式，彻底断绝了和林方面对自己部队的指挥和通信权力，所有阿里不哥派来的使者一律被当作间谍直接处死。随后又派自己的亲信廉希宪前往"宣抚京兆、四川"，廉希宪成功地争取到了蒙古帝国西线军队之中秦巩世侯汪良臣以及刘黑马等人的效忠。据说汪良臣起初还以没有得到正式的任命为由推脱，但是在廉希宪解下自己所佩的虎符和银印交给他，并忽悠他说："这些都是忽必烈密旨给你的，只要你跟着忽必烈混，委任状马上就到。"

抵达燕京之后，忽必烈再三拒绝了留镇漠北的阿里不哥竭力诱使他回到草原，以逼他就范的企图。就在双方使臣往返，交涉不断的暧昧气氛之中，忽必烈首先发难，在拘禁阿里不哥派往燕京的心腹脱里赤之后，于1260年农历三月于新筑成不久的开平城宣布即大汗位。应该说按照蒙古帝国的习俗，忽必烈的这次即位并没有太大的法律效力，毕竟与会的宗室亲王数量有限，连参与的南征蒙哥之子阿速台也因为倒向阿里不哥没有与会。但是就如忽必烈的幕僚廉希宪、商挺等人所说的"先发制人，后发人制，逆顺安危，间不容发，宜早定大计"。在局势还不明朗的情况之下，忽必烈抢先宣布即位夺取了政治上先机，阿里不哥虽然紧随其后于1260年夏季，在阿勒泰山中举行宗亲大会，并在会上被拥立为大汗，但他已是"另立中央"。

阿里不哥还是有他的优势，毕竟蒙哥生前指定由他留守和林从一定意义上已经确立了他继承人的身份。其次由于蒙哥之子阿速台的加入，驻守于六盘山一线的蒙哥生前亲率的主力大军也支持阿里不哥，从一定程度上隔绝了忽必烈于新疆、中亚等地的西道诸王的联系，使后者几乎清一色地站在了阿里不哥这一边，连远在西亚的皇弟旭烈兀、伏尔加河流域的拔都之子别儿哥态度都偏向于阿里不哥。替父亲旭烈兀留守漠北份地的药木忽儿不仅公开支持阿里不哥，甚至充当南下讨伐忽必烈的急先锋的行动上不难看出。而别儿哥方面则在自己汗国所铸造的钱币之上刻有阿里不哥的名字，以表明钦察汗国支持对方的"鲜明立场"。忽必烈显然也很清楚自己的短板之所在，因此连忙派出长期在自己身边的察合台曾孙阿必失哈赶往察合台汗国首都虎牙思，希望可以联合那个长期"寡妇监国"的堂嫂兀鲁忽乃。可惜的是阿必失哈没有能够穿越阿里不哥所设置的封锁线。走到半路便被截留了，察合台汗国从此落入了阿里不哥所提名的察合台之孙阿鲁忽的手中。支持阿里不哥的还要加上虽然被支解但是居心叵测的窝阔台之孙海都。此刻的忽必烈可以说是以中原之地独自抗衡铁木真以来形成的四大汗国，形势不容乐观。

但是忽必烈有忽必烈的优势，在长期以来的经营和运作之中，蒙古帝国已经形成了中原地区向漠北"输血"的经济模式，随着忽必烈迅速在中原地区建立起颇有效率的行政机构，一方面是被扼住了生命线的大漠皇庭，另一方面是不断动员"诸路市马万匹送开平府"、"燕京、西京、北京三路宣抚司运米十万石"的中原帝国，持久的消耗战显然对阿里不哥不利。

无奈之下阿里不哥一方不得不主动进攻，东路军由旭烈兀之子药木忽儿等人统率，自和林逾漠南进。西路军则由蒙哥时代的老将阿兰答儿指挥，兵指六盘山以期与从四川前线退屯该地的蒙哥攻宋主力会合。对于阿里不哥的东路军，忽必烈并不太担心，因为忽必烈早在返回燕京、开平之后在自己潜邸宿卫的基础上重建自己的怯薛部队交由心腹董文炳等人指挥，初步完成了扼守大漠南缘、伺机渡漠远征的战前部署。真正令他担忧的反而是西线的战局，因为一旦阿兰答儿与六盘山的蒙哥主力兵团成功回师，那么川陕一线便将门户大开，支持阿里不哥的西道诸王的军队可能会源源不断地开赴中原战场。

对于这一点为忽必烈坐镇川陕地区的廉希宪、商挺也感觉颇为棘手，廉希宪虽然当机立断，捕杀了当年蒙哥派来"钓考"的刘太平、霍鲁怀等人。但是对于六盘山集结的蒙古帝国精锐野战兵团他也是束手无策，不得不与商挺措商对策。商挺对六盘山地区的敌重兵集团的动向做出了如下的分析："如果他们集中兵力，攻击西安那么对于我们将极其不利，而继续在六盘山一线待命，我们也很难办。不过如果他们带着重装备北上策应和林，那么形势就对我们很有利了！"针对这一情况，廉希宪让自己麾下的汪良臣等人在西安一线虚张声势，指挥蒙哥主力兵团的浑都海果然采取了最愚蠢的办法，率领大军向北移动。此后虽然会合了阿兰答儿的南下兵团，却错失了最佳的进攻时机。最终在忽必烈所调遣的增援部队配合之下，汪良臣利用陕西地区特有的沙尘暴天气，用步兵短兵相接的方式击溃了蒙哥麾下最为精锐的蒙古铁骑，忽必烈即位之后最为担忧的"关陇危机"终于得以顺利度过。

而在东线战场之上，忽必烈的大军在合撒儿之子——号称蒙古第一射手的移相哥的指挥之下，不仅成功地击溃了药木忽儿的大军，还成功地将战线推进到了蒙古帝国的首都和林。此时的阿里不哥显然对决战城下信心不足，于是处死了被囚禁的阿必失哈，匆匆放弃首都逃往自己母亲唆鲁禾帖尼的封地谦州（今俄罗斯叶尼塞河上游唐努山北麓）。为了防止忽必烈的继续追击，阿里不哥向自己的哥哥发出了请求停火的信使，表示等到来年秋高马肥，和别儿哥、旭烈兀、阿鲁忽一起亲来觐见。忽必烈毕竟不是蒙古帝国的冬季战专家，于是留下移相哥镇守和林，

阿里不哥

自己则冒着严寒穿越沙漠返回相对舒服的中原去了。

应该说忽必烈在与阿里不哥的首轮交锋之中虽然占据了上风，但是并未给予对方致命的打击。而令局势迅速逆转的还是双方经济实力的悬殊对比，阿里不哥所控制的谦州之地虽有少量农业，但土地高寒，所获有限，并不足以维持大量军队的消耗。而忽必烈又对其实施了贸易禁运政策，使得阿里不哥不得不向支持他的四大汗国频繁伸手。本来就持观望态度的四大汗国，此刻已经认清了形势，而此时旭烈兀又因为宗教信仰的问题和钦察汗国的别儿哥龃龉不断，在接受了忽必烈对自己地盘的认可之后，双方开始在高加索地区兵戎相见起来，都没心情搭理落难的阿里不哥，沉重的经济压力顿时落到了察合台汗国以及松散窝阔台汗国的领导人阿鲁忽和禾忽的身上。

阿里不哥是有信用的。第二年秋，他真的回到了和林，不过并不是来输诚的，而是展开了大规模反扑。不明就里的移相哥被打了一个措手不及，和林再度易手。公元1261年农历十月，两兄弟在昔木土脑儿之西再度遭遇。不过这个时候大家的后院都不太平，忽必烈要面对的是山东李璮的叛乱，而阿里不哥方面则是阿鲁忽和禾忽两位汗王断绝了对他的后勤支持，于是在正面战场难分胜负的情况下，大家都选择了各自回家。

阿里不哥的军事才能在蒙古帝国的诸多王公贵族中，属于排名比较靠前的。尽管在忽必烈面前吃了点亏，但是揍起阿鲁忽和禾忽来却是得心应手。不过在战争的摧残之下，原本还算富饶的伊犁河流域为之残破不堪，察合台汗国的首都虎

苍狼逐鹿

牙思（今新疆维吾尔族自治区霍城县）更是出现了"僵死相枕"的残局。阿里不哥虽然取得了军事上的胜利，却永远失去了后勤补给。而当阿里不哥的军队以小麦代大麦饲马，当地的老百姓竟以牛马的饲料为食，一时间饿殍遍野，连当地许多向来养尊处优的穆斯林长老也因为饥饿而死。

无奈之下，绝望的民众只能向上天祷告。不知道是否是信仰的力量真的发生了作用，一天阿里不哥正在召开宴会，突然袭来了一阵狂风，将由数千颗钉子固定的朝会大帐也掀翻了，与会者无不带伤。原本就绝望的情绪加上这样的不祥之兆，使得阿里不哥的大军顿时溃散。悍将药木忽儿全然不顾"轻伤不下火线"的原则，以身体不舒服为由跑回自己的父亲旭烈兀身边去了。而蒙哥之子玉龙答失以在自己的封地征兵为由，向阿里不哥要回了自己父亲的印章，随后就盖在了向忽必烈投降的协议之上。

阿里不哥的衰弱首先招来的不是忽必烈的打击，而是长期被他追杀的阿鲁忽反击。在无奈之下阿里不哥只能踏上了向自己的哥哥忽必烈投降的东归之路，忽必烈得到消息预先在边境地区准备好粮食，先让自己长期挨饿的弟弟好好吃上一顿。而此后的兄弟相见也颇有戏剧性。据说忽必烈见到阿里不哥首先是许久的沉默，随后就是哭，阿里不哥也跟着哭。忽必烈这个时候问自己的弟弟："你说说，按道理我们兄弟二人谁应该继承汗位啊？"阿里不哥很调皮地回答道："以前是我，现在是你！"而此时宗室将领阿济格也对蒙哥之子阿速带说："当年战场杀我兄弟阿毕世喀的是不是你？"阿速带倒还是颇有王子风度地回答道："我不过是奉命行事，现在我臣服于忽必烈大汗，今天大汗如果下令让我杀你，我也照办无误。"

尽管表面上忽必烈和阿里不哥两兄弟似乎只是"相逢一哭"便"泯结恩仇"，但事实上，作为一个帝国统治者，在接受自己弟弟和侄子们的投降之后，忽必烈还是对其主要部下进行了血腥的清洗。据说在忽必烈考虑如何追究阿里不哥的叛国罪行上，这位一度被西方历史学家列为宪宗蒙哥和世祖忽必烈之间的蒙古帝国君皇和他的部下们都显现出了豪迈的一面。他主动请求将所有的罪行都加诸在自己的身上，不愿牵连自己的部将，但是以秃满为首的阿里不哥系将领却纷纷表示："是我等之

蒙古人的大帐有着强大的抗风性能

谋。请勿罪阿里不哥，而置我等于刑。"在这样的"君臣争死"的情况之下，最终还是阿里不哥还原了事件的本来面目，他说："蒙哥去世之后，孛鲁合和阿兰答儿的确劝过我。在你和旭烈兀都领兵在外的情况下，我理应出来主持大局。"客观地说阿里不哥的选择的确没有错，唯一错的是他没有能够有效地利用忽必烈滞留在蒙宋战场之上的有限时间抢占先机，而蒙哥在六盘山所遗留的重兵集团又进退失据，最终导致了阿里不哥在这场皇位角逐中只能以一个失败者的方式落幕，他和阿速台虽然保住了首级，但是他们的部下孛鲁合、秃满、脱忽思等人却被悉数处死。

对于阿里不哥的处置，正在高加索地区全面开战的旭烈兀和别儿哥百忙之中表示拥护。而一度被阿里不哥

苍狼逐鹿

折腾得够呛的阿鲁忽则以自己没有得到忽必烈的正式册封，而不发表评论，转身也加入到对钦察汗国别儿哥的战争中去了。而为了对方阿鲁忽的这"背后一刀"，别儿哥不得不以远交近攻的战略开始扶植窝阔台系的势力，日后即将成为元帝国西北心腹之患的海都正是在这个时候悄然崛起。

打算之法
——蒙古帝国压力之下的南宋政坛内斗

　　鄂州战役对南宋政权的新贵贾似道而言是一次难得的人生历程。尽管从公元1246年开始他便以京湖安抚制置大使的身份在南宋各大军区出任军政一把手的职务。不过他的工作主要是发动军民开荒、屯田、修筑城防，以及利用自己在临安的人脉以及与宋理宗赵昀的特殊关系申请经费解决驻地军队的粮饷和修筑城防的费用问题。因此当在鄂州城下直面蒙古强盛一时的兵锋之时，他内心的紧张和不安是可以想象的。不过此时南宋政府已经从各大战区调集了所有的精兵强将——吕文德、高达、曹世雄、向士璧等人悉数出现在了鄂州战场之上，因此忽必烈所谓"彼守城者只一士人贾制置，汝十万众不能胜，杀人数月不能拔"事实上并不确切。

　　不过在那些沙场宿将的眼中贾似道实在没有什么特别的威望。曾在襄樊战场上击败过蒙古亲王塔察儿的襄阳知府高达便曾令贾似道一度下不了台，贾似道前往高达所负责的汉阳战区督战，高达当面嘲笑他："你一个戴高帽子（巍巾）的能干什么？！"而在口头嘲讽之余，每一次与蒙古军队交锋高达都派人前去邀请贾似道出场，如果贾似道拒绝就让部下到他的指挥部门口起哄。对于这场闹剧，曹世雄、向士璧等其他将领也不仅始终保持着"强势围观"的态度。更连日常的军务也不向贾似道汇报。最终还是在江淮战区曾和贾似道搭档过的吕文德出面帮贾似道解了围。派出部队到贾似道指挥部门口戒严，呵斥高达的部下："宣抚在此，何敢尔耶！"这一举动令贾似道颇为感动，同时也对鄂州战场上的其他将领怀恨在心。

　　而身为左丞相的吴潜的一纸命令更险些将在鄂州指挥的贾似道送入

绝境。当时吴潜可能是出于安全考虑，要求贾似道将指挥部转移到长江以南的黄州。而为了这一次行动的安全，鄂州方面还特意派出了由孙虎臣指挥的700名精锐骑兵护送。但是队伍开进到蒻草坪一线却意外遭遇到了蒙古军的外围游击部队。贾似道立即向卫队指挥官孙虎臣询问该怎么办。却发现对方早就已经人影全无。以为在劫难逃的贾似道只能硬着头皮迎战，结果发现这不过是一支打着蒙古军旗号的土匪而已，领头的是骑着牛的江西降将储再兴。在了解了对手的实力之后，孙虎臣又不知道从哪里杀了出来，一举拿下了储再兴。这位来无影去无踪的孙虎臣未来的官运倒颇为亨通。而在贾似道后来向南宋政府申请表彰的此次遭遇战的将帅名单中除了孙虎臣之外还有两位未来同样赫赫有名的人物——范文虎、张世杰。

由于贾似道南下黄州，急于撤军的忽必烈派出的使节赵璧在鄂州城内没有见到贾似道本人。因此蒙宋"鄂州之盟"的很多具体条款事实上并未来得及具体敲定，便在"俟它日复议之"的论调之下匆匆结束了。而贾似道向宋理宗赵昀的报告中也没有提到所谓"和谈"的事宜，只是简单地宣称："诸路大捷，鄂围始解，江汉肃清。"将外交成果粉饰成了军事胜利。此时已经被丁大全愚弄到习惯了的宋理宗赵昀自然也没有深究战场上的具体情况，在一番封赏之后，可以说是皆大欢喜。

而事实上，在忽必烈的蒙古东线兵团北撤之后，蒙宋战争还没有最终结束。由云南北上穿越贵州、湖南一线的蒙古南线军团此刻正在兀良合台的指挥之下依旧在猛攻潭州（今湖南省长沙市）。在忽必烈所派出南下部队的接应下，蒙古南线军团穿越整个战线北上，沿途蒙宋双方自然又不免发生冲突。而其中已经被提升为黄州武定诸军都统制张世杰再次脱颖而出。这个来自前金帝国的河北汉子，从家族渊源上看应该更倾向于蒙古方面，因为他的叔伯之中便有一位蒙古帝国的封疆大吏——张柔。不过张世杰却选择了效忠南宋政府，直到他生命的最后一息。

在料理完鄂州战役的一些后续事务之后，贾似道首先要面对的是南宋政府的储君之争。宋理宗赵昀是个风流天子，除了后宫粉黛之外，还时常让内侍董宋臣在宫外寻觅一些歌妓舞女之流召进宫中，其中最出名的便是临安名妓唐安安。皇帝与名妓的不伦之恋说起来也是赵宋的保留节目，不过当年的宋徽宗赵佶和李师师之间也不过是通过地道偷偷往

并称宋末三杰的文天祥、张世杰和陆秀夫

来，远没有宋理宗赵昀这般"光明正大"。不过多情归多情，宋理宗赵昀最终却并没有子嗣。因此随着宋理宗赵昀的年纪越来越大，朝野上下对皇位继承人的问题颇多猜测。

宋理宗赵昀本人倾向于自己的过房侄子——忠王赵禥。偏偏这个时候内阁首相吴潜向宋理宗赵昀递交了一份关于立储问题的秘密报告。其中一句"臣无弥远之才，忠王无陛下之福"可以说是深深地刺痛了宋理宗赵昀的神经。因为这两句话的背后牵扯到了南宋历史上有名的宫闱争斗——"霅川之变"。宋理宗赵昀的前任宋宁宗赵扩也没有子嗣，因此同时收养了同宗的几个侄子，其中最受宠爱的便是宁武军节度使、祁国公——赵竑。不过赵竑对当时把持朝政的史弥远颇有看法。甚至经常指着地图上的海南岛说："吾他日得志，置史弥远于此。"还帮史弥远起了个外号叫"新恩"，意思是说将来史弥远流放的地方不是新州（今广东省新兴县）就是恩州（今广东省阳江市）。如此赤裸裸的威胁，老而弥辣的史弥远自然不会视而不见。他利用自己和后宫领袖杨皇后的关系，在宋宁宗赵扩死后修改遗嘱，册立当时不过是邵州防御使的赵昀为帝国元首。

与帝位擦肩而过的赵竑在宋理宗赵昀的登基仪式上便不肯执臣子之礼。而在被废为济王，出居湖州之后，当地的太学生潘壬、潘丙兄弟便密谋联络山东、江淮一线当时兵力强盛的李全，拥立赵竑为帝。尽管由于李全的作壁上观以及赵竑本人犹豫动摇，这次政变最终以失败告终，但是却给了宋理宗赵昀和史弥远一个不得不翦除这个政敌的理由。在史弥远的操作之下，赵竑被迫自杀。但是其在朝野上下却不乏同情者。因为湖州别称霅川，因此这场"霅川之变"在宋理宗赵昀的执政时期几乎成为了热门名词，一旦出现灾象及战事，就会有人会将其与"霅川之变"的赵竑冤狱联系在一起。此时吴潜的旧事重提自然令宋理宗赵昀颇为不满。而贾似道本人也因为鄂州战役中吴潜让自己转移到黄州一事心存不满，于是抓住这一难得机会，指使侍御史沈炎弹劾吴潜，指控对方阴谋册立赵竑之后。这一击正中宋理宗赵昀的下怀。吴潜当即被罢免，贾似道如愿以偿地登上了南宋内阁领导者的位置。而忠王赵禥也被顺理成章地立为太子。

不过贾似道刚刚从鄂州前线返回首都临安，新的麻烦便又接踵而止。首先在江淮方向上蒙古方面新近任命的江淮大都督李璮进攻淮安。对于这个昔日忠义军领袖李全的养子，贾似道并不陌生。自己在江淮一线经营多年的前线据点——海州（今江苏省连云港市）便是被其攻陷的。不过淮安毕竟是江淮军区的中心城市，而在这一方向上更有贾似道颇为欣赏的南宋新一代名将李庭芝统一指挥着江淮军区。

李庭芝的家族世代生活于汴梁地区。在金帝国灭亡的过程中才迁徙到南宋境内。首先发掘这一人才的是可以称得上是南宋末期"名将之父"的孟珙。孟珙不仅在自己的有生之年给予了李庭芝一展拳脚的舞台，更在自己死后将他推荐给了继任者贾似道。李璮南下之时，李庭芝正因为因母亲去世而离职丁忧去了。不过在贾似道的力挺之下，他还是以代司令的名义返回江淮战场。不过作为忠义军的余脉，李璮虽然依附于蒙古，但却始终以保存实力为第一要务。蒙古方面多次征调他前往其他战区，他都以各种理由推辞了，这次南下同样也是避重就轻，在遭遇了李庭芝的反击之后，李璮便撤回山东去了。

在江淮方面的战事宣告结束之时，忽必烈的特使郝经也抵达了宿州。此前一直鼓吹自己在鄂州战役中赫赫武功的贾似道自然不敢让郝经进入临安向宋理宗赵昀提交国书，于是利用李璮在江淮一线挑起的战事，将郝经一行使团拘押在真州忠勇军营之中。贾似道当然有他的理由。在他向宋理宗赵昀提交的情况说明中指出："蒙宋两国目前处于战争状态，蒙古方面的使节穿越战区不太合适。必须从邻国入境。"不过此刻从江淮一直延伸四川、云贵高原乃至今天的中越边境都是蒙宋拉锯的战线。因此和窝阔台时代被扣押的月里麻思一样，在此后漫长的岁月里等待郝经等人的也几乎是同样将牢底坐穿的命运。忽必烈得到这个消息，虽然异常愤怒，但他很清楚此时要全力对付的是阿里不哥方面来自漠北和西域的威胁，因此虽然李璮一再请求南下攻宋，他都予以了拒绝。只是派人前往南宋探访和安抚被囚禁的郝经等人。

在击退了李璮，囚禁了郝经之后，贾似道开始整治那些在鄂州战役中对自己颇为"不友好"的军中悍将。不过比起那些动辄只会扣上"心怀不臣"的言官系统来，贾似道所采用的手法更为专业和现代，他首先在各大军区推行名为"打算法"的全面财务审计。南宋向来以繁荣的经济而著称于世，但是自"开禧北伐"以来，连年不断地与金、蒙两大强敌交手，军费开支无限制的膨胀却令南宋的国库几近被掏空。而在抵抗蒙哥和忽必烈两路大军的战斗之中，各地军事统帅在中央拨款没有及时到位的情况下，越权挪用地方财政收入自然也就成了没有办法的办法。其中有些开支固然是可以说清楚的，但是诸多招募乡勇、庆功宴请之类的费用却早已成了一笔糊涂账。于是在全面细致的"打算法"面前，那些屡立战功的悍将自然成为了贪渎枉法、中饱私囊的典型。

首先倒霉的是一向轻视贾似道的高达和曹世雄。而在这场南宋军队内部逐渐"大清洗"之中，吕文德不仅没有保护自己昔日的战友，还成为了贾似道的爪牙和帮凶。借助吕文德所收集的证据，高达被解除职位、开除公职，而曹世雄更被逼死狱中。这一事件所引发的直接后果固然有派系和人品之别，但更重要的是要看个人的经济状态。经过一轮"打算"，如果将领可以自己贴钱填补财务缺口，自然可以按照"主动退还非法所得"的名义减轻处罚。而在这一问题上，担任襄阳知府的高达显

　　　　　　　　　　　　　　　苍狼逐鹿

然比始终在前线领军作战的曹世雄有优势。

不过在出钱和坐牢之外，显然还有第三条贾似道没有想到的出路。时任泸州知府兼潼川安抚副使的刘整便大胆地走上这一条不归路。公元1261年农历六月，刘整突然向蒙古方面的成都经略使、外号"刘黑马"的刘嶷传达了投诚的意愿。应该说蒙古方面收降的南宋将帅不在少数，此刻成都外围的各大据点几乎清一色都是南宋降将在镇守。但是这些人毕竟还是迫于蒙古大军的兵势，像刘整这样素有威名，此刻又独镇一方的封疆大吏主动前来接洽的却是有史以来的第一次。对此刘嶷的很多部下都表示："（刘）整无故而降，不可信也。"不过"刘黑马"的儿子刘元振倒是对刘整此刻的尴尬洞若观火，他向自己的父亲指出："宋权臣当国，赏罚无章，有功者往往以计除之，是以将士离心。"何况刘整本身也不是南宋公民，此刻把守泸南重地，事势和当年的李全有什么不一样！因此我认为刘整此刻做出这样的举动也没什么可大惊小怪的。

刘元振的分析固然精辟，但事实是刘整所处的环境更为恶劣。除了远在临安的贾似道正在对各军区推行"打算法"之外，作为四川军区的高层他更要面对素来不和的新领导——四川制置使俞兴。刘整和俞兴是老相识，甚至从某种意义上来讲刘整还是俞兴的救命恩人。在此前的蒙宋战争中，守御嘉定地区的俞兴被蒙古大军包围，刘整领军驰援，在战场上双方配合还算默契。但是等蒙古军队撤走之后，俞兴却摆起了架子，既不出城迎接，也不设宴招待，只是让自己部下的小吏送去一些瘦羊劣酒。或许在俞兴看来，增援嘉定本是公事，自己没有必要太过客套，何况手中的经费也不富裕。但是这种不近人情的做法却引来刘整更为粗暴的回答，刘整毫无理由地把前来劳军的小吏暴打了一顿。从此两个人的战友情谊算是彻底破裂了。

从刘整对俞兴此前的态度大致可以推断出，这位"赛存孝"是个很看重"官场潜规则"的人。因此俞兴一出任四川制置使，刘整便主动做出了一系列表示，又是送出了雕功精美的黄金花瓶，又是托人到江陵，请俞兴的母亲写信劝慰对方以修补彼此的关系。甚至还派人前往临安"走走门路"。可惜的是俞兴不知道是真的铁面无私还是睚眦必报，而临安方面此刻刘整的老领导李曾伯远在广西。总之前来执行财务审核的官吏还是出现在了刘整所据守的泸州城中。此时已经听闻了老战友——高达和曹世雄遭遇的刘整只能盼望着成都方面的蒙古军队能比前来逮捕他的南宋官吏更早一步抵达。而刘元振显然没有令他失望。

刘整以泸州及所属十五郡三十万户出降，对蒙古而言自然是空前的收获。因此忽必烈大笔一挥，刘整便被任命为夔路行省兼安抚使。而此时远在临安的贾似道似乎还没有觉得自己所推行的"打算法"有什么不妥之处，命令吕文德支援俞兴，全力收复泸州。蒙宋两军在这一地区反复拉锯近一年的时间，尽管最终收复了泸州城，但是刘整也将当地的百姓迁徙到了成都、潼川，而刘整以及前一批叛降的南宋将帅对蒙宋战局的影响将在未来几年里逐渐展现出来。

在刘整叛降的同时，贾似道的"打算法"大清洗正式进入了高潮阶段。赵葵、史岩之、杜庶等人无一幸免。而其中被指控挪用公款最多的是当年死守潭州的向士璧。这一点不难理解。毕竟在潭州攻防战中向士璧又是创立"飞虎军"又是招募民兵组织斗弩社，还每天上城慰劳兵卒，这几项的花销恐怕远远超出了南宋政府所给予的军费预算。其实向士璧家里还是比较富裕的，当年曾主动捐献家财百万以供军费。但是过去的主动捐赠不能抵扣今天的客观挪用，最终不仅向士璧死在监狱之中，连妻妾也被抓去顶账，可以说是惨绝人寰。

而比向士璧更为冤枉的是沿海制置使赵葵，作为一个13世纪的海上贸易强国，南宋当然也有一些海洋争端。由此而设立的沿海制置使尽管为了对抗来自朝鲜半岛、日本乃至菲律宾的海盗也

谢枋得

苍狼逐鹿

会产生一些军费开支。但是赵葵接手之时，他的前任吴潜已经订立了商队、渔民互相援助的海上民兵组织办法——"义船法"。并设立永平寨以及"海上十二铺"等专业军港，可以说在赵葵任内，贾似道所推行的"打算法"似乎找不到什么把柄。但事在人为，在与赵葵向来不和的马光祖的竭力收罗之下还是发现了赵葵在任期间搞春节军民联欢活动中"恶意挪用"地方财政收入三万缗的证据。这种"欲加之罪"的做法连赵葵的政敌——汪立信都看不下去了。贾似道或许也觉得对赵葵的指控过于站不住脚，于是也就放了对方一马。

被"打算"的还有教育部官员谢枋得。谢枋得是宝祐四年（1256）进士出身，在他那一批的考生之中，最著名的莫过于状元文天祥。不过宝祐四年的殿试对策充满了戏剧成分。据说文天祥当天的状态不好，最终在成绩考订上只位列第七，只是得到了宋理宗赵昀的欣赏才得到了第一名的位置。而谢枋得由于对策时攻击了当朝的丞相与重臣，被朝廷贬为第二甲进士。因此两人的施政水平和文学造诣孰高孰低或许永远没有答案。不过文天祥早期的政治成就远不如谢枋得却是不争的事实。在文天祥秉承着"邦有道则仕，邦无道则隐"的处世哲学，出任建昌军（今江西省南城县）仙都观的主管这个闲职的时候，谢枋得已经以礼兵部架阁的身份到处招募民兵了。

谢枋得对于贾似道所推行的"打算法"格外的反感。在国家军费连年赤字的情况下，他本人散尽家财也只募集了一万多人。但是他也不得不承认挪用地方财政收入的确不合国法。因此他的态度是首先自己出钱贴补了一万缗。在实在拿不出钱的情况下，他向贾似道上书："当年商鞅为了推行变法，曾经为了移动一根木头而开出了千金的赏格。可见对于国家而言信用比金钱更为重要。今天为了两颗鸡蛋就不惜自毁长城，不知道我们的邻国听到了会做何感想？"于是他的案件也就不了了之了。

李璮变乱——
"忠义军"系统的摇摆和忽必烈对汉族世侯态度的转变

在贾似道忙于肃清朝野异己的同时，忽必烈在与最为强大的帝位竞争者阿里不哥相持的同时也筹措再度南下了。不过蒙古帝国山东版图内的一场大规模的叛乱却拖住了忽必烈的脚步。叛乱的领导者是蒙古帝国新任江淮大都督李璮。从时间上来看，李璮举起反蒙的旗号恰好在忽必烈以南宋政府"不务远图，伺我小隙，反启边衅，东剽西掠，曾无宁日"为由向各地军政长官发出征讨檄文之后，似乎为这位忠义军的后裔抹上了一层民族大义的光环。但事实上李璮的叛变很大程度上完全还是出于自身利益的考虑。

在蒙宋双方订立了内容含糊不清的"鄂州之盟"后，李璮始终是在江淮一线挑起边境冲突的急先锋。但是其出发点始终是扩大自己的地盘和提升自己在蒙古帝国中的政治地位。而对于这一点正忙于手足相残的忽必烈洞若观火，除了一再驳回李璮煽动大举南下的战争请求之外，忽必烈一边对李璮褒赏有加，另一边却开始逐步削弱李璮在山东一线的固有势力。其中最为阴险的一招莫过于派出曾经和忠义军系统有着千丝万缕联系的宋子贞出任益都、济南和山东临近地区宣抚使。而一直与李璮关系恶劣的张宏也被提升为济南路大都督。

张宏是蒙古帝国在山东地区汉族世侯的代表人物。他的父亲张荣在金帝国末期便利用战乱，割据一方。最终虽然不得已才归顺蒙古。但是在晋见铁木真时，张荣对自己之所以长期抗击蒙古军队的原因，竟做了如下的回答："山东地阔人稠，不能都给您了。"铁木真觉得此公倒也诚实，也考虑到张氏家族在山东一带的势力。于是便顺势册封其为山东行尚书省兼兵部都元帅。这样的地头蛇和李璮在山东势力范围犬牙交错，自然龌龊不断。面对忽必烈厚此薄彼地将山东地区悉数交给自己的政敌掌管，心中的不满可想而知。

1261年冬，李璮利用忽必烈领军北上再度征讨阿里不哥的机会全力筹备叛乱事宜。但是出乎李璮意料之外的是忽必烈的大军并没有深入大漠，在昔木土脑儿（今蒙古苏赫巴托省南部）便遭遇到了攻克和林的阿里不哥主力兵团，双方恶战一场之后便各自撤军。当年的农历十二月，忽必烈已经回到了燕京。而此时李璮的各项准备工作已经全面启动。面对骑虎难下的局势，李璮只能硬着头皮干下去。公元1262年正月底，他利用早已布置的私驿召回留质燕京的儿子李彦简，随后开始对自己势力范围内的蒙古驻军展开突袭。

李璮的叛乱尽管准备不足，但也同时打乱了忽必烈此前逐步削弱他的部署。面对江淮一线的蒙古驻军全面覆没，宣抚副使王磐只身逃入济南的不利局面。忽必烈也一时不知该从何入手。因此他特地请教了自己的高级幕僚姚枢。姚枢对李璮所可能采取的战略作了如下的分析："如果李璮利用我方北征阿里不哥的机会。由山东迅速北上，席卷华北平原，依托燕山防线阻击我军南下。那么必然天下震动，局面将一发不可收拾。这当然是李璮的最佳选择。而退一步联合南宋，依托江淮一线，与我们长期对峙，再不断进行骚扰，也足以令我军疲于奔命。但是李璮如果直接出兵攻略济南，坐等其他各地的汉军将帅响应。那么就是自寻死路了。"这一番话当然说得忽必烈颇为紧张。不过姚枢很快便给他吃了颗定心丸，认定李璮一定会采取最愚蠢的办法，集中兵力向济南进军。

姚文献像

忽必烈的重要谋士姚枢

事实上李璮也不是傻瓜，在战略选择上他可以说是做足了功课。在叛乱发动的同时，他宣布支持阿里不哥的檄文便迅速地在河北、山西一带扩散开来。不过忽必烈很快便处死了准备在政治上投一把机的太原路和平阳路地区的蒙古军政官员。太原路和平阳路长期以来都是亲阿里不哥派的蒙古宗室术赤和察合台系的封地。李璮的叛乱为忽必烈顺便扫除这两地潜伏的第五纵队也创造了条件，这应该是忽必烈的因祸得福。

而在外交上，李璮也早已向南宋方面伸出了橄榄枝。他通过自己战场的老对手李庭芝与贾似道展开了书信往来。虽然说起来贾似道和李璮算是世交，但是在对方正式举起对抗忽必烈的旗帜之前，贾似道自然不会做出任何积极的反应，而是要李璮先吐出此前从自己手里夺走的涟水、海州，以示诚信。直到李璮率军北上，南宋政府正式接收涟、海诸城之后，贾似道才意识到这是自己在鄂州战役之后，捞取政治资本的绝佳时机。因此由其主持的南宋政府不仅对李璮本人大肆封赏，甚至还恢复了当年举兵南下的李全的官爵。

对此南宋朝野也并非全无看法，东路安抚使司兼明道书院院长的周应合便向宋理宗赵昀提出了反对意见："李璮以所控制的山东地区向我方输诚，无非是有求于我而已。其所统帅的兵力在蒙古帝国的武装序列之中不过是'区区一旅'而已，一旦我军应援失败，那便是自取其辱。而即便接应李璮南下成功也很可能重蹈当年梁武帝萧衍接纳侯景的覆辙。"不过向来容易头脑发热的南宋君臣此刻根本听不进去。宋理宗赵昀还兴致颇高地赋诗一首送给贾似道："力扶汉鼎赖元勋，泰道宏开万物新。声暨南郊方慕义，恩流东海悉来臣。凯书已奏三边捷，庙算潜消万里尘。坐致太平今日事，中兴玉历喜环循。"可见对纳降李璮继而收复山东寄予了厚望。

宋理宗赵昀如此热情，贾似道自然也不能含糊。他迅速调集了三路大军在北上支援李璮。但是在战术层面的选择上，李璮恰恰走上了姚枢早已判决了他死刑的绝路。他从两淮前线回师自己的势力中枢——益都（今山东省青州市），打开府库犒赏部下之后便急吼吼地向济南进军，去找自己的"宿雠"张宏的麻烦。此时山东地区包括张宏在内的山东、河北等地的汉族世侯的精锐部队都跟随忽必烈北上了，虽然已经班师但还没有返回各自的驻地。因此张宏根本无力在济南与李璮决战，只

苍狼逐鹿

能弃城而走。事实上此时李璮虽然已经走错了一步,但依旧有翻盘的机会。但是他却选择了在济南坐等蒙古帝国从容的集结兵力,阻断他与儿子——时任平滦总管李南山之间的联系,逐步收拢套在自己脖子上的绞索。

对于忽必烈而言,他最担心的并不是李璮叛乱本身而是由此在蒙古帝国内部的汉族世侯中的连锁反应。但是在这个问题上他的高参姚枢显然比忽必烈更了解同为汉族的各方诸侯的心思。李璮虽然经营多年,兵强马壮。但是终究不过是一个军阀而已,因此可以说政治几乎没什么号召力。何况他本身是南宋忠义军的后裔,与山东、河北一带依靠蒙金战争崛起的土豪势力不仅没有什么渊源,更是后者除之而后快的异类。李璮和张宏的矛盾只是冰山一角。随着忽必烈向河北、山东一线的汉族世侯们发出"尽发管内民为兵以备"的号令之后,史天泽、严忠范等昔日的汉族土豪纷纷动员自己的领内作战部队成为了镇压李璮的主力军。老牌蒙古汉军将领张柔此刻虽然已经申请退休,但他的两个儿子——张弘略、张弘范在这场平叛之战却各自展露了头角。

作为张柔事业的主要继承人,张弘略统一指挥着蒙古帝国在皖西北重镇亳州一线的野战部队。在平定李璮叛乱的战役之中,他的主要任务是阻击南宋方面北上的地面部队。尽管南宋军队在夏贵和青阳梦炎的指挥之下一举收复了亳、滕、徐、宿、邳、沧、滨七州和新蔡、符离、蕲、利津四县,但是张弘略却采取侧翼迂回的战略,夺取了南宋方面水路补给枢纽——涡口,令夏贵不得不撤回了自己的出发地——蕲州(今湖北省蕲春县)。而途中又遭遇到了张弘略的伏击,损失惨重。另一路的南宋增援部队失去了侧翼的掩护,自然也不敢孤军深入。南宋方面从陆路支援李璮的行动归于失败。

除了陆路的夏贵和青阳梦炎两军之外,在增援李璮的军事行动中,南宋方面还第一次动用了自己占据绝对优势的海上力量。南宋海军由海州出发,北上在山东沿海的登州、莱州一线展开突击。不过以当时南宋的军事力量,大规模的两栖登陆还是无力展开的,南宋海军的行动至多只能起到袭扰和牵制作用。面对蒙古方面大军云集,担任北上主力的地面部队又出现行动迟缓的局面,最终南宋海军在山东沿海也只是"殊不可进,滞留凡数月",对济南战场的李璮只能"声援"而已。为此指挥南宋海军的"赵马儿"都统还编造了一个"海神擎日"的神话。说舰队在山东沿海每天早晨日出之时都看到一个红色皮肤、眼睛碧绿的巨人，用头顶着太阳缓缓升起。正是因为这种应该是海市蜃楼的自然现象大大地影响了南宋精锐的"海军陆战队"士气云云。

在南宋方面三路策应大军都止步不前的同时，李璮在济南也陷入了空前的困境。李璮在夺取济南之后，也曾主动出击。但是在与蒙古军队初期的野战中却连遭败绩。随着蒙古方面各路增援部队的抵达，李璮在兵力更处于劣势，只能选择负隅顽抗。不过史天泽等汉族世侯都不愿意主动攻坚，秉着保存实力的宗旨，负责统一指挥的史天泽以李璮"多谲而兵精"为由提出的"不宜力角，当以岁月毙之"的战略自然得到了一片拥护之声。

不过同样参与围城战，老于军旅的张柔却对自己的儿子张弘范有另一番教诲。张柔以自己多年的经验要求儿子在修筑营垒之时一定要选择在李璮的突破口上。因为只有这样才能令自己的部下不至于在长期围困中消磨斗志，同时也可以引起自己上级领导的重视，一旦出现险情必定全力支援。最重要的是在这样稳操胜券的战争中，屯兵险地才能建立功勋。而张弘范对自己老爸的训诫也是言听计从，当李璮初期不断袭扰蒙古各军营垒却独独没有对自己下手之时，保持了一个清醒的头脑，连夜挖深加宽了自己阵地前沿的壕沟，果然在第二天对手的全力猛攻中，李璮军队预先制造好的"飞桥"根本不足以跨越张弘范的战壕，大量有生力量在翻越壕沟时被张弘范所部轻松射杀。

和张弘范奉行同样策略的还有史天泽的堂侄史枢。在叔叔的照顾之下，史枢的防区地理位置比张弘范更好，直接扼守济南城西南方向的历山一线。作为李璮最有可能突围的方向，史枢依托河涧修筑防御工事。但是由于连续降雨河水暴涨直接冲垮了史枢所设立的木栅屏障。不过这在史枢看来却未必是坏事，因为李璮必定会抓住这一战机而发动夜袭。果然在当天晚上，史枢以投掷火炬作为原始照明弹一举击溃了李璮的突围大军。

在连番突击失败之后，李璮在济南城中的粮食储备迅速消耗一空。对前途日益悲观的部下纷纷出逃。眼看大势已去的李璮手刃了自己的妻妾，但却没有勇气用刀剑解决自己。他坐船跑到因为"夏雨荷"而闻名全国的大明湖中投水自尽。但偏偏水浅淹不死。于是无奈地成了蒙古帝国汉族世侯们的俘虏。不过作为一生充满传奇色彩的李全和杨妙真的后代，李璮人生的落幕也同样充满着戏剧成分。

对于已经成了阶下囚的李璮，史天泽似乎颇为忌讳。他向围城大军的名义总指挥哈必赤建议不必将李璮送到忽必烈的驾前，直接在济南杀掉比较好。而理由是颇为玄妙的"以安人心"。这个理由表面上看是安抚济南的百姓和参战将士，但是在处死李璮之前的"公审大会"上，我们却可以发现真正要目睹李璮身首异处才能安心的恰恰是史天泽本人以及其他汉族世侯们。根据明代著名的八卦文章大师祝允明（也就是民间传说的"四大才子"之一的祝枝山）的《前闻记》中的描述，这次公审大会几乎就是一场闹剧。首先义正词严地喝问李璮的是世袭东平路行军万户严忠范，但是在李璮一句"你每与我相约，却又不来"的回答之后便不敢再问，只是在李璮肋下刺了一刀便跑掉了。这或许也算是一种"两肋插刀"吧！史天泽问李璮："忽必烈有甚亏你处？"对方依旧是一幅哀怨的样子反问："你有文书约俺起兵，何故背盟？"最终气急败坏的汉族世侯决定对李璮施以凌迟酷刑。

李璮在"公审大会"上的表现，和他写给自己身居蒙古帝国高位的岳父王文统的信中故意流露一些敏感性字眼一样，有拉人下水的嫌疑。但随着李璮主要根据地益都的开城投降，一场空前规模的蒙古政坛大地震悄然展开。首先遭殃的是推荐过王文统的刘秉忠、张易、商挺、赵良弼等汉族大臣。这些人中间地位最为微妙的莫过于商挺。在忽必烈与阿里不哥的战争之中，商挺作为陕西、四川一线的军政长官做出了卓越的贡献。此时却被急召回京受到了严格的盘查和软禁。而赵良弼则更被严刑逼供，一度险些被处以断舌之刑。不过这几位毕竟都与李璮没什么交集，在经过一番波折之后，依旧活跃于蒙古帝国的中枢。

在李璮叛乱中真正受到冲击的最终还是史天泽等汉族世侯。尽管对于在济南城下之日匆忙杀李璮灭口的史天泽，鉴于对方"擅杀自劾"的态度忽必烈未加罪责。毕竟此时汗位争端尚未完全解决，忽必烈不希望在中原出现一个李璮倒下去、无数个李璮站起来的局面。因此在政治上继续优容各地世侯。而这些曾经和李璮暗通款曲的汉族世侯，最终并没有逃过秋后算账的命运。即便是在平定李璮之战中出力颇多的张弘略，

张柔铜像

尽管在蒙古政府事后追查的李璮通信记录之中，张弘略每次和对方通信"皆劝以忠义"，还是被解除了一线军事职务，被调任首都卫戍区。而长期与李璮关系恶劣的济南路大都督张宏首先被赶出了济南，派往蒙宋前线的濠州。更在几年之后以"乘变盗用官府财物"的名义被罢免。而在李璮叛乱期间，面对南宋军队的兵锋选择弃城而逃的张宏之叔邳州万户张邦直更以违规贩卖马匹而被处死。济南张氏经营多年的势力范围从此荡然无存。

尽管史氏、严氏、张柔等名门望族在各地的军政权力纷纷被剥夺或者削弱，但其毕竟在中原经营多年，势力盘根错节。忽必烈在对其展开压制的同时，仍旧不得不继续任用他们的子弟。忽必烈在张柔诸子中特别选拔出张弘范来代替张弘略的工作，任命这个年仅28岁的年轻人为顺天路管民总管。而同样在济南围城战役中表现突出的史枢在几年之后也以左壁总帅的身份，统领蒙古帝国的河南、山东、怀孟、平阳、太原、京兆、延安各路人马。

在蒙古帝国再度忙于内部事务之时，北上策应李璮失败的贾似道也在巩固自身的权力。不过这一次他以"痛打落水狗"的精神将目光转向的是那些曾经位高权重，但此刻已经失势的前丞相们。贾似道逐一解决这些人，顺序竟也是按照他们倒台的时间逆向排列的。第一个目标自然是前任领导——左丞相吴潜，吴潜在被宋理宗赵昀免职之后，贾似道进一步罗织罪名将他流放循州（今广东省龙川县）。不过吴潜在循州虽然只是一个刑徒，却为当地做了不少实事。吴潜对水利向来颇有研究，当年出任浙东制置使便修筑过被称

苍狼逐鹿

为中国古代四大水利工程之一的它山堰。到了循州之后，他更牛刀小试，针对东龙江（东江上游）常年水患，修建了大路田防洪大堤。此外吴潜还在东山寺创设了"三沙书院"，又名"东山书院"，常偕士大夫、文人墨客在此讲授道经，先后收取了过百余名学生。

对于这样一个人物。贾似道自然不敢掉以轻心。他连忙任命刘宗申到循州当知州，让刘宗申找机会毒死吴潜。不过吴潜毕竟是几起几落的老官僚了，拥有丰富的斗争经验。刘宗申一上任他就在自己的床下挖掘水井，从此之后只喝自己床下打出来的水。刘宗申请他吃饭，他一概推辞。最后逼得刘宗申实在没办法了，只能带上厨师上门请客。吴潜在避无可避之下，最终只能说一句："吾将逝也，夜必雷风大作。"果然当天晚上在广东地区常见的雷暴雨天气中，吴潜从容地写好遗书，端坐而逝。吴潜死后，南宋朝野上下立即有人将矛头指向了贾似道。而贾似道则将刘宗申推出来作替罪羊。不过他或许没有想到十五年之后，他自己也会险些出现在循州。

第十章　襄樊之间

公田买卖
——南宋经济的崩溃和贾似道的"土地财政"

     高高在上的贾似道日子也不好过。诚如他刚刚执掌南宋政府时民间流传的一首民谣所说："收拾乾坤一担担，上肩容易下肩难。劝君高著擎禾手，多少旁人冷眼看。"在"鄂州之盟"后，尽管蒙宋之间没有大的战事发生，但是刘整叛降、李璮入款。双方的战线也反复拉锯，几乎没有一天消停过。而真州军营里还拘押着蒙古郝经使团这颗定时炸弹。贾似道可以选择无视，但是忽必烈不可能遗忘郝经的存在。1263年农历二月，忽必烈的第二批使节团在王德素充、刘公谅率领下又准备南下了。被拘押的郝经也多次上书宋理宗赵昀，贾似道只能继续隐瞒不报。无奈之下郝经只能安慰自己的下属说："我们虽然不幸一起患难。但是只要耐心等待。按照现在的局势，我想南宋政府不可能维持太久了啊！"

     外交事务或许还可以拖拉一下，但是南宋政府日益吃紧的财政却是贾似道永远无法回避的话题。在蒙古崛起之前，一般史学家都认为南宋的经济状态是当时全世界所有政权之中最好的。最极端的说法甚至认为南宋政府每年的财政收入相当于当时全世界各国财政收入的60%。但是支撑这一说法的理论依据大多是南宋政府在和平年代的财政收支表，在连年战乱，四川地区大半国土沦丧的情况之下，南宋政府的财政情况只能用捉襟见肘来形容。要改变这一局面，最好的办法莫过于与蒙古媾和，以每年二十万缗的"岁币"来买一个"和平年代"。对于南宋这笔"保护费"如果可以换来一段时间的休养生息甚至边境贸易往来，应该还是划算的。但偏偏这条路被贾似道自己所吹嘘的"鄂州大捷"给堵死了。继续拘押郝经、拒绝蒙古使团入境，只能引发新的战争。走投无路的贾似道必须迅速筹集一笔庞大的军费，以支撑南宋政府和军队在更为艰难的战局中的运转。

贾似道此前推行的"打算法"，虽然逼迫那些名臣良将从自己口袋掏钱补贴国家军费，但是这点钱和战争的消耗相比根本不成比例。而此时南宋政府长期以来采用增发纸币，借通货膨胀来转移战争开支的道路也走到了尽头。早在"端平入洛"时期，南宋政府便已经开始增加货币投放量了，一时间物价疯涨，民怨沸腾。民间流传着"若欲百物贱，直待真直院"的说法。不过当时宋理宗赵昀任用的真德秀等人却除了大谈理学之外并没有什么有效的经济政策，因此民谣只能发出"吃了西湖水，当作一锅面"的感叹。而到了贾似道时代，南宋政府事实上已经进入了"国计困于造楮，富户困于和籴"的死循环了。也就是说一边是国家大力印发纸币，一边又要以更高的价格向富户征收军粮。而此时临安知府刘良贵和浙西转运使吴势卿提出的回购"公田"政策便成为了贾似道的救命稻草。

所谓"公田"，顾名思义就是南宋政府的国有土地。但是国有土地又怎么会存在回购一说呢！这不得不从南宋政府建议之初抛售"公田"说起。宋高宗赵构执政初期的局面与贾似道时代有些类似。金帝国的步步进逼，使得草创的南宋政府面临着巨额的军费赤字。为了在短时间内筹集大量的资金用于前线抗金战争，宋高宗赵构可以说是无所不卖，不仅大小官爵待价而沽，甚至连僧侣的身份证明——度牒都要花钱认购。在这个情况下抛售没收不法官僚及逃户、尽户没人的田地、江河淤积的沙田以及军队开垦的营田似乎还不算离谱，而为了鼓励私人买公田，政府采取一系列的优惠政策，凡是私人承租田地30年以上的，价钱减少20%；凡是买有公田一千贯钱的免劳役3年，一千贯以上的免5年，五千贯以上的免10年；承买荒田的免三年的田租。从这个角度来看抛售"公田"不算是什么"恶法"，相反还是中国历史上不多的遵循市场规律的经济政策之一。

但是贾似道提出的回购"公田"的模式却完全不同，尽管在贾似道授意的提案官员口中，回购公田有五大好处："如果可以回购此前抛售的一千万亩公田，那么每年国家便可以自行生产六七百万石粮食。用于支撑边防部队的开支绰绰有余。这样一可以免除国家每年征收粮食的烦琐，二是可以用于军饷开支，三能控制中央政府的货币发行量，四是平易物价，五还能遏制土地兼并。"而回购公田首先针对的是南宋的政府官员名下的田产。根据贾似道及其施政团队所指定的限田制，规定一品大员名下的田产不能超过五十顷，然后逐品递减五顷，也就是九品官员只能拥有五顷土地。而超出部分一律由国家购买其中的1/3，收归国有。

应该说到这个层面，"公田法"针对的还只是南宋的政府官员。在贾似道自愿贡献出自己在浙西的万亩良田，以及赵氏亲王的响应之下。朝野上下的反对声浪并不强烈。内阁之中只有礼部尚书徐经孙提出明确反对。不过宋理宗赵昀此时头脑还算清醒，他虽然一时也找不到反对的理由，但是依旧觉得不妥，于是便向贾似道商量："现在正是春耕时期，这一项政策能否等到秋后再推行。"不过贾似道立即以辞呈相要挟。在贾似道的大力推动之下，"公田法"于公元1263年农历二月在浙西平江（今江苏苏州）、嘉兴、安吉（今浙江湖州）、常州、镇江、江阴等地进行试点，随后向全国推广。

为了推行这一新政策，贾似道特意成立专门的政府机关——官田所，任命自己的亲信前往各地督办。这些肩负"督催之责"的官员之中最值得一提的就是刑部侍郎包恢，包恢是北宋时期著名的"包青天"——包拯的后人。而从某种程度上来讲包恢也确实有乃祖之风，在他就任地方官员和刑部侍郎的过程中也处理过一些冤假错案。而包恢虽然是以督办"公田法"的名义兼任平江知府的，但他在就任之后却发现南宋的财政弊端不在于军费开支过大，而在于许多政府的迎送开支都被分摊到普通商户的头上，而主要财政收入如酒税则被南宋的税务官员私自截留。因此在上任之后，包恢一方面缩减政府开支，另一方面整顿地方税务。在他的任期内，平江地区不仅正常供应前线粮饷，填补了前面九任地方官员所遗留下来的财务亏空，还结余了六百余万钱。可见南宋财政的问题并不在于改变土地的所有制，而在于整顿吏制。

不过包恢的个人努力并不能挽救"公田法"在南宋的全国各地沦为千夫所指的对象。因为到公元1263年农历六月，基本上南宋政府官员手中的超限田产已经全部回购了。但是仅有三百五十余万亩，仅满足了此前设想的一千万亩的三分之一强。这其中除了贾似道的施政团队此前订立指标过高外，应该也有南宋政府官员利用职务之便隐瞒自身田产的因素。毕竟在农耕文明时代土地这样的固定资产所产生的收益是无法用货币来衡量的。何况贾似道所领导的"官田所"所制定回购价格不高且支付方式极其复杂。

凡经回买的公田，名义上按亩产量的高低给以经济补偿：田租一石以上的，每亩为二百贯；九斗的为一百八十贯；八斗一百六十贯，以下依次类推。这个价格看似不算太低。因为在史弥远执政时代，南宋地区一亩良田的平均价格在八十贯左右。但那是在"公田法"推行的近三十年前，而从史弥远到贾似道的这三十年中正是南宋通货膨胀最为剧烈的时期。何况各地的地价不同，首先推行"公田法"的试点地区都是南宋农业最发达的地区，浙西地区曾有过"千缗之田"，这虽然是说每亩的纸币价格在一千贯左右，但是换算成铜钱也在二百五十贯上下。

定价不高或许还能接受，而官田所还不是给现金。买公田五千亩以上者，给银半成，官告五成，度牒二成，会子二成半；五千亩以下者，给银半成，官告（委任状）、度牒各三成，会子三成半；一千亩以下者，不给银子，给度牒、会子各五成；五百亩以下者，只给予迅速贬值的会子。看来贾似道不仅在公田问题上铁了心和宋高宗赵构时代的同僚反着来，在官告、度牒问题也是反其道而行之。既然当年可以当作商品抛售，现在当然也能当作货币支付。而贾似道所管理的印钞厂——会子所更是开足马力，每天加印十五万贯，专门用于回购公田。

如果说"公田法"只针对南宋政府官员的话，那么问题或许并不严重。毕竟作为公务员，每月都有固定的收入。那些告身、度牒也不愁没有地方变现。但是由于指标远没有完成，贾似道所制定的"公田法"的矛头很快便转向了普通民众。而对于普通民众所能拥有的田产，"公田法"终于露出了可怕的獠牙——起初每户限制两百亩，随后又降低到一百亩。而收购价格比针对政府官员时更低。田租一石的只给予第十七界会子二百贯或所谓"十七界"（就是南宋政府统一印发的第十七次纸币）。第十七界会子的市场牌价，一贯相当于铜钱五十文。也就是说每亩的价格不过每亩铜钱十贯而已。随后改为第十八界会子四十贯。第十八界会子的市场牌价，一贯相当于铜钱二百五十文。虽然表面上看每亩的收购价还是铜钱十贯。但是由于每天加印十五万贯的第十八界会子冲击市场，这一版的货币在市场上已经无法再兑换到等价的产品。二百文的第十八界会子，居然还买不上一双草鞋。因此当"公田法"针对普通民众几乎就是明抢土地。

而即便是这些不断贬值的纸币，在回购"公田"的过程中也不是足额支付的，只要金额略大，官田所立刻拿出官告、度牒来冲低买款。而这些荣誉头衔的委任状价格倒是高得惊人，一个正八品的修职郎竟然可以顶三千贯的纸币。而军衔如校蔚、承节郎之类的官职由于其"含金量"不同基本上都能冲低万贯纸币以上。

政府这样以虚职换取百姓实产的做法，自然激起了空前的抵制声浪。而为了进一步贯彻"公田法"，官田所负责人刘良贵将回购"公田"和各地官员的政绩相挂钩。凡是推行不力，一律就地免职、永不叙用。在贾似道和刘良贵的指挥棒下，"公田法"试点推行的六个郡县各项工作进展顺利。而在这一环节，"公田法"所损害的依旧是南宋中产以上阶级的利益。虽然有一些非议，但依旧没有引起群体性的反抗。毕竟有家有业的地主阶级还不至于为了额外的田产而发动骚乱。而宋理宗赵昀此时也颇为支持贾似道，对于朝野上下对"公田法"的抨击。他亲自出面宽慰提出辞职的贾似道，替他辩护："言事易，任事难。自古以来都是这样。反对公田法的人很多，我当时也不抱太大希望。但是你却能将这个公私兼济的法令已经推行下去了，每年政府的军饷也都仰赖于此。这个时候因为有一点反对的声音便停止甚至倒退，无非是令议论者逞口舌之快而已。对国家有什么好处？你一向任劳任怨，又何必在乎别人的理论呢！来，姐夫挺你！"

而为了推行"公田法"，南宋政府还进行了声势浩大的"经界"。所谓经界，就是逐户丈量土地，绘图造册。官僚、地主隐瞒田产逃避赋税的情况，南渡以来一直存在，并有愈演愈烈之势。为确保财政收入计，国家当然有必要把全国官户和民户的田产明确无误地登入账籍。早在绍兴十三年（1143年）至绍兴二十年间，由户部侍郎李椿年主持，在全国绝大部分地区推行过"经界法"。经界对确保国家财税、抑制土地兼并是有积极作用的，唯其如此，也遇到来自官僚、地主的顽强阻力。李椿年终于罢官，绍兴经界也没能彻底进行到底。其后，宁宗、理宗时期，部分官吏在局部地区也实行过经界，只是小打小闹，规模无法与绍兴经界相比。但咸淳经界的目的，主要不是清查隐田，抑制兼并，而只是为回买公田提供数据。由于不必丈量土地，只需根据原有田产记录，核查其后变动，准确度自然不及经界，故而称为推排。推排手续简单，因此很快便得以完成。

而回购的"公田"由南宋政府统一运作，出租给无地的农民耕种。而为了鼓励农户的生产热情，官田所对于耕种"公田"的佃农采取"八折"优惠，即定原租额一石的公田，现租只收八斗，如遇到灾年则给予进一步的减免。但是在实际的操作过程之中，各地国营农庄却为了追求产量，不论原额多寡与土质肥瘠，甚至原来只能年收三四斗的公田，也都一律收八斗。同时国营农庄还采用一石三升乃至到一斗六升的大斗征收，使得原先满怀热情的佃农们逐渐对租种"公田"失去了热情，不少官田竟出现了抛荒现象。

而针对在实施"公田法"的过程中，大量用于向官员和民众购买的土地的第十八界会子充斥市场。为了遏制南宋政府日益严重的通货膨胀，贾似道又在公元1264年农历十月推行货币改革，停止第十七界会子的流通，发行铜钱本位的新货币——"金银见钱关子"，在严格限定民间所有第十七界会子必须在一个月内兑换成第十八界会子的同时，又推出了"金银见钱关子"的官方牌价：每一百"金银见钱关子"相当于七十七文铜钱，可以兑换三百第十八界。这样的做法堪称南宋版的"休克疗法"，变相又在流通领域从普通民众手中抢走了大笔财富。

无从抗辩的南宋百姓只能拿新发行的"金银见钱关子"开涮，说这种纸币上上黑印如品字，中红印三相连如目字，下两旁各一小长黑印，宛然一个繁写的"贾"字。而因为纸面上印有宝盖幢幡之状的花纹，因此"金银见钱关子"又被民间称为"金幡胜"。所谓"幡胜"是南宋民间一种金银箔纸绢剪裁制作的装饰品，言下之意自然说是这种所谓"金银见钱关子"在当时物价飞涨、市场萧条的情况根本没有流通能力。还编出"今代麒麟阁，何人第一功"的政治笑话，这个笑话比较有内涵。除了表达贾似道推行的"公田法"和货币改革，在蒙古灭亡南宋可以说是功居榜首之外，还有一个潜层含义。麒麟阁是汉帝国藏历代记载资料和秘密历史文件的库房，同时也保存着功臣的画像。汉代麒麟阁的第一功臣是霍光，而唐帝国也有类似的设施——凌烟阁，其中第一功臣官方的说法是长孙无忌，而民间普遍认为是秦琼。因此"今代麒麟阁，何人

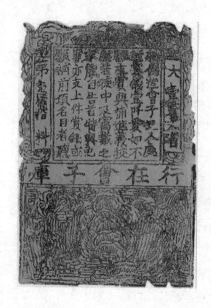

南宋纸币——会子

第一功"也可以理解为："花（霍）光尽穷（秦琼）"。

而在贾似道忙于推行他所制定的"公田法"和货币改革的同时，蒙古方面也没有停止对南宋施加军事压力。而重点依旧是放在西线的四川地区。在蒙哥去世之后，蒙古帝国在四川一线采取分而治之的战略，主要承担对宋作战任务的是东川四帅府。所谓"四帅"指的是由汪德臣之弟——汪良臣统一指挥的三名南宋降将——杨大渊、张大悦和蒲元圭。而鉴于汪良臣在川陕一线忙于与阿里不哥派系军队的内战，东川四帅府虽然名义上由蒙古统帅钦察以及汪良臣领导。但是实际军事事务则交给了杨大渊管理。杨大渊向忽必烈进献的灭宋战略是"取吴必先取蜀，取蜀必先据夔"，也就是进一步向南宋合州、重庆一线推进。

而在忽必烈与阿里不哥争夺汗位的战争之中，南宋方面在四川地区也展开了一系列的反击。不过这种所谓的反击更多的是在政治层面而非军事领域。贾似道和接替俞兴出任四川制置使的朱禩孙多次派出密使携带空白委任状和丰厚礼物劝说杨大渊等人反正。但是此时颇受忽必烈信任的杨大渊却借贾似道密使的人头向忽必烈进一步证明自身的忠诚。

公元1263年农历九月，从陇西战场回镇东川四帅府的汪良臣下一步将在南宋前沿要塞钓鱼城附近的母章德山、武群山修筑营垒，采取"昼则出逻设伏，夜则画地分守"，进一步压缩南宋军队的活动空间，可以说是要"堡垒对堡垒"的战术发挥到了极致。而南宋四川制置使朱禩孙企图趁敌立足未稳的反击也被汪良臣在野战中击溃。南宋合州防线再度摇摇欲坠起来。但是在曾经击败过蒙哥大军的南宋名将王坚被贾似道排击、调走之后，又一位南宋将领张珏崛起于被后世称为"东方麦加、上帝折鞭处"的钓鱼城上。1263年农历十月，张珏被任命为兴元府诸军都统制兼利州东路安抚使、合州知州。面对汪良臣和杨大渊的步步进逼，张珏并不急于反击，而是着手积极恢复当地的农业生产，训练士兵，修整兵器。与此同时，张珏和四川军区新任领导夏贵也不断地派出运输队强化位于合州以北的得汉城一线的防御。通江得汉城是余玠时代构筑的"巴蜀八柱"依旧还在南宋掌握之中的三座要塞之一。得汉城的存亡直接关系到合州钓鱼城乃至整个南宋四川方面防线的安危。

　　蒙宋双方在四川一线的反复拉锯，令忽必烈多少有些厌倦。而此时前往燕京觐见忽必烈的刘整向这位蒙古帝国的统治者提出"急攻缓取"的思路，得到了忽必烈的认可。应该说在叛降蒙古之后，刘整的日子并不好过。在吕文德的反击之下，刘整被迫放弃了自己在泸州一线的地盘。而此前招降他的"刘黑马"刘嶷也因病去世。因此刘整在叛降蒙古很长一段时间内都处于尴尬的"冷板凳队员"位置。因此他利用自己对吕文德的了解，向忽必烈建议："南宋所依靠的无非是吕文德这个'黑炭团'而已。此时人好利，可以派人向他提议在襄阳前线设立两国通商口岸。"局势的发展也如同刘整所预料的那样，吕文德不仅同意了在襄阳、樊城等地设立"榷场"，更任由蒙古方面以防备盗贼为由在"榷场"周围设立土墙。蒙古方面则更进一步通过违章搭建将通商口岸转变成逼近襄、樊的要塞。此时的忽必烈已经开始接受刘整灌输的放弃四川一线，转向荆湖战区的战略思路。

　　蒙古帝国逐渐转移其进攻轴线时，宋理宗赵昀终于走完了他61年的人生历程。继任者自然是皇太子赵禥。而在南宋政府的权力分配方面，文官系统顶住了皇太后谢道清"垂帘听政"的设想。在这一轮的权力争夺之中，虽然冲锋在前的是高呼"母后垂帘，岂是美事"的。权参知政事（代理副总理）叶梦鼎，但是最终得益的还是长期以来和叶梦鼎政见不和的贾似道。对于这一点贾似道可以说是投桃报李，虽然叶梦鼎一再推辞自己"参知政事"职务的转正，但是最终还是勉强留任。从此南宋政府进入了宋度宗赵禥时代。而贾似道和这个年轻的皇帝以及皇太后谢道清的暗战此刻不过是刚刚开始。

宋度宗赵禥

在宋度宗赵禥手下工作，贾似道虽然获得了太师、魏国公的荣誉头衔，宋度宗赵禥对他的态度也异常的客气，但是贾似道此时的实际工作却是"总护山陵使"，负责宋理宗赵昀的陵墓修建工作。对于这样的投闲置散贾似道自然是不甘心。于是在宋理宗赵昀的陵墓修完之后，他便辞职回乡，同时又让自己的政治盟友吕文德伪造蒙古军队大举南下的警报。无奈之下宋度宗赵禥和皇太后谢道清只能下诏邀请贾似道复出，但是对于授予自己镇东军节度使的任命，贾似道显得颇为不满，因为在他看来："节度使，粗人之极致耳！"于是在出任后不久便以"时日不利，亟命返之"的名义回归临安。不过贾似道这种"狼来了"的把戏，最终真的引来了蒙古帝国的狼群。公元1265年农历八月，蒙古悍将兀良合台之子阿术从云贵高原转战到了河南平原，在两淮轻松击溃了南宋的多路野战部队。

不过此时的贾似道没有心思关心这些，他一再以辞职为筹码向宋度宗赵禥要权。甚至逼得宋度宗赵禥要起身拜留他。好在一旁的参知政事江万里及时制止了这一闹剧，表示"自古无此君臣礼！陛下不可拜，似道不可复言去"。对此贾似道事后也觉得不妥，私下向江万里致谢说："没有你，似道几乎成为千古罪人！"但是表达谢意和继续施压并不矛盾。既然从宋度宗赵禥方面打不开突破口，贾似道便转向朝野百官。贾似道在召集政务会议时，曾对在座的官员发出了"诸君不是我的提拔，安得至此"的警告。虽然大多数人选择了沉默，但是权礼部侍郎李伯玉却正面回答道："我是殿试第二名，就算你不提拔，我也能到这个位置。"但是这样有胆色的人在南宋末年"民穷、兵弱、财匮、士大夫无耻"的大环境之下终究是少数。不久，贾似道将眼中钉李伯玉以显文阁待制的身份派到隆兴（今江西省南昌市）作知府去了。贾似道最终以特授平章军国重事重掌大权。

经过了一番波折之后重新登上权力巅峰的贾似道显得更为嚣张跋扈，他常年居住在自己西湖葛岭的府邸之内，所有的国家政务全都在自己家中签署。内阁俨然成了他的橡皮图章。因此当时南宋朝野有"朝中无宰相，湖上有平章"的感叹。而每次处理完政务，贾似道就在自己家中的半闲亭打坐。对此不乏有附庸风雅者填了一首《唐多令》的词来献媚于这位权臣："天上谪星班，青牛初度关。幻出蓬莱新院宇，花外竹，竹边山。轩冕倘来问，人生闲最难。算真闲不到人间，一半神仙。先占取，留一半与公闲。"但是在当时的南宋所面临的环境之下，贾似道很快便不能再这样"忙中偷闲"了。

襄阳之围
——蒙宋战略相持和最终决战

公元1267年农历八月，蒙古征南都元帅阿术再次举兵南下，这一次他的目标不再是两淮，而是南宋荆湖军区前线的襄阳和樊城。在大肆劫掠之后，阿术在牛心岭会战中大败南宋荆湖军区的野战部队。面对困守襄阳的吕文焕，阿术立马于虎头山上，鞭指汉东白河口说："若筑垒于此，襄阳粮道可断也。"而此时在蒙古帝国的中枢，新任南京宣慰使的刘整正在向忽必烈推销自己的襄阳战略。刘整曾在南宋荆湖军区名将孟珙的麾下工作过，对于襄阳的地形及其战略位置的重要性都有一定的了解。因此忽必烈最终采纳了他"先攻襄阳，撤其捍蔽，然后浮汉入江，则宋可平也"的建议，让刘整协助阿术对襄阳展开全面的围攻。作为曾经转战过大理、安南的名将，阿术深知自己麾下蒙古骑兵的优点和短板，于是向忽必烈提出："若遇山水、寨栅，非汉军不可。"请求增调史枢统帅汉族步兵进入战区。

而就在蒙古大军不断地在襄阳外围构筑据点，准备长期围困之时。襄阳前线也传来了胞弟吕文焕的告急蜡书。不过对于战局吕文德却显得信心十足，因为在他看来，襄阳、樊城两大要塞经过南宋政府的多年经营，武器和粮食储备都足以支撑十年。等到汉江水位上涨，南宋占据优势的水军便可以轻松地纵横往来。但是，认识到南宋水上优势的并非只有吕文德。抵达襄阳前线的刘整首先便向阿术建议："我军的优势是骑兵突击，但是在水上作战却往往不敌对手。要想征服南宋就一定要遏止他们的长处——打造舰队、训练水兵。"当然，建立一支能战的水上劲旅并非一朝一夕的事情。因此阿术和刘整首先在白河口及鹿门山一线建立夹江防线，随后又在汉江中打造水上要塞。初步遏制了南宋军队一直都仰仗的内河舰队。

面对蒙古军队的围困，南宋军队虽然在内线不停地发动反击，希望能拔除对方步步进逼的堡垒。但最终都以失败而告终。此时南宋朝野之上开始将打破僵局的希望寄托于更换前线指挥官之上，而最近在襄阳一线击退蒙古入侵的只有在"打算法"中已经因为挪用公款而被罢免的高达了。御史李旺向贾似道提出建议，由高达统领各路援襄军队。贾似道的回答倒也坦诚："我任用高达，那么吕家兄弟怎么办？"可见虽然吕文德在谢方叔案件上虽然对贾似道不够迎合，但依旧是贾似道在军队中的主要政治盟友。对此李旺也只能感慨："吕氏安，则赵氏危矣。"吕文焕在襄阳一线不断地制造胜利的假象，以阻止临安方面易将的企图。而事实上随着蒙古方面水上力量的日益强大，南宋方面由夏贵和范文虎指挥的内河舰队多次增援襄阳的努力也惨遭失败。

"刘整如果真的敢胡来，我一定亲自前往襄阳。不过估计到时候他早就跑了。"曾经放出豪言的吕文德最终没有机会兑现他的承诺。1269年农历十二月，这位转战半生的悍将因为背疽发作而去世。据说吕文德死前曾一直以准许蒙古设立"通商口岸"（榷场）最终陷入对方的堡垒围困为憾事。在"误国家者我也"的感叹中饮恨而去。事实上即便没有前期的"榷场之谋"，凭借着野战中压倒性的骑兵优势，蒙古帝国在襄阳外围强行构筑野战工事尽管可能会付出更大的代价，但是南宋方面最终恐怕仍无力阻止襄阳的被围。吕文德真正的问题在于，在贾似道推行"打算法"的过程中没有保护任何人，从而直接导致了南宋政府的大批宿将含冤离去。

接替吕文德指挥南宋荆湖军区的是贾似道一直颇为欣赏的儒将李庭芝。但是他对李庭芝的信任终究比不上不通文墨却老于官场的吕文德。而贾似道的女婿范文虎更对李庭芝颇为轻视。他利用自己和贾似道的关系大吹法螺，表示："我率兵数万进入襄阳，一战就可以扫平敌军，没有必要由李庭芝来指挥，这样所有的功劳才能归到您的名下。"对于这种近乎天方夜谭的说法，贾似道竟信以为真。而依仗着自己岳父的权势。身为福州观察使的范文虎拥兵自重，每每携带美姬娇妾，在军中跑马击毬，恣情玩乐，视李庭芝的军令为儿戏。而除了范文虎之外，襄阳前线的另一位统军大员——湖北安抚使兼鄂州知府高达对李庭芝的命令也采取无视的态度。不过高达的矛头针对的不是李庭芝，而是迫于朝野舆论才不得不起用的贾似道。

襄阳前线将帅失和，举步维艰。而在临安城中，贾似道却采取严格的舆论管制、封锁消息。先是起居郎兼权吏部侍郎王应麟提出："国家所恃者大江，襄、樊其喉舌，议不容缓。但是政府却依旧保持原有的工作效率。事几一失，岂能自安？"对于"为什么不转入战时体制"的质疑，贾似道的回答是："你家里喊你回去丁忧！"王应麟回家之后虽然没有再在政治上有所建树，但是由他编撰而成的儿童启蒙读物《三字经》却流传后世，成为此后中国儒家早期教育的重要必修科目。

另一个在这一段时间被贾似道罢免的官员是未来的南宋政治明星文天祥。1270年文天祥因为在瑞州地区的政绩而被提升为军器监和崇政殿说书。文天祥的升迁在很大程度上得益于自己的努力，但是在贾似道看来却是自己的恩赐。当贾似道再度以辞职相要挟，文天祥在为宋度宗赵禥起草挽留诏书时，不仅没有按照惯例大肆吹捧贾似道的功绩，反而指责其行为是"惜其身"、"违朕心"。对此，贾似道格外恼火。于是三十七岁的文天祥被停职留薪，同样赶回家去了。

随着襄阳前线的局势日益吃紧，贾似道不得不将手从朝堂伸向了宋度宗赵禥的后宫。因为有一天宋度宗赵禥突然问贾似道："襄阳是不是已经被围三年了？"贾似道早已练就了处变不惊的本领，从容回答道："蒙古军队早已撤走，陛下从哪里听到这个小道消息？"在得到了宋度宗赵禥是从宫女口中得知的回答之后，贾似道立即发动自己的情报网络，找到这个宫女，随便编了个理由

文天祥

处死，以儆效尤。不过不得不说贾似道也不容易，毕竟宋度宗赵禥以好色闻名，根据宫中旧例，如果宫妃在夜里奉召侍奉皇帝，次日早晨要到合门感谢皇帝的宠幸之恩，而宋度宗赵禥所保持的夜御三十人的记录，估计是有宋一朝空前绝后的。要在宋度宗赵禥所接触过的宫女中找出那个"真凶"，想来贾似道也的确是花了一番工夫的。

到了1272年，已经改称为元的蒙古帝国在两淮和四川地区连续发动进攻以牵制南宋兵力的同时，对襄阳和樊城的围困进入第五个年头。在过去的五年之中，元帝国的前线指挥官不断完善着对这两座要塞的封锁。而由吕文焕指挥的城内守军虽然粮食储备还有富余，但食盐、燃料以及布帛却已经严重不足。而此时连樊城守将张汉英派出潜伏于水草中随波逐流的"游泳健将"也被巡逻的元帝国士兵擒获，两座要塞的陷落似乎已经不可逆转了。

在张汉英所写的求援信中非常明确地指出了元帝国封锁圈的弱点——"鹿门山虽然在敌人的控制下，但是仍能通过荆州、郢州进入战区。"而发现这一点的并非只有张汉英一个人。指挥整个荆湖战区的李庭芝此时已经将自己的指挥部前移到了郢州。而在南宋帝国的各路正规军都畏缩不前的情况之下，他所能派出的只有张顺、张贵所指挥的三千民兵。抱着必死的决心，这三千人乘坐着几乎没有防御设置的轻舟从汉江上游，发源于均山、房山的清泥河顺流而下，转战一百二十多华里，一路突破元帝国的水陆封锁线直达襄阳城下。尽管这次突袭成功令襄阳守军士气高涨，但是在行动中担任断后任务的张顺身中四枪六箭，英勇殉国。

我们不知道这位宋朝末年的张顺和《水浒传》中同名的梁山好汉有什么渊源。但是这位张顺显然没有"浪里白条"那么牛气的外号，他被人称为"竹园张"。想来也许是家中以竹园为产业或者只是替人看守竹园的普通人。他却用自己的行为印证一个中华民族在危难面前永远口号："天下兴亡，匹夫有责！"但是侥幸抵达襄阳的张贵，在两个月后的突围行动中，由于南宋将领范文虎的约期不至和情报泄露，惨死在阿术和刘整的屠刀之下。

在自己苦心招募和训练的民兵部队全军覆没之后，李庭芝向南宋政府提出以卢龙军节度使和燕郡王的头衔招揽叛降蒙古的刘整。这样的虚衔显然是不足以说服此刻大权在握的刘整，如果李庭芝不是智商突然下降，那么这样的行动就只有一个解释：反间计。可惜的是尽管携带着告身、金印、牙符及李庭芝书信的僧人永宁成功在蒙古境内被擒获。忽必烈也派出大臣张易、姚枢调查此事。但是最终从襄阳前线赶回元帝国大都的刘整还是成功地洗清了自己，而当刘整返回襄阳前线之时，他带回的除了忽必烈的信任之外还有一件足以改变战局的新型武器——回回炮。

回回炮以其发明者——阿老瓦丁和亦思马因都是来自西域的穆斯林而得名。这种武器原理上虽然依旧是采用杠杆原理抛射巨石。但是其射程和所发射的石弹的重量在当时却是空前的。当然诚如革命导师教育我们的那样"决定战争胜负的永远是人，而不是一两件新式武器"。事实上，在回回炮进入襄阳战场的前后，元帝国一线指挥官随世昌、张弘范的奋战已经打开了樊城的大门。而回回炮那击碎襄阳城头谯楼的炮击，不过是压垮骆驼的最后一根稻草而已。1273年农历二月，南宋荆西安抚副使吕文焕打开了襄阳的城门出城投降，归顺元朝。长达近六年的襄阳、樊城战役最终以元帝国的胜利而告终。

对于南宋长江中游防线的崩溃，执掌大权的贾似道却显得异常的无辜。他向宋度宗赵禥表示，这完全是由于对方一直不让他离开临安前往前线的缘故。如果自己可以亲自出马，局势应该"当不至此"。在襄阳陷落前期，贾似道的确一再上书表示愿意前往前线。但是同时他也利用自己的党羽在朝野放出贾似道离开临安"顾襄未必能及淮，顾淮未必能及襄，不若居中以运天下"的议论。而随着襄阳的易手，贾似道再度表示要前往第一线以便"上下驱驰，联络气势"。不过宋度宗赵禥似乎也习惯了对方的这种左右互搏之术，直接发嗲说："师相岂可一日离左右！"于是贾似道顺理成章地在中书省设立南宋版的"军机处"——机速房，继续在临安遥控指挥全局战事。

尽管在后世的文人笔记中留下了许多关于贾似道暴虐的传闻，如元代刘一清的《钱塘遗事》便描述了一则贾似道出游西湖因为自己的侍女偷瞄美少年而大吃飞醋，将其斩首的故事。而《宋史》中更有贾似道将误闯自己府第的小姜之兄捆绑后投入火中的记录。不过公正地说贾似道有些时候还是宽容的，特别是对于自己政治上的盟友。襄阳失守之后，不仅一直以来在援襄作战中出工不出力的范文虎只是被降职而已，而吕文焕的哥哥吕文福，吕文德之子吕师夔更是没有受到任何牵连。不过作为南宋荆湖军区的主要领导李庭芝的处境却比较微妙了，他先是被贬至广南，随后又罢官于京口。接替李庭芝的是气壮斗牛的权兵部尚书汪立信。

在襄阳被围时期，汪立信便向贾似道提出过著名的《紫原三策》。虽然说名义上是"三策"，但是汪立信实际上只提出了两项建议：一是立即抽调南宋全国的野战部队前往长江以北建立新的防线。二是迅速释放被拘押的元帝国郝经使团，以交纳岁币的方式换取两到三年的缓冲期，所谓的最后一策则是告诉贾似道如果前两点都办不到的话，那么南宋政府干脆投降算了。《紫原三策》虽然表面上看起来颇有气势，但实际却几乎没有可操作性。毕竟南宋政府当时的国力根本不可能调集汪立信所谓"算兵帐见兵可七十余万人，老弱柔脆，十分汰二，为选兵五十余万人"的大军。而胜券在握的元帝国此刻正一心想要"乘破竹之势，席卷三吴"也根本不可能给你和谈的机会。倒是第三策似乎还有点施展空间。对此贾似道的回答是："死瞎子，你还真敢吐槽啊！"

尽管汪立信向来被认为是南宋治军理民的一把好手。而其此前在潭州地方的表现也是可圈可点。但是在前沿要塞——樊城和襄阳相继失守的情况下，南宋一向重点经营的荆湖军区虽然不至于说是被打成了空壳，但至少也是门户大开。面对随时可能顺江而下的元帝国重兵集群。长期以来一直被视为后方的南宋沿江军区此刻也变成了前线。和贾似道私交不错的赵溍、陈奕分别以沿

晚年的"蟋蟀宰相"贾似道

击溃心理防线的襄阳回回炮

江制置使的身份兼任建康和黄州留守。而在两淮安抚制置使兼扬州知府印应雷暴病而亡的情况之下，在援襄战役中承担领导责任的李庭芝被重新起用。

应该说李庭芝在两淮军区特别是扬州地区有着极高的个人威望。在他经营两淮的过程中不仅兴办盐业、疏通河道。更大量地招募中原的难民充实军旅，最终组织一支两万人规模的"武锐军"驻守于扬州城外的平山堂要塞之中。而这一次回归扬州李庭芝更竭力网罗淮南的能人志士，时有"得士最多者，淮南第一，号称小朝廷"的议论。而未来将最后背负南宋希望的陆秀夫止是以李庭芝机要秘书（机宜文字）的身份崭露头角的。但是对于两淮军区在未来战争中所扮演的角色，李庭芝却有着自己的想法，在他看来，随着元帝国大军的顺江而下，两淮军区事实上同时承担两个方向的作战任务——坚守淮东的扬州以及与长江南线的部队协防、扼守庐州—芜湖一线。因此李庭芝特意向南宋政府提出分割两淮军区，自己主抓淮东——扬州一线的防御工作，而由夏贵统领淮西的部队在庐州一线待命。

在日益感觉末日临头的危机意识之下，执掌南宋政府的贾似道也不得不起用大批曾经与自己不和但确有才能的官吏。公元1273年农历十二月，在家赋闲三年之久的文天祥被重新起用为湖南提刑，其后不久又以赣州知州的身份返回自己的故乡，招募民兵准备加入最后的决战。在赴任的途中，文天祥特意去拜见了自己的再传恩师——江万里。面对不容乐观的局势，早已老迈的江万里不由感慨道："我已经老了，想来不久之后便要变天了。曾经阅人无数，但也只有你可以肩负拯救世道的重任，好好干吧！"师徒二人流着泪至此永别。

　　1274年农历七月，就在忽必烈下达对南宋的总攻命令后的一个月。年仅33岁的宋度宗赵禥由于长期纵欲终于死了。不过宋度宗赵禥声色犬马的生活还是有成果的，至少在后嗣方面他要比自己的两位膝下无子的前任——宋理宗赵昀和宋宁宗赵扩要强得多。这一优势带来了两大影响，首先由于宋度宗赵禥有几个儿子，所以其他宗室基本无力窥探大宝，其次由于宋度宗赵禥死的时候本身就很年轻，因此他的继任者也就只能从那些几乎还不谙世事的孩童中选拔。贾似道主张由宋度宗赵禥的次子——年仅4岁的嘉国公赵㬎出来接任帝位，为此与朝野中力挺宋度宗赵禥长子——建国公赵昰的势力不免有些摩擦，不过客观地说贾似道这么做没什么错，因为按照中国皇家的继承法，从来都是"有嫡立嫡，无嫡立长"，何况建国公赵昰当时也不过6岁而已，同样对政局没什么帮助。而此时的贾似道虽然已经大权独揽，却已经没有理由再拒绝已经贵为太皇太后的谢道清出来垂帘听政了。

　　而此时已经65岁的谢道清显然要比宋度宗赵禥老辣得多，她出面代理宋恭帝赵㬎主持朝政所主持的第一件事务便是督促贾似道亲自统军迎战步步进逼的元帝国南征军团。而无奈之下不得不出马的贾似道利用自己的权力做了最后一次大规模的人事调整。以自己的亲信——朱禩孙出任荆湖、四川两大军区司令兼任江陵知府，由当年在鄂州战役中保护自己脱险的"福将"孙虎臣统一指挥各路人马。在筹集了大量军费的情况下，召集全国各地的野战部队前往临安勤王。

　　事实上元帝国的南征军团在夺取了樊城和襄阳之后，进展也不顺利。他们首先在汉水之南遭遇了由张世杰负责的南宋郢州要塞的顽强抵抗。郢州要塞扼守着汉江进入长江的水道，在南宋国防的战略地位上看不弱于樊城和襄阳。在屡攻不克、劝降无果的情况下，如果不是身为元帝国南征军团总司令的伯颜果断采用阿术和吕文焕的战略，从汉江下游黄家湾堡拖船入藤湖，再由藤湖进入汉水的迂回战略的话，而按照其他元帝国的将帅要求拔除郢州要塞，以巩固后勤补给线的设想，那么郢州很可能成为第二个吞噬元帝国无数人力、物力以及时间的襄樊。亲自与阿术率领百余精锐骑兵断后的伯颜提醒了自古以来所有大兵团指挥官值得注意的一个问题："大军之出，岂为一城哉？"

在击溃了张世杰派出的两千骑兵之后，蒙古大军顺流而下，先后攻克了南宋荆湖军区纵深的防御据点——沙洋、新城（均在今湖北省钟祥市以南）、复州（近湖北省仙桃市），兵锋直抵长江。此时身为前线指挥官的阿术再三派人向伯颜询问渡江计划。但伯颜的态度却始终是淡定的"不答"。直到阿术亲自登门，伯颜才对他上了一堂保密课程："渡江计划是大事，只能你我二人知道。又怎么可以传到第三人的耳朵里呢？"而按照伯颜的计划，蒙古大军由蔡店（今湖北省武汉市汉阳区以西）进逼汉阳。

此时南宋政府同样清楚长江已是足以抵御元帝国铁骑的最后屏障。因此在长江中游一线猬集了庞大的兵力。除了由权知汉阳军的王仪、权知鄂州张晏然以及都统王达分别守备汉阳、鄂州以及阳逻堡之外，更由淮西安抚制置使夏贵统帅内河舰队主力在长江上往来游弋，荆湖军区司令朱禩孙率游击军在长江南岸巡逻策应。可以说是构成了一条相对完整的江防体系。元帝国军队在鄂州、汉阳周围的柳子、鲁伏、新滩、沌口等地发动试探性的进攻，均以失败而告终。

但是拥有战场主动权的伯颜最终采取避实击虚的方式，在大举伴攻汉阳吸引南宋内河舰队主力回援的同时，乘隙夺取长江以北的沙芜口。沙芜口是发源于湖北大洪山麓的沧河（今湖北省境内的府河）入江口，随着元帝国的工兵凿开汉水堤坝，集结于汉水之上的元帝国舰队顺利地通过沧河进入长江。元宋双方内河舰队之间的决战由此正式展开。

在刘整等人多年苦心经营和训练之下，元帝国已经拥有了一支颇为精锐的内河舰队。为了增强元军的水上优势，刘整也算是煞费苦心，即便是在雨季无法在江面训练，他也要求部下们在营垒之中画地为甲板，演练攻防战术。而经过汉江流域的多年实战磨炼，此刻元帝国的内河舰队已经可以在长江这样开阔的水域与对手一决高下了。在第一轮的水上交锋中，夏贵的南宋水师不仅没有讨到便宜，还损失了包括夏贵之子夏松在内的大量有生力量。南宋在长江南岸的重要据点——阳逻堡直接暴露在元帝国的密布江面的元帝国舰队面前。

守备阳逻堡的南宋都统王达很清楚自己的责任和此战对于自己国家的意义。他对伯颜派来劝降的使节发出了"今日我宋天下，犹赌博孤注，输赢在此一掷尔"的怒吼。而在奋勇争先乘坐着名为"白鹞子"的轻型舰艇强渡长江的敌人，王达更死守江岸三天之久。最终逼迫伯颜再度派阿术逆流而上，在距离阳逻堡四十华里的青山矶乘雪夜偷渡，以期迂回阳逻堡的侧翼。但是在青山矶的江岸之上，阿术的突击队再度遭到了南宋荆鄂都统程鹏飞的水陆夹击。在一场恶战之中，不仅参战的史天泽之子——史格多处负伤，连阿术本人也在登陆过程中一度陷入混战而失去了指挥权。但随着桥头堡逐渐巩固，后续的蒙古骑兵进入战场，最终南宋军队的反击还是以失败而告终。

在青山矶，阿术迅速建立了一座浮桥，接应元帝国的大军陆续渡江。听到敌军成功渡江的消息，夏贵顿时失去了再战的勇气，他率领着自己嫡系的三百艘战船脱离战场，南宋方面云集内河舰队也随即崩溃。地面战场之上死守阳逻堡的王达和麾下的八千将士以身殉国。朱禩孙统率的游击军也随即撤回江陵。失去了野战部队支援的汉阳和鄂州随即开城投降。面对溃逃的夏贵，伯颜并没有急于追击，他轻松地表示："我本来还想派人向南宋方面报告我军在阳逻堡的胜利，现在夏贵回去应该可以替我转达了吧！"而对于最终选择了投降的王仪、张晏然以及在鄂州放下武器的程鹏飞或许我们也没什么可以指责的，毕竟诚如吕文焕在鄂州城下所说的那样"汝国所恃，江、淮而已。今大军渡江、淮如蹈平地，汝辈不降何待！"随着江防的崩溃，南宋的灭亡已经进入了倒计时，继续抵抗很大程度上只是在增加不必要的伤亡而已。

而一心想要效仿北宋平定江南名将曹彬的伯颜也一再严肃部队纪律。而对于程鹏飞这样的南宋将领他也予以了重用，任命其为荆湖宣抚使。当然程鹏飞也必须承担其他一些义务，如北上黄州劝降自己的领导——沿江制置使陈奕。与程鹏飞这样曾在战场上拼杀过、负伤过最终迫于形势而放下武器的将领相比，陈奕的表现就多少有些无耻了，他在派人过江请降的同时还为自己要求官爵。对此伯颜一笑置之，说："你只要率众来归，还担心没有名爵吗？！"随即开出了沿江大都督的价码。而在陈奕的"榜样"之下，南宋沿江州郡无不望风而降。而其中吕文德之子——吕师夔不仅拱手献上了江州城，更在款待伯颜的酒宴之上引出两个盛装的妙龄女子。据说这两个还不是寻常的烟花女子，算起来也是南宋皇家的宗室，不过吕师夔的"美意"却引来了伯颜的呵斥："吾奉天子命，兴仁义师，问罪于宋，岂以女色移吾志乎！"

不过吕师夔毕竟是新近投降的南宋名人，又是吕文焕的侄子。因此呵斥归呵斥，在随后的生涯中，吕师夔不仅继续充当着平定江南的急先锋，在和平年代更过着钟鸣鼎食的逍遥日子。据说在死后留下了总计十四份，每份"金二万两、银十万两、玉带十八条、玉器一百多件、布二十万匹"的丰厚遗产，以至于当时有人感慨："以此观之，石崇又何足数也。"我们不去追究吕师夔这笔丰厚财产的来源，但无可否认的是吕氏家族从当年淮西安丰的一个普通樵夫能发展至此，可谓是"人生的赢家"。

　　而与吕文焕和吕师夔相比，另一位南宋降将刘整的日子却过得比较凄凉。在元帝国大举南下之前，刘整本来接受的任务是与吕文焕一起担任大军前锋，但是随即却被派往了次要战场——淮南，这个时候刘整虽然已经有些郁闷，但是依旧充满了信心和希望，他向伯颜建议利用南宋军队的主力集中于长江中游一线的有利时机，由自己统率一路偏师从长江上游渡江直插临安。对于这一颇具风险的计划，伯颜不仅没有批准，更表示："我受命南下只不过是阻击南宋对襄阳、樊城的反扑而已，从来就没有得到过要渡江的授权。"根据此前伯颜和阿术之间关于渡江时间上所采取的保密措施，伯颜这或许不是有意欺骗，但至少也体现了伯颜对刘整的疏远。最终刘整只能指挥一支骑兵部队前往攻掠淮南，最终屯兵于长江北岸的无为军地区。当得到吕文焕在汉阳和鄂州一线取得的辉煌战果之时，刘整心中的不平衡无疑达到了顶峰。在"办实事永远没有好下场"的抱怨声中，曾以"赛存孝"之名纵横战场多年的悍将最终病死军中。

大厦将倾
——南宋灭亡过程中的抵抗和幻灭

　　在文天祥及后世许多史学家的眼中刘整有幸位居"亡宋贼臣"的榜首，但事实上纵观刘整的一生，他对南宋所造成的损害远比不上其政府内部的派系倾轧。向忽必烈提出攻取襄阳、然后顺江而下战略构想的并不只有刘整一个人，在他之前蒙古帝国的汉族大臣史天泽、郭侃等人都发表过类似的言论。刘整的意见只是在一个恰当的时候出现在对四川战区已经失去信心的忽必烈耳中。而训练水师尽管是刘整一手主抓的，但是从蒙宋此前的水上战役的记录来看，拥有国力和兵员优势的蒙元帝国要打造一支水上劲旅并不困难。而真正将刘整的内河舰队从汉江领域投入到长江战场之中终究还是伯颜和阿术。或许刘整对蒙元帝国最大的贡献是他病亡的消息被远在临安的贾似道误认为了转机，率领着自己庞大的机关系统和南宋从全国调集的十三万精锐从首都出发。

　　此时的贾似道已是一位62岁的老人，多年以来养尊处优、痴迷于斗蟋蟀和古玩的"半闲"生活早已令他不复当年指挥鄂州战役时的坚韧和果断。在效仿诸葛亮向宋恭帝赵㬎上了一道《出师表》之后，携带着众多辎重和金帛的野战部队终于缓慢地向前线进发着。而比武装部队先行一步的是曾与忽必烈签署"鄂州之盟"框架协议的职业外交官——宋京。不过这一次忽必烈没有了后顾之忧，于是伯颜轻松地回答道："我们的部队如果没有渡过长江，这个'议和入贡'的事情还可以商量商量，不过现在你们长江以南的地方官员都争着来投降，我也很难办啊！"随后表示宋京说了不算，还是请贾似道亲自前往磋商。贾似道自然没有勇气去以身试险，派了两个幕僚阮思聪、束元嘉代为前往。可惜这两位连宋京都不如，领受了命令之后始终不敢前往，只是准备好了小船以便随时

南宋主力战舰——车船

跑路。

　　与无能的幕僚相比，贾似道长期以来信任的武将们也好不到哪里去。南宋安庆战备区司令范文虎不等元帝国的部队进入自己的防区，便派人前往江州请降。作为长江中下游的咽喉之地，兵不血刃便能收取安庆自然令伯颜很是兴奋，立即授予了范文虎两浙大都督的委任状。对于自己的这个女婿，贾似道似乎也不好意思太过指责，于是将责任推给了范文虎的直接领导——沿江制置使赵溍。而当贾似道麾下连绵百里的内河舰队一路磕磕绊绊地从新安进入长江领域，在芜湖与从前线撤回的夏贵所部会师之时，这位沙场老将也早无余勇可贾，面

　　　　　　　　　　　　　　　　　　　　　苍狼逐鹿

对贾似道他从袖子里拿出一张写着"宋历三百二十年"的小纸条，其寓意很明显——"日子到头了"。

在芜湖，贾似道还遇到了一位老熟人——此刻正以端明殿学士、沿江置使、江淮招讨使的身份前往建康招募新兵的汪立信。虽然还不曾万里，但却也算是他乡遇故知。两个老头在各自的末日之旅中相逢显得格外感怀。贾似道拍着汪立信的背说："端明、端明，我没有听你的意见，终于走到了这一步啊！"汪立信则回答说："平章、平章，今天我这个死瞎子还有一句话要说。"贾似道此时自然是从谏如流，可惜汪立信说的是："今江南无一寸赵家地，某去寻一片干净土上，死也要死得分明。"最终汪立信兑现了自己的诺言，病死在了沦陷区之外的江北高邮。对于他的死，后人给出这样的评价："厚我藩垣长彼贪，不然衔璧小邦男。庙堂从谏真如转，竟用先生策第三。"

和汪立信分别之后，贾似道似乎也被对方的壮烈所感动。终于拿出了拼死一战的勇气，任命孙虎臣率领七万精锐陆军在刚刚沦陷的池州下游构筑防线。夏贵指挥南宋内河舰队在长江中布阵，自己则坐镇鲁港。可惜的是贾似道的勇气无法感染所有人，作为南宋这支最后重兵集群的一线指挥官——孙虎臣和夏贵都属于那种只能打"顺风仗"的将领。随着元帝国远程攻击部队架设在长江两岸的回回炮（此刻已经改名为襄阳炮以增加威慑力）齐声轰鸣，孙虎臣首先跳上自己小妾的船开溜。夏贵也选择了不战而走，不过他比孙虎臣厚道一些，路过贾似道所乘坐的战舰还打了个招呼："彼众我寡，势不支矣！"在这一盆冷水的当头浇灌之下，贾似道顿时被打回了原形，发布了全军总撤退的命令。而在元帝国水师的全力追击之下，撤退随即演化成了崩溃。正是"丁家洲上一声锣，惊走当年贾八哥。寄语满朝谀佞者，周公今变作周婆。"

而在真州（今江苏省仪征市）的珠金沙河口召开的军事会议之上，孙虎臣和夏贵对芜湖战役却有另一番描述。孙虎臣哭着表示不是自己不努力而是部下不拼命。担任南宋陆军先锋的勇将姜才如果听到这话估计只有泪流满面了。也许是觉得孙虎臣的说法过于搞笑，夏贵在说出"吾尝血战当之矣"这句谎话时，竟不自觉地笑了出来。对于这两个一线指挥官足以防弹的脸皮，贾似道此时也不想再追究了，只是提出一个很现实的问题："下一步怎么办？"夏贵认为部队士气低落，不堪再战，贾似道应该撤往李庭芝的防区，而自己则准备"死守淮西"。尽管对夏贵的承诺不抱希望，但是前往扬州的确是个不错的主意。于是贾似道和孙虎臣沿江而下。面对不断遭遇的溃兵，贾似道还颇有责任感的进行收容。并表示将增加军饷。但是这些莫名其妙被击溃的将士此刻却不知道哪来的幽默感，轻松回答："我们要军饷干什么？前两年的还不知道在哪里呢？"

一个怯懦的统帅是无法用钱买来部下的忠诚和效死的。就在贾似道向扬州"转进"的同时，在已经孤立于敌后的饶州（今江西省鄱阳县），知州唐震在野战部队全部被抽调往前线的情况下，自发组织民兵登城守备。唐震的努力最终保证了负责南宋郢州要塞的张世杰可以顺利地从前线撤往大后方。而在途经饶州之时，张世杰同样去拜访了赋闲在家的江万里。与文天祥那样的坐而论道不同，张世杰和江万里是以酒会友。大醉之时张世杰问道："国事已经恶化到这样的情况了，您接下来准备怎么办？"江万里此时已经无力报国，只能表达了必死的决心。张世杰此时也坦诚："他家事世，杰尽知之。"自己的远方堂叔张柔虽然已经去世，但自己的堂兄弟张弘范却是元帝国军队中正在升起的新星，张世杰如果想要"转会"，并不比吕文焕、吕师夔困难。但是他最终却以杯中物为比喻。即便效忠南宋是自己命运赐予的苦酒甚至毒酒，他也将一饮而尽。张世杰的军团开赴临安之后，饶州最终在杀死元帝国劝降使者之后被攻陷，唐震和江万里也相继自杀。而由于饶州沦陷与张世杰所部通过当地的时间颇为接近，因此抵达临安的张世杰一度被误解为元帝国潜伏过来的"第五纵队"，无法获得信任。

抵达扬州的贾似道向南宋政府发出了迁都的倡议书。从客观上来说按照贾似道的计划，从海上迁都福建虽然同样有"我能往彼亦能往"的问题，但至少可以为南宋政府争取一定时间，以调整国防部署。但此时的南宋政府高层早已在芜湖惨败的消息中集体崩溃。左右丞相王爚、章鉴先后挂冠而去。而长期依附贾似道的枢密院知事陈宜中则忙于发动宫廷政变，在自己的府第之中谋杀了贾似道所任命的内卫部队司令（殿前指挥使）韩震，一度在临安城内引发内卫部队之间的火拼。

在南宋朝野之中陈宜中可以算是一个复杂而矛盾的人物。他没有显赫的身世——自幼家贫如洗，但是却满腹经纶热衷于政治。他曾经以太

苍狼逐鹿

学生的身份发动了对当权者丁大全的弹劾，一度被取消继续进修的资格、发配地方而被称为"六君子"。而在丁大全倒台之后，他却效忠于贾似道，以监察御史的身份为贾似道打击政敌，推行国策。而随着前线战败的消息传来，第一个跳出来要求以误国之罪革除贾似道所有职务的也是陈宜中。好在对于权力斗争太皇太后谢道清比陈宜中要成熟和稳重得多，她以贾似道是三朝老臣，不能因为一次的战败就一撸到底为理由，只给予了对方降职处分。在先稳住对方的基础上，逐步建立新的政府机构。而贾似道在离任前期还为未来的和平作了最后的努力——他释放了被囚禁了十六年的元帝国外交使团中的郝经及其他幸存者，算是结束了元宋之间长期纠结的外交事件。虽然郝经此时的身体健康不容乐观，但是比起在他之后踏上南宋国土的很多后来者，他也许还是幸运的。

郝经的归国以及战场上的空前胜利，令远在上都的忽必烈嗅到了和平解决南宋问题的气息。因此在以张晏然为代表的南宋降臣们"止罪擅命之臣，保留南宋皇室优待"建议之下，忽必烈大度地表示："即便是擅自拘留我方使节的贾似道我都不要求一定将他治罪，何况是南宋皇室。"这或许只是一个安抚南宋降臣们的姿态，但忽必烈毕竟在派出以礼部尚书廉希贤和工部侍郎严忠范为首的使节团的同时，也要求伯颜的大军也止步于建康地区（今江苏南京）。

从芜湖一路南下，伯颜的处境只能用"受降受到手发软"来形容。各地的南宋官员除了临江军（今江西新干县附近地区）进行了小规模的抵抗之外，不是望风而逃，便是望风而降。其中比较倒霉的宁国知府赵与可，在众多逃广官员之中他由于是南宋宗室而被作为典型，被判处"除名、勒停"的"双开"处分。而当忽必烈在要求伯颜停止前进的命令传来之时，伯颜正忙于处理占领区的地方事务。忽必烈似乎没有着重提起已经派出外交使团准备和谈的事宜，只是说考虑江南的酷暑即将到来，应该给予部队一段时间的休整，等到秋高气爽再继续前进。而伯颜则认为南宋背靠大海，此时大军驻守建康威逼临安等于是扼住了猎物的咽喉，只要稍加松懈便可能前功尽弃。忽必烈在战与和之间似乎也很随便，就以"将在外君命有所不受"将处理前线军事事务的自主权交给了伯颜。因此在公元1275年的农历三月，元帝国南征大军的主力虽然停止

宋末代宰相陈宜中

了继续前进，但是小股部队却依旧不断地在长江以南扩大占领区。

而此时一心想要替代贾似道的陈宜中，日子也并不如自己此前想象的那样好过。在临安城内随着局面的逐渐稳定，此前逃走的左、右丞相王爚和章鉴又前后脚地回来了。为了压制这两个政敌，陈宜中不得不发动新一轮针对贾似道及其党羽的弹劾风潮。这次政治运动的打击面极大，许多曾经依附于贾似道的南宋中央官员纷纷落马。而对于坐镇平江（今江苏省苏州市）等地的潜说友、吴益等人，陈宜中却因为提出弹劾的是王爚派系的人物，又主张网开一面。在南宋中央政府的权力斗争之中，大批骑墙派的官员逃出了戒严中的首都。同签书枢密院事倪普为能逃离是非之地，竟主动要求同僚弹劾自己，但是弹劾的报告还没送上去，他本人已经急着出城关逃走。太皇太后谢道清为此下诏痛斥廷臣出逃，仍无济于事。在王爚和陈宜中的角力之中，集结于临安的十多万勤王之师始终没有一个明确的战略方针，只能在临安周遍建立其以独松关为中心的"首都防卫圈"，坐视着越来越多的国土沦丧。

独松关位于今天浙江省安吉县南独松岭上，东西有高山幽涧，南北有峡谷相通，是临安经广德通建康的咽喉要道。在南宋末日构筑的"首都防卫圈"之中，负责守备这座要塞的是浙西安抚司参议——张濡，之所以选择张濡来担当这一重任，很大程度上与他的曾祖父——与岳飞、韩世忠、刘光世并称为"中兴四将"的张俊关系密切。在张俊崭露头角的年代，南宋政府所要面对的国防形势比公元1275年更为糟糕，南下的金帝国大军不仅突破了长江防线，南宋方面连临安都没保

苍狼逐鹿

住，而正是张俊在明州掩护宋高宗赵构成功地"转进"了台州（今浙江省临海市），才保住了东南半壁。因此明州虽然最终还是沦陷于女真大军之手，但却被列为"十三处战功"之首。因此那些对于张濡寄予希望的人或许都想让他重显其曾祖雄风。而张濡也没有令大家失望，很快成功伏击元帝国一支前锋部队的捷报便传到了临安。而被送往首都的俘虏之中更有一个身负重伤的将领，他的名字叫"廉希贤"。

如果这真的是一场战役的胜利，那么张濡的功勋或许远远超过他的曾祖的所谓"明州大捷"，因为只是在一次战斗之中，他便一举击毙了元帝国的工部侍郎、俘虏了兵部尚书。但事实上张濡所伏击的并不是什么敌方先头部队，而是前来和谈的元帝国廉希贤使团。可以想见独松关的这次伏击战自然成为了元宋之间远比郝经被拘押更为严重的外交事件。

表面上看这次事件完全是张濡和他的部下过于冲动所导致的。但是联系到廉希贤和严忠范在元帝国中的政治地位以及伯颜在事件发生前后的态度，我们却不得不怀疑这其中是否另有玄机。严忠范是元帝国汉族世侯势力中山东严氏的掌门人，在平定李璮的叛乱中虽然出力颇多，但是最后却和史天泽一起将被俘的李璮擅自处死，从而引起了忽必烈的猜忌。事后严忠范虽然没有受到责难，但是却很快被调入中枢。严氏在山东东平一带的地方势力被完全削夺。而廉希贤和他哥哥廉希宪一样都是忽必烈的"潜邸旧臣"，可以说是"老战友"了。但是正因为熟悉，他的哥哥廉希宪经常在忽必烈的面前摆出一副老资格。忽必烈甚至不得不提醒对方："以前我是宗王，你指出我的过失，我可以包容。现在我是天子，你是臣下，你怎么还能那样直言无忌呢？"虽然廉希贤比他的哥哥要小心缜密，但是相信同样掌握着许多忽必烈崛起过程中原始积累的秘密。因此在平定阿里不哥的行动中，忽必烈已经有意指派他作为特使，前去冒险，而这一次只能说是故技重施了。

而在廉希贤抵达建康之后，伯颜的态度也很值得玩味。廉希贤向伯颜要求派卫队护送自己。但是伯颜却回答说："使团是去谈判的，又不是去打仗的。带着人马过去只能引起对方的怀疑。"直到廉希贤反复要求之后，伯颜才勉强答应派出一支五百人的骑兵部队护送。如此高规格的使节团要穿越当时仍在不断拉锯、犬牙交错的战线，却只有如此薄弱的护送力量，伯颜似乎有些过分吝啬了。而在决定派出使团之前，忽必烈的话中更早有玄机："如果南宋政府继续执迷不悟，发生一些不可预料的变故。我也没有办法，只能说是天意吧！"

临安前线的对峙不等于整个战局的稳定。公元1275年的农历二三月之间南宋政府在长江中上游的控制地域呈现全线糜烂的局势。阿里海牙于洞庭湖口击溃宋高世杰军；四月，攻取江陵，荆湖北部州县多降。阿里海牙的这一胜利，完全解除了伯颜"上流一动，则鄂非我有"的后顾之忧。忽必烈对攻宋能否成功信心不足，伯颜南征后"使久不至"，竟命杨恭懿入殿卜吉凶；济江下鄂之捷闻，仍未完全消释其疑虑。他夜召姚枢入内，说道："朕昔济江而家难作，天不终此大惠而归。今伯颜虽济江，无能终此与否，犹未可知！是家三百年天下，天命未在吾家，先在十彼。勿易视之。"

湖北安抚副使兼岳州知州的高世杰在调集上流诸军战舰一千六百艘、二万野战部队由荆江口（今湖南城陵矶）反击失败的情况，向元帝国投诚。长期与贾似道不和的名将高达，在岳州、沙市相继失守之后，也打开了江陵的城门。而南宋最后一任荆湖军区司令朱禩孙在吃了毒药都死不了的情况下，也"无奈"加入降将的行列，随后主动写信招降了鼎州、澧州、常德府、寿昌军等各地的部队。此后南宋荆、蜀地区再也无法联兵东下，忽必烈颇为得意地表示："今荆南定，吾东兵可无后患矣。"

当然忽必烈是站在战略的角度看待问题。事实上在长江下游，伯颜的侧后依旧有固守扬州的李庭芝以及视淮西为自己禁脔的夏贵。忽必烈有意让阿术集中兵力先解决两淮问题，但是元帝国的同签书枢密院事赵良弼却提出："宋重兵在扬州，宜以大军先捣钱唐。"从实际兵力上来讲，赵良弼的话并不确切。因为在临安地区南宋所云集的正规军及民兵有十七万之多，这些所谓勤王之师的士气却显然无法与屡斩劝降使节的李庭芝麾下的那些两淮精锐可比。

而不断从各地传来的不利消息也令忙于和王㸚勾心斗角的陈宜中不得不放下自己主战派的空架子，由度支尚书吴浚派人向伯颜递交了自己所写的信函，表示："前杀廉希贤，乃边将所为，太皇太后及嗣君实不知，当按诛之。愿输币，请罢兵通好。"伯颜虽然认为："彼为诈计，视我虚实耳。"但还是派出议事官秦中、张羽前往临安，希望可以督促南宋政府尽快投降。但这一支战地使团在途经平江地区的驿站时再度离奇被杀。不过如果说"独松关事件"背后可能有元帝国上层的阴谋成分的话，"平江驿亭事件"则更可能是南宋内部意见不统一和派系斗争所致。因为在这个期间张世杰正不断发动反击，收复了平江（今江苏苏州）、安吉（今浙江安吉东北）、广德、溧阳、常州等地。

和谈希望渺茫，公元1275年农历六月初一又出现了可怕的日食现象。各种流言在临安四处传播。童谣传唱着："江南若破，百眼来过。"已经开始将元帝国的统帅伯颜征服江南视为必然。为了打破这种心理上的暗示。南宋军队展开了最后一次大规模的反击。张世杰和李庭芝商定，由扬州方面出兵瓜州（今江苏镇江北），张彦率领常州方面的地面部队向镇江挺进。而张世杰亲自率领南宋海军主力从杭州湾直趋金山（今江苏镇江东）。集中所有兵力与元军进行决战。

但是几路大军在协调上不免出现问题。伯颜虽然没有北上夺取扬州，但始终派遣阿术率领一支精锐部队在长江以北监视李庭芝的行动。曾被孙虎臣指责为"吾兵无一人用命者"的南宋陆军此后在都统姜才的指挥之下在三里沟、扬子桥与蒙古铁骑多次拼死鏖战。但最终未能突破阿术在扬子桥的防线。而身为殿前都指挥司的张彦更是选择了按兵不动。在南宋南北两路的地面部队都无法按期抵达的情况下，阿术所要面对的就只有飘荡在长江入海口的张世杰一支孤军。

张世杰无疑是南宋覆灭过程抵抗最久也是最为坚决的一位将领。但是出身河北的他却并不是一个军事天才，而在指挥水战方面他甚至不如来自蒙古的阿术。面对顺流而下的元帝国内河舰队，张世杰打算发挥自己舰队多为大型航海船只的优势，以十艘为一个单位，连以铁索，全部下锚组成海上长城。虽然在当时《三国演义》还没有问世，阿术可能也没有机会翻阅《三国志》这样的汉字史典。但看见这个阵势，老于军旅的阿术也本能地采取了诸葛亮和周瑜当年的策略——火攻。面对元军从江面和两岸射来的密集火箭，张世杰败得虽然没有曹操在赤壁那么惨，但焦山江面上也是溃不成军。南宋政府最后一次有组织的反攻随着那燃烧的船帆而归于灰飞烟灭。

而焦山战败的同一时间内，南宋在长江上游的四川军区也在元帝国

遭遇火攻的南宋大型战舰

纽璘之子——也速答儿和汪良臣的攻势之下遭遇重创。曾经多次在西线发动反击，甚至一度收复成都的南宋嘉定安抚使昝万寿在困守嘉定（今四川省乐山市）近半年之久后，最终选择了开城投降。消息传到临安，再度引发了本就处于惊恐之中的南宋政府内部的大地震。此刻已经被提升为平章军国重事的王爚以："大敌押境，战线已经距离首都不远了，但是六月出师，却没有人肯出来指挥各路大军，我不在这个岗位上，又说不上话。还是请求辞职吧。"巧妙地将责任推诿给自己的政敌——都督诸路军马的陈宜中。垂帘听政的太皇太后谢道清虽然没有批准王爚的辞职，但却也没有对陈宜中进行处罚。于是王爚又让自己的儿子煽动在临安的太学生们闹事，由太学生代表刘九皋上书指责陈宜中的过失数十条，其中有些固然是泛泛

苍狼逐鹿

之论，如"集议而不行"本来就是南宋政府内部的通病。但是有些却的确是军事部署上的问题，由于对麾下将领的不信任，陈宜中曾对其指挥权进行过调换，以至于出现"张世杰步兵而用之于水，刘师勇水兵而用之于步"的现象。在巨大的政治压力之下，陈宜中放弃，跑回福州老家去了。

同时王爚还顺手摆了此刻仍在扬州的贾似道一道。以"既不死忠，又不成孝"的名义要求贾似道回家为他芜湖之战前病故的母亲守孝去。应该说贾似道政治上虽然失意，但是在扬州终究远离政治中枢，又有李庭芝的庇护，日子还不算难过。但是从扬州返回自己的故乡绍兴却无异于自投罗网，从此走上了人生的末路。

经过陈宜中和王爚等人的大清洗，贾似道昔日的党羽和幕僚不是被处死，便是被流放。曾经征相依附的权贵此刻自然也就成为了人人喊打的过街老鼠。贾似道家乡绍兴的地方官员首先拒绝他入境，改徙婺州（今浙江省金华市）之后，当地又出现了坚决要求驱逐他的大字报。太皇太后谢道清想把他派到建宁（今福建省建瓯市）去，作为未来南宋迁都福建的储备干部，又遭到了政府内的理学大师翁合的反对，理由是建宁是朱熹的故乡，怎么能让这么一个臭名远闻的人去呢！无奈之下谢道清只能将贾似道贬谪到偏远的岭南，让他以高州（今广东省高州市）团练使之职前往循州安置。

安置不过是流放的代名词，在会稽县尉郑虎臣的押送之下，贾似道一路上受尽了侮辱。当时正值江南地区的农历七八月的时节，在暴晒的艳阳之下，郑虎臣故意让轿夫拆掉轿子的顶盖，唱着杭州当地的各种讽刺贾似道的民谣。在途中一座古庙里，郑虎臣发现了当年同样被贾似道流放循州的前丞相吴潜的题诗，于是故意问道："贾团练，吴丞相何以到此？"人生的境遇有时便是如此的巧合，后人对此特意填了一首《长相思》："去年秋，今年秋，湖上人家乐复忧，西湖依旧流。吴循州，贾循州，十五年前一转头，人生放下休。"以证明"出来混总是要还的"这样一个颠扑不破的真理。

在泉州洛阳桥上，贾似道遇到了曾经因为反对"公田法"而被自己流放的太学生叶李。此刻已经被平反的叶李毕竟是个文人，他并没有趁机羞辱贾似道，相反还赋诗赠之。这或许令落魄的贾似道终于感受到了一丝人性的温暖。但是并非所有人都像叶李那么宽容。负责一路押送着贾似道的郑虎臣和他父亲郑埙，都曾受到过贾似道的政治迫害。或许是在叶李的行为面前感到有些卑微，也可能是此前那些羞辱对方的手段都玩腻了，最终在福建漳州城南的木棉庵内，郑虎臣在多次督促贾似道自杀无果后，不得不亲自动手。郑虎臣在锤死这个已经62岁的老人时，仍不忘抬出大义的名分："我为天下杀你，虽死何憾！"贾似道的一生颇为复杂，如果简单地以忠奸而论，未免失之片面。但是在他的后半生，贪恋权柄、痴迷享乐，以及所推行"公田法"对民间财富的疯狂掠夺却是无可争辩的事实，恰如后人所说："襄阳累载困孤城，豢养湖山不出征。不识咽喉形势地，公田枉自害生灵。"

南宋灭亡的命运不会因为贾似道的死而出现转机。就在贾似道流放的路上，临安城内再次上演了大逆转。陈宜中的以退为进，最终迫使太皇太后谢道清逮捕了闹事的学生代表刘九皋，免除了王爚平章军国重事的权力。由于陈宜中此前撂挑子的做法，从福州赶回来时他的岗位已经由左丞相下降半级成为了右丞相，南宋政府内阁中名义一把手的位置让给了长期躲在家里请病假的留梦炎。而这个过程中一直被以"乌合之众"的名义排斥在"首都防卫圈外"的赣州知府文天祥所招募的民兵部队也终于得以抵达临安。

文天祥在赣州起兵勤王，始于公元1274年农历十二月太皇太后谢道清所颁布的《哀痛诏》，谢道清以"继君年幼，自己年迈，民生疾苦，国家艰危"号召各地文臣武将、豪杰义士，急王室之所急，同仇敌忾，共赴国难，朝廷将不吝赏功赐爵。在这道诏书面前，南宋许多封疆大吏和军事主官采取了围观的态度。其中身为福州观察使加保康军承宣使的吕文福，则率领着自己的部队以勤王的名义北上抵达饶州（今江西省鄱阳市）之后杀死使者，然后横渡鄱阳湖到江州加入了自己侄子吕师夔的降将行列。真正全力响应的只有文天祥和湖南提刑李芾等少数人。但是赣州毕竟不是前线重镇，当地几乎没有可以动员的驻军。因此文天祥所组织的民兵部队的主体是"郡中豪杰"以及"溪峒山蛮"。

这样一支由略带黑社会性质的地方帮会势力以及少数民族组成的部队，战斗力自然无法与正规军相提并论，因此在组建之初就有人向文天祥泼冷水，认为"元帝国三路进军，已经攻破长江防线。你率领这些乌合之众前去迎战，等同于赶着羊群去斗猛虎。"但是文天祥有着自己的理由和坚持："国家养育臣民三百多年，一旦有急，征天下兵，竟无一人一骑应召，我万分悲痛。所以不自量力，以身赴难，希望天下忠义之士闻风而起，聚集众人力量，也许能保存社稷。"从树立一个榜样这一点来说，文天祥的确是做到了，不仅在南宋末年，在此后的中国历史长河之中他都被作为是"国家有难，冲锋在前"的旗帜而为世人景仰。

在文天祥"乐人之乐者忧人之忧，食人之食者死人之事"的口号召唤之下，这支三万多人的民兵部队开始向临安进发。但是维持这样规模的一支军队所需要的费用，即便是文天祥散尽家财也无法维系的。因此在乐安、宜黄一带不可避免地出现了一些军纪涣散的现象。不过比起夏贵在汉鄂会战后一路沿着长江放火的"焦土政策"来，文天祥的民兵对地方上的肆扰几乎可以忽略不计了。而一向妒忌文天祥的江西制置副使黄万石等人却以此为理由，阻止文天祥继续前进，导致这支部队被长期羁留在隆兴府（今江西省南昌市）辖区内。

也许是焦山战役之后，南宋政府手中可用的正规军已经枯竭，因此终于开始重视起文天祥的民兵来；也可能是文天祥本人的长期申辩终于得到了认可，总之在公元1275年农历八月，文天祥的民兵进军临安，他本人也随即被任命为兵部尚书。针对南宋政府此时还不切实际地大搞两淮军区长官大调换的举动，文天祥提出了建立长沙、隆兴、番阳和扬州四大军区的提案，采取多线袭扰的战略。可惜这一方案不仅没有被采纳，他本人也被从临安调到了前线的平江去作知府了。

进入农历八月，随着天气逐渐转凉，长期按兵不动的元帝国南征兵团，在北上觐见忽必烈后返回前线的伯颜指挥下，再度发起了新的攻势。南宋在长江南北的前沿据点——淮安、泰州、吕城（今江苏省丹阳市）相继失守，孙虎臣自杀、张彦被俘后投降。此时张世杰所收复的常州便成为南宋抵挡元帝国兵锋的最前沿。从公元1275年农历九月到农历十一月，在文天祥民兵部队的支援之下，常州阻击了元帝国中路军长达三个月之久，最终逼迫伯颜撕去了南下以来伪善的假面具，又拿出蒙古大军纵横欧亚的种种残酷的攻坚手段，驱策无辜民众在火线上堆起土山，填埋战壕。以至于远在大都的元昭文馆大学士姚枢向忽必烈建议，有必要重申"止杀之诏"，以便江南的城市都效仿常州死战到底。

常州战场宛如一个巨大的绞肉机，除了绞碎了城内的南宋守军之外，还大量消耗了文天祥由平江派出的增援部队。由尹玉、麻士龙等赣州豪杰所率领的民兵骨干在常州外围战场上的拼死血战与提军隔岸、不发一矢的南宋正规军形成了鲜明的对比。此时，南宋政府此前集结的勤王大军已经消耗殆尽。而在临安当地，陈宜中以十五岁以上男丁征召所谓"武定军"则大多是一些老弱病残，甚至还有身高不足四尺的半大孩子。

常州沦陷之后，元帝国左翼军经溧阳、广德直扑南宋"首都防御圈"的门户独松关。农历十一月二十二日，独松关张濡率领几千精锐出关阻击元军，在野战中被对手的骑兵击溃，独松关随即失守。由忽必烈的亲信、前任侍卫亲军都指挥使董文炳率领的元帝国海军，以范文虎为先锋由江阴入海，一路招降了南宋方面由朱清、张瑄率领"海上游击军"。朱清、张瑄本是以崇明岛为基地的海盗集团首领，利用蒙元帝国和南宋政府都忙于地面战场的有利时机，两人"啸众剽劫"，贩卖私盐，掳掠富商巨舶，逐渐形成了气候，鼎盛时期其活动范围南至通海（今江苏南通一带），北至山东胶东半岛和莱州湾。尽管接受了南宋政府的招安，但是在董文炳的庞大舰队面前，这两位海盗头目还是顺理成章地"见风使舵"，加入了元帝国海军南下的行列。在朱清、张瑄的引导之下，董文炳的舰队顺利攻克了许浦（今江苏常熟东北）、澉浦（今浙江海宁东南）等沿海港口之后，控制了钱塘江入海口，基本断绝了南宋政府从海上南逃的生路。而对于朱清和张瑄而言，他们的这一次临阵倒戈不仅换来了元帝国代理管军千户的委任状，而且还打开了其家族未来富可敌国的大门。

面对逐渐形成合围之势的元帝国三路大军，再度宣布进入戒严状态的南宋首都临安，顺理成章地再度出现了官员逃亡潮，不过这一次左丞相留梦炎跑了，右丞相陈宜中还在。面对着一心准备保卫临安的文天祥与张世杰等人，陈宜中却选择了更为稳妥的方式——和谈。作为陈宜中全权代表的柳岳很快抵达了位于无锡的伯颜前线指挥部。首先再度申明"廉尚书之死，非朝廷意"。不过这一次南宋政府连误杀都不承认，直接把张濡归入了强盗的行列。随后又开始以宋恭帝赵显的年龄来做文章，请求元帝国能讲点人情"礼不伐丧"。最后把一切的责任都推到一个死人身上，"凡今日事至此者，皆奸臣贾似道失信误国尔。"对于南宋使者这种无耻的说法，伯颜倒也很讲道理。他首先强调了南宋的战争责任："汝国执戮我行人，故我兴师。"把自己放在正义一方，其次江南这片土地也不是什么自古以来大宋不可分割的一部分，宋太祖赵匡胤是从南唐和吴越等割据政权手中夺过来的。你们是暴力夺取、我们是武装占领，没什么两样。最后你说宋恭帝赵㬎还是个小孩子，当年陈桥兵变宋帝国的建立不也是欺负人家柴氏的孤儿寡母吗？可见柳岳所说的不过是什么"礼不伐丧"的道理，而伯颜的回答则是弱肉强食的"天理"。这次所谓的和谈自然无疾而终。

但是至少伯颜没有像此前南宋各地的那些忠臣名将那样用使者的人头来传递信息，柳岳至少安全地回到了临安。元帝国关上了一道门却留给了一扇窗。南宋政府倒也心领神会，立即追封已死的吕文德为和义郡王，任命吕文德的另一个儿子吕师孟为兵部侍郎，以此向元帝国表达一个信号：吕文焕不是降将，只不过担任贵军的导游而已。那么贵军自然也不是侵略者，而是来观光旅游的。随后在柳岳的带领之下，宗正少卿陆秀夫和吕师孟作为特使再度北上，不过此刻伯颜已经不在无锡了，既然南宋政府已经表示吕文焕是导游了，那么平江一线的通判王矩之、都统制王邦杰觉得自己作作地陪也没什么，直接开城迎接。

进入平江的伯颜显然没什么兴趣再和陆秀夫等人讲道理，只是简单地了解了一下南宋政府开出的停火条件是称侄纳币，底线则是如果忽必烈觉得赵㬎做自己的侄子规格还太高的话，赵㬎不介意叫声忽爷爷。这种口头上的便宜实在没什么吸引力。因此伯颜直接回答"不许"。而在陈宜中和谢道清一番磋商之后，南宋政府决定在牺牲了宋恭帝赵㬎的"人格"之外再牺牲"国格"——南宋愿意成为元帝国的从属卫星国。客观地说，作为城下之盟的条件，南宋政府表面上很委屈，但实际上已经大占便宜。毕竟向忽必烈上尊号不过是一个虚衔，而岁贡银绢二十五万两匹对于南宋的经济条件而言也不算太高，但却可以保全整个江南的版图。但是主动提出约伯颜在长安镇（今杭州东北）相会的陈宜中，关键时刻却掉了链子，在伯颜抵达晗地点之后，迟迟不敢动身，于是再度将南宋的政府信用透支为零。

公元1276年农历正月中旬，伯颜将自己的前线指挥部由平江进一步推进到皋亭山上（今杭州东北，临平镇西南），元帝国大军的游击骑兵已经频繁出现在临安城北。此时身为南宋政府实际领导人的陈宜中完全乱了方寸。他先是再三请求迁都，好不容易说服了谢道清。可到了晚上，却不见陈宜中来，谢道清此时也顾不得什么母仪天下的风度，大声吼道："我本不欲迁都，而大臣几次来请，我才答应，哪知竟是忽悠我的！"随后脱下簪珥，掷予地上，关上房门谁也不见。

事实上作为一个女人，谢道清还是有些规划的。她本人虽然不想离开临安，但却沉着地安排了宋室后嗣的转移。她册封了宋度宗赵禥的另两个儿子——吉王赵昰和信王赵昺分别为益王和广王，分别授予福州和泉州的行政权，也算是做了两手准备。不过文天祥与张世杰背城一战的计划却最终还是被否决了。因为交战双方都有人不希望看到承平已久的临安城沦为战场。

既然和谈不成，那么就直接投降吧！公元1276年农历正月十八日，谢道清派遣监察御史杨应奎向伯颜转交传国玉玺和降表，正式请求投降。伯颜表示接受，不过点名要那个曾经放过自己鸽子的陈宜中前来商议投降事宜。不过伯颜没有想到的是，陈宜中不仅没有胆量来谈判，连出来投降的勇气都没有，直接从临安逃往自己的老家福州去了。同一时间离开临安的还有张世杰、刘师勇、陆秀夫等人统率的野战部队，毕竟南宋政府已经放弃了抵抗，他们继续留在临安也没有任何意义。而文天祥则接任陈宜中的岗位，但此时他名义上都督诸路军马，事实上不过是一个以执政的名义前往与伯颜谈判有关投降的事宜而已。

事实证明，文天祥的口才要比先前的柳岳强太多了。他与伯颜在明因寺的会谈首先就抓住了问题的中心点："贵国是把南宋当成一个政权来受降，还是准备将其彻底毁灭？"伯颜当然只能回答："我们是来受降的，不是来杀光你们的！"利用受降和毁灭是两个概念这一点，文天祥接下来大做文章："竟然是受降，那么请将部队撤退到平江或嘉兴一线，然后我们再讨论赔偿军费的问题。这样对大家都好。而如果你们是打算彻底毁灭我们的国家。那么两淮、浙江、福建、广东，你们没有占领的地方还很多，大家摆开阵势继续打，还不知道结果如何？"伯颜这个时候才回过味来，于是自动转换到军人模式，开始以武力相威胁，不过文天祥也是有备而来回答说："我是南朝状元、宰相，但欠一死报国，刀锯鼎镬，非所惧也。"

文天祥的软硬不吃令伯颜理屈词穷，只能将他软禁在军营里。与此同时派人以南宋政府的降表书写不规范为由进入临安，要求撤换文天祥。而此时元帝国大军虽然被禁止入城，但是由吕文焕、范文虎所率领的先头小分队已经穿过了大街小巷都贴满了"好投拜"字样的城区，进入皇宫大内，觐见太皇太后谢道清。吕文焕多少还有些良知，在写给太皇太后谢道清的谢表之中，他坦言："兹衔北命，来抗南师，视以犬马，报以仇雠，非曰子弟攻其父母，不得已也，尚何言哉！"而谢道清则下诏临安城内的所有南宋正规军及民兵组织解除武装，并以"庶几生民、免遭荼毒"为理由并号召江南各地归附。由贾馀庆接替文天祥的工作，以祈请使的身份前往元帝国的首都。随后元帝国的部队陆续进城，接管库房、图书馆以及南宋各级官员的行政权力。

被软禁的文天祥直到伯颜邀请他出席招待贾馀庆等人的宴会，才知道自己此前的努力都已经白费了。他在酒席宴间大骂贾馀庆卖国、伯颜失信。陪同的吕文焕想要劝说几句也被文天祥当作了发泄对象，文天祥认为："吕氏家族父子兄弟都受国厚恩，不能以死报国，全部都是叛逆。"吕文焕自知理亏选择了沉默，不过他的侄子吕师孟多少有些不知趣，竟反驳说："丞相曾经上疏请斩叛逆遗孽吕师孟，现在为什么不杀了我呢？"于是引来文天祥更为严厉的呵斥："你叔侄都做了叛贼，没有杀死你们，是本朝失刑。你无耻苟活，

谢道清铜像

有什么面目见人？你们投靠敌人，要杀我很容易，但却成全我当了大宋的忠臣，我没有什么可害怕的！"这一番言论引得元帝国的将帅也跟着喝彩，大呼："骂得痛快！"

文天祥慷慨激昂的言辞，不能改变南宋灭亡的命运。公元1276年农历正月二十四日，南宋新任左右丞相吴坚、贾馀庆率领的祈请使团从伯颜军营出发，文天祥被裹胁其中。此时临安城内的南宋政府彻底瘫痪。农历二月初一，伯颜命令征缴临安城内民间所藏匿的兵器。农历二月十二日，抽选南宋皇室后宫中的宫女、内侍、乐官诸色人等出城劳军。农历二月二十二日，宋恭帝赵显以下包括后妃、宗室亲王、各级官员以及太学、宗学生在内的数千人被命令北上大都。只有太皇太后谢道清因为生病暂时还留在空空荡荡的皇宫之中。南宋作为一个国家至此宣告灭亡。

尾声　镇压和怀柔

元帝国对江南的控制和征服

南宋作为一个国家虽然灭亡了，但是战争却并非就此结束。这一点很大程度在于忽必烈和伯颜过于轻视南宋的抵抗力量，将文天祥"淮、浙、闽、广，尚多未下，利钝未可知，兵连祸结，必自此始"的话片面地理解为虚言恫吓，事实上南宋政府此前所表现出的低效率和怯懦固然足以令人鄙视，但并不代表着长江以南依旧拥有着顽强抵抗意志和战争潜力的汉族民众便可以轻易地被征服。而就在元帝国军队进入临安之前，驸马都尉杨镇就保护着益王赵昰和广王赵昺逃往婺州（今浙江省金华市）观望形势的发展。随着伯颜将临安城内的南宋皇室以及行政机关一锅端的送往大都，这个流亡政府随即开始运转起来。

对于赵昰和赵昺的逃脱，伯颜还是十分警觉的，除了加强对南宋宗室的控制之外，立即派范文虎率军追击。但是范文虎只带回了一心求死的驸马都尉杨镇，杨淑妃的弟弟等人早就背着八岁的赵昰和六岁的赵昺躲进了浙西的群山之中，几天之后才会合了曾因为在常州会战中坐视文天祥的民兵苦战而不敢参战救援险些被军法处置的统制张全所率领的小股部队，一同逃往福州。

对于福州的南宋流亡政府，伯颜已经没有兴趣亲自统帅大军追击。他在临安处理善后事宜的同时，还颇有兴致地登狮子峰、观钱塘潮。据说元帝国南征军团曾在杭州湾沿岸驻防，临安当地的百姓纷纷寄希望于每个月农历十五到农历二十的大潮可以将侵略者一举吞没，可惜似乎连江潮而畏惧了敌人的兵锋，在1276年农历正月竟然推迟到来。

对于临安地区出降的南宋官吏，伯颜基本上都保全了其生命和财产的安全，除了曾在独松关袭击元帝国外交使团的张濡。在由廉希贤之子亲自赶到临安处斩了张濡之后，元帝国还抄没了张濡家族的财产。但是有形的财富虽然可以用武力剥夺，可最终却无法能够消泯张濡后人的精神家园。张濡的孙子张炎虽然在元帝国的统治之下过着失意潦倒的生活，但却写下了无数华美而又凄凉的词作，被推许为"两宋三百年词家之殿军"。

公元1276年农历三月，伯颜在留下阿喇罕、董文炳经略闽、浙，由宋都木达统率李恒、吕师夔等南宋降军从江西向福建进军之后，带着平定江南的荣耀开始回师大都。但是挡在他回家之路上的还有依旧在坚守的扬州。事实上扼守着长江下游交通要道的李庭芝不仅在南宋政府宣布投降之后仍在坚持抵抗，还多次主动出击企图阻挠南宋方面由左、右丞相吴坚、贾馀庆率领的祈请使团北上。而一直被裹胁在祈请使团中的文天祥也正是在扬州地区的混战中成功脱逃。

但是此刻已经被南宋政府背弃的李庭芝对于拼死逃出的文天祥并不信任，他不仅授意接纳文天祥的部将真州安抚使苗再成将其秘密处决，在苗再成释放了文天祥之后，更在自己所控制的战区内全面通缉他。无奈之下，文天祥只能一路辗转，由通州入海，前往福州。在混乱的时局之下，我们不能说李庭芝当时略显粗暴的处理方法有什么不妥之处，何况如果文天祥当时顺利地进入扬州城内，那么等待他的可能是更早也更默默无闻的毁灭。

而随着由宋恭帝赵㬎手下的庞大的南宋宗室和政府官员组成的迁徙队伍途径扬州北上，李庭芝的反击进入了最高潮。李庭芝和姜才流着泪号召将士们夺回自己的君王，四万大军呼号着冲入营垒，夜袭瓜洲。在李庭芝凛利的攻势之下，阿术不得不将宋恭帝赵㬎等人转移。而姜才更一路追击到蒲子市。或许在阿术等元帝国将帅的眼中看来，李庭芝和姜才的这种困兽之斗毫无意义，但正是那些在逆境之下永远不放弃自己的信念和坚持的人们在推动着这个民族克除艰难，蓬勃向前。

而事实上在南宋政府宣布无条件投降的同时，在元宋之间辽阔的战线上依旧上演着无数可歌可泣的活剧。在四川战区，南宋四川制置副使兼重庆知府的张珏以钓鱼城为中心，不断采取围魏救赵的战略，频繁骚扰元帝国军队的后方，最终不仅逼迫元帝国放弃了对重庆的围困，更一举收复了泸州、涪州等地。

而在长江中游的湖南战场之上，曾誓言"以家许国"的湖南安抚使兼潭州知府李芾在坚守了九个月之后也终于迎来了自己所保卫城市的毁灭。而比他先走一步的是前来避难的衡州知府尹穀，当元帝国的精锐步兵在负伤后仍亲自督战的阿里海牙的带领下终于登上潭州城墙之时，尹穀正在家里为自己的两个儿子举行汉族特有的男丁成年仪式——冠礼。当时有人表示："在这个时候还搞这套过于迂腐了。"但尹穀却从容应对道："这是让我的儿子们可以更好地拜见自己的祖先。"随后举家自焚。而李芾随后也找到城中的刽子手，让他们将自己的全家一一处决。一时之间整个潭州城内竟出现了"城中无虚井，缢林木者相望"的景象。幸运的是尽管阿里海牙一度以屠城相威胁，但是在攻陷了潭州之后，最终在自己的部下的劝说之下，放下了屠刀。其中"抵挡我们的是南宋军队，老百姓有什么罪过。既然潭州已经被攻陷了，那么潭州城内的老百姓是元帝国的公民，杀光他们有什么意义"或许只是个说辞。真正打动阿里海牙应该是"还有很多城市没有归附，今天的屠杀只能换来明天更为坚决的抵抗"。而在潭州幸存者的孱弱的背影之下，南宋在湖南一线的其他城市也纷纷打开了城门。阿里海牙的大军大踏步向南进发。

而就在阿里海牙的部队在广西境内进展顺利之时，却传来了南宋淮西军区的夏贵所部已经展开反击，收复了长江中下游地区的消息。担心自己的退路被切断的元帝国将帅们纷纷提出撤军的建议。只有广西宣慰使史格比较冷静地分析了当时的局势。作为史天泽之子，史格的大局观还是比较不错的，他首先认定夏贵的反击很可能是南宋流亡政府放出的假消息，而即便长江中下游的战局真的出现了逆转，此刻在广西境内的元帝国大军也可以取道云南撤回北方。在史格的坚持之下，元帝国在广西继续扩大着自己的占领区。

而事实上在长江下游战场上，依旧坐拥强大野战部队的南宋两淮宣抚使夏贵不仅没有发动任何的反击，相反第一时间响应了临安方面南宋政府的投降号召，还顺手诱杀了自己家丁出身、准备抵抗到底的部将洪福。在元帝国大军南下的过程中，据守淮西的夏贵始终采取观望的态度，他特意写信给伯颜表示："贵国不用耗费国力来攻打我的边境要塞地区，只要南宋政府投降，我一定紧跟其后。"显然在夏贵的眼中，所谓国家和民族大义，远不如自己那一亩三分的地盘来得重要。纵观夏贵的一生，我们不能说他是个无能的统帅，毕竟在他逐步升迁的过程中也曾多次转战于蒙宋战场之上，尽管是个只能打顺风仗的将领，但毕竟也曾获得过许多战术上的胜利。我们也不能指责他无耻的不忠，因为当一个国家的合法政府都选择了投降，军人放下武器也是天经地义的事情。不过既然在夏贵之后有吕师夔和范文虎这样突破了道德底线的同僚，而同时又有李庭芝那样高高在上的楷模，最终历史不得不选择了将他遗忘。今天我们无论是在《宋史》还是《元史》之中都无法找到夏贵的传记，只剩下一些关于他的只言片语。以及那首著名的讽刺诗："节楼高耸与云平，卖国谁能有此荣。一语淮西闻养老，三更江上便抽兵。不因卖国谋先定，

苍狼逐鹿

何事勤王诏不行。纵有虎符高一丈，到头难免贼臣名。"向我们描述着一个争议人物的一生。

夏贵以南宋淮西军区的大量有生力量向元帝国输诚，直接影响到了已经是仍在淮东一线坚持抵抗的李庭芝。而事实上随着元宋之间的战线由长江中游转移到长江下游一线，两淮的得失对整个战局的影响日益加大，就在夏贵投降之前，真州安抚使苗再成还在向文天祥讲述自己两淮联手，海路进击镇江，完成对阿术在扬子桥一线的反包围的战略规划。而此时逃往福州的益王赵昰也在陈宜中等人的拥立之下，在福州江心寺昔日宋高宗赵构南逃时留下的御座上以天下兵马都元帅的身份组织流亡政府，又随后击败了南宋江西制置使黄万石的叛军，可以说是在当时一片败亡的景象中为南宋点燃了一丝复兴的曙光。但是随着淮西的投降，令江西一线的元帝国逊都台和李恒所部再无后顾之忧，专心于赣闽前线。

元帝国大军南下之前，南宋在江西一线的最高军政长官是曾经作过贾似道幕僚的黄万石。面对着元帝国由都元帅逊都台和右副都元帅李恒所率领的偏师，黄万石在转运判官刘槃打开了隆兴（近江西省南昌市）的城门之后，便轻易地放弃了"襟领江湖，控带闽粤"的重镇抚州，逃往了建昌（今江西南城）。江西一线的南宋军队在主帅的带头作用之下，自然作鸟兽散，以至于都统密佑率领自己的部队展开反击之时，元帝国大军发出了"你是来投降的还是来打仗的"的疑问。但密佑的部队终究只是一支孤军，尽管奋勇突击但最终还是以全军覆没而告终。逊都台对被俘的密佑颇为客气，甚至还让他的儿子亲自前往劝降。但是对于自己的骨肉，密佑却全无舐犊之情，告诉对方："以后你就是在街上讨饭，只要说是我的儿子，谁都会照顾你！"随后慷慨就义。

部下的刚烈并不能影响上司将无耻进行到底。随着南宋政府在临安宣布投降，逃入福建境内的黄万石不仅打算转投元帝国的麾下，更准备以自己曾经担任过福建漕使的身份，将整个福建作为自己在元帝国继续升迁的垫脚石，不过黄万石似乎错误地估计了自己的号召力，随着南宋福州流亡政府的建立，他的公开投敌很快便将他由前来避难的政府官员转成化为了全民公敌，在各地依旧效忠于南宋的官吏抵制和打击之下，黄万石从江西带入福建的政府机关和军事力量迅速瓦解，其中许多人加入了福州流亡政府的抗元大军。

公元1276年农历五月，随着南宋政府的祈请使团和北上的皇室宗亲先后抵达元帝国的大都，忽必烈在太庙正式宣布在南宋地区的军事行动以胜利而告终。忽必烈对投降的南宋皇室宗亲并没有太多的刁难，宋恭帝赵显、太皇太后谢道清等人不仅保全了首级还获得了瀛国公、寿春郡夫人之类的虚衔。不过南宋政府的祈请使团成员的日子却并不好过，一路北上由于水土不服等原因，前右丞相贾馀庆首先病死，在漫长而绝望的等待之后，前左丞相吴坚终于得到了忽必烈的召见，而忽必烈对他显然没什么兴趣，只是随口问了句："你这么一大把年纪了，怎么还能当丞相？"吴坚只能坦诚地回答道："陈宜中他们跑得太快，我年纪大了没跟上，所以被强加上这个头衔，其实我作丞相也没多久，年纪又这么大了，请您放我回去吧！"吴坚一生胆小怕事，他年轻之时便曾写过一首表达自己单善其身的诗作："家由余忠上所知，殊恩岂独眷中闺。巍冠已许挂神武，散笔不妨窃翠微。余事只消寻炼鼎，闲居恰好试新衣。更宜筑屋云烟上，门外莫关谁是非。"可惜最终也没能逃过客死他乡的命运，最终被羁留大都，不久也因病去世。

宋恭帝赵显成为元帝国的瀛国公，他的哥哥益王赵昰自然也就顺理成章地成为了南宋皇室的第一顺位继承人。公元1276年农历五月初一，益王赵昰在福州正式登基为宋端宗。如果仅从政府班底来看，福州流亡政府基本集中了南宋在临安时的大部分名臣良将——陈宜中依旧是左丞相兼枢密使，右丞相之职先是给了仍在扬州的李庭芝，随后又给了一路辗转而来的文天祥。从浙江引兵南下的张世杰被提升枢密副使，陆秀夫作为高级顾问和皇帝的私人幕僚——端明殿学士、同签书枢密院事。苏东坡的第八传孙苏刘义被任命为内卫部队总司令——主管殿前司。连当年和贾似道政见不和而隐居的叶梦鼎都被请了出来，可惜叶老从宁海坐船南下抵达永嘉(温州)便由于道路堵塞而不能前进。于是只能向南恸哭，两年后病死家中。

除了有一个貌似强大的内阁之外，南宋福州流亡政府还第一时间任命了几位前线指挥官——曾经轻易放弃江防重镇的赵溍被任命为江西制置使，进兵闽北的邵武。而曾经和文天祥同科进士的谢枋得则作为江东制置使，指挥饶州一线的军事行动。谢枋得在南宋政府长期负责教育工作，但事实早已证明他对军事领域也颇有兴趣。公元1258年当南宋政府处于蒙哥大举南侵的危机之中时，谢枋得便曾以礼兵部架阁的身份，在饶、信、抚三州一带变卖家产招募民兵，为此还差点因为贾似道的"打算法"而吃官司。随后谢枋得在建康当考官时，便以贾似道政事为题提出"兵必至，国必亡"的论调，一度被流放到兴国军（今湖北阳新县），从此一度淡出政治中心，直到公元1275年才又重新出山以江西招谕使的身份在信州（今江西省上饶市信州区）地区组织了一支民兵部队。

不过谢枋得终究是个文人，在他身上既有士大夫的忠贞和刚烈但也不免有些书生意气的天真，在元帝国大军南下的过程中他便竭力主张重用吕文焕的侄子吕师夔，甚至不惜以身家性命来担保。但是最终当吕师夔率领大军抵达信州城下，面对高呼"谢提刑来了"的谢枋得和他的民兵部队之时，对方的回答却是密集的箭雨。在丢失了信州之后，谢枋得事实上已经是一个光杆司令了。南宋福州流亡政府仍指望他能收复失地，只能说是比谢枋得更为天真。

几位前线指挥官不给力，而在福州城内也同样是钩心斗角，作为保护着赵昰和赵昺安全抵达福州的有功之臣。杨亮节一心想以国舅的身份"居中秉权"，而身为宗室的秀王赵与择则显然认为杨亮节抢了自己的位子，于是口角不断。而曾在临安城下准备以死殉国的张世杰、陆秀夫对于几次三番跑路的"长腿丞相"陈宜中也没什么好感，在处理政务中更是摩擦连连。陈宜中起初一度对陆秀夫伸出橄榄枝，以对方"常在兵中，知军务"为理由委以重任，但很快两人便因为政见不和而决裂，陈宜中甚至指使言官将陆秀夫弹劾流放。最终还是张世杰挺身而出表示："现在是什么时候？还在动不动就以台谏论人！"陈宜中无奈之下，将陆秀夫召回。 在这样的环境之下，南宋的宗室权贵和文武大员们还不忘争权夺利，也难怪抵达福州的文天祥一度不肯接受对自己的任命，随后又被陈宜中派往南剑州（今福建南平），建立都督府，被排除在中央政府之外。

而就在南宋福州流亡政府忙于内部争斗之际，坚守扬州的李庭芝终于由于弹尽粮绝而不得不选择突围。在拒绝了忽必烈对他的赦免之后，李庭芝与姜才率领七千精锐部队向泰州方向撤退，准备由南通地区入海前往福州与南宋流亡政府会合。而在李庭芝走后，制置副使朱焕立即打

李庭芝和姜才的石像

开了扬州城门，迎接在城下屯兵已久的阿术。随后在泰州地区，李庭芝再度被围。最终看不到希望的士兵们打开了城门，李庭芝与姜才成为阿术的阶下囚。对于依旧不肯投降的两人，阿术一度也犹豫不决，但是最终却在吕文焕"扬州战役我军伤亡惨重，这一切都是李庭芝和姜才造成的，不杀他们留着干什么"的劝说之下，举起了屠刀。我们不知道吕文焕说这些话的时候是什么心理，但至少客观上他成全了李庭芝和姜才的求死之心，也将他们永远地留在了历史正面的一页之上。而随后坚守真州的安抚使苗再成也在城破后的巷战中战死了。

作为前线要塞的扬州失守了，而一度被福州流亡政府视为大后方的广州也因为广东经略使徐直谅的摇摆不定而一度沦陷。在接到临安方面的投降诏书之后，徐直谅先是派部将梁雄飞向元帝国请降，随后在得到了福州流亡政府建立的消息之后，又派兵阻止梁雄飞南下。在由广东当地民兵组成的摧锋军战败之后，徐直谅弃城而逃。被元帝国任命为招讨使的梁雄飞轻松地拿下了这座岭南重镇。好在梁雄飞手中的兵力不多，潮州、惠州等地又在当地民兵首领熊飞指挥之下奋起反攻，最终才帮助南下的赵溍收复了广州城。

广东的局势虽然暂时稳定了下来，但是南宋广西重镇静江（今广西壮族自治区桂林市）却在南下的阿里海牙大军的攻势之下摇摇欲坠。在采取迂回战术攻破了号称楚粤咽喉的严关（今广西兴安西南）之后，阿里海牙的大军包围了由邕州（今广西南宁）知府马塈驻守的静江城。在长达三个月的攻防战中，元帝国大军充分发挥自身的工兵优势，筑堰阻断了大阳、小溶二江，遏其上流；又掘开东南坝水淹静江，最终才攻破外城。马暨在率死士巷战中不幸被俘，随后被杀红了眼的阿里海牙处死。在潭州就叫嚣着要屠城的阿里海牙，此刻终于兽性大发，他以静江"民性驽嚣，易叛难服，不重典刑之，广西他州不可言以绥徕"为由纵兵烧杀。

而几乎就在静江陷落的同时，试图收复江西和浙江的南宋福州流亡政府，最终在兜港、温州连续遭遇重创。在元帝国军队攻破建宁府、邵武军，威胁福州的情况下，张世杰和陈宜中决定放弃临时首都，将近十八万军队和三十万难民全部转移到海上，承载着近五十万人的庞大船队宛如一个浮动的国家蹒跚着向南转移，史称"海上行朝"。

没有人知道为什么曾经主张在临安背城一战的张世杰此刻面对着再度南下的元帝国军队失去了往昔的勇气。而这次可能是人类历史上最大的海上大迁徙却注定是一次悲剧之旅。尽管由于大雾，南宋流亡政府所组织的庞大船队在海上遭遇了元帝国海军的拦截，但并未爆发大规模的战斗。可是在抵达南宋著名的海上贸易枢纽泉州之后，张世杰却和当地汉化的阿拉伯商人蒲寿庚发生了冲突。

由于得天独厚的地理位置以及浓郁的重商文化，伊斯兰教的创始人穆罕默德认为："商人是世界的信使和安拉在大地上的忠实奴仆"，并在《古兰经》中明确规定鼓励和保护商业是所有穆斯林必备的义务和道德。公元13世纪正是阿拉伯人垄断东、西方贸易的黄金时代，他们利用常年积累下来的印度洋风向和水文资料，往来于亚、欧、非三大陆之间，贩运着中国的丝绸、瓷器，印度和马来群岛的香料、矿物、染料、蔗糖，中亚的宝石，东非的象牙、金砂，北欧和罗斯的蜂蜜、黄蜡、毛皮和木材等一切利润丰厚的货物，而蒲寿庚的家族正是其中的佼佼者。

早在公元10世纪之前，蒲氏家族便从阿拉伯半岛移居到占城（今越南中部），随后又抵达了中国的广州，开始经营海上运输事业，成为当地首屈一指的富豪。不过随着南宋中后期泉州港的崛起，蒲氏家族在广州的经营业绩开始明显下滑，蒲寿庚之父蒲开宗即举家自广州徙居泉州，定居临近泉州后渚港的法石乡云麓村，重操旧业，很快便再度崛起，并在南宋政府内争取到了安溪县主簿的职位，虽然这只是一个九品的小官，但却可以说是蒲氏家族由单纯的从事商业向染指地方行政权力的开端。

　　和很多肥皂剧的情节一样，随着世代从商的蒲氏家族在泉州地区积累了一定的财富和人脉之后，蒲开宗的子嗣之中不可避免地出现了富有艺术气质、"厌铜臭而慕瓢饮"的蒲寿晟，也出现了好勇斗狠、豪侠无赖的蒲寿庚。而在当时动荡的时局之下，继承蒲开宗海上贸易事业和政府关系的蒲氏兄弟最终在长于商业运作却往往又能惯于使用一些"非常手段"的蒲寿庚经营之下，垄断了南宋在泉州地区的海上贸易长达三十年之久，并以此积累了空前巨大的财富和地方势力。

　　繁忙的海上贸易所产生的巨大财富自然引来的海盗的窥视，而随着南宋政府的主要精力转投到与元帝国的战争之中，公元1274年，海盗对泉州港的袭击也达到了高潮。在政府无能为力的情况之下，以蒲氏兄弟为首的泉州商贾不得不奋起自保，而正是因为剿灭海盗的功勋，蒲寿庚达到了其事业的巅峰。他被此刻已经焦头烂额的南宋政府任命为福建安抚使兼沿海都置制使，此前蒲氏兄弟在南宋政府内也曾先后担任过官职，蒲寿晟曾被任命为广东梅州的知府，不过他自命清高的个性显然不适合在南宋末年的官场发展，因此很快便退隐家乡，以与当时的儒学大师洪天锡等交游为乐。而蒲寿庚虽然担任过相当于泉州海关关长的提举泉州舶司的职位，但地方官员在任三年一轮换的宋代官制，也不过作了两年多而已。公元1274年本身便拥有庞大民间力量的蒲寿庚终于登上了地方军政长官的宝座。

　　应该说相对于蒲寿庚的个人能力和社会影响力而言，南宋政府的这一任命不仅可以有效地稳定当地的局势更有利团结一切可以团结的力量对抗元帝国的入侵。但是南宋政府高层纷乱的局势却最终使得蒲寿庚所拥有的权力失去了驾驭。公元1275年农历三月，利用贾似道在芜湖前线的溃败，陈宜中在临安发动政变，私自处决了内务部队指挥官殿前指挥使韩震，这一事件虽然在临安城内只引起了小规模的骚乱，但是在泉州地区却引发了长期的军事冲突。作为殿前指挥使韩震直接领导的野战部队，驻守浙江、福建一线的南宋左翼军在得到了指挥官被杀的消息之后，在统领夏璟的统帅之下已经站到了陈宜中所领导的南宋政府的对立面上，在得到了蒲寿庚的支持后，左翼军在瑞安、温陵、三阳等地连续击败了前来镇压的南宋政府的其他地方部队，俨然形成了以泉州为中心

南宋大型海船模型

的独立王国。

　　不过无论是蒲寿庚还是夏璟，他们此时所迫切希望的只是保护自己的既得利益，因此在渴望获得泉州地区强大海上力量的元帝国派来的招降使节面前，蒲寿庚还是在表面上保持着对南宋政府的忠诚。而在南宋临安政府投降之后，以宋端宗赵昰为首的流亡政府也投桃报李，任命蒲寿庚为闽广招抚使，兼"主市舶"，赋予其更大的权力。双方之间尽管彼此并不信任，但仍未撕破那暧昧的面纱。不过随着张世杰和陈宜中放弃福州，率船队大举南下，双方的关系很快急转直下。

　　起初面对停泊在后渚港的南宋皇家舰队，蒲寿庚还是保持着臣子的礼节。他主动上船觐见了宋端宗赵昰，并向对方提出了在泉州建立临时首都的设想。作为已经在泉州拥有丰厚家底的商人，蒲寿庚的这一建议完全是出于将自身利益最大化来考量的。毕竟数十万南宋难民和军队的抵达将强化泉州商业之都的地位，同时也能更好地帮助他将居心叵测的元帝国大军挡在泉州地区之外。但是由于对蒲寿庚的不信任以及对元帝国追击的担忧，张世杰明确反对南宋流亡政府在泉州长期逗留，同时还强行征用了蒲氏家族的海船两千多艘以及大量随船货物。战争期间征用民间财物，本来无可厚非，但是张世杰面对的不是一个只会忍气吞声的普通商人，而是一个官商合一、手握重兵的地方豪杰。

在张世杰没有采纳部下扣押蒲寿庚的建议之后，蒲寿庚返回泉州第一时间关闭了城门，然后指使自己的儿子蒲师文动员自己的家族势力大肆捕杀在泉州的南宋皇家宗室以及前期进城的南宋流亡政府军队官兵。在泉州城内一片混乱的情况下，张世杰却由于担心长期屯兵泉州会遭到元帝国追兵的合围，仓促地带着强行征用的船只和货物逃往广东。赵昰再一次上演弃城而走的"传统节目"的情况下，南宋流亡政府未能抵达广州，只能龟缩于潮州、惠州一带。彻底和南宋政府决裂的蒲寿庚也随即投向了元帝国的怀抱，他和泉州知府、与文天祥同榜进士的田真子，左翼军统领夏璟一同向南下的元帝国将领董文炳递交降书。元帝国显然比南宋的张世杰更懂得尊重地方势力，随即便授予蒲寿庚昭勇大将军、闽广都督兵马招讨使兼提举福建、广东市舶等一系列官爵，蒲氏家族在泉州一带的权力不仅没有得到削弱，相反还进一步强化。

张世杰和陈宜中轻易地放弃了福州及在泉州激变了本来就对南宋流亡政府若即若离的蒲寿庚，最大的受害者无疑是正在福建、江西、广东一带转战的文天祥。由于受到了陈宜中的排挤，离开福州在南剑州开设幕府的文天祥事实上一直处于孤军奋战的状态。而公元1276年农历十月，文天祥出兵汀州（今福建长汀）失利之后，他的根据地南剑州又叛降元帝国。在退路被截断的情况下，文天祥和"海上行朝"的南宋流亡政府失去了联系，只能从陆路退却到广东梅州。此后，文天祥与从海路抵达潮州、惠州一带的流亡政府再度会合。

公元1277年农历四月，南宋流亡政府在官富场（今香港九龙城南）建立临时首都，随即再度收复广州。流亡政府决定在这一年的夏秋之际再度发动反攻。可是在反攻的方向问题上，文天祥和张世杰却发生了分歧。文天祥主张先图江西，再与江淮、浙东、闽广连成一片，支撑南宋东南半壁河山。而张世杰则打算联合自己曾经安抚过的福建西南陈吊眼率领的畲族武装，集中兵力从海上围攻泉州。双方各持己见的情况下，南宋流亡政府不得不采取折中的方式，同时向江西和泉州两路进军。

公元1276年到1277年间，元帝国在继续追击南宋流亡政府的同时还要面对西北的海都叛乱和与缅甸之间的战争。如果文天祥和张世杰可以同心协力，那么未必不能扭转长期以来的不利局面。但事实是公元1277年农历五月文天祥由从梅州出南岭，进入江西，尽管连续取得云都（今江西于都）大捷，克复兴国，临（今临江）、洪（今南昌）、袁（今宜春）、瑞（今高安）诸州纷纷响应，一时有包举江西之势。但是随着农历八月元帝国江西宣慰使李恒着手组织反击，文天祥收复江西的努力最终随着他在兴国的大本营宝石寨被元帝国的奇袭部队攻破而告终。文天祥在兴国的惨败固然有其自身防备松懈的原因，但更为关键的是在抽调了赵时赏等率领的大量野战部队围攻赣州的情况下，缺乏后续增援的文天祥根本无力控制整个江西战区。此后文天祥一败方石岭，再败空坑，好不容易组织起来的抗元大军几乎伤亡殆尽。文天祥本人也是在部下赵时赏冒名代死的情况下才侥幸逃生。

赵时赏算是南宋的皇室宗亲，不过地位并不显赫。公元1265年通过科举考试才当了一个旌德知县这样的地方官员。应该说并不属于南宋的既得利益集团高层。不过在南宋的名将大臣、权贵亲王纷纷北降的大环境之下，他却毅然效忠于南宋流亡政府，好不容易被提升为邵武卫戍区司令却又被元帝国的大军打了出去，结果以弃城的罪名又被罢免了。加入文天祥的幕府之后，赵时赏频繁地参与军事，收复宁都、围攻赣州，每每都以偏师独当一面，但这并意味着赵时赏天生便是一个儒将。在空坑战役中，南宋军队兵败如山倒，连文天祥的家属都成了元帝国的俘虏。在这样的情况之下，绝望的赵时赏故意高调地宣布自己就是"文丞相"，被俘之后更对其他沦为阶下囚的同僚表示出轻鄙的神情："你们抓这些人做什么！"最终保护了许多人。而自己在身份暴露之后，慷慨赴义。

文天祥在江西最艰难的时期，张世杰正在组织对泉州的全面围攻，从战略角度来看夺取泉州将有力地增强南宋流亡政府的海上作战能力，同时遏制元帝国海军的南下。从经济角度考量，南宋流亡政府迫切需要泉州地区的海外贸易。当然，张世杰和南宋宗室同蒲寿庚的个人仇恨也是这次泉州之役的出发点之一。

尽管张世杰多方调集部队，陈吊眼与许夫人所率领各寨畲族武装也群起呼应，甚至连蒲田南少林也派出数千僧兵助战。但是为了保护自己的利益，作为商人的蒲寿庚也是拼尽了全力。在向元帝国求援的同时，他不惜大撒金钱，贿赂前来参战的畲族武装，令对方在战场上出工不出力。泉州战役前后历时三个月之久，其中对泉州城防的围攻便长达70多天。尽管在那70多天中蒲寿庚"晨夜血战"，泉州城中更"死者万计"，但是最终他以这些为代价战胜了张世杰，保住自己家族在泉州地区的势力范围。此后蒲氏家族将继续他们奢华而专横的生活，直到元帝国轰然崩塌。

最终没有全力配合文天祥收复江西的张世杰不得不吞下了自酿的苦酒。在击溃了文天祥的军队之后，元帝国李恒、吕师夔的军队从梅岭向广东扑来，在长时间围攻泉州无果的情况之下。张世杰以及南宋流亡政府不得不放弃最后一座所控制的大型城市广州，再次逃入大海，转移到秀山（今广东东莞虎门）、井澳（今广东中山市南海中大横琴岛下）一带继续抵抗。而在转战的过程之中，宋端宗赵昰不幸落水，随后在惊病交加之中去世。南宋流亡政府不得不又拥立年仅6岁的卫王赵昺为帝。此时已经无心继续这种颠沛流离生活的陈宜中，以联络外援为理由独自逃往占城，便再也没有回来过。

风雨飘摇之中的南宋流亡政府的士气低落到了谷底，即便是"正笏立如治朝"的陆秀夫也时常"凄然泣下"，甚至在用来拭泪的朝衣袖子都湿了。不过哭归哭，陆秀夫依旧拒绝解散流亡政府，因为在他看来："自古以来不乏触底反弹的例子，夏朝的少康能够凭借五百人马、十里方圆的根据地完成中兴，何况我们还有一套完整的政府班子，数万部队，如果上天不想灭亡宋室的话，那么万顷碧海不足以复兴大宋王朝三百年的基业吗？"

但是自古兴亡之道除了所谓的"天意"之外其实更多的还是"人事"。而即便在这样的局面之下，南宋流亡政府本就虚弱的抵抗力量却还面临着进一步的分裂，或许是无法原谅文天祥在反攻阶段与自己的意见不合，也可能是由于时局的混乱而对对方失去了信任。总之对于在循州一带正在重新组织抗元力量的文天祥所提交的"自劾兵败江西之罪，请入朝"的报告，主持流亡政府的张世杰以宋怀宗赵昺的名义加以拒绝，只是给了一个信国公的虚衔。这样明显的疏远和排挤，最终令文天祥不得不写信给陆秀夫抱怨："皇帝年幼，一切都是你们说了算，你们凭什么不让我去呢？"

而就在文天祥和张世杰的关系始终得不到修补的情况之下，忽必烈已经厌倦了和南宋流亡政府这种猫抓老鼠的游戏。他亲自任命江东宣慰使张弘范为蒙古、汉军都元帅，率领元帝国的精锐的海、陆两军对广东一线发动最后一击。与此同时，在汪良臣等人的长时间围攻之下，据守四川东部的南宋四川制置副使张珏终于随着泸州、重庆等地相继失守，而在巷战中被俘。随后在被押送往大都的途中自尽殉国。在张珏展开最后的抵抗之前，元帝国著名的地方治安专家李德辉曾写信给他，表示："你作为南宋帝国的臣子，难道关系比他们宗室还要亲吗？你所治理合州又怎么可能比南宋的统治范围还大，今天南宋宗室已经将他们的帝国都拱手送上，你还以忠诚的名义在负隅顽抗，难道不是自欺欺人吗？"张珏最终没有回答，或许他真的是想不出坚持的理由，但又或许忠于自己心中所追求的理想本来就没有理由。

张弘范的南征兵团首先在被文天祥追捕的土匪头子陈懿的带领之下突袭了文天祥在潮阳、海丰一线的根据地，并最终在五坡岭（今广东海丰北）俘虏了已经降格为游击队的这支抗元力量的主要领导人。此时文天祥的部下刘子俊自称是"文丞相"，希望可以保护自己的精神领袖脱险。但是同样被俘的文天祥本人却决定自己走完未来的殉道之路，他和刘子俊各争真伪，最终在查清两人身份之后，刘子俊被以酷刑烹死。

1279年农历正月，在不断派出侦察部队追捕海上转移的南宋流亡政府的情况之下，张弘范终于在厓山（今广东新会海中）将张世杰所统率的庞大船队包围。我们不知道这对堂兄弟之间私下的感情如何，但是张弘范一而再、再而三地派出劝降使者却是不争的事实，文天祥那首脍炙人口的《零丁洋诗》以及"人生自古谁无死，留取丹心照汗青！"名言而是在张弘范要求其参与政治攻势时流传于世的。而张世杰以及被围的南宋军民的态度也和文天祥同样坚决。或许在厓山剑拔弩张的两军阵前，张世杰和文天祥终于原谅了彼此，毕竟他们都将走向同一个终点。

张世杰不擅长海战这一点在当年的焦山战役中已经显露无余了。在厓山他再一次采用了已经被证明为错误的战略——将舰队组成一个巨大的方阵，以海上浮动堡垒的模式应对张弘范的一次又一次进攻。不过这一次张世杰至少吸收了焦山战役的经验，事先已在舰船的甲板之上厚涂湿泥，并在船体前方绑上前出的巨木，张弘范效仿阿术采用的火攻战略最终以失败而告终。被包围的南宋流亡政府的军队虽然作战顽强，但是在被对手扼守了取水道路的情况下，淡水补给很快出现了问题。在喝着足以令人呕吐和腹泻的海水，吃着干粮的情况之下，腹背受敌的张世杰虽然努力奋战但最终无法改变全线崩溃的命运。站在桅杆和甲板上都插满了箭矢宛如刺猬的旗舰之上，看着自己舰队的樯旗　面面倒下，张世杰怀着最后的希望拼死突围。

今天深圳赤湾的宋少帝墓

而面对着前来接应的小船，担心被人出卖的陆秀夫先是让自己的妻子、儿女跳海，自己则背上宋怀宗赵昺，以"国事至此，陛下当为国死。德祐皇帝辱已辱，陛下不可再辱！"的名义跳入汹涌的海水之中。此后作为母亲的杨太妃也哭着道："我迢迢千里而来，也为了赵家的骨肉，今天连他都死了，我还应该活着吗？！"也跟着儿子跳海自杀。最终厓山的海面上除了燃烧和倾覆的战舰之外，还漂浮着十几万具南宋军民的尸体。在包围对手之后，张弘范曾经向依旧忠于南宋流亡政府的普通民众发出告示："你们的陈丞相跑了，文丞相也成了俘虏，你们现在打算怎么办？"此刻他们用自己的生命做出了回答。而侥幸突围而出的张世杰最终也发起了前往占城或者返回广东东山再起的念头，面对着狂风巨浪，他在表达了自己为了南宋帝国已经尽力的无奈之后，也跳入了吞噬了无数生命的大海。

　　站在今天的角度，有些人或许认为陆秀夫、张世杰等人的行为有些过激，甚至可以说是残忍。但是我们终究不应该苛责那些曾经有过锦绣前程最终却选择了与自己的国家一同逝去的生灵。在曾经留下过"镇国大将军张弘范灭宋于此"的厓山石壁之上，后人也刻下了"宋少帝与丞相陆秀夫殉国于此"的字样。虽然"沧海有幸留忠骨，顽石无辜记汉奸"的论述对从未正式效忠过南宋政府的张弘范有失公允，但是"功罪昔年曾倒置，是非终究在人间"却足以道出了人心的所向。而今天在中国广东省深圳经济特区的蛇口赤湾港一侧的青山之上，天后庙旁当年由当地僧侣和民众为漂浮到此的宋怀宗赵昺修建的宋少帝陵依旧香烟袅袅，俯视着眼前的海湾内无数巨轮的停泊和起航。